कबीर का युगपथ

कबीर का युगपथ

सम्पादक

जयपाल सिंह

लोकभारती प्रकाशन

लोकभारती प्रकाशन
पहली मंजिल, दरबारी बिल्डिंग, महात्मा गांधी मार्ग
प्रयागराज-211 001

वेबसाइट : www.lokbhartiprakashan.com
ईमेल : info@lokbhartiprakashan.com

शाखाएँ : 1-बी, नेताजी सुभाष मार्ग, दरियागंज
नई दिल्ली-110 002
अशोक राजपथ, साइंस कॉलेज के सामने
पटना-800 006

पहला संस्करण : 2023

मूल्य : ₹795

मुद्रक : बी.के. ऑफसेट
नवीन शाहदरा, दिल्ली-110 032

KABIR KA YUGPATH
Edited by Jaipal Singh

ISBN : 978-81-19133-32-1

कबीर को श्रद्धापूर्वक

क्रम

चिन्तन

अपनी बात

अनायास कोई नहीं बोलता और न ही लिखता है, बल्कि उसकी जिज्ञासा और प्रश्नाकुलता उससे बुलवाती-लिखवाती है। प्रश्नाकुलता कोई विद्रोह नहीं, बल्कि जो सही दिख नहीं रहा या सही हो नहीं रहा, उसे सही करने-कराने के लिए किया जानेवाला श्रेष्ठ भाव प्रश्नाकुलता है। श्रेष्ठ भाव के लिए प्रेरणा-शक्ति प्रश्नाकुलता से मिलती है, तर्क करने के केन्द्र में यही प्रश्नाकुलता कार्य करती है। कबीर में यह प्रश्नाकुलता अद्भुत और मानवधर्मी थी इसलिए उनके पदों में ग़लत का निर्भय विरोध और सत्य का उद्घोष है। इसी भाव के कारण कबीर पर बोलना-लिखना आज तक रुका नहीं। साढ़े छह सौ वर्ष हो गए, कबीर अपने विविध रूपों में अभी भी जीवित हैं—लोक-धुनों में वे गाए-सुने जाते हैं, समाज में उनके सन्दर्भ दिये जाते हैं।

कबीर ने बचपन से ही जाति-पाँति, ऊँच-नीच और धन-दौलत में बँटे समाज को बड़े नज़दीक से देखा था। यह वही समाज है, जिसमें कबीर वर्तमान थे। इसके बावजूद कबीर ने जाति और वर्ग की सीमाओं को लाँघा था, वे पंथ-निरपेक्ष समाज बनाना चाहते थे। वे जानते थे कि जाति और वर्गगत भेद के कारण व्यक्ति-से-व्यक्ति के बीच दूरियाँ हज़ारों सालों से रही हैं, कबीर इन दूरियों को मिटाना चाहते थे। कबीर ने एक ऐसे समाज की कल्पना की थी जिसमें सभी एक-दूसरे के सुख-दुख में सहभाव रखें, उन्होंने सभी से सहभाव का अनुरोध किया था। इसके लिए उन्होंने शक्ति या बल का प्रयोग मेरी समझ से कभी नहीं किया, बल्कि अपने ज्ञान और तर्क के आधार पर, परिवार और समाज में रहकर जनजागरण का बिगूल बजाया था। हालाँकि यह सहभाव जागृत करना तब और अब के समाज में चुनौतीभरा रहा है।

आज सामान्य जन भी यह कहता सुना जा सकता है कि कबीर मानव हितैषी हैं; तर्कशील हैं। कबीर ने तर्क अपने स्वयं के अनुभव से मानवता को पोषित करने के लिए दिये हैं, उनके तर्कों को कई सौ साल तक तथाकथित धर्माचार्यों, शास्त्राचार्यों

ने अस्वीकार किया, इन तथाकथितों के लिए कबीर एक विद्रोही कवि माने गए। ऐसे लोगों के लिए कबीर का यह पद उनकी आँखें खोलने के लिए काफ़ी है—'लोगा तुम हौ मति के भोरा'।

कबीर के पद हमें सदैव दिशा-बोध कराते रहे हैं, समाज की दुर्बलताओं से सचेत करते रहे हैं, व्यक्ति को उसकी क्षमताओं से उत्साहित करते हैं। कबीर ने समाज की बुनावट को बड़ी बारीकी से देखा-परखा था। उनके समय के कुछ समाज-निर्माताओं ने यह बताया था कि ईश्वर ने नीची जातियों को ऊँची जातियों, दौलतमंदों, शासकों की सेवा करने के लिए बनाया है, कबीर इस बात से सहमत नहीं थे। उनका मानना था कि यह एक रूढ़ि है, भला ईश्वर ऐसा भेद क्यों करेंगे? मनुष्य का मनुष्य रूप में भेद है भी नहीं।

कबीर कपड़ा बुनते थे, उनके लिए यह कर्म ही जगत् का श्रेष्ठ कर्म था, जिससे वे अपना और परिवार का पेट पाल रहे थे। वे समाज को अच्छे से देख-समझ रहे थे। तत्कालीन समाज में जो प्रवृत्तियाँ व्याप्त थीं, उनसे वे अनभिज्ञ नहीं थे। काशी-जैसी धर्माचार्यों, शास्त्राचार्यों की नगरी में वे पले-बढ़े थे, बावजूद इसके कबीर ने धार्मिक रूढ़ियों को अस्वीकार किया, समाज में जड़ हो चुके पाखंड को तार्किक ढंग से ख़ारिज किया।

कबीर शास्त्रज्ञान से बिलकुल ही च्युत रहे हों, ऐसा नहीं कहा जा सकता। आस-पास के वातावरण, संस्कृति, आचार-विचार से अप्रभावित वे नहीं रहे होंगे, यह अनुमान सामान्य आदमी भी लगा सकता है। इतिहास गवाह है कि जुलाहों को तत्कालीन धर्माचार्यों के अनुसार शास्त्रार्थ करना पाप था। कबीर जुलाहे थे लेकिन उनमें ज्ञान और तर्क करने की अद्‌भुत क्षमता थी। उनके कहे शब्द आज भी पाखंडियों, छद्‌म-वेशधारी धर्मभीरुओं को चुनौती देते हैं।

पंचगंगा घाट की सीढ़ियों पर रामानन्द के पैर पड़ जाने से कबीर को 'राम नाम' मिला, रामानन्द गुरु हुए। किसी के पाँवों की ठोकर खाने और उसने ठोकर मारने वाले को गुरु मान लिया हो, सम्भवत: यह ज्ञात गुरु-शिष्य परम्परा में पहली बार हुआ। जाति और वर्ग में बँटे समाज ने पाँवों की ठोकर को जायज़ और गुरुकृपा कहा, कुछ लोग तो आज भी इसे जायज़ मानते-मनवाते हैं, यह बड़ी विडम्बना है। इससे कबीर की आत्मा दुखी ही होगी।

ख़ैर, कबीर के गुरु मानने-मनवाने के सम्बन्ध में जो बातें कही जाती रही हैं, उनसे सहमत होना कठिन है। मुझे तो इसमें गुरु से ज़्यादा शिष्य की ज्ञान-पिपासा महत्त्वपूर्ण लगती है। महंत सनाथदास जी की पुस्तक 'कबीर एक खोज' तथा सुभाष चन्द्र कुशवाहा की पुस्तक, और इसी पुस्तक 'झूठ की दुनिया और कबीर का सच' में शामिल लेख—'कबीर हैं कि मरते नहीं', 'इक्कीसवीं सदी में कबीर',

तथा 'भोजपुरी लोक और कबीर' में कबीर के जन्म, माता-पिता तथा गुरु के सम्बन्ध में पिछली धारणाओं के धुंध को काफ़ी कुछ साफ़ किया गया है।

यह कहना ग़लत न होगा कि पाखंड और सत्य में थोड़ा-बहुत नहीं, बहुत बड़ा अन्तर है, समाज की बुनावट और बनावट में दोष है। वर्ग, धर्म, जाति, पंथ में विभक्त समाज आज भी मौजूद है। ज़्यादा दूर जाने की आवश्यकता नहीं अपने आस-पास, अपने अन्तस में झाँक कर देखें वस्तुस्थिति स्वयमेव समझ में आ जाती है कि आख़िर निम्न जाति-वर्ग और पिछड़ों को संवैधानिक अधिकार की आवश्यकता क्यों पड़ी? जो निम्न जाति-वर्ग और पिछड़ों को प्राप्त संवैधानिक अधिकारों से असहमत हैं, उन्हें इस ओर भी दृष्टि डालनी चाहिए कि आख़िर क्यों समाज के अभिन्न रहे लोगों को समाज में दोयम दर्जे का मनुष्य समझा जाता रहा है? इन्हें मैला उठाना और जूठन खाने को विवश किया जाता रहा? कहीं-कहीं तो आज भी मनुष्यता को शर्मसार कर देनेवाली कई घटनाएँ देखने और अख़बारों में पढ़ने को मिल जाएँगी। कबीर-जैसा सचेष्ट समाज चेतक यूँ ही पाखंड, रूढ़ियों और धर्मभीरुओं के सामने आ खड़ा हुआ हो, ऐसा नहीं। कबीर के तर्कों के पीछे बुनियाद बहुत मज़बूत थी, इस बुनियाद में सताए हुए लोग थे जिन्हें ब्रह्म-ज्ञान जानने की बात तो दूर, सार्वजनिक स्थलों में प्रवेश और ईश्वर का नाम ले लेने भर से पाषाण के ईश्वर दूषित हो जाते थे, ऐसा माना जाता था। इन लोगों के लिए मुँह से ईश्वर का नाम लेना पाप था, ईश्वर का नाम मुख से लेते ही सृष्टि में किसी अनिष्ट होने का भय इन निम्न जाति-वर्ग और पिछड़ों को प्रकृति प्रदत्त जीवन के अधिकार को उनसे छीन लेता है। इनका जीवन एक ख़ास वर्ग के लोगों ने कितना संकुचित कर दिया था इसकी मात्र कल्पना से रूह काँप जाती है। आज इसलिए भी समकालीन सन्दर्भ में कबीर की पीड़ा और विद्रोह के आवेग को समझा जाना चाहिए। नरसी मेहता के ये शब्द हमारे कानों में अनायास गूँजते हैं, 'वैष्णव जन तो तेने रे कहिए जे पीर पराई जाणी रे'। गांधी जी ने इस 'पीर पराई' को बहुत अच्छे से अनुभव किया था।

आज स्थितियाँ बदली हैं। समाज में एक ग़ज़ब की चेतना क्रियाशील है, जो समाज को उन्नत करने में लगी है। यह क्रियाशील चेतना जाति, धर्म, बाह्याडम्बर, पाखंड, रूढ़ि के घटाटोप को हटाने की कोशिश कर रहा है। मनुष्य की यह क्रियाशील चेतना सृष्टि की उत्पत्ति सुनहरे गर्भ में ब्रह्मा के प्रवेश कर जाने (जिसे हिरण्यगर्भ कहा गया) के कारण सृष्टि बनी; इसके स्थान पर 'बिग बैंग सिद्धान्त' से जीवन-जगत् को समझने की कोशिश कर रहा है। एडविन हबल और स्टीफ़न हॉकिंग को धन्यवाद दे रही है, बुद्ध की कृतज्ञ है।

ऐतिहासिक सन्दर्भ चाहे जैसे हों, जिस रूप में हों, जहाँ हों; वे हमारे ज़ेहन में उठते प्रश्नों के उत्तर होते हैं, भला इसे कौन नकार सकता है। आज हमें कबीर-जैसे

मानवधर्मा इसलिए याद आते हैं कि उनमें पीड़ा की जो अनुभूति है, वह उसी रूप में उनके पदों में अभिव्यक्त हुई है। कबीर की हर एक पंक्ति मनुष्य-जीवन की पटकथा कहती हैं। इन पदों में कबीर ने मनुष्य जीवन की बारीक कड़ियों सहज रूप से जोड़ा है, उनके पद हमें जीवन-पथ पर दिशाबोध कराते हैं।

कबीर की सूक्ष्म दृष्टि हँसाती और गुदगुदाती कम है, बल्कि पाखंडियों के प्रति ऐसा करारा प्रहार और कटाक्ष करती है कि मनुष्य की सारी मानवीय चेतना एकबारगी कुछ क्षण के लिए झंकृत हो जाती है, आदमी को सिर से पाँव तक झकझोर देती है। कबीर की इसी दृष्टि-सम्पन्नता को अलंकृत करने की आज ज़रूरत है।

कबीर पर लिखते-पढ़ते ऐसा लगता है कि मानवता के लिए आवश्यक जड़ें कबीर के चिन्तन के बीचोबीच केन्द्रीभूत है, और हम हैं कि कबीर की प्रासंगिकता को पाषाण बना देना चाह रहे हैं, प्रासंगिकता सम्बन्धी प्रश्न लगातार पूछे जा रहे हैं। जो कबीर पर सवाल खड़े कर रहे हैं, उन्हें यह समझ पाना बड़ा मुश्किल हो रहा है कि आख़िर किस तरह कबीर के प्रसार को कम किया जा सके। हालाँकि यह सवाल खड़े करने वालों की एक कपोल कल्पना है।

सच बात तो यह है कि कबीर का एक ही चेहरा है—'साँच ही कहत और साँच ही गहत हौं', इसके अतिरिक्त कुछ नहीं। इतना साहस अब तक केवल कबीर में ही दिख पड़ता है। यह भी सच है कि ऐतिहासिकता के गर्भ से यदि कबीर का चिन्तन अन्याय की चट्टानों को फोड़ता हुआ जनमानस को सत्य का बोध करा रहा है, तो उसके बीज-बिन्दु 'साहस' और 'निर्भयता' से अंकुरित हुए हैं, जिसमें कबीर बसते रहे हैं। 'साँच को आँच कहाँ रे बन्दे'।

इसलिए उन्होंने न वेदों के ज्ञान की ज़रूरत समझी, 'पंडित, मुल्ला जो लिख दिया छाँड़ी चलै हम कछू न लीया' और न उन्हें किसी के अनुभवों की ही आवश्यकता पड़ी। उन्होंने तो, जो स्वयं अनुभव किया, उसे ही व्यक्त किया, वह भी यथार्थ के धरातल पर रख दिया, बिना बिछौने के।

कबीर के लिए सबसे बड़ी चुनौती सामाजिक और नैतिकता की दुहाई देनेवाले धर्म के पुजारियों और पाखंडियों से है। शायद इसलिए कबीर कह गए—

हिन्दू कहे मोहि राम पियारा तुरुक कहे रहिमाना।
आपस में दोउ लरि लरि मूए मरम न काहू जाना॥

कबीर जब कहते हैं—'ना मैं हिन्दू ना मुसलमान'। इसके बाद भी उन्हें पंथ और सम्प्रदाय में, और तो और जाति तक में, लोगों ने बाँटना चाहा है। 'सर्व-धर्म-समभाव' की जिस भावधारा के हम पोषक रहे हैं, उसमें भला कबीर कितने खाँचों में बिठाए जाते रहेंगे? क्या दीर्घकालीन मानव-सभ्यता को संरक्षित रखने का

दायित्व केवल कबीर-जैसे महापुरुषों पर था? कबीर किसी पंथ, सम्प्रदाय, जाति की सीमाबद्धता में नहीं रहे हैं, यह उनके पद बार-बार कह रहे हैं। लेकिन एक सच यह भी है कि विश्व-पटल पर कबीर सहित शेक्सपियर, बेकन, दांते, ब्रूनो, बोकाच्चो के मानवतावादी-चिन्तन को छद्म धर्मभीरुओं द्वारा दफ़नाने की कोशिश की गई है, कई मानवतावादियों की हत्या की गई। आज हमारे ज़ेहन में उठता यह प्रश्न स्वाभाविक है कि क्या मानव के ख़ातिर हर एक व्यक्ति की रक्त-वाहिकाओं में स्पंदित होने वाले—करुणा, सौहार्द, क्षमा, परोपकार—जैसे अनेक भाव ख़त्म हो जाएँगे? इसका उत्तर सीधा-सा है, जिस दिन समाज को उन्नत करनेवाले लोग और उनका मानव-उपयोगी चिन्तन ख़त्म हो जाएगा, उस दिन मनुष्य निर्विवेक हो पशुता की राह पकड़ लेगा।

कबीर का सच के प्रति सम्मान और निष्ठा पंडित, औलिया, पीर, रोज़ा, नमाज़, उपवास, आदि पर तीक्ष्ण प्रहार करता है, पाखंड के चोले को क्षत-विक्षत कर देता है और रही-सही कसर कबीर यह कहकर निकाल देते हैं कि—'हम न मरैं मरिहैं संसारा'। वस्तुतः घरफूँक का यह विश्वास बहुजन किसान, मज़दूर, मेहनतकश से मिला है, हमें इसे स्वीकार करना होगा।

बुद्ध, महावीर के आगे बढ़ें, तो आज हिन्दी के भक्तिकाल में कबीर की चर्चा लगातार हो रही है। किसी ने उन्हें सन्त कहा, किसी ने समाज-सुधारक, तो किसी ने कवि, और न जाने क्या-क्या। सवाल कबीर को मानने, न मानने का नहीं है, और न स्वीकृति-अस्वीकृति का है। सच यह है कि कबीर अब तक ज़िन्दा हैं—स्थूल न सही, मानवता के संरक्षक, पंथ-निरपेक्ष एक विचारवान मनुष्य के रूप में। वे आज हमें मानवता के लिए हर जगह अडिग खड़े दिखाई देते हैं।

कबीर की बानी आशंकाओं-आक्षेपों, प्रासंगिक-अप्रासंगिक-जैसे सैकड़ों प्रश्नों से होकर पिछले कई सौ सालों से हिमनद-सी जमती-पिघलती, बहती जा रही है, कबीर के चिंतन को प्रामाणिक-अप्रामाणिक रूपी दो पाटों में ख़ूब पीसा गया, इसके बावजूद कबीर को अस्वीकार करनेवालों की क्या बिसात कि कंचन को कंचन न स्वीकारें, सत्य को सत्य न कहें। कबीर को परम्परागत रूढ़ि की चक्की का हिस्सा बनना स्वीकार नहीं था, इसलिए उन्होंने अपनी एक अलग राह चुनी—'जो जारे घर आपना चले हमारे साथ'। कबीर कहते हैं 'मसि कागद छूयो नहीं कलम गही नहीं हाथ', बावजूद इसके जब वे कहते हैं—'झूठा लोग कहैं घर मेरा', तो समाज की उस परिधि में, जिसमें कबीर रहे हैं, कबीर को समझना ही होगा।

यहाँ दोहराव हो रहा है, फिर भी यह कहना अप्रासंगिक न होगा कि एक वर्ग आज भी कबीर को स्वीकार करने में हिचकियाँ लेने लगता है। यह अस्वीकृति किसकी है? उनकी है, जो आज भी मानव-मानव में भेद करते हैं, यह भेद कबीर के समय में शायद कम रहा हो, आज इस पार और उस पार तक का यह भेद खाई

से खंदक बन चुका है। संवैधानिक व्यवस्था लागू होने पर भी क्या हम मानव-मानव समान हो पाए हैं? यह प्रश्न अडिग खड़ा है, हमारे सामने। यह प्रश्न मैं और तुम का नहीं और न ही मेरा और तुम्हारा का है, बल्कि प्रश्न मनुष्यता का है, मानवता को बचाने का है। कबीर की चर्चा करते हुए यह स्वाभाविक-रूप से स्मरण हो आता है कि जो बातें बारहवीं शताब्दी के कन्नड़ कवि वसवन्ना ने प्रस्तावना दी थी कि—

धनी लोग तुम्हारे मन्दिर बनाएँगे प्रभु
मैं क्या बनाऊँगा, मैं एक ग़रीब आदमी।

यह भूल होगी कि हम यह मानें कि कबीर एक व्यक्ति थे। कबीर केवल एक व्यक्ति के रूप में कभी नहीं रहे हैं, और न ही मात्र एक कवि या समाज-सुधारक। कबीर एक 'मानवीय-संवेदना को जागृत करनेवाला सिद्धान्त' है, जो मानव और उसके विकास को पोषित करनेवाले सत्कर्मों को बढ़ाने पर बल देता है। यह सिद्धान्त सगुण-निर्गुण में समन्वय, सत्य, उदारता, निस्संगता, आत्मावलोकन, आत्मचिन्तन, आत्मविश्वास, नैतिकता, कर्तव्य, निष्ठा तथा निर्भयता को आत्मसात् करने को कहता है, एक पंक्ति में कहूँ तो प्रत्येक व्यक्ति को मानवता के ख़ातिर अपने आप को न्योछावर करने को कहता है। कबीर स्वयं एक सन्देश हैं, जो समाज में एक प्रकाश-पुंज की भाँति प्रकीर्ण होता रहा है। आमजन को यह प्रकाश समाज के झरोखों से ही सही, परन्तु समय-समय पर दिखा अवश्य है।

आज हमें समाज को सुचारु रूप से चलाने वाली परम्पराओं की बारीक कड़ियों को देखने-समझने की ज़रूरत है, ताकि हम अपने-पराए का भेद मिटा सकें। हमने यह देखा होगा कि समाज के चन्द लोगों द्वारा समाज को व्यवस्थित करने के लिए बनाई गईं परम्पराएँ सभी के लिए हितकारी नहीं होतीं। चन्द लोगों द्वारा बनाई गई व्यवस्था चिरकाल तक हम ढोते-ओढ़ते रहें, यह भी आवश्यक नहीं। हमें जाति, धर्म की सीमाबद्धता की दीवार को निर्भय होकर तोड़ना होगा, क्योंकि समाज का एक बड़ा मेहनतकश-वर्ग चन्द लोगों द्वारा बनाई गईं रूढ़ियों के कारण सदियों से समाज की मूल धारा से वंचित रहा है। ऐसे मेहनतकश लोगों के लिए रूढ़ियाँ, नियम-क़ायदे जीवन-मरण का प्रश्न उत्पन्न करती रही हैं, इसलिए इन्हें ख़त्म करना ही होगा, तभी हम सुदृढ़ समाज बना सकते हैं।

यह दुर्भाग्य ही कहा जाना चाहिए कि कबीर-जैसे सामाजिक क्रान्तिदूत को धर्म की चादर ओढ़ाकर कर्महीनता का सन्देश दिया जाने लगा है, अन्यथा अब तक एक श्रेष्ठ समाज हमारे सामने होता, जिसमें हर एक व्यक्ति में मानवता होती। आज सभी यही बताते हैं कि अमुक वस्तु कितनी अच्छी है, होती भी है, तकनीकी और वैज्ञानिक दृष्टि से। लेकिन आज इससे ज़्यादा जिसकी ज़रूरत है,

वह है यह जानना कि मनुष्य कितना अच्छा हुआ? गत से आगत तक एक दृष्टि डालें, तो मनुष्य के अच्छे होने का ग्राफ़ नीचे गिरता दिखाई दे रहा है। ज़्यादा दूर जाने की ज़रूरत नहीं, कबीर के बाद हमें इन पाँच-छह सौ सालों में और कोई दूसरा कबीर नहीं दिखता। मानव-समाज के लिए इससे अधिक दुखद और क्या हो सकता है!

वर्तमान समाज का जो पक्ष हमारे सामने है, वह है समाज का दोहराव। कबीर इस दोहराव के मुखर विरोधी रहे हैं। अब ऐसा लगता है कि दोहराव को पोषण देने के लिए मानवता को पीछे छोड़ दिया गया है। हर दिन की घटनाएँ इसका प्रमाण हैं। अब यह दोहराव घातक हो गया है। प्रतिरोध की अकुलाहट ने इसे घातक बना दिया है। आने वाले समय की घातक परिणति अभी से दिखाई देनी शुरू हो गई है। धर्म और जाति के नाम पर 'मॉब लिंचिंग' इसका सबसे बड़ा उदाहरण है। इसे हम किसी भी रूप में स्वीकार नहीं कर सकते। वर्तमान समाज का जो भयावह रूप हम सब देख रहे हैं उसकी पृष्ठभूमि में जो कारण समझ में आ रहा है वह यह कि जिन निम्न जाति-वर्ग, किसान, मज़दूर, मेहनतकश को दबाया, सताया और कुचला जाता रहा है, अब वे शिक्षित हो गए हैं, वे अपना नफ़ा-नुक़सान समझने लगे हैं, और अपने अधिकारों के प्रति सचेत हो गए हैं। उनके सामने जो रोटी का प्रश्न खड़ा किया जाता था, अब वे उसे समझ गए हैं, अब वे उसमें नहीं फँसते। इसलिए अब धर्म-जाति के आधार पर छद्म रूप से एक विशेष जाति या वर्ग द्वारा एक नए तरह का विचार परोसा जा रहा है, धर्म की बातें नए रूप में सामने रखी जा रही हैं। ऐसा लग रहा है कि मानवता के सबसे बड़े हितैषी यही हैं। यह इनका एक छद्म रूप है, वह करुणा और हितैषी होने का बखूबी ढोंग कर रहे हैं, लेकिन उसका मूल रूप अत्यन्त विद्रूप है।

ईश्वर का डर दिखाकर किया जाने वाला शोषण अब बदलकर संस्कृति को बचाए रखने की गुज़ारिश के साथ अपने नए रूप में हमारे सामने है। धर्म परोसने वालों ने पूरे वातावरण में एक तनाव भर दिया है। धर्म के तथाकथित लोगों की हिन्दू-मुस्लिम, ऊँच-नीच की सोच एक बार फिर मानवता को लीलने को आतुर है। समाज एक टकराहट की ओर बढ़ रहा है। टकराहट अब आमने-सामने नहीं हो रही। अब टकराहट शुद्ध बौद्धिकों के बीच भी नहीं है, बल्कि वेशधारी बौद्धिकों द्वारा रूढ़ि को आधार मानकर मानव-कल्याण की दुहाई दी जा रही है। यह एक प्रकार से धर्म नामक तरकस पर मानव-कल्याण रूपी जानलेवा बाण चढ़ाने जैसा है, जिसे चलाने की जल्दबाज़ी और हठधर्मिता वेशधारी बौद्धिकों में अभी से दिखाई दे रही है। यह हठधर्मिता किसी भी अप्रिय स्थिति को जन्म दे सकती है, मानव-सभ्यता को कलंकित कर सकती है। इसलिए आज धर्म परोसने वालों से सबसे

ज़्यादा सावधान रहने की ज़रूरत है। वह इसलिए कि छद्म वेशधारियों ने धर्म के महत्त्व को अस्त्र बना लिया है, वे ऐसा करने में लगे हैं कि हम धर्म के उसी रूप को पुन:स्थापित करेंगे, जिससे वे समाज को नियंत्रित करते रहे हैं। अर्थात् धर्म, जाति तथा वर्ग में समाज को बाँटते रहे और अपने मतलब की रोटियाँ सेंकते रहे हैं। इस महीन चाल को लोगों ने समझा है, लेकिन पूरी तरह समझ लिया हो, ऐसा भी नहीं। इसलिए कबीर के मानवीय-चिन्तन को केन्द्र में रखकर प्रश्नाकुलता आज हमारा स्वाभाविक गुण होना चाहिए। हमें वर्तमान परिस्थितियों और समाज की बदलती प्रवृत्तियों को बारीक नज़रों से समझते हुए और अधिक सचेत होकर समाज से, और अपने आप से प्रश्न करते रहना चाहिए, यह वर्तमान और भविष्य के समाज के लिए बहुत ज़रूरी है। वैसे भी कोरोना ने बहुत-कुछ सिखाया है कि मनुष्य जीवन पाना कितना कठिन है। इसलिए सुख-दुख में सहभाव, मानवता के लिए कुछ कर लेना ही जीवन का उद्देश्य समझ में आता है।

2

इस पुस्तक में संकलित लेखों के लेखकों का आभार व्यक्त करूँ, उससे पहले—उस दो-ढाई साल के बालक के प्रति आभार व्यक्त करता हूँ, जिसने सुबह-सुबह बासी चीज़ (शायद प्रसाद) खाने से इनकार कर दिया था। उसके तन पर कत्थे रंग की सैंडो बनियान और अँगोछा था, अक्टूबर की ठंड में दोनों हाथ सीने पर चिपकाए काँप रहा था। ऐसा लग रहा था कि वह ग़ुस्से से काँप रहा हो। सफ़ेद छोटे-से प्लास्टिक में जो वस्तु प्रसाद के नाम पर उसे दी गई थी, उसे वह खाना नहीं चाहता था, उसने उसे सामने ज़मीन पर फेंक दिया था। वह सुबक-सुबक कर रो रहा था। उसकी माँ और परिवार के सदस्य आँखें तरेर-तरेर कर उस बालक को देख रहे थे। बालक अटल, अडिग खड़ा था। उस बालक के इस बर्ताव को ज़्यादातर लोग उसका हठ कह सकते हैं, लेकिन मेरे सामने एक प्रश्न अटल खड़ा हो गया—'क्या देनेवाला उस बासी वस्तु को ख़ुद खा सकता था? यदि नहीं, तो उस बालक का खाने से इनकार ग़लत कैसे कहा जा सकता है? यह घटना इस पुस्तक के रूप में इतनी विशाल और विचारोत्तेजक हो जाएगी इसकी कल्पना मैंने ख़ुद भी नहीं की थी।

राजेश जोशी जी से कबीर पर केन्द्रित इस पुस्तक की योजना पर चर्चा हुई और अरुण कमल जी से लेख के लिए पहला अनुरोध। अरुण जी ने उसी दिन लेख की सहमति प्रदान की। दोनों वरिष्ठों का शुक्रगुज़ार हूँ। नामवर सिंह जी का आशीर्वाद मुझ पर सदैव रहा, उनको श्रद्धापूर्वक नमन करता हूँ।

इस पुस्तक की जो संरचना बन पड़ी है, उसमें दिनेश कुशवाहा जी की बड़ी भूमिका है। पुस्तक की योजना से अन्त तक उन्होंने जिस आत्मीयता से कबीर के

हर पहलू पर विमर्श और तर्क के लिए मुझे अवकाश दिया, उसके लिए आभार शब्द छोटा जान पड़ता है।

नन्दकिशोर नन्दन जी का स्नेह इस कार्य के लिए प्रेरित करता रहा है। चित्तरंजन कर और श्रीराम परिहार जी के कारण ऐसे कार्य की ओर प्रवृत्त हो पाया हूँ। लीलाधर जगूड़ी जी, रमेश नैय्यर, कनक तिवारी जी का आत्मीय स्नेह रहा, इनका हृदय से आभारी हूँ।

कर्मेंदु शिशिर जी की आत्मीयता कैसे भूल सकता हूँ, उन्होंने इस विषय पर न केवल परिचर्चा की, अपितु कई दिन तो दो पहर गए रात दो बजे परिचर्चा के उत्तर भेजे हैं, अजय तिवारी जी से इस विषय पर गम्भीर चर्चा होती रही, उनके कर्तव्यबोध को सलाम।

इस पुस्तक के शिल्पकार इस पुस्तक में शामिल सभी विद्वत् लेखकगण हैं, ए. अरविन्दाक्षन, चौथीराम यादव, कँवल भारती, राजेन्द्र कुमार, शम्भुनाथ, गोपेश्वर सिंह, रोहिणी अग्रवाल, लीलाधर मंडलोई, सदानन्द साही, राजेन्द्र प्रसाद सिंह, कृष्ण कुमार सिंह, अरुण देव गौतम, सुभाष चन्द गुप्त, सुभाष चन्द कुशवाहा, सूरज बहादुर थापा, कमलेश वर्मा, शशांक शर्मा, प्रमोद कुमार तिवारी, एम. डी. अग्रवाल, मेधा, जिन्होंने कबीर की इस बहुमूल्य चिन्तनधारा में विचार व्यक्त किये हैं, उनके प्रति हृदय से कृतज्ञ हूँ।

कबीर मन्दिर, रीवा के महंत सनाथदास जी की अनुसन्धान-परक पुस्तक 'कबीर एक खोज' उपलब्ध कराने के लिए, भाई सन्तोष चतुर्वेदी, कैलाश बनवासी, शशिभूषण द्विवेदी और प्रदीप चौरसिया के सहयोग के लिए आभार।

माता-पिता, भाई-बहन, पत्नी, पुत्र के स्नेह और प्रेम का ऋणी बना रहूँ, यही कामना है।

आमोद महेश्वरी जी बड़े भाई की भूमिका में रहे हैं, उन्हें धन्यवाद।

इसी आशा के साथ कबीर चिन्तन-शृंखला में यह पुस्तक 'झूठ की दुनिया और कबीर का सच' एक मज़बूत कड़ी साबित होगी, इस विश्वास से यह पुस्तक आपके हाथों सौंपता हूँ, अच्छे-बुरे का निर्णय आप पर।

—जयपाल सिंह

चिन्तन

कबीर का दुख

नामवर सिंह

कबीर के दुख से मेरा 'परिचय' हुआ प्रेमचन्द की कहानी 'कफ़न' में। परिचय कराया घीसू और माधव ने। इन दोनों के परिचय के लिए फ़िलहाल इतना ही काफ़ी है कि वे जाति के चमार हैं, जिन्हें अब 'दलित' कहा जाता है, घर में मिट्टी के दो-चार बर्तनों के सिवा कोई सम्पत्ति नहीं। फटे-चीथड़ों से अपनी नग्नता ढाँके हुए जिए जाते हैं। झोंपड़ी में बहू मरी पड़ी है और बाप-बेटे दोनों कफ़न के पैसों से कलवरिया में दारू उड़ा रहे हैं। नशे में भी बहू की वह लाश दख़ल देती है। बेटा रोने लगता है, तो बाप समझाता है : 'रोता क्यों है बेटा, खुश हो कि वह मायाजाल से मुक्त हो गई। बड़ी भाग्यवान् थी, जो इतनी जल्द मोहमाया के बन्धन तोड़ दिये।' और दोनों खड़े होकर नाचने और गाने लगते हैं : 'ठगिनी क्यों नैना झमकावै, ठगिनी!'

कबीर और कबीर के दुख से परिचय के क्षण वही हैं। मुत्यु, मुक्ति, माया और इन सबके ऊपर समाज के सबसे निचले तबक़े के दो प्राणियों का नृत्य! मृत्यु भी नाचती है, मुक्ति भी नाचती है और नाचती है माया। कबीर ने ही कहीं कहा है—

यह माया जैसे कलवारिन, मद पियाइ राखै बौराई।

नृत्य भी कितना रोमांचक और मुक्ति का उत्सव भी कैसा अद्भुत!

घीसू और माधव अपना कबीर गा रहे हैं, अपना कबीर नाच रहे हैं और लगता है कि उन्हीं के साथ स्वयं कबीर भी नाच रहे हैं और गा रहे हैं—

नाचु रे मेरे मन मत्त होइ
गिरि समंदर धरती नाचै लोक नाचै हँस-रोइ

नाच भी कैसा? हँसना-रोना साथ-साथ। सती के शव को लेकर शिव ने ऐसा ही उन्मत्त नृत्य किया था क्या?

घीसू-माधव उस शिव को शायद ही जानते हों। लेकिन अजीब बात है कि ऐसे क्षण में उन्हें कबीर के राम भी याद न आए। याद आई तो माया ठगिनी! एक माया शंकराचार्य की भी है। लेकिन वह पंडितों की सम्पत्ति है। लोक तो कबीर की माया ठगिनी को ही जानता है। कबीर का भी साबका पड़ा, तो उसी माया ठगिनी से! कबीर के लिए माया दर्शनशास्त्र की कोई अमूर्त अवधारणा नहीं है, बल्कि वह एक ठोस वास्तविकता है, कड़वी सचाई है! राम भले ही निर्गुण हों, माया तो एकदम सगुण है और हर जगह, हर पल सशरीर उससे बचकर निकल जाना मुश्किल है। कबीर का वह पद याद करें—

माया महाठगिनि हम जानी
तिरगुन फाँस लिए कर डोलै बोलै मधुरी बानी
केसव के कँवला होई बैठी सिव के भवन भवानी
पंडा के मूरति होई बैठी तीरथहू मैं पानी
जोगी के जोगिनि होई बैठी राजा के घर रानी
काहू के हीरा होई बैठी राजा के घर रानी
भगतों कै भगतिनि होई बैठी तुरकाँ के तुरकानी
दास कबीर साहिब कै बन्दा जाकै हाथ बिकानी

ग़रज़ कि माया राम से ज़्यादा नहीं तो राम की तरह ही सार्वभौम और विश्वव्यापी है। माया की पहुँच वहाँ भी है, जहाँ राम के लिए जगह नहीं है और हर जगह के अनुरूप वह अपना रूप बदलकर प्रकट हो जाती है, इसीलिए तो उसे 'माया' कहते हैं! धनी के घर हीरा है, तो ग़रीब के घर कानी-कौड़ी! मन्दिर का पंडा जिस मूर्ति का सेवक बनकर कमाई करता है वह भी माया है और यहाँ तक कि तीर्थ का वह 'पवित्र' जल भी माया ही है, जिसे गंगा-जल बताकर बहुतेरे भक्तों को ठगा जाता है। यही माया कबीर के हाथ बिक गई। वह कबीर को वश में न कर सकी, कबीर के वश में हो गई। कबीर का ख़याल ऐसा ही है।

लेकिन कबीर का एक पद ऐसा भी मिलता है, जिसमें वे कहते हैं कि मैं तो माया को छोड़ रहा हूँ, पर माया ही मुझे नहीं छोड़ती। कबीर का वह पद इस प्रकार आरम्भ होता है—

माया तजू तजी नहिं जाइ
फिरि फिरि माया मोहि लपटाइ

इसके बाद तफ़सील से माया का निरूपण किया गया है। माया आदर है, मान है, रस है, स्वाद है। यहाँ तक कि जप, तप, योग भी माया ही हैं। माता, पिता, स्त्री, पुत्र, पुत्री आदि भी माया हैं और धन-दौलत भी, जिसे आज भी लोक-व्यवहार में

लोग 'माया' कहते हैं। जब माया इतनी व्यापक है, तो उसके बन्धन से कौन बच सकता है! आप भले ही माया को छोड़ दें, लेकिन माया भी आपको छोड़े तब तो? यह बेबसी ही सम्भवतः कबीर के एक दुख का कारण है।

माया के बारे में कहा भी बहुत है कबीर ने। कबीर बानी में राम-नाम जितनी बार आता है, उससे कम माया का ज़िक्र नहीं है। माया के साथ रिश्ते भी कबीर ने कई तरह से जोड़ रखे हैं। कभी वह वेश्या है, तो कभी बहन भी, ऐसी बहन जिससे वे खुलकर अपना दुख भी कह बैठते हैं। पहले तो वे प्यार से कहते हैं—

तुम्ह घर जाहु हमारी बहना, विष लागैं तिहार नैना

फिर वजह भी बताते हैं—

वहाँ जाहु जहँ पाट-पटंबर, अगरु चन्दन घसि लीना
आई हमारै कहा करौगी, हम तौ जाति कमीना

और अन्त में अपना दुख—

जाति जुलाहा नाम कबीरा, बनि बनि फिरौं उदासी

सच पूछिए, तो इस माया-लोक में वन-वन उदास फिरनेवाले कबीर ही सचमुच असली कबीर हैं। अपनी एक साखी में तो कबीर ने साफ़ शब्दों में स्वीकार किया है कि—

कबीर जदि का माइ जनमिया, कहूँ न पाया सुख
डाली-डाली मैं फिर्या, पातौं-पातौं दुख

तात्पर्य यह कि जब से माता ने मुझे जन्म दिया, कहीं भी सुख नहीं पाया। सुख के लिए मैं डाल-डाल फिरा, तो दुख पत्ता-पत्ता दौड़ा। यहाँ 'माइ' का एक अर्थ 'माया' भी हो सकता है!

कबीर ने दरअसल जान-बूझकर सुख का त्याग किया और ख़ूब सोच-समझ कर दुख का वरण किया था। यह उनका अपना चुनाव था। रास्ता ही उन्होंने ऐसा अपनाया, जो दुख का है। एक अन्य साखी में उन्होंने इस ओर संकेत भी किया है—

कबीर सुख को जाइ था, आगे आया दुख
जाहि सुख घरि आपने, हम जाणैं अरु दुख

तात्पर्य यह कि कबीर तो सुख के लिए जा रहा था कि सामने दुख आ गया। कहा—'ऐ सुख, तू अपने घर जा, अब मैं जानूँगा और मेरा दुख जानेगा। किसी तीसरे की आवश्यकता नहीं है।'

लेकिन इन सब बातों का यह अर्थ नहीं कि कबीर हर समय सिर्फ अपने दुख से दुखी रहते हैं। जब वे कहते हैं कि माया मुझे नहीं छोड़ रही है, तो संकेत स्पष्ट है कि माया का संसार उन्हें नहीं छोड़ता। एक तरह से कबीर सारे संसार के लिए रोते दिखाई पड़ते हैं। यह बात एक साखी में वे कहते भी हैं—

मैं रोऊँ संसार को, मोकौं रोवै न कोइ
मोकौं रोवे सो जनाँ, जो सबद बिबेकी होइ

एक तरह से यह चुनौती उन सबके लिए है, जो 'सबद-विवेकी' हैं, अथवा 'सबद-विवेक' का दावा करते हैं कहना न होगा कि 'सबद-विवेक' के द्वारा ही कबीर के उस भाव को पकड़ा जा सकता है, जहाँ वे संसार के लिए अपने आस-पास के संसार के लिए रोते हैं। प्राय: ऐसे पद आध्यात्मिक रूपकों में लिपटे हुए हैं और स्वभावत: उनका अर्थ भी सीधे-सीधे आध्यात्मिक ढंग से कर दिया जाता है, क्योंकि यह तरीक़ा आसान है और उसमें 'शब्द-विवेक' के लिए बहुत मग़ज़पच्ची की मशक़्क़त भी नहीं करनी पड़ती। उदाहरण के लिए यह पद—

अब न बसूँ इहि गाउँ गोसाईं
तेरे नेवगी खैरे सयाने हो राम
नगर एक तह जीवधर महता, बसै जु पंच किसानाँ
नैनू नकटू श्रवनू रसनू इंद्री कह्या न मानैं हो राम
गाउँ कु ठाकुर खेत कुनापै, काइथ खरच न पारै
जोरि जेवरी खेति पसारै, सब मिलि मोकौं मारे हो राम
खोटो महतो विकट बलाही, सिरकस दम का पारै
बुरौ दिवान दादि नहिं लागै, इकि बाँधै इक मारै हो राम
ध्रमराइ जब लेखा माँग्या, बाकी निकली भारी
पाँच किसाना भाजि गए हैं, जीवधर बाँध्यौ पारी हो राम
कहै कबीर सुनहु रे सन्तौ, हरि भजि बाँधौ भेरा
अब की बेर बकसि बन्दे कूँ, सब खत करौं निबेरा

इस पद में पाठ-भेद काफ़ी है और जो पाठविज्ञानी गाँव के जीवन को निकट से नहीं जानते, उनके लिए पाठ-निर्णय का कार्य थोड़ा मुश्किल भी। खेती और किसान से जुड़े हुए माल के मुहक़मे के अमलों के नाम भी पन्द्रहवीं शताब्दी के हैं, जो आज के ज़माने में अबूझ मालूम होते हैं। शब्दार्थ की इन प्राथमिक कठिनाइयों के बावजूद मुख्य अर्थ बहुत-कुछ स्पष्ट है।

संक्षेप में, मनुष्य का शरीर एक गाँव है। जीव मुखिया है, पाँचों इन्द्रियाँ किसान हैं। ये कहा नहीं मानतीं। लगान न देनेवाले किसानों की तरह ये इन्द्रियाँ भी बाँधी

जाती हैं, इन्हें मारा भी जाता है। बक़ाया लगान चढ़ गया है। अन्त में धर्मराज हिसाब माँगेंगे, तो क्या जवाब दिया जाएगा। इसलिए हरि से प्रार्थना है कि इस बार बन्दे को बख़्श दें, तो सारा बक़ाया निपटा देगा।

इसमें कोई शक नहीं कि मुख्यतः यह चिर-परिचित भक्ति-भाव का एक भजन है, जिसमें इन्द्रियों के स्वैराचार पर खेद प्रकट किया गया है। इस दृष्टि से यह बहुत सामान्य है। विशिष्ट बनता है, किसानों पर होनेवाले अत्याचार के रूपकों से। ख़ास बात यह है कि वास्तविक जीवन के रूपक ज़्यादा हैं, शारीरिक अंगों के क्रिया-कलाप कम। उदाहरण के लिए, शरीर के अन्दर नेवगी यानी लगान वसूल करनेवाला कौन है, इसका पता नहीं। यही हाल ठाकुर, कायस्थ, दीवान, बलाही (बलाधिकृत?) आदि का भी है। ग़रज़ कि आध्यात्मिक भाव-भूमि पर सामाजिक यथार्थ भारी पड़ता है। आध्यात्मिक अर्थ दब जाता है और ऊपर उभरकर यह सचाई आती है कि लगान वसूल करनेवाले चालाक और क्रूर हैं, कायस्थ/पटवारी उजरत माँगता है, न देने पर खेत की ग़लत नाप करता है। दीवान के यहाँ सुनवाई नहीं होती। बलाही (शायद सिपाही या दारोग़ा) विकट है और ज़ुल्म ढाता है। एक बाँधता है और एक मारता है। इस तरह सभी मिलकर किसानों को मारते हैं। ऐसी हालत में गाँव छोड़कर भाग जाने के अलावा किसान के पास कोई विकल्प नहीं रहता।

यह सामाजिक दुख इतना उत्कट है कि कबीर-जैसे संवेदनशील सन्त को आध्यात्मिक क्षणों में भी उद्वेलित करता रहता है। एक तरह से यह भक्ति-भाव के क्षेत्र में सामाजिक यथार्थ का हस्तक्षेप है। तात्पर्य यह कि कबीर के दुख का एक निश्चित सामाजिक आधार है। इसीलिए 'अब न बसूँ इहि गाउँ गोसाईं' में जो पीड़ा है, वह इतनी मार्मिक है।

सामाजिक यथार्थ के दबाव के ऐसे उदाहरण और भी हैं। जाति-पाँति के भेद को पूरी तरह अस्वीकार करने के बावजूद कबीर एक क्षण के लिए भी नहीं भूलते कि वे एक जुलाहे हैं। आध्यात्मिक अनुभव के उदात्त क्षण में भी। राम-नाम भी वे किसी जुलाहे की तरह बुनते हैं; राम जैसे बड़े नाम को बुनने के लिए तो करघा भी उनके अनुरूप ही बड़ा होना चाहिए। लिहाज़ा वे तीनों लोकों को मिलाकर करघा बनाते हैं, फिर सारे दिग्मंडल को ताने के रूप में तानते हैं और इस तरह बुनाई का सारा तामझाम पूरा करते हैं। यह विराट् कल्पना 'जोलहा बीनहु हो हरि नामा' पद में बिम्ब-रचना करती है। इस प्रक्रिया में वे कभी-कभी अपने राम को भी जुलाहा बनकर एक विशाल करघे पर बैठा देते हैं। आध्यात्मिक अनुभव के ऐसे ही क्षण का एक अद्भुत पद है : 'को बीने प्रेम लागौ री माई, को बीने' यह पद गाते-गाते कबीर मस्त होकर अन्त में नाचने लगते हैं; और फिर—

नाचै ताना नाचै बाना, नाचै कूँच पुरारा
री माई को बीनै

करगहि बैठि कबीरा नाचै, चूहै काट्या तानाँ
री माई को बीनै

इस पद का सबसे दिलचस्प अंश है अन्तिम पदबन्ध का टुकड़ा : 'चूहै काट्या ताना।' यह है कबीर-क़लम की विडम्बना का एक नमूना। नाचने में ताना जब एकदम मस्त हो जाता है, तो अचानक एक चूहा ताने को काटकर सारी मस्ती काफ़ूर कर देता है! यह चूहा क्या है? किसी दुख का दंश तो नहीं? करघे के अन्दर अचानक चूहा कहाँ से आ गया? जो हो, यह एक यथार्थ-बोध का अंकुश है—आध्यात्मिक उड़ान पर भी और आनन्दोल्लास पर भी।

'कबीर-ग्रन्थावली' और 'बीजक' में आध्यात्मिक आनन्दोल्लास के छन्द इतने हैं कि उन्हें पढ़ते हुए सारा दुख भूल जाता है और विश्वास हो जाता है कि कबीर ने अपने राम को पा लिया था। इसी तरह की एक 'साखी' का यह टुकड़ा : 'पूरे सूँ परचा भया, सब दुख मेल्इया दूरि' पूर्ण से परिचय हो गया और मैंने सारा दुख दूर फेंक दिया। लेकिन इसके साथ ही विरह के छन्द भी हैं और ऐसे छन्दों की संख्या कहीं अधिक है। जब परम प्रिय कहीं दूर नहीं है, अपने अन्दर ही है : 'घट घट में', तो फिर विरह की ऐसी उत्कट वेदना क्यों?

'शब्द-विवेक' का सहारा लें, तो 'परचा' का मर्म समझ में आएगा। यह 'परचा' ऐसा परिचय है, जिसे कबीर 'अनभौ' कहते हैं। 'अनभौ' अर्थात् अनुभव। अनुभव-विशेष। साक्षात्कार जैसा कुछ! रहस्यवादियों का इलहाम। आशय यह है कि परम सत्ता की एक झलक भर मिली है। गोया बिजली की कौंध। प्रकाश के विस्फोट के साथ ध्वनि का स्फोट भी। इसीलिए कबीर की वाणी में 'अनहद गरजे, गगन दमामा बाजिया' जैसे पदबन्ध मिलते हैं। वह परमतत्त्व अपने-आपको सिर्फ़ आकाश में ही व्यक्त करता है, किन्तु आकाश की ही तरह अव्यक्त भी है और साथ ही व्यक्त भी। उसका कोई रूप नहीं, इसलिए वह सिर्फ़ नाम है। वह नाम सुविधा के लिए राम है—लेकिन इस कठिन शर्त के साथ कि वह निर्गुण है। अब इस निर्गुण से मिलन हो, तो कैसे हो? परिचय तक तो ठीक, लेकिन मिलन? मिलन और चीज़ है। इसीलिए कबीर कहते हैं—'सबद मिलावा होइ रहा, दव मिलावा नाहिं।' जैसे टेलीफ़ोन पर संवाद, लेकिन रूबरू मुलाक़ात नहीं।

कबीर 'परचा' को कभी-कभी 'ज्ञान' भी कहते हैं। सामान्य ज्ञान नहीं, विशिष्ट ज्ञान। चाहे तो अन्तर्ज्ञान, आत्मज्ञान, आध्यात्मिक ज्ञान आदि में से कुछ भी कह सकते हैं। इस ज्ञान में आनन्द भी है, और दुख भी। इस प्रकार दुखात्मक आनन्द। संस्कृत में 'वेदना' शब्द के दोनों अर्थ हैं : ज्ञान भी और दुख भी। जैसे, या वेदना तदखिलं खलु वेदनैव। जो भी ज्ञान है, वह सब दुख ही है। इसलिए कबीर के दुख का मूल उस अपूर्व ज्ञान में ही है। माया को त्यागने पर जो दुख नहीं हुआ, वह

दुख राम को पाने पर हुआ। परम तत्त्व आकाश है, तो उस आकाश को छूना और फिर उसे अपनी बाँहों में बाँध लेना खेल नहीं है। कबीर अकारण नहीं कहते कि 'हँसि हँसि कन्त न पाइया, जिन पाया तिन रोइ।' इसीलिए कबीर बार-बार 'भगित दुहेली राम की' जैसे पदबन्ध की रट लगाते हैं। राम की भक्ति वैसे ही दुखदायी; फिर वह राम निर्गुण हों तो असाध्य, साध्य को साधने का और भी असह्य दुख।

इसका यह अर्थ नहीं कि निर्गुण राम दर्शनशास्त्र की कोई अमूर्त अवधारणा है। माया की तरह ही कबीर के निर्गुण राम भी काफ़ी 'भौतिक' हैं—भौतिक और वास्तविक। सगुण से किसी भी मायने कम मूर्त नहीं! जिस निर्गुण से मन्दिरों और मस्जिदों की नींव हिल गई, ब्राह्मण और शेख विचलित हो गए और वेद-क़ुरान की विश्वसनीयता सन्देह के घेरे में आ गई, वह एकदम हवाई चीज़ नहीं हो सकती। निर्गुण ऐसा 'ज्ञान' है, जिसे कबीर कभी तीर कहते हैं और कभी तलवार। स्वयं कबीर के हृदय में यह ज्ञान तीर की तरह चुभा था, लेकिन कबीर के विरोधियों की नज़र में वह चमचमाती हुई तलवार थी। जो ज्ञान 'ना हिन्दू ना मुसलमान' हो और जो ब्राह्मण-शूद्र के भेद को भी नकारता हो, उसका नाम 'निर्गुण' के अलावा और हो ही क्या सकता है। सभी स्थापित मान्यताओं का निषेध ही निर्गुण है, और इतने बड़े निषेध में दुख स्वाभाविक नहीं है। किन्तु यह अनास्था का आत्मघाती दुख नहीं है और न ही दुविधा का संत्रास है। निर्गुण को स्वीकार करके ही कबीर ने बाक़ी सबको अस्वीकार करने का साहस हासिल किया। कहना न होगा कि 'निर्भय निरगुन' गानेवाले कबीर के अन्दर कोई गहरा स्वीकार है। यह निर्गुण कोई रहस्य नहीं, बल्कि एक क्रान्तदर्शी कवि की उदात्त कल्पना है : सभी वांछित मूल्यों और सपनों का सम्भाव्य मानचित्र। मुक्तिबोध के शब्दों में एक 'नक्शा'! दुख सिर्फ़ इस बात का है कि दिमाग़ में नक्शा तो है, लेकिन उसके मुताबिक़ एक नया संसार बनाने के साधन नहीं हैं। यह असहायता और विवशता ही दुख है। वह नक्शा आँखों में तो है, लेकिन आँखों के सामने नहीं है; मन में है, संसार में नहीं। एक तरह से यह भी एक 'दुखद' सपना है, लेकिन पास्कल का 'हू-ब-हू' ट्रैज़िक विज़न नहीं। कबीर की तरह ही यह दुख भी निराला है : विरोधाभासों से भरा हुआ, विडम्बनाओं से युक्त। अनुभव के ये उत्कट क्षण इसीलिए प्राय: उलटबाँसियों में व्यक्त होते हैं।

कबीर के मन में राम और उनकी माया को लेकर कोई दुविधा नहीं है। न अपने राम में उनकी आस्था कभी डिगी और न माया के संसार से उन्होंने कोई समझौता किया। संसार को पूरी तरह अस्वीकार करके भी संसार में ही रहने का निश्चय किया और अपने विरोधियों से भी लगातार विवाद-संवाद करते रहे। उनकी एक साखी के आधार पर कुछ लोग यह साबित करने की कोशिश करते हैं कि कबीर ने धरती और आकाश के बीच 'अनल' पक्षी के समान घोंसला बनाया था

और उनका विश्वास निराधार अधर में लटका हुआ था। इस व्याख्या को स्वीकार करना कठिन है। कबीर की वह साखी इस प्रकार है—

अनल अकासा घर किया, मधि निरन्तर वास
वसुधा व्यौम विगता रहै, बिन अधर विसवास

जिस आकाश में कबीर के 'अनल' का घर है वह वसुधा और व्योम के बीच की कोई 'लौकिक-सी' जगह है। यथार्थ से भी परे और कल्पना से भी परे। हद और बेहद दोनों से विगत। इस विश्वास का कोई बाहरी सहारा नहीं है। उसका आधार कबीर के अन्दर है—अपनी अन्तरात्मा में।

कबीर का सर भले ही आकाश पर रहा हो, उनके पाँव मज़बूती से ज़मीन पर जमे हुए थे। उनका विश्वास भी निराधार न था। कल के ही नहीं, आज के भी करोड़ों घीसू-माधव कबीर के 'निरगुन' के ठोस आधार हैं और वे निरगुन को अपना भरोसेमन्द आधार समझते हैं। इस सुनिश्चित सामाजिक आधार के बावजूद कबीर इससे सन्तुष्ट प्रतीत नहीं होते। वे अपने आधार का विस्तार करने के लिए व्याकुल दिखते हैं। इसीलिए एक ओर अगर वे 'सुनो भाई साधो' कहकर अपने समानधर्मा लोगों को गुहार लगाते हैं, तो दूसरी ओर मुल्ला और पाँडे को भी बीच-बीच में आवाज़ देते रहते हैं। अकेली राह चलने के क़ायल वे नहीं मालूम होते। इस दौड़-भाग में कबीर कभी अकेले पड़ जाएँ तो यह और बात है।

फिर भी यह स्वीकार करना पड़ेगा कि कबीर अकसर उदास दिखते हैं। शायद इसीलिए वे एक कवि हैं, सिर्फ़ सन्त नहीं। खँजड़ी लेकर घूमनेवाले सन्त तो और भी हैं। ढेरों। किन्तु यह नहीं भूलना चाहिए कि उदास फिरनेवाले कबीर का यह दुख बहुत विस्फोटक और विध्वंसक है। वस्तुतः यह आत्मा की धधकती हुई आग है, जिसमें इस भ्रष्ट संसार को ख़ाक कर देने की अकूत ताक़त है। कबीर का 'सबद' आग है और दुख विद्रोह!

कवि-मिथक का अविराम इतिहास

ए. अरविंदाक्षन

कवि को प्रजापति माना गया है। कवि-परम्परा का इतिहास हमें यह बता रहा है कि श्रेष्ठ कवि अन्ततः प्रजापति है। प्रजापति शब्द का किंचित् विश्लेषण वांछित है। अधि-कार के व्यापन के सन्दर्भ में कवि प्रजापति नहीं है। वह अपने सृजित-संसार के बल पर प्रजापति है। इस कथन में वस्तुतः कवि-धर्म की पारदर्शिता का पता चलता है। वह प्रजा का पति है। वह व्यापक जन-समाज का नायक है। वह लोकनायक है। उसका क्षेत्र कभी संकीर्ण नहीं होता। वह व्यापक ही रहता है। वह शासक के समान जीवन के भौतिक पक्ष पर दृष्टि नहीं रखता है। वह जन-समाज के हृदय पक्ष पर दृष्टि रखता है। हृदयों के आदान-प्रदान में सूत्रधार की भूमिका में वह सदैव प्रकट होता है। उसकी रचनाओं के साथ जन-समाज का जो संवेदनात्मक ऐक्य हो जाता है, उसी के कारण वह जन-समाज के केन्द्र में रहता है। इस अर्थ में ही कवि प्रजापति है। कवि के लोकबद्ध प्राणी होने का प्रमाण इस तथ्य में उपलब्ध है। लोक उसके लिए यथार्थ है। वह सब का यथार्थ है। दरअसल, लोकबद्धता कवि-परम्परा के इतिहास में सर्वश्रेष्ठ तत्त्व है। लोकबद्धता के अभाव में कवि प्रजापति नहीं हो सकता। अतः प्रजापति के रूप में जब कवि को देखा गया तो भारतीय मानस एक आदर्श भी प्रस्तुत कर रहा था तथा यथार्थ भी। भारतीय मानस के अनुसार कवि सबसे प्रामाणिक व्यक्ति है। इसलिए उसे प्रजापति कहा गया है। इस प्रकरण में यह तथ्य भी विचारणीय है कि हमारे समाज ने कवि को कितना महत्त्व दिया है। हमारे सामान्य इतिहास के पृष्ठों में कवि की महत्ता दर्ज नहीं है। प्राचीन काल में भी हमारी प्राथमिकताएँ साहित्य-केन्द्रित नहीं रही हैं। अधिकार के द्रुतगामी विस्तार से जुड़े हादसे इतिहास में सुलभ हैं। सामन्तवादी संस्कृति का व्यापन समाज में होता ही रहता था। शोषक और शोषित के बीच कोई विभाजक रेखा नहीं थी, क्योंकि उसकी आवश्यकता समझी नहीं गई थी। शोषण को शोषण के रूप में नहीं, बल्कि प्रथा के रूप में देखा गया था। अतः विपन्नता को भाग्यवाद के रूप में देखा गया और उसे आत्मसात् किया गया था। ऐसे एक समाज में, जो परिवर्तन

को लाज़िमी नहीं समझ रहा था, कवि का सन्दर्भ कैसे और क्यों महत्त्वपूर्ण माना जाएगा? इसका उत्तर यह है कि जिस प्रकार समकालीन दौर में भी कवि-भूमिका को हमारी विशिष्ट प्राथमिकताओं में स्थान उपलब्ध नहीं है, उसी प्रकार प्राचीन काल में भी कवि-भूमिका का महत्त्व प्राथमिकताओं की सूची के साथ जुड़ नहीं पाया था। इस वैरुद्ध के बावजूद हमारे अधिकारग्रस्त स्थान, समय और भाषा में रचना की सदानीरा को महत्त्व मिला था। यह सही है कि कवि ने दुर्ग खड़े नहीं किये, भव्य महलों का निर्माण नहीं किया, लेकिन उसने एक रचना-संसार खड़ा किया, जिसको हमारे समाज ने स्वीकार किया। उस कवि प्रजापति द्वारा सृजित हृदय और संवेदना का संसार था।

हमारे समाज में दो प्रकार के कलास्वादन-सम्बन्धी दृष्टिकोण विकसित हुए। एक अभिजातवर्गीय था, तो दूसरा लोकदृष्टिबद्ध था। लोकबद्ध दृष्टिकोण अपने सार में मनुष्यधर्मी रहा। समाज की व्यापक सौन्दर्यानुभूति को रूपायित करने में लोकदृष्टि का अवदान था। सौन्दर्य-दृष्टि का अपना विकल्प था। कवि को प्रजापति स्वीकार करनेवाला दृष्टिकोण इसी वैकल्पिकता का परिणाम है। समय-समय की प्राथमिकताओं में कवि का अनुपस्थित रहना भले ही सहज रहा हो, फिर भी कवि स्वीकृत होता ही गया, उसकी रचनाएँ आस्वादित होती गईं। इसकी वैकल्पिकता ने कवि-मिथक को भी गठित किया है।

भारतीय वाङ्मय में वाल्मीकि, व्यास, और कालिदास-जैसे रचनाकार आज हमारे लिए रचनाकार न रहकर कवि-मिथक के प्रतीक बन गए हैं। इसलिए उनके व्यक्ति-पक्ष तथा रचना-पक्ष हमें अभिभूत करते रहते हैं। वाल्मीकि का दुख, जब उन्होंने क्रौंच-मिथुन में से एक को मरते देखा, सामान्य नहीं है। रामायण की रचना के मूल में स्थित यह कथा हमारी आख्यान-परम्परा का मूलस्रोत मात्र नहीं बल्कि कवि के उद्वेलित मन की अनवरत कथा का मिथक है। संस्कृत साहित्य में जिस प्रकार भारतीय भव्य मानस के लिए कवि-मिथक सृजित किया, उसी प्रकार या उससे अधिक भव्य कवि-मिथक प्रादेशिक भाषाओं ने सृजित किया है। इसका कारण स्पष्ट है कि प्रादेशिक जन भाषाएँ हैं। इसलिए प्रादेशिक भाषाओं के कवि हमारे हृदय में विशेष स्थान प्राप्त कर सके हैं। इनके समग्र व्यक्तित्व की पारदर्शिता ही कवि-मिथक का सार-सत्य है। अपने जीवन-काल में इन कवियों ने अपने कवि-व्यक्तित्व को मिथकत्व प्रदान किया था। परन्तु यह कोई आरोपित अवस्था नहीं है। यह सहज अवस्था है। कारण यह है कि उनका विषय प्रत्यक्षतः एवं जीवन कामनाओं से सम्बन्धित था। हमारी अपनी सहज साध्य बोली में जब एक कवि जीवन के निकटतम सत्य से तथा दूरस्थ सत्य के सम्बन्ध में पारदर्शी शैली में छन्द सृजित करता है और उसका प्रत्येक छन्द जन-हृदय में जीवन की नई परिकल्पना और नए उन्मेष का अनुभव प्रदान करता है, तो वह कवि न रहकर प्रजापति

बनता है। सामान्य जन-समाज कई प्रकार की विडम्बनाओं के बीच अपना गुज़ारा करनेवाला है। उसका अवसादग्रस्त मन स्वतंत्रता चाहता है। मुक्ति चाहता है। खुली हवा में वह विचरण करना चाहता है। साहस का और आत्मविश्वास का परिवृत्त वह चाहता है। स्वप्न-सदृश कामनाओं की पूर्ति के लिए संघर्षरत जन-समाज जब ऐसे कवियों के छन्दों को पढ़ता है, तो वह अभिभूत होता ही है। इसमें आस्वादन का पक्ष ही मुखर नहीं है। मुखर है जनाकांक्षा का पक्ष।

व्यापक जनाकांक्षाओं को भली-भाँति छन्दोबद्ध करनेवाला कवि ही अपना मिथक रूपायित कर सकता है। हिन्दी में यदि किसी कवि ने अपनी शब्दशक्ति के आधार पर जन-जन के हृदय में अपने को बसाया है, तो वह कबीर है। एक और तथ्य यहाँ जोड़ना उचित होगा कि कबीर का पाठक-समाज हिन्दी-प्रदेश तक सीमित नहीं है। कबीर भारतीय पाठक-समाज के लिए मिथक बन गया है। वे सब की संवेदनात्मक आकांक्षाओं में किसी-न-किसी रूप में विद्यमान हैं। उनकी मिथकीय उपस्थिति हर क्षण पुनर्वाचन की माँग करती है। कविता और जीवन का नया पाठ कबीर हमें प्रदान करते हैं। अब यह देखना प्रीतिप्रद होगा कि कबीर हम पर किस तरह छाये हुए हैं।

कबीर के कवि-मिथक का आकर्षण और सबसे अधिक संवेदनात्मक पक्ष उनका आत्मसंघर्ष से भरा कवि-मन है। कबीर ने जीवन के हल्के-फुल्के प्रसंगों को नहीं लिया। उनका रचना-संसार तनावहीन नहीं था। उनके पदों के केन्द्र में एक संघर्षशील कवि को हम देख पाते हैं। उन्हें जगत् का सच ढूँढ़ना था, जो उन्होंने अपने ढंग से ढूँढ़ लिया था। लेकिन उनकी ज्ञानात्मक दृष्टि अपनी संवेदनात्मक दृष्टि से अलग नहीं थी। मानवीयता को त्यागकर उन्होंने अपने लिए कोई ज्ञानमार्ग नहीं ढूँढ़ा। इसमें कबीर की अन्तर्दृष्टि का विकास देखा जा सकता है। ज्ञान के मार्ग का यह खुलना है। लेकिन यह सरल कार्य नहीं है। अपने में लीन और अपने में मग्न अवस्था से अपने को यह पूरी तरह से खुला छोड़ देना है और जन-समाज की खुली हवा में साँस लेना है। सचमुच कबीर ने यही किया। ज्ञानावस्था में उन्होंने जिस सत्य का साक्षात्कार किया, वह सत्य बाहर निर्मूल्य-सा प्रतीत हो रहा था। कबीर ने इस अन्तर्विरोध को पहचान लिया था, जिसे वे मिटाना चाहते थे। कबीर भारतीय वाचिक परम्परा के श्रेष्ठ कवि थे कि उन्होंने अपनी सत्यवाणी का प्रयोग अन्तर्विरोधों को मिटाने के लिए किया। तब तो यह सहज है कि समाज के रूढ़ प्रतिमान इसे स्वीकार नहीं कर सकते। अत: उनकी वाणी में सतर्कता और सचेतनता आ गई। वह क़तई हल्की नहीं हो सकती थी। यदि कबीर के उच्चरित शब्दों में पैग़म्बराना अन्दाज़ है, तो वह उनके आत्मसंघर्ष के कारण है। यह आत्मसंघर्ष इतना गहन है कि उसकी अगाधता का पता तब चल सकता है, जब हम उस युग-विशेष को बारीकी से देखें और साथ ही कबीर के कवि होने की यात्रा का अध्ययन करें। कबीर की कवि-यात्रा

वह तीर्थयात्रा है, जिसमें उनका पाथेय था सच। उनकी अन्तर्दृष्टि का विश्व-सापेक्ष सच है। कबीर की वाणी से गुज़रते समय उनकी इस तीर्थयात्रा का अनुभव होता ही है और अपने सत्य के सहसदली कमल के बल पर वे इतने अडिग दिखते हैं कि रूढ़ियाँ मानो उससे भयभीत होकर भागती नज़र आती हैं। उनकी आस्था कवि की आस्था है, जो मानवीयता की गरिमा को शब्द देती है।

कबीर के सामने एक लघु समाज भी था और एक व्यापक विश्वसमाज भी। उनका आत्मसंघर्ष इन दोनों प्रकार के समाज के लिए था। उन्होंने सबसे पहले अपने लघु समाज में ही स्वत्व विकसित किया था। इसलिए कबीर की वाणी की जितनी भी सहज-साध्य सामान्यताएँ हैं, वे उस लघु समाज से सम्बन्धित हैं। भक्ति-सिद्धान्त में, भक्ति के आचरण में, भारतीय ज्ञान-मार्ग में इस लघु समाज के लिए पर्याप्त स्थान प्राप्त था। लेकिन कबीर ने देखा कि भक्ति तथा ज्ञानमार्ग में से लघु समाज तिरस्कृत हो गया था। अतः कबीर ने भक्तिमार्ग और ज्ञानमार्ग को सरल ढंग से व्याख्यायित किया और उसमें अपने लघु समाज को प्रतिष्ठित किया। अतः उनका विश्व-समाज अपने लघु समाज का विस्तार है। निरन्तर उस लघु समाज से संवाद करके ही वे सन्त पद प्राप्त कर सके। इस प्रकरण में उनका आत्मसंघर्ष स्पष्ट दिखता है। ज्ञान और जीवन, धर्म और जीवन, सत्य और जीवन में जो विरोध दर्शित था, उसे मिटाना चाहते थे। एक अगम्भीर कवि यह कार्य नहीं कर सकता। संघर्ष-चेतना-सम्पन्न कवि ही यह विरोध मिटा सकता है। अपने लघु समाज के लिए इस विरोधाभास से उन्हें संघर्ष करना था सो उन्होंने किया। इसी संघर्ष ने उन्हें कवि का ऐसा दर्जा प्रदान किया, जिसका मिथकत्व हमारी जातीय अस्मिता का अभिन्न अंग बन गया है।

कबीर का आत्मसंघर्ष मुक्ति का संघर्ष है। मानवीय स्वतंत्रता की यह मुक्तिकामी चेतना भी है। वस्तुतः कवि के सन्दर्भ में यह पक्ष बहुत ही मूल्यवान् है। मुक्तिकामी चेतना को अपने रग-रग में अनुभव करने के कारण कवि विशिष्ट नागरिक हो जाता है। कबीर विशिष्ट नागरिक हैं, विश्वमानवत्व के प्रतीक-पुरुष भी हैं। यहाँ इस तथ्य पर विचार करना समीचीन होगा कि मुक्तिकामी चेतना को किस प्रकार कबीर ने स्वीकार किया है। यह विदित बात है कि कबीर भक्त कवि हैं। वास्तव में भक्ति ने ही उन्हें मुक्ति की यह चेतना दी। भारतीय भक्ति के समक्ष मनुष्य मनुष्य रहता है, जगत् का अंग बनता है, विश्व-अंग बनता है और वह देवत्व प्राप्त करता है। भारतीय भक्ति-पद्धति के इस सनातनत्व को कबीर ने स्वीकार किया। भक्ति में निहित विश्वदृष्टि ने उन्हें विशाल हृदय प्रदान किया। अतः उनकी वाणी जहाँ-जहाँ पहुँची, वहाँ अस्वतंत्रता पर प्रश्न-चिह्न पड़ने लगे। भक्ति के प्रसार-पथ पर मनुष्य शृंखला की कड़ियों में जकड़ नहीं सकता। कबीर ने पंडिताई का परिहास इसलिए किया कि वे अपने ज्ञानानुभव के अनुगामी थे। कबीर ने मसि और कागद को इसलिए

अलग रखा कि उनके लिए जीवनानुभव से बड़ा कोई ग्रन्थ नहीं था। जब उनका ज्ञानानुभव और जीवनानुभव एकीकृत होते हैं, तो उसके केन्द्र में वे मनुष्य को देखते हैं। सर्वस्वतंत्रता मनुष्य ही श्रेष्ठ समाज का निर्माता हो सकता है। विश्वमानव की चेतना से अभिभूत कबीर की गहरी संवेदना भारतीय संस्कृति के गतिशील पक्षों की संवाहिका थी। इस कारण से ही मुक्तिकामी चेतना में कबीर की स्थानीय संवेदना से जुड़ी पारदर्शी मिथकीयता का आभास हमें मिलता है और समानान्तर ढंग से उनकी विश्व-बन्धुत्व की चेतना में कवि-मिथक का विराट् रूप दर्शनीय होता है।

कबीर के कवि-मिथक का सबसे श्रेष्ठ पक्ष उनकी प्रतिरोधी दृष्टि से सम्बन्धित सूक्ष्मग्राही सांस्कृतिक चेतना है। कवि तभी मनुष्यधर्मी संवेदना का प्रतीक-पुरुष बनता है, जब उसमें मनुष्य-विरोधी शक्तियों की पहचान हो। मनुष्य का पक्षधर बनना आसान है। मनुष्य को सुरक्षित रखने के लिए सृजनशील होना कठिन है। पहला आदर्श है, जिसे शब्दों में व्यक्त करके चैन का अनुभव किया जा सकता है। कबीर ऐसे कवि नहीं थे। उन्होंने शब्द को कर्म में परिवर्तित किया। कबीर के लिए यही कविता का यथार्थ था। कविता का यथार्थ यानी जीवन का यथार्थ। कबीर निरन्तर प्रतिरोध करते रहे। उनकी वाणी में सही मनुष्य की परिभाषाएँ कई तरह से दुहराई गई हैं। इससे यह स्पष्ट है कि ग़लत कौन है। यहाँ मनुष्य समाज का प्रतीक है। समाज की ग़लत दिशाओं से कबीर परिचित थे। इसलिए उन्होंने अपने प्रतिरोधी स्वर को मुखरित किया। उसमें दीन के प्रति दया का भाव ही नहीं व्यक्त हुआ, जो प्रायः एक भक्तकवि व्यक्त करता है, अपितु शोषण का सख़्त विरोध भी है। सामाजिक व्यवस्था और सांस्कृतिक तंत्र में निहित समस्त अयाचितताओं की सूक्ष्म पहचान यदि किसी मध्यकालीन भक्त-कवि में उपलब्ध है, तो वह मात्र कबीर में है। इसलिए कबीर को निकट अनुभव करते समय हम अपने को कवचित अनुभव करते हैं। श्रेष्ठ कवि का यह अवदान है।

भारतीय काव्य-परम्परा में कबीर का स्थान इसलिए विशिष्ट है कि उन्होंने एक नई परम्परा की शुरुआत की। इस नई परम्परा में भारतीय मूल्य पूरी तरह से सुरक्षित हैं। इसमें भारतीय संस्कृति के गतिशील पक्ष सुरक्षित हैं। विश्व कुटुम्ब के रूप में इसमें समाया हुआ प्रतीत होता है। करुणा की धारा इसमें प्रवहमान् है। अहिंसा का अकृत्रिम भाव इसमें है। सब कुछ भी तथता इसमें है। कुल मिलाकर मनुष्य का एक सहज बिम्ब ही इस परम्परा में निहित है। कबीर की बनाई इस परम्परा में कवि का तेजस्वी मिथक हमें प्राप्त होता है। यह एक सर्जक का महान् रूप है। दार्शनिक, युग-द्रष्टा, युगस्रष्टा और लोकनायक आदि उस सर्जक के अलग रूप हैं। वास्तव में कबीर का कवि-मिथक लोकनायक की संकल्पना से उद्भूत और विकसित है। भारतीय मानस में ऋषि-कवि की परिकल्पना भी लोकबद्ध दृष्टि से ही विकसित है। कबीर ऋषि-कवियों के अविराम इतिहास में जीवित कवि-मिथक हैं।

प्रतिरोधी परम्परा का प्रखर कवि : कबीर

चौथीराम यादव

मध्यकालीन सामन्ती-पुरोहिती जाति-व्यवस्था के प्रभामंडल का सबसे बड़ा आलोचक कबीर है। उसकी आलोचनादृष्टि समेकित, सन्तुलित और सर्जनात्मक है, तो शैली आक्रामक। वह अपने समय में प्रचलित सभी चिन्तन-परम्पराओं के सामने पूरी सप्रश्नता और चुनौतियों के साथ खड़ा है—'निडर' और 'अडिग'। चाहे वह भारतीय वेदान्त हो, चाहे सूफ़ियों का एकेश्वरवाद और चाहे बौद्ध चिन्तन से अनुभावित सिद्धों-नाथों का चिन्तन। वह किसी भी ज्ञान-परम्परा का न तो अन्ध समर्थक है और न अन्ध विरोधी। वह सार्थक मानव-मूल्यों की खोज में सभी ज्ञान-परम्पराओं के साथ सार्थक संवाद स्थापित करना चाहता है, इसलिए उसके वाद-विवाद में विरोध और सामंजस्य का युगपत् सम्बन्ध है। वह पूर्व स्थापित मान्यताओं और सुनी-सुनाई बातों को ज्यों-का-त्यों मान लेने का क़ायल नहीं है। अपने अनुभव की कसौटी पर ही वह किसी विचार को स्वीकार या अस्वीकार करता है। सहमति और असहमति का उसका अपना प्रतिमान है, और वह है उसका 'अनभौ सांचा' व्यावहारिक ज्ञान—'मैं कहता हौं आँखिन देखी, तू कहता कागद की लेखी।' कबीर अनुभव को सत्य की कसौटी और ज्ञान का प्रामाणिक आधार मानता है। अतः अनुभूति की प्रामाणिकता ही कबीर के सामाजिक चिन्तन का केन्द्रीय स्वर है।

अद्वैत वेदान्त को सिद्धान्ततः स्वीकार करने के बावजूद समाज-सापेक्ष अनुभव-प्रधानता के चलते कबीर एक ओर जहाँ अद्वैतवादी शंकराचार्य की अपेक्षा अनुभव को महत्त्व देनेवाले द्वैतवादी मध्वाचार्य के निकट प्रतीत होता है, वहीं दूसरी ओर सामाजिक अनुभव पर आधारित तार्किक प्रणाली विकसित करनेवाले बौद्ध दार्शनिकों और आजीवकों की क़तार में खड़ा है। अतः कबीर के व्यावहारिक ज्ञान और उसके स्वतंत्र चिन्तन में किसी व्यवस्थित दार्शनिक प्रणाली की खोज बेकार है। उसकी भक्ति न तो वेदान्त-भावित भक्ति है और न उसकी शास्त्र-निरपेक्ष विचारधारा

वेदान्तियों के दार्शनिक मकड़जाल की मोहताज। कबीर को उस वेदान्त से क्या लेना जो सिद्धान्त में क्रान्तिकारी होने के बावजूद वर्णवादी मान्यताओं का समर्थन करता है। आख़िर, वर्णाश्रम व्यवस्था के विरोध में अद्वैत वेदान्त के क्रान्तिकारी सिद्धान्त की सामाजिक चरितार्थता तो कबीर ने ही प्रमाणित की है। अत: कबीर में वेदान्त की ही 'सुनी-सुनाई चर्चा' नहीं मिलती, बल्कि यही सुनी-सुनाई चर्चा और सत्संग की लोक-परम्परा ही उसके व्यावहारिक ज्ञान का मूल स्रोत है। कबीर से किसी व्यवस्थित अध्ययन की आशा की भी कैसे की जा सकती है? कबीर-जैसे दलितों के लिए वेद और शास्त्र के दरवाज़े खुले ही कब थे? इसलिए कबीर ने समाज में जो देखा और सुना, सत्संग से सीखा और जाना, वह किसी पोथी के बन्द ज्ञान से नहीं, बल्कि संघर्षपूर्ण जीवन की खुली किताब से अर्जित किया गया है। लोकज्ञानी कबीर की कविता का स्वर इतना कठोर और पैना है, तो इसलिए कि उसका जीवन-संघर्ष भी उतना ही कठोर और पैना है।

कबीर ने हमारे भीतर चीज़ों को उनके सही नाम से पुकारने की समझ पैदा की, तो सच को सच और झूठ को झूठ कहने का साहस भी पैदा किया।

कबीर के समय का भारतीय समाज अश्वघोष और सरहपाद के समय के समाज की अपेक्षा कहीं ज़्यादा जटिल और चुनौतियों से भरा समाज था। हिन्दुओं और मुसलमानों के दो अलग जाति-समुदाय आमने-सामने भी थे और उनके अपने-अपने सामाजिक अन्तर्विरोध भी थे। सामाजिक ध्रुवीकरण की उस प्रक्रिया में एक ओर जहाँ मुस्लिम शासकों, उनके सहायक सामन्तों और सत्ता-समर्थक मुल्ला-मौलवियों और पंडे-पुरोहितों के रूप में हिन्दू-मुस्लिम उच्चकुलीनों का एक मज़बूत शोषक-वर्ग तैयार हो गया था, वहीं दूसरी ओर दोनों समुदाय की निम्नवर्गीय जातियाँ, सिद्धों-नाथों और सूफ़ियों के मानवतावादी आन्दोलन के सहारे गोरखनाथ के झंडे के नीचे संगठित हो रही थीं। अत: दोनों समुदाय की सामन्ती-पुरोहिती शोषक शक्तियों के विरुद्ध निम्नवर्गीय शोषित जनसमुदाय को जगाना आवश्यक हो गया था, जिसे कबीर के नेतृत्व में निर्गुण भक्ति-आन्दोलन ने सम्भव बनाया। कबीर ने बड़े आक्रामक अन्दाज़ में दोनों समुदाय के कट्टरपंथी अलगाववादियों और उनके जातिगत श्रेष्ठता के दम्भ को एक साथ चुनौती दी—

1. *जो तू ब्राह्मण ब्राह्मणि को जाया और राह से काहे न आया*
   जो तू तुरुक तुरुकनि को जाया, पेटहिं काहे न सुन्नति कराया।
2. *सुन्नत कराय तुरुक जो होना, औरत को क्या कहिए।*
   पहिरि जनेऊ जो ब्राह्मण होना, मेहरी क्या पहिराया

यही सन्तुलित विवेक और समेकित दृष्टि कबीर की सामाजिक आलोचना की खास पहचान और उनकी धर्मनिरपेक्ष अधुनिकता की परिचायक है।

कबीर की दृष्टि में मध्यकालीन भारतीय समाज की मुख्य चुनौती अलगाववादी प्रवृत्तियाँ हैं, जो सामन्ती हितों को पुष्ट करती हैं। इसलिए समाज में जात-पाँत, छुआछूत और ऊँच-नीच का भेदभाव पैदा करनेवालों को उसने कभी क्षमा नहीं किया। कबीर ने अपनी कविता में इन अलगाववादियों को अच्छी तरह चिह्नित कर लिया है—पंडित-पाँडे और क़ाज़ी-मुल्ला। एक समुदाय को दूसरे समुदाय से लड़ानेवाला और आदमी को आदमी से बाँटनेवाला यह तीसरा आदमी ही असल अपराधी है, इसलिए उसके दिशाहीन भटकाव पर वह एक साथ झुँझला उठता है—

अरे इन दोहुन राह न पाई
हिन्दू अपनी करैं बड़ाई गागर छुवन न देई।
वेस्या के पाइन-तर सोवै यह देखौ हिन्दुआई॥
मुसलमान के पीर औलिया मुर्गी मुर्गा खाई।
खाला केरी बेटी ब्याहें घरहिं में करैं सगाई॥

कबीर की यह झुँझलाहट वस्तुतः प्रभुत्वर्गीय संस्कृति और प्रति संस्कृति के द्वंद्वात्मक तनाव का ही प्रतिफल है, जो उसके सामाजिक चिन्तन को बृहत्तर मानव-मूल्यों से जोड़कर उसे व्यापक आयाम प्रदान करता है। दोनों समुदायों की अन्धविश्वास जनता में धार्मिक उन्माद पैदा कर मन्दिर-मस्जिद की राजनीति करनेवालों से किया गया एक छोटा-सा सवाल, जितना सीधा और सरल उतना ही गम्भीर और निरुत्तर कर देनेवाला—

तुरुक मसीति देहुरैं हिन्दू, दुहूंठा राम खुदाई।
जहाँ मसीति-देहुरा नाहीं, तहाँ काकी ठकुराई।

इसलिए कबीर की लड़ाई अभी ख़त्म नहीं हुई है। जिन चुनौतियों से वह जूझ रहा था, वे आज भी हमारे सामने मुँह बाये खड़ी हैं। पुरोहितवाद और पूँजीवाद के गठबन्धन ने उन्हें और भी जटिल बना दिया है। अतः उनके विरुद्ध कबीर की लड़ाई में शामिल होकर उसे वेगवान् बनाना हमारा कर्तव्य है। लेकिन सवाल यह है कि लड़ाई ख़त्म कैसे हो? जब तक समाज में अलगाववादियों का वर्चस्व बना रहेगा, तब तक अलगाववादी झगड़े भी होते रहेंगे और साम्प्रदायिक दंगों पर क़ाबू पाना भी कठिन होगा। इसलिए कबीर उनके सामाजिक बहिष्कार की माँग करता है—

हमरा झगरा रहा न कोऊ, पंडित-मुल्ला छाड़ै दोऊ।

ऐसा इसलिए कि जातिगत वर्ण-भेदों का समर्थन करनेवाले धर्मशास्त्र ही उनकी सबसे बड़ी शक्ति हैं, जिन पर पवित्रता का मुलम्मा चढ़ाकर पुरोहितों ने उन्हें दैवी-विधान घोषित कर रखा है। इसलिए कबीर ने हिन्दू-मुस्लिम पुरोहितवाद पर तीखे

आक्रामक प्रहार किये हैं और जनता को जागरूक एवं विवेकवान् बनाने के लिए, उनके लिखे को ख़ारिज करने का साहस दिखाया है—

पंडित-मुल्ला जो लिखि दीया, छाँड़ि, चले हम कछू न लीया।

ऐसी शक्तियों के सामाजिक बहिष्कार और उनके लिखे को ख़ारिज करने का अदम्य साहस तो बड़े-से-बड़े हिन्दी लेखक में भी दुर्लभ है।

कबीर ने यह भी अच्छी तरह समझ लिया था कि प्रभुवर्गीय संस्कृति के विरुद्ध संघर्ष करने के लिए पंडे-पुरोहितों और मुल्ला-मौलवियों के धार्मिक वर्चस्व को तोड़ना ज़रूरी है, लेकिन यह जितना आवश्यक था, उतना ही कठिन भी था। लोक-जीवन के विभिन्न मांगलिक कार्यों और धार्मिक अनुष्ठानों के कर्मकांडी विधानों में जनता का अन्धविश्वास कुरीतियों की सीमा तक फैला हुआ था और इन्हें सम्पन्न कराने में शेख़-सैयद और ब्राह्मण-पुरोहितों का एकाधिकार था। पुरोहितों के लिए इनका बना रहना ज़रूरी था, तो जन-साधारण का हित इनसे मुक्त होने में था। लोक और परलोक, पाप और पुण्य तथा स्वर्ग एवं नरक में विधि-निषेध की रेखाएँ खींचनेवाले शास्त्रों ने ईश्वरीय चमत्कार तथा नरक एवं पाप के भय से जनता को भयभीत करते हुए अन्धविश्वासों को लगातार पोख़्ता बनाने का प्रयास किया। अत: लोगों के मन से अमंगल के भय को निकाल उन्हें जगाया जाना ज़रूरी था। लोक-जागरण की इसी प्रक्रिया में कबीर ने दोनों समुदायों में व्याप्त धार्मिक रूढ़ियों और सामाजिक कुरीतियों—रोज़ा, नमाज़, खतना, तथा जप, माला, छापा-तिलक, श्राद्ध एवं पिंडदान आदि पर कड़े प्रहार किये हैं। ऐसे ही एक श्राद्ध और पिंडदान के पाखंड को उद्‌घाटित करते हुए उसने श्राद्ध करने और करानेवाले दोनों से सवाल किया—

जारि बारि कै आवै देहा, मुवां पीछैं प्रीत सनेहा।
जीवन पित्रहिं मारहिं डंडा, मूवां पित्र लै घालै गंगा।
जीवत पित्र कूं अन्न न ख्वावै, मूवां पाछैं प्यंड भरावै।
जीवत पित्र कूं बोलैं अपराध, मूवां पीछैं देहिं सराध।
कह कबीर मोहिं अचिरज आवै, कउवा खाइ पितर क्यूं पावै।

इसी तरह दान-दक्षिणा को महिमा-मंडित करने के पीछे छिपे स्वार्थ और दान से पुण्य कमाकर स्वर्ग जाने के अन्ध विश्वास पर चोट करते हुए कबीर ने दोनों का मखौल उड़ाया है—

कलि का बाम्हन मसकरा, ताहि न दीजै दान।
स्यउं कुटुंब नरकहिं चलै, साथ चला जजमान।

वर्णाश्रमधर्मी समाज-व्यवस्था में दान लेने पर ब्राह्मणों का एकाधिकार रहा है और कबीर ने उसका उपहास करते हुए उसके पीछे छिपे उनके स्वार्थ की पोल खोली है, जिससे आहत होकर तुलसीदास ने पलटवार किया है—

सूद्र द्विजन्ह उपदेसहिं ग्याना
मेलि जरेऊ लेहिं कुदाना।

यदि दलितों में कोई सन्त-महात्मा बन जाए और अपने समुदाय के लोग साधु मानकर उसे दान-दक्षिणा भी देने लगे, तो वह दान ब्राह्मणों की दृष्टि में तो कुदान ही कहा जाएगा न!

कबीर ने वैदिक-पौराणिक विचारधारा का विखंडन कर उसके समानान्तर जिस शास्त्र-निरपेक्ष लोकवादी विचारधारा को स्थापित किया है, उसका अवमूल्यन करते हुए वर्णवादियों ने निर्गुण सन्तों को वेद-पुराण का निन्दक कहकर उसी तरह प्रचारित किया है, जिस प्रकार चार्वाकों, लोकायतों, आजीवकों और बौद्धों के सामाजिक चिन्तन को विकृत कर दुष्प्रचारित किया गया और अन्ततः उनकी धार को कुन्द बनाकर समन्वय के नाम पर उसे आत्मसात् कर लिया गया। लोक की चिन्ता से चिन्तित कबीर के लिए वह वेदान्त किस काम का, जो चातुर्वर्ण्य की सामाजिक संकीर्णता से कभी मुक्त न हो सका। इसलिए कबीर के निर्गुण-ब्रह्म का चेहरा शंकराचार्य के जड़ निर्गुण-ब्रह्म के चेहरे से सर्वथा भिन्न सिद्धों-नाथों के निर्गुण निरंजन के चेहरे से काफ़ी मिलता-जुलता है। वह सूफ़ी एकेश्वरवादियों के अल्लाह का क़रीबी है, तो राम का रूप भी है, लेकिन तुलसी के अवतारी राम से एकदम भिन्न। वह एकमात्र यथार्थ भी है और सर्वव्यापक भी, पर शंकराचार्य के निर्गुण-ब्रह्म की तरह वर्ण-भेद नहीं करता—

एक निरंजन अलह मेरा।
हिन्दू तुरुक दुहूँ नहिं नेरा।

वह 'आपै पुरिखा आपै नारी' भी है, तो 'आपै मुसलमान आपै हिन्दू' भी है। इस प्रकार अद्वैत वेदान्त से कबीर का विरोध और सामंजस्य का युगपत सम्बन्ध है। कबीर ने शंकराचार्य के वेदान्त को उसी सीमा तक स्वीकार किया है, जहाँ तक वह जात-पाँत विरोधी विचारधारा के अनुकूल पड़ता है। धर्मशास्त्रों और स्मृतियों की बैसाखी पर खड़े अद्वैत वेदान्त का वह विरोध ही नहीं करता, बल्कि उसके वर्णवादी हो जाने की असंगतियों पर तर्कसंगत सवाल भी खड़ा करता है। जब एक ही ब्रह्मा की सत्ता सभी जीवों में व्याप्त है, तो कैसा हिन्दू, कैसा मुसलमान, कैसा ब्राह्मण, कैसा शूद्र, कैसा ऊँच, कैसा नीच? इस सिद्धान्त के अनुसार सच्चाई तो यही है—

गुप्त प्रगट है एकै दूधा। काको कहिए ब्राह्मण शूद्रा।

अथवा

तहिया हम तुम एकै लोहू एकै प्राण वियापै मोहू।
पेट न काहू वेद पढ़ाया सुन्नत कराय तुरुक नहिं आया।

इस प्रकार जब हिन्दू और मुसलमान में, ब्राह्मण और शूद्र में, सब में वही व्याप्त है, तो फिर यह भेदभाव किसने पैदा किया? कहने की आवश्यकता नहीं कि कबीर ने शंकराचार्य के अमूर्त और असामाजिक अद्वैत सिद्धान्त को सामाजिक आधार पर प्रतिष्ठित कर अपने जात-पाँत-विरोधी निर्गुण आन्दोलन के पक्ष में एक हथियार के रूप में विकसित किया। 'ईश्वर के सामने सभी बराबर हैं'—भक्ति-आन्दोलन के इस मूल सिद्धान्त के साथ अद्वैत सिद्धान्त का सामंजस्य स्थापित कर कबीर ने उसे एक नया अर्थ दिया। दार्शनिक चिन्तन का अन्तिम लक्ष्य यदि लोकहित है, तो निश्चय ही कबीर ने वास्तविक लोक-भूमि पर प्रतिष्ठित कर उसे एक व्यावहारिक स्वरूप प्रदान किया, जो वर्ण-मर्यादा के नाम पर गढ़े गए वाग्जालों से सर्वथा मुक्त था।

कबीर के सामाजिक चिन्तन की सबसे महत्त्वपूर्ण विशेषता यह है कि उसमें एक अद्भुत सन्तुलन मौजूद है, जो किसी भी रचनाकार की लेखकीय ईमानदारी का तक़ाज़ा होता है। जाति-धर्म के संवेदनशील मुद्दे पर विवेकसम्मत सन्तुलन बनाए रखना सचमुच बड़ी बात है, पर उससे भी बड़ी बात है उसका बड़ा मनुष्य होना। इस बिन्दु पर कबीर हमें आश्वस्त ही नहीं करता, बल्कि कभी-कभी तो लगता है कि उसका संवेदनशील और जागरूक मनुष्य उसके कवि से भी महान् है—

दुखिया दास कबीर है जागे अरु रोये

अथवा

चलती चक्की देखिकै दिया कबीरा रोय।
दो पाटन के बीच में साबुत बचा न कोय॥

यह लोकपीड़ा से उपजी कोई गलदश्रु भावुकता नहीं, बल्कि आत्मपीड़ा को लोकपीड़ा में ढाल लेनेवाली ऐसी जीवन-साधना है, जो विष पीकर अमृत बाँटने का सन्देश देती है। 'पराई पीर' को समझना, मध्यकालीन लोकजागरण का वह गुरुमंत्र था, जो शताब्दियों से दबी-कुचली मानवता के लिए लोकवेद का मंत्र बन गया। इस अर्थ में कबीर की कविता मंत्र-कविता है, जो दलित समुदाय के लिए किसी वेद-मंत्र से कहीं ज़्यादा पवित्र और सार्थक है। शताब्दियों से शोषित-पीड़ित और दलित जनसमुदाय के दुख से दुखी कबीर का दुख तब और बढ़ जाता है, जब वह देखता है कि अपनी अशिक्षा और अज्ञानता के कारण झूठ को सच और सच को झूठ मान बैठी अन्धविश्वासी जनता की आत्महन्ता आस्था को तोड़ पाना

कितना कठिन है। इस कठिनाई को शिद्दत से महसूस किये बिना क्या यह लिखा जा सकता था—

साधो, देखो जग बौराना।
सांची कहौ तो मारन धावै झूठा जग पतियाना।

भौतिक सच्चाई को मिथ्या और अमूर्त ब्रह्म को सत्य घोषित करना वैचारिक दुनिया का सबसे बड़ा झूठ है, लेकिन सत्य के नाम पर जब इतना बड़ा झूठ समाज की जड़ों में घर बना बैठा हो, तो सच और झूठ साबित करना एक चुनौती बन जाता है।

लोक-पीड़ा की चिन्ता से चिन्तित कबीर का सामान्य मनुष्य तब और महान् हो जाता है, जब वह पूरी ईमानदारी के साथ आत्म-समीक्षा करता है—

बुरा बुरा सबको कहै, बुरा न दीसे कोइ।
जे दिल खोजौं आपणों, मुझ सा बुरा न कोइ॥

दूसरों का उपहास करना और आलोचना करना जितना आसान है, आत्मोपहास करना और अपनी आलोचना सुनकर उसे निर्घात झेल जाना उतना ही कठिन है। इसके लिए साहस और धैर्य दोनों चाहिए। 'आ बैल मोहिं मार' का आह्वान कर, उस मार से सीख लेने का प्रयोग तो कबीर ही कर सकता था—

निन्दक नेड़ा राखिए, आंगणि कुटी बँधाइ।
बिन सावण पाँणी बिना, निरमल करै सुभाइ।

आचार्य हजारीप्रसाद द्विवेदी के अनुसार, कबीर में अस्वीकार का अदम्य साहस था, तो तुलसी में स्वीकार का अपार धैर्य! मेरे सामने कठिनाई यह है कि मैं कबीर के इस धैर्य का क्या करूँ? क्या इसे तुलसी के खाते में खतिया दूँ? क्या निन्दक के लिए आँगन में कुटी छवानेवाला धैर्य तथा शास्त्रों की आलोचना से आहत 'निन्दहिं वेद पुरान' कहनेवाला धैर्य, दोनों एक ही कोटि के धैर्य हैं? कहने की आवश्यकता नहीं कि कबीर के व्यक्तित्व में साहस और धैर्य का अद्‌भुत सामंजस्य है, जो उसके सामाजिक चिन्तन की एक प्रमुख विशेषता है। अगर कबीर के आलोचक आचार्य हजारीप्रसाद द्विवेदी सच को सच कहने का यह साहस जुटा सके कि 'देख रे तेरे शास्त्र तुझे धोखा देते हैं, जिसे तू पूजता है उसे छोड़ने को कहते हैं', (बाणभट्ट की आत्मकथा, पृ. 82) तो क्या इसमें कहीं-न-कहीं कबीर के अदम्य साहस की भी कोई भूमिका है या नहीं?

'पोथी पढ़ि पढ़ि जग मुआ' की घोषणा करनेवाला कबीर पोथी पढ़कर पंडित भले न हुआ हो, पर उसके भीतर का मनुष्य इतना संवेदनशील और जागरूक है

कि उसके अकाट्य तर्कों के सामने, उस समय के तमाम पोथी-पंडित असहाय और लाचार दिखाई देते हैं। यहाँ तक कि शास्त्रज्ञ-विद्वान् तुलसीदास को भी 'नानापुराण निगमागम' की दुहाई देनी पड़ती है। अतः पोथी पढ़कर पोथी-पंडित हो जाना एक बात है, और बिना पोथी पढ़े कबीर-जैसा स्वतंत्र चिन्तक हो जाना बिलकुल दूसरी बात। पोथी-पंडित एक ज़माने से अशिक्षित जनता को शास्त्रों की अबूझ पहेलियाँ बुझाते आए हैं, कबीर उन्हें ज्ञान-पहेलियाँ बूझने की चुनौती देता है। आकस्मिक नहीं कि कबीर की सारी उलटबाँसियाँ इन्हीं पोथी-पंडितों को बुझाई गई पहेलियाँ हैं, जिनकी चमत्कारी शैली आज भी लोगों को चमत्कृत करती है। पंडितों और मुल्लाओं से कबीर का वाद-विवाद वस्तुतः उनके भटकाव को दूर कर उन्हें सही रास्ते पर लाने का प्रयास है। सामन्तवाद के प्रति ब्राह्मण की प्रतिबद्धता पर सवाल उठाते हुए कबीर ने पूछा है—

तूं ब्राह्मण मैं काशी का जुलाहा, चीन्हि न मोर गियाना।
तैं सब मांगे भूपति राजा, मोरे राम धियाना॥

इसमें न कोई गर्वोक्ति है और न ब्राह्मण को दी गई जुलाहे की चुनौती, बल्कि यही कि प्रतिपक्षी की आँखों में आँखें डालकर किया गया संवाद है, जिसे प्रायः ब्राह्मण को आँख दिखाने के रूप में ही दुष्प्रचारित किया जाता है। ज़ाहिर है कि यहाँ सामन्ती-पुरोहिती गठबन्धन के विरुद्ध अपने पक्ष का प्रतिपादन है, जिसमें कबीर का अपना पक्ष भक्ति और लोक का पक्ष है, और ब्राह्मण खड़ा है सत्ताधारी राजाओं और भूपतियों के पक्ष में। अतः दोनों का मेल नहीं हो सकता। न शूद्र का ब्राह्मण से, और न निर्गुण मत का सगुण मत से।

मर्यादा चाहे वर्ण की हो या कुल की, रक्त-गोत्र की शुद्धता का दम्भ ही उसका मूलाधार है, जिसके चलते हिन्दू-समाज का एक बड़ा हिस्सा आज भी छुआछूत के अभिशाप से ग्रस्त है। कबीर ने इसे भारतीय समाज की सबसे कठिन चुनौती मानकर इस पर विमर्श की माँग की थी। इसकी पहल करते हुए उसने इसकी असंगतियों की ओर ध्यान आकृष्ट किया था और वर्णवादियों के सामने कई सवाल खड़े किये थे—

काहे को कीजै पाँड़े छोति बिचारा।
छोतिहिं तै उपजा संसार।
हमारे कैसे लोहू तुम्हारैं कैसे दूध।
तुम्ह कैसे बाम्हण पाँड़े हम कैसे सूद।

अथवा

एकै पवन एक ही पाँणी, करी रसोई न्यारी जांनी।
माटी सूं माटी लै पोती, लागी कहौ कहाँ धूँ छोती।

कबीर द्वारा उठाए गए ये सवाल आज भी उतने ही प्रासंगिक बने हुए हैं और उन पर विचार-विमर्श की माँग बीच बहस में फँसी हुई समाजशास्त्रियों के सामने चुनौती बनकर खड़ी है। अकादमिक बहसों में चर्चा के दौरान प्राय: वैदिक विद्वान् भी इस नतीजे पर पहुँच जाते हैं कि स्मृतियों से पहले वैदिक साहित्य और ब्राह्मण-ग्रन्थों में अस्पृश्यता का कोई संकेत नहीं मिलता। तब फिर वेदों की क़सम खाकर लिखी गई स्मृतियों के स्त्री और दलित-विरोधी विधानों से पोख़्ता बनाए गए वर्णवादी सिद्धान्तों को 'श्रुति सम्मत वैदिक मार्ग' कहना क्या अनुचित और असंगत नहीं है? क्या छुआछूत की सीमा तक फैले वर्णवादी सिद्धान्तों के विरोध में कबीर की वर्ण-विरोधी निर्गुण-भक्ति को परम्परा-बाह्य घोषित किया जा सकता है? क्या लोकधर्म को वर्णधर्म का पर्याय माने बिना कबीर को लोकधर्म-विरोधी ठहराया जा सकता है? क्या इससे कबीर को लाकधर्म-विरोधी कहनेवाले वर्णवादी सवर्ण मानसिकता का पता नहीं चलता? ज़ाहिर है कि छुआछूत की अमानवता और वर्णवादी सिद्धान्तों की असंगतियों के सम्बन्ध में कबीर द्वारा उठाये गए ये सवाल, वर्णवाद के अन्धसमर्थकों के साथ तार्किक वाद-विवाद के द्वारा सार्थक संवाद की माँग करते हैं। अत: वर्णाश्रम के प्रति अश्रद्धा पैदा करना, लोक-विरोधी आचरण नहीं, बल्कि मध्यकालीन लोकजागरण का प्रगतिशील क़दम था।

मध्यकालीन भारत के इतिहास में निर्गुण भक्ति-आन्दोलन के प्रवर्तक सन्त कबीर की शास्त्र-निरपेक्ष विचारधारा वस्तुत: वैदिक पौराणिक विचारधारा की वर्चस्ववादी संस्कृति के विरुद्ध प्रति-संस्कृति (काउंटर कल्चर) का सशक्त हस्तक्षेप है, जो मुक्ति-कामी जनता के सामाजिक-सांस्कृतिक सरोकारों से जुड़ा हुआ है। कबीर की कविता धर्म-समाज के ठेकेदारों से ख़तरनाक सवाल पूछने की कविता है, किसी भी अमानवता के विरुद्ध साहसिक हस्तक्षेप की कविता है। इस हस्तक्षेप से बच पाना कितना कठिन है, इसे आज का मगध भी जानता है और नई कविता के कवि श्रीकान्त वर्मा भी जानते हैं—

कितना भी कतराओ
तुम बच नहीं सकते हस्तक्षेप से
जब कोई नहीं करता
तब नगर के बीच से गुजरता हुआ मुर्दा
यह प्रश्न कर हस्तक्षेप करता है
मनुष्य क्यों मरता है?

(श्रीकान्त वर्मा, कविता : हस्तक्षेप)

कबीर की कविता इसी मुनष्य की चिन्ता से चिन्तित कविता है, जो एक मुर्दा समाज में भी प्राण का संचार कर प्रश्न पूछने का साहस पैदा करती है। अत: आज

कबीर एक व्यक्ति नहीं, बल्कि एक सुचिन्तित विचारधारा का नाम है, जिसका सांस्कृतिक जनवाद आज की प्रगतिशील एवं जनवादी चिन्तन-परम्परा का प्रेरणा-स्रोत है, तो कबीर का वर्णवाद-विरोधी अभियान समकालीन दलित साहित्य की क़ीमती विरासत। दोनों कबीर के चिन्तन से प्रेरणा लेते हैं—प्रगतिशील आन्दोलन भी, दलित साहित्य आन्दोलन भी। कबीर का आक्रोश-भरा विद्रोही स्वर क्या समकालीन दलित कविता का मूल स्वर नहीं है? क्या मलखान सिंह की कविता 'सुनो ब्राह्मण' कबीर की सम्बोधित कविता (ऐड्रस्ड पोयट्री) परम्परा में आक्रोश-भरे विद्रोही तेवर का प्रतिमान नहीं प्रस्तुत करती? दलित कवियों की ऐसी तमाम कविताओं को विमल थेरात एवं सूरज बड़त्या द्वारा सम्पादित 'भारतीय दलित साहित्य का विद्रोही स्वर' में देखा जा सकता है।

कबीर मध्ययुगीन देशज आधुनिकता को आधुनिक कवियों और लेखकों के आधुनिकता-बोध से जोड़नेवाला सम्बन्ध-सेतु है। क्या प्रेमचन्द की 'मन्दिर' कहानी में कबीर के अस्पृश्यता-विरोधी संघर्ष की विरासत अनुपस्थित है? क्या गढ़ों और मठों को तोड़ने के लिए अभिव्यक्ति का ख़तरा उठानेवाले मुक्तिबोध कबीर के ऐसे ही साहसिक हस्तक्षेप के क़ायल नहीं हैं? यदि ऐसा न होता, तो 'नई कविता का आत्मसंघर्ष' लिखते समय उन्हें कबीर का संघर्ष न याद आता। क्या भरे बाज़ार में खड़े कबीर के हाथ की लुकाठी जो अपने-अपने बन्द घरौंदों से बाहर निकलने का आह्वान करती है, सर्वेश्वर दयाल सक्सेना के हाथ तक आते-आते ख़ूँख़ार शक्तियों के प्रतिरोध का धारदार हथियार नहीं बन जाती? 'भेड़िया गुर्राता है, तुम मशाल जलाओ। करोड़ों हाथों में मशाल लेकर। एक-एक झाड़ी की ओर बढ़ो, सब भेड़िये भागेंगे॥ आदमी साहस से, एक होकर मशाल लिये खड़ा होगा। इतिहास ज़िन्दा रहेगा।' (सर्वेश्वर दयाल सक्सेना, कविता : भेड़िया) और 'सेकुलर' इतिहास को ज़िन्दा रखने के लिए, मशाल उठाना सीखने के लिए, साहसपूर्वक ख़तरा उठाने के लिए और ख़ुद की प्रतिबद्धता को ठीक से पहचानने के लिए कबीर को जानना बहुत ज़रूरी है। क्या कारण है कि काशीनाथ सिंह जैसा बहुचर्चित लेखक बार-बार कबीर के पास ही जाता है?

'प्रतिबद्ध हूँ, आबद्ध हूँ, सम्बन्ध हूँ' की अकुंठ घोषणा करनेवाले जनकवि बाबा नागार्जुन का तो कहना ही क्या? उनके व्यक्तित्व और कृतित्व दोनों पर कबीर के रंग की गहरी छाप है। वही अक्खड़ व्यक्तित्व और फक्कड़ स्वभाव, व्यंग्य का वैसा पैनापन और हस्तक्षेप का वैसा ही अदम्य साहस। हिन्दी के शीर्षस्थ आलोचक नामवर सिंह ने उन्हें आधुनिक कबीर यों ही नहीं कहा है। नक्सल मिज़ाज की उनकी कविता 'हरिजन गाथा' जो बेलछी कांट की पृष्ठभूमि पर लिखी गई है, जनवादी कविता की विशिष्ट उपलब्धि भी है और दलित लेखकों से भी अपना संवाद स्थापित करती है—

अरे भगाओ इस बालक को
होगा यह भारी उत्पाती।
जुलुम मिटाएँगे धरती से
इसके साथी और संघाती।
श्याम सलोना यह अछूत शिशु
हम सब का उद्धार करेगा।
आज यही सम्पूर्ण क्रान्ति का
बेड़ा सचमुच पार करेगा।
आड़ी तिरछी रेखाओं में
हथियारों के ही निशान हैं।
खुखरी है, बम है, असि भी है
गँड़ासा भाला प्रधान हैं।
दिल ने कहा दलित माँओं के
सब बच्चे अब बागी होंगे।
अग्नि पुत्र होंगे वे अन्तिम
विप्लव के सहभागी होंगे।

(समकालीन चुनौती, सं. सुरेन्द्र प्रसाद 'सुमन', वर्ष 1, अंक 7, जुलाई-सितम्बर, 2010, पृ. 110-11)

नया इतिहास लिखने की सम्भावना तलाशती कविता आज दलित साहित्य का एक नया इतिहास लिख रही है। इस तरह क्रान्तिकारी कबीर की कविता-भूमि यदि हिन्दी की जनवादी कविता के साथ ही दलित कवियों की काव्य-भूमि से भी जुड़ने का संकेत देती है, तो मानना चाहिए कि कबीर कोई चुका हुआ कवि नहीं है। वह तो इतिहास के हर मोड़ पर, परिवर्तन के हर बिन्दु पर और जन-जागरण के हर अभियान में, हर समय हमारे साथ खड़ा है। अतः मध्यकालीन होते हुए भी यदि कबीर आधुनिक ही नहीं, हमारा समकालीन भी लगे तो क्या आश्चर्य!

कबीर, ईश्वर और भक्ति

नन्दकिशोर नन्दन

कलियुग अपनी दुष्प्रवृत्तियों की प्रधानता के कारण कुख्यात रहा है। वह दृष्टिहीन तो है ही, विवेकशून्य भी है, कबीर को इस बात का मलाल है कि कोई भी उनकी अनुभव-सिद्ध बातें सुनने को तैयार नहीं है, जिससे उसी का कल्याण होनेवाला है। वह निरन्तर इस अनुभव-सिद्ध सत्य को सबके सामने रखते आ रहे हैं कि कहीं कोई ईश्वर नहीं है। अस्तित्वहीन ईश्वर और उस पर केन्द्रित धार्मिक कर्मकांड मनुष्यजाति का ही अहित करता आ रहा है। लेकिन कलियुग का यह विरोधाभास भी कम विस्मयकारी नहीं है कि जो कोई भी कलियुगी व्यक्ति के कल्याण की बात करता है, वह उसी का परमशत्रु बन जाता है। कबीर के कथन की पुष्टि में ईश्वर, भाग्यवाद, कर्मकांड, भूतप्रेतादि अन्धविश्वासों के विरुद्ध आन्दोलन चलाकर एक विवेकसम्मत मानवीय समाज के स्वप्नद्रष्टा नरेन्द्र दाभोलकर जैसे अनेक चिन्तकों के उदाहरण हैं, जिनकी हत्या कर दी गई। वे भी तो मनुष्य-जाति के चतुर्दिक विकास हेतु अज्ञान का घटाटोप मिटाने का प्रयास कर रहे थे। कबीर को भी अपने समय की गतानुगतिक व्यवस्था का कोप-भाजन बनना पड़ा था। तब भी उन्होंने चेतावनी देना जारी ही रखा—

माला तेरे हाथ, कतरनी काख में।
आग बुझी मत जान, दबी है राख में॥

बीज माहिं अंकुर तरु शाखा

ध्यान से देखने पर कबीर पदार्थ और परम चेतना के समन्वय से सृष्टि एवं जीव-जगत् की उत्पत्ति को कार्य-कारण के आलोक में ही देखते हैं। तभी तो वे कहते हैं—

तिल में तेल, काष्ठ में अग्नि, व्रत, तप माहिं समाया।
शब्द में अर्थ, पदारथ पद में, स्वर में राग सुनाया॥
बीज माहिं अंकुर तरु शाखा, पत्र, फूल, फल, छाया।
त्यों आतम में है परमातम, ब्रह्म जीव अरु माया॥
कहैं कबीर कृपाल कृपा करि, निज स्वरूप परखाया।
जप, तप, योग, व्रत पूजा, सब जंजाल छुड़ाया॥

कबीरदास जी उस गुरु की महिमा का बखान करते नहीं थकते, जिसने उन्हें अपने ही घट के भीतर उस परम चेतना के दर्शन कराए, जिसके साथ पदार्थ के मिलने से यह सृष्टि और जीव-जगत् की उत्पत्ति हुई है। उस सर्वाधिक प्रकाशमान, ज्ञान के उत्स परमसत्ता को मेरे ही अन्तरतम में प्रकट कर दिया, जो मन, बुद्ध और वाणी से सर्वथा परे और अगम्य है। क्योंकि इस परम चेतना के सम्बन्ध में कहते समय वेदों को भी अपनी अक्षमता का बोध होने के कारण संकुचित होना पड़ा। अन्ततः जब कुछ भी समझ में नहीं आया, तो 'नेति नेति' (अनन्त) कह दिया। इसलिए भी कि वेद की खोज अन्तर्घट में सतत विद्यमान परमचेतना के स्थान पर उस ब्रह्म की खोज थी जो थी ही नहीं। कथित ब्रह्म के समान ही पुराणकारों के कल्पनापुत्र (नागार्जुन के शब्द) शंकर और ब्रह्मा भी उस ब्रह्म या ईश्वर को खोज-खोजकर हार गए। मज़े की बात है कि जिसे खोजा जा रहा है, वह भी कल्पित खोजनेवाला, ब्रह्मा और शंकर भी कल्पित। महाभारत और पुराणों के रचनाकार महर्षि वेदव्यास और महामुनि वशिष्ठ को भी उस कल्पित ब्रह्म का अता-पता न चला। यह अत्यन्त आश्चर्य का विषय है कि इतने बड़े-बड़े पंडितों और मुनियों को यह बात समझ में नहीं आई कि जैसे तिल में तेल की सत्ता है, काठ में अग्नि विद्यमान है, वैसे ही पंचभूत निर्मित शरीर-रूपी घट में वह परमचेतना है, जिसे अनुभव तो किया जा सकता है, लेकिन उसे व्यक्त करना सम्भव नहीं है। उस परमचेतना की सजीव उपस्थिति ही जीव-जगत् को प्राणवान् बनाए रखती है, उसकी अनुपस्थिति ही मृत्यु या नाश है। उस परमसत्ता या परमचेतना की अनुभूति गुरु-कृपा, अर्थात् उनके ज्ञान से ही सम्भव है। इसलिए कबीर बार-बार कहते हैं—'सतगुरु ज्ञान ठिकाना हो।' 'बीज माहिं अंकुर तरु शाखा' वाले पद में वे और स्पष्ट कर देते हैं कि जिस प्रकार शब्द में अर्थ रहता है, पद में पदार्थ की प्रतीति है, बीज में वृक्ष अपने समस्त अंगों—डाल, पत्ते, फूल और फल की सम्मिलित उपस्थिति-छाया के साथ अवस्थित है, उसी प्रकार, पंचभूत काया (घट) में वह परमचेतना अहर्निश वर्तमान है—'त्यों आतम में है परमातम।' सतगुरु ने कृपा कर मेरे अपने ही घट (शरीर) में उस परमचेतना के दर्शन करा दिये, जिससे जप, तप, योग, व्रत, पूजा-जैसे आडम्बरपूर्ण कर्मकांडों में लिप्त रहने की झंझट से मुक्त हो गया। हमारे जिन आलोचकों ने कबीर को ज़बरदस्ती धार्मिक कवि घोषित करना चाहा है, उन्हें यह

स्मरण रखना चाहिए कि कबीर धार्मिक कवि होते, तो धार्मिकता और उसके आधार कर्मकांड को झंझट कहकर उससे मुक्ति को अपनी उपलब्धि के रूप में नहीं लेते। इसलिए कबीर की भक्ति उनकी आध्यात्मिक साधना का ही साधन मात्र नहीं है, उनके मानवीय विकास का भी साधन है। यह 'राम-राम', 'राधेश्याम-राधेश्याम या राधे-राधे' रटनेवाली दिखावटी भक्ति नहीं है कि ढोल-झाल लेकर अष्टयाम करते रहो। यह भक्ति व्यक्ति को सम्पूर्णतः निर्मल और अनाविल बनाकर मनुष्यता के उच्च धरातल पर प्रतिष्ठित करती है, इसके लिए तिलक, चन्दन, जप, तप, व्रत, कीर्तन, अष्टयाम और यज्ञादि एवं हठयोग की कहीं कोई अनिवार्यता नहीं होती। इसलिए कबीर का यह प्रश्न सर्वथा विचारणीय है—मनुष्यो! तुमने पुराणों का पाठ करके आखिर क्या किया?

नर ते क्या पुराण पढ़ि कीन्हा?

मध्यकाल के सगुण और निर्गुण-उपासक भक्त-कवियों की भक्ति से कबीर की भक्ति इसी अर्थ में भिन्न है कि वे परमचेतना के प्रति समर्पित भक्त हैं। कबीर की भक्ति जब व्यक्ति के जीवन में प्रवेश करती है, तो व्यक्ति में रूपान्तरण की प्रक्रिया प्रारम्भ हो जाती है और वह उत्तरोत्तर और अधिक मानवीय होकर प्रकट होता है, उसकी कथनी और करनी की दूरी समाप्त होने लगती है। कबीर स्वयं प्रश्न करते हैं और स्वयं ही उत्तर भी देते हैं। उनका प्रश्न है—

नर ते क्या पुराण पढ़ि कीन्हा?

स्वयं उत्तर देते हैं—

अनपायनी भक्ति नहिं उपजी, भूखे दान न दीन्हा।

यदि पुराण महान् ग्रन्थ हैं, उनमें जीवन के गूढ़ तत्त्व हैं, तो उन्हें पढ़कर तो तुम्हें पहले से अधिक कोमल हृदय, दयालु मनुष्य होना चाहिए था। पुराण पढ़कर तो तुमने न तो अब तक अनपायी भक्ति को अनुभव किया और न ही इतने संवेदनशील हुए कि भूखे व्यक्ति की भूख मिटाने दौड़ पड़ो। तुम महज़ कर्मकांडों में फँसे रह गए। यह जो व्यक्ति को निर्मल और निष्कलुष बनानेवाली जन-कल्याणी भक्ति है, उसका मार्ग अवरुद्ध कर भक्ति के नाम पर धार्मिक कर्मकांड व्यक्ति में दूसरों से अधिक पवित्र, श्रेष्ठ होने का भी दम्भ भर देते हैं। इस तरह ये धार्मिक कर्मकांड (Rituals) परमचेतना से सीधे साक्षात्कार की बड़ी बाधा बन जाते हैं। कबीर ऐसे कर्मकांडी तथाकथित भक्तों की तुलना मछली पर (अपने स्वार्थ) पर ध्यान लगाए बगुलों से करते हैं—

पूजा, शिला, चन्दन, घसि लावै, बक ज्यों ध्यान लगावै।
अन्तरघट के राम न चीन्है, थोथे घंट बजावै॥
काम न बिसरा क्रोध न बिसरा, लोभ न छूटा देवा।
परनिन्दा मुख से नहिं छूटी, विफल भई सब सेवा॥
बाट पारि घर मूस बिरानो, पेट भरे अपराधी।
जिहिं परलोक जाय अपकीरति, सोई अविद्या साथी॥
हिंसा तो मन ते नहिं छूटी, जीव दया नहीं पाली।
परमानन्द साधु संगति मिली, कथा पुनीत न चाली॥
कहहिं कबीर सन्तन की महिमा, परम पुनीत सुहाई।
आपा मेटि आपको चीन्हो, तबै परम पद पाई॥

(कबीर भजनावली, भाग-1, कबीर पारख संस्थान, इलाहाबाद, तेरहवाँ संस्करण, 2012, पृ. 51, पद 45)

इन पंक्तियों की अन्तर्यात्रा करते हुए यह स्वतः अनुभव होता है कि कबीर की भक्ति वह भक्ति है, जो मनुष्य को उसके समस्त दुर्गुणों से मुक्त कर उसे मानवीय गुणों से समन्वित कर उसे अपनी परमचेतना से साक्षात्कार के लिए तैयार करती है। क्या कोई ऐसी कल्पना कर सकता है कि वह काम-क्रोध, लोभ, मोह, हिंसा में आपाद मस्तक डूबा रहे। लेकिन सभी धार्मिक कर्मकांड करते हुए योगी का बाना धारण कर उस परमचेतना के दर्शन भी कर ले? यह तो सर्वथा असम्भव है। बिना मनुष्य हुए तो कुछ भी श्रेष्ठ पाना असम्भव है। आत्मसाक्षात्कार तो बहुत-बहुत दूर की बात है। इसलिए कबीर बार-बार ऐसे पतित, ढोंगियों पर व्यंग्य करते हैं—'मन न रँगाए, रँगाए जोगी कपड़ा', ये गेरुआ वस्त्र पहनकर स्वयं को योगी बतलानेवाले कथित साधु वस्तुतः रँगे हुए सियार-जैसे हैं, एक-न-एक दिन इनकी पोल खुल ही जाती है। ऐसे में यदि वह परलोक (यदि वह हो तो) जाता है, तो उसका अपयश भी उसके साथ-साथ जाता है और वहाँ भी उसकी अपकीर्ति (निन्दा) होती है। वह जीवनभर उसी अज्ञान को अपना मित्र बनाए चलता है, जो मरने के बाद भी उसके अपयश का कारण बनता है। उसके मन में तो हर पल हिंसकता भरी रहती है, उसके मन में जीवों के प्रति तिलमात्र भर भी करुणा नहीं होती। जिन साधुओं की संगति से अनिर्वचनीय आनन्द की अनुभूति होती है, वह उनके बीच कभी महापुरुषों की निष्कलुष और निर्मल कथाएँ भी नहीं सुनता। महान् सन्त पुरुषों की संगति का चमत्कार है कि महत्ता, उनके सम्पर्क मात्र से हृदय निर्मल और निष्कलुष हो जाता है, जिससे असीम आनन्द की अनुभूति होती है और इतना ही नहीं, उनकी संगति से आत्मग्रस्तता समाप्त कर व्यक्ति को अपनी परमचेतना से साक्षात्कार करने का सुअवसर प्राप्त होता है। यही तो उस परमपद की प्राप्ति का अर्थ है।

कहना असंगत नहीं कि कबीर की इस भक्ति के समक्ष भक्ति के अन्य सभी रूप और पद्धतियाँ अपनी महत्ता खो देती हैं, क्योंकि यहाँ मनुष्य को अपनी सर्वोच्चता प्राप्त है। वह अज्ञान और दुर्बलता के कारण अपनी सर्वश्रेष्ठता और सर्वोपरि महिमा से अपरिचित और दूर रहता है। कबीर अपनी भक्ति के द्वारा उसे उसकी सर्वोच्चता का बोध कराते हैं, ताकि वह मानवीय गुणों का विकास करते हुए अपनी काया में सदैव स्थित परमचेतना के दर्शन कर सर्वोच्चता प्राप्त कर ले। यही कारण है कि कबीर मनुष्य के सामने सारी शक्तियों को हाथ जोड़े देखते हैं—

सकल अवतार जाके महि मंडल, अनन्त खड़ा कर जोरे।
अद्‌बुद अगम औगाह रच्यो है, ई सब शोभा तेरे।
सकल कबीरा बोले बीरा। अजहूँ हो होशियारा।
कहहिं कबीर गुरु सिकली दर्पण, हरदम करहिं पुकारा॥

इस पद के आरम्भ में ही कबीर स्पष्ट कह देते हैं कि तुम्हारा वास्तविक अस्तित्व तुम्हारी परमचेतना, जो देह रूपी गुफा में अवस्थित है, लेकिन अपने अज्ञान के कारण उस परम तत्त्व को भूलकर तू संसार के द्वंद्व में भटकता फिरता है। लेकिन जैसे ही अपने वास्तविक स्वरूप को पहचान लेता है, मनुष्य स्वयं सर्वशक्तिमान हो (अनलहक) उठता है। उसके सामने मानव-देह धारण करनेवाले सभी अवतार, समस्त प्रकृति और सारी विभूतियाँ नतमस्तक हो उठती हैं। निस्सन्देह कबीर किसी अलौकिक सत्ता की महिमा के गायक कवि नहीं हैं, वे मनुष्य की सर्वोच्च शक्ति में विश्वास रखनेवाले कवि हैं, जो उसे ऊर्ध्वमुखी साधना के द्वारा अपनी परमचेतना से साक्षात्कार करने का मार्ग बतलाते हैं, जिससे न केवल व्यक्तिगत जीवन में, बल्कि सम्पूर्ण संसार में प्रेम, दया, भक्ति और समानता की भी धारा प्रवाहित हो सकती है। यही उनके काव्य की केन्द्रीय चिन्ता भी है, जिसके लिए वे समाज में व्याप्त अन्धविश्वासों और रूढ़ियों पर तो तीखा प्रहार करते ही हैं, उससे पहले मानव-मानव के बीच सहज रूप से पनपनेवाले प्रेम के बीच आ रही धार्मिक कट्टरता और बर्बरता पर भी मारक चोट करते हैं। उनकी भक्ति भी वस्तुतः मानवोन्मुखी प्रगाढ़ प्रेम का ही सहज रूपान्तर है।

हिन्दी आलोचना और कबीर

हिन्दी साहित्य के इतिहास-लेखक एवं आलोचना की सैद्धान्तिकी प्रस्तुत करनेवाले आचार्य रामचन्द्र शुक्ल की अनेक स्थापनाएँ अपने अन्तर्विरोधों में स्वतः ध्वस्त होती गई हैं। यहाँ मैं शुक्ल जी की गतानुगतिकता की पुष्टि के लिए उनके तीन कथन उद्धृत कर रहा हूँ—

(क) कबीर की प्रखर प्रतिभा विश्वसनीय तब होती जब उनमें पांडित्य की प्रामाणिकता होती।

(ख) शिक्षित जन शास्त्रीय तौर पर प्रामाणिक पांडित्य से सुसम्मत मार्ग को ही सुसंस्कृत मानते थे, अत: अशिक्षित जन आत्मगौरव से विहीन थे।

(ग) निर्गुण पंथियों में वर्णाश्रमवादी सनातनी वर्गों से भी टकराने का साहस लोकप्रियता बढ़ने से बढ़ता गया। तात्पर्य यह कि इतने संशोधनों और परिवर्तनों के बावजूद आचार्य शुक्ल के पूर्वग्रह में कोई अन्तर नहीं आया। वह अपनी इसी सोच पर टिके रहे कि 'उदार मानववादी भक्ति पद्धति' सनातनी परम्परा की ही उपज है। यदि वह विकासवाद से प्रभावित थे और उसके समर्थक थे और 'जन्मजात विद्रोही' (राठीजी) तो उन्हें गतानुगतिक, परम्परा पोषक, पुराण समर्थक, दास्यभक्ति के कवि, विष्णु के अवतार राम के उपासक तुलसीदास को हिन्दी का सर्वश्रेष्ठ कवि घोषित नहीं करते और न ही क्रान्तिकारी और वैज्ञानिक-चेतना के कवि कबीर के प्रति उपेक्षा का भाव रखते। निस्सन्देह शुक्ल जी अपनी आधुनिकता के बावजूद चेतना के स्तर पर परम्परा के खूँटे से बँधे रहे, अन्यथा वे कबीर के इस पक्ष पर ज़रूर विचार करते कि वह मध्यकाल में अकेला कवि हैं, जो धार्मिक-सामाजिक-सांस्कृतिक अन्धविश्वासों, पाखंडों, कट्टरताओं और रूढ़ियों की चुनौतियों से टकराता है और एक नए समरस मानवीय संसार की स्थापना के अहर्निश बेचैन ही नहीं रहता, सत्ता-समाज सबके प्रबल विरोध का सामना करता है। कबीर की इस पंक्तियों से गुजरे बग़ैर कबीर को समझना मुश्किल है—

पाप पुन्य के बीच दोऊ, विज्ञान अगिन में जारिये जी।
पाँचों चोर बिबेक से बास करि, विचार नगर में मारिये जी॥
चिदानन्द सागर में जाइए, मन चित दोऊ को डारिये जी।
कहैं कबीर इक आप कहा, कितने को पार उतारिये जी॥

कबीर के इस रूप से साक्षात्कार किये बिना उन्हें समग्रत: देख पाना कठिन ही नहीं, असम्भव है। उनकी चिन्ता के केन्द्र में मानव-समाज से विवेक की विदाई है, विवेक की अनुपस्थिति ही सभी प्रकार के अनर्थों और अन्याय का मूल है।

आचार्य रामचन्द्र शुक्ल से हटकर आचार्य हजारीप्रसाद द्विवेदी ने कदाचित् पहली बार कबीर के उन पक्षों पर प्रकाश डाला, जिसके सम्बन्ध में लोग अपने-अपने कारणों से बचते रहे हैं। द्विवेदी जी ने निश्चय ही अत्यन्त शोधपूर्ण दृष्टि के साथ परिश्रमपूर्वक कबीर के व्यक्तित्व और काव्यवस्तु पर पूर्ववर्तियों की तुलना में अधिक व्यापक और गम्भीरता के साथ विचार किया है। अकादमिक दृष्टि से

'कबीर' एक महती उपलब्धि है। डॉ. नामवर सिंह का यह कहना किस हद तक सही है—'द्विवेदी जी ने कम-से-कम हिन्दी के रवीन्द्रनाथ की प्रेरणा से वह दिया, जो किसी ने न दिया था। मिसाल के लिए कबीर का क्रान्तिकारी रूप।' लेकिन नामवर जी गुरु-भक्ति के प्रभाव में द्विवेदी जी के ही इस कथन को भूल गए—'कबीर का यह भक्तरूप ही उनका वास्तविक रूप है।' (कबीर, पृ. 220) यदि कबीर का भक्तरूप ही उनका वास्तविक रूप है, तो फिर उनके क्रान्तिकारी रूप के लिए कहाँ गुंज़ाइश है? वस्तुतः द्विवेदी जी भी आचार्य शुक्ल के समान वर्णाश्रम-व्यवस्था के संक्रामक प्रभाव से प्रत्यक्ष न सही, अप्रत्यक्ष रूप से ज़रूर प्रभावित रहे होंगे, तभी तो कबीर को क्रान्तिकारी कहते-कहते भी उन्हें वास्तविक रूप से भक्त घोषित करने के लिए विवश हो गए। ध्यान देने पर पता चलता है कि 'कबीर' पुस्तक का बहुलांश उन विषयों के खोजपूर्ण विश्लेषण पर खर्च हुआ है, जिसकी वर्तमान सामाजिक, धार्मिक और राजनैतिक सन्दर्भ में कोई विशेष सार्थकता या प्रासंगिकता नहीं थी। प्रश्न यह भी है कि किसी कवि की जाति, उसके वंश, परिवार की खोज ज़रूरी है या उसकी प्रकृति, उसकी जीवन-दृष्टि और उसके काव्य में अन्तर्निहित जीवनानुभव और उससे निष्पन्न जीवन-सन्देशों का।

कबीर के उलट रक़ीब

कनक तिवारी

कबीरदास भारतीय भक्तिकाल के सबसे पहले जन्मजात तथा बड़े कवि होने के नाते साथ-साथ सबसे बड़े आधुनिक भारतीय कवि और विश्व-कविता को भारतीय चुनौती हैं। कबीर सम्भवतः अकेले कवि हैं, जिन्हें एक साथ बहुविध अर्थों में धार्मिक और सेक्युलर कहा जा सकता है। धर्म का एक अर्थ मज़हब से है। इसलिए मुसलमान जुलाहा-परिवार के सदस्य कबीर हिन्दू या मुसलमान दोनों होते हुए अथवा नहीं होते हुए दोनों मज़हबों की पृथक्-पृथक् सर्वोच्चता के प्रतिमान हैं। वे दोनों मज़हबों की गंगा-जमुनी संस्कृति के तीर्थ प्रयागराज भी हैं। सेक्युलर होने के अर्थ में कबीर भारतीय संविधान की मज़हब-निरपेक्षता की भावना के अनुरूप हैं। कबीर किसी मज़हब के सन्त नहीं होने से प्रत्येक मज़हब के प्रति निरपेक्ष हैं। सेक्युलर सापेक्षता के अनुसार कबीर सर्वोच्च अर्थों में धार्मिक होते हुए लगातार सेक्युलर बने रहते हैं। कबीर पहले और असरदार कवि हैं, जिन्होंने मनुष्य और ईश्वर के रिश्ते को जनवादी चश्मे से देखने की कोशिश की है।

यह अजूबा है कि हिन्दू धर्म के तीन बड़े देवताओं विष्णु, शिव और ब्रह्मा की सांसारिक अवतारी उपस्थिति नहीं होने से वे दिन-प्रतिदिन के आधार पर सहज उपलब्ध नहीं हैं। मिथकों के अनुसार विष्णु के दशावतारों में राम और कृष्ण का ज़बरदस्त प्रभाव है। राम तो 'रामनाम सत्य है' सुनते मृतक संस्कार के सबसे प्रामाणिक सत्य की तरह परिभाषित हैं। उनकी सामूहिक याद किये बिना मनुष्य की मुक्ति नहीं होने का जनविश्वास है। कृष्ण राम की तरह अन्तिम या पूर्ण सत्य तो नहीं हैं, लेकिन राम से कहीं अधिक व्यापक फलितार्थों के कृष्ण जीवन की साँसों की धड़कन हैं। मनुष्य-जीवन के जितने रूप हैं, वे सब कृष्ण की साँसों से अनुप्राणित हैं। हिन्दू धर्म की मिथक कथाओं में सतरंगी झिलमिलाहट है। वहाँ आँसुओं और रुदन को भी कला की पारंगतता का साधन बना दिया गया है। कृष्ण की मुस्कराहट जीवन में सार्थक है, लेकिन आदर्शों के प्रति प्रतिबद्ध तथा

सीता के वियोग में रोते हुए राम का चेहरा मनुष्य होने की गम्भीरता का सबसे मज़बूत शिलालेख है।

राम और कृष्ण के अमर चरित्रों को भारतीय अस्मिता और यादघर में कबीर, रहीम, तुलसीदास, सूरदास, जायसी और रसखान-जैसे अमर कवियों ने इतिहास की स्याही से वक़्त के माथे की लकीरें बनाकर लिखा है। इनमें भी कबीर सबसे पहले हुए हैं। ऐसे हुए हैं कि अब तक सबसे पहले ही हैं। नायकों के गुणों का बखान करना और वीरपूजा के जुमले में काव्य का सृजन करना विश्व-साहित्य की परम्परा है। भारत के आदिकवि वाल्मीकि और यूनानी महाकाव्यों के प्रणेताओं ने यही सब कुछ किया है। ऐसा करना एक परम्परा की शुरुआत की मील का पत्थर है। कबीर ने संसार के इतिहास में सबसे पहले और प्रामाणिक कवि के रूप में इस तिलिस्म को तोड़ दिया। कबीर के लिए ईश्वर है भी और नहीं भी। यदि हैं, तो वे उसे मनुष्य होने का प्रमाणपत्र देते हैं। मनुष्य में ईश्वरत्व ढूँढ़ना एक उदात्त और उदास भावना एक साथ है। ईश्वर को इनसान बनाने की कोशिश कबीर की कविता का अद्‌भुत आचरण है।

सबसे बड़े दार्शनिक दीखते कबीर सांसारिक जीवन को आत्मा के लिहाफ़ या चादर की तरह ओढ़ते हैं। औरों के जीवन में रंगों, छटाओं, विवरणों और उपलब्धियों का बखान होता होगा। कबीर की निर्विकार्यता कविता के साकार होने का सबसे बड़ा यत्न है। चमत्कार वह नहीं है, जो चमत्कार की तरह महसूस हो। चमत्कार तो वह है, जिसमें कुछ भी नायाब, अनायास या सहसा नहीं हो। फिर भी वह मन में स्फुरण पैदा कर दे। कबीर सुसंस्कृत भाषा, व्याकरण, प्रतिमानों, स्वीकृत मानदंडों और समयसिद्ध रूपकों को झुठलाते सहज बखानी करते हैं। सहजता बड़े दार्शनिक सत्यों को कैसे जन्म देती है, इस रहस्य को बूझने के लिए कबीर की कविता के सामने नैतिक आचार्यों को भी घुटने टेकने पड़ते हैं।

जीवन, साहित्य, अस्तित्व और अन्तर्दृष्टि के एकमात्र पड़ाव का नाम है सत्य। सत्य वह हवा है, जिसे मुट्ठी में बन्द किया जा सकता है। लेकिन ऐसी कोई मुट्ठी होती कहाँ है। हवा तो लेकिन होती है। सत्य वह धुआँ है, जिस पर चढ़कर अन्तिम होने की अटारी तक पहुँचा जा सकता है। अटारी तो होती है, लेकिन वैसा धुआँ पैदा करनेवाली आग कहाँ है। सत्य तो नदी की खिलखिलाहट का सतरंग है। पानी की शीतलता और बहाव में नदी की किलकारी अप्रतिहत गूँजती है, लेकिन उसकी अन्तर्ध्वनि में अनहद नाद के गूँजने को तरन्नुम की तकनीक से फ़ारिग़ होकर कौन आत्मसात् कर पाता है। यदि ये सब चमत्कार, निष्कर्ष या अन्तिम होने के समानार्थी समीकरण हैं, तो यह सवाल पूरी दुनिया में सबसे बेहतर, सबसे प्रामाणिक विधि से और भविष्य तक की पीढ़ियों को चुनौतीविहीन और निर्विकल्प बनाते कबीर ही क्यों नज़र आते हैं।

सत्ताकुलीन समाज द्वारा कबीर की सीख की दुर्गति की जा रही है। मुसलमान और ईसाई को ज़बरिया हिन्दू बनाकर उस प्रक्रिया को घर-वापसी कहा जा रहा है। कबीर तो आत्मा और परमात्मा तक की घर-वापसी के फेर में नहीं थे। उन्होंने तो अपने दुनियावी चरित्र को सफ़ेद धुली बिना दाग़ वाली चादर की तरह जैसे-का-तैसा रख देने की सूचना दी थी। उनके लिए तो महानता भी एक विकार है, जो मनुष्य के चरित्र को अतिरंजित करती है। सत्य के अन्वेषक कबीर उस अनहद नाद में लीन हो गए थे, जो अन्तर्यात्रा किसी को भी पाथेय तक पहुँचा सकती है। 'कूढ़ मगज़ हिन्दू', 'लव जेहाद', 'आमिर खान की फ़िल्म 'पी.के.', 'कश्मीर की विशेष संवैधानिक स्थिति', 'समान नागरिक संहिता', 'मदरसों की तालीम' और इसके बरक्स कूढ़ मगज़ मुसलमान, आतंकवादियों, लखवी, मुहम्मद उमर, अल जवाहिरी, हाफ़िज़ सईद वगैरह को लेकर सन्दिग्ध आचरण करते हैं। कबीर से बेहतर सेक्युलरवाद की परिकल्पना भारतीय संविधान में भी नहीं है। संविधान तो सेक्युलरवाद के नाम पर अलग-अलग कोष्ठकों में धर्मगति को नियंत्रित करता है। कबीर मुफ़लिस थे अर्थात् आत्मा के निर्द्वंद्व गायक। मौजूदा राजसत्ता उनके सही अर्थ को नहीं बूझती हुई उलटबाँसी में रक़ीब का आचरण कर रही है।

छत्तीसगढ़ में कबीर-परम्परा की अपनी रस, गन्ध की समृद्धि है। कबीर का इस प्रदेश पर असर बहुत गहरा है। कई कबीर गद्दियाँ धर्माचार्य-उपासक अनुयायी तो हैं ही। गुरु घासीदास के प्रचारित जीवन-दर्शन में भी कबीर की वाचाल अनुगूँज है। आशय यह नहीं कि धर्मगद्दियाँ बना दी जाएँ अथवा कबीर को पाठ्यक्रमों में शामिल कर दिया जाए या रस्मअदायगी के कबीर-महोत्सव मनाए जाएँ। 'सरकार' नामक शब्द संविधान की तथा 'समाज' नाम का शब्द पारम्परिक निरन्तरता है। भारतीय लोकतंत्र के निकष के रूप में कबीर का मानवधर्म धर्मनिरपेक्षता का भी सबसे बड़ा मनुष्य आचरण है। यह क्यों हुआ कि संविधान-सभा में सेक्युलरिज़्म के इतिहास पर चर्चा में सबसे प्राथमिक और आधुनिक कबीर-विचार का उल्लेख किसी सदस्य ने नहीं किया। मध्ययुग के सन्तों का उल्लेख भारतीय समाज की एकता के सूत्रों की तरह अलबत्ता हुए हैं। नए क़िस्म की धर्मनिरपेक्षता को यूरो-अमेरिकी मॉडल पर आधारित लोकतंत्र की प्राण-वायु की तरह ज़रूरत है। ऑक्सीजन का वह सिलेंडर सम्भवतः सबसे पहले कबीर ने ही बनाया था। सेक्युलरिज़्म शब्द इतना चोटिल हो गया है कि अतिउत्साही हिन्दू उसे मुख्यतः मुसलमान और कभी-कभी ईसाई का समानार्थी बताने लगते हैं। भारत-जैसे बहुलधर्मी या सांस्कृतिक बहुलता के अनोखे मुल्क में सेक्युलरिज़्म के कई अर्थ हैं। कुछ के लिए वह हिन्दू-विरोधी है। इसलिए अल्पसंख्यकपरस्त, तो कुछ के लिए वह धर्मविमुख है। कुछ के लिए वह सभी धर्मों की कॉकटेल है। कुछ के लिए वह धर्मनिरपेक्षता की यूरोपीय समझ की प्रतिकृति है। सेक्युलरिज़्म-सम्बन्धी किसी बड़े प्रकल्प को कबीर के नाम से

जोड़कर शुरू किया जाए, तो ऐसे ही किसी आयोजन में हर वर्ष संवैधानिक नस्ल की धर्मनिरपेक्षता की वास्तविकता और उपादेयता को लेकर शोध का सिलसिला शुरू किया जा सकता है। शोध में बोध का होना सदैव ज़रूरी होता है। साहित्य तो वही है, जो धर्मनिरपेक्ष है। कबीर ने समाजोन्मुख 'मीठा मीठा गप' नहीं किया, 'कड़वा कड़वा थू' भी किया।

कबीर के मस्तक पर मोरपंख

अरुण कमल

इस शताब्दी की हिन्दी की सर्वाधिक प्रसिद्ध और चर्चित कहानी प्रेमचन्द कृत 'कफ़न' का अन्त कबीर की एक पंक्ति से होता है। पंक्ति है—"ठगिनी क्यों नैना झमकावै! ठगिनी!" घर में औरत की लाश पड़ी है। घीसू और माधव कफ़न के लिए मिला चन्दे का पैसा शराब और खाने पर खर्च कर चुके हैं और नशे में धुत्त नाचते हुए गाते हैं—"ठगिनी क्यों नैना झमकावै!" जीवन की एक अत्यन्त विडम्बनापूर्ण स्थिति में प्रेमचन्द ने कबीर को याद किया। भारतीय जीवन की त्रासदी का साक्ष्य शायद कबीर के बिना सम्भव ही नहीं था। कबीर की यह पंक्ति 'कफ़न' कहानी को एक नया सन्दर्भ देती है।

पिछले छह सौ वर्षों का भारतीय जीवन और साहित्य, विशेषकर उत्तर भारत का, कबीर की उपस्थिति से भरा हुआ है। अलग-अलग सन्दर्भों और स्थितियों में कबीर उपस्थित हैं। मैंने और मेरे जैसे अनेक लोगों ने बचपन से ही कबीर को अपने साथ पाया है। बिलकुल शुरू के दिनों के कबीर के पद और दोहों को पढ़ते और रटते हुए हमें कभी लगा ही नहीं कि यह सदियों पहले की चीज़ है। "मन न रँगाए रँगाए जोगी कपड़ा दढ़िया बढ़ाये जोगी बनि गइले बकरा" या "ना मैं बकरी ना मैं भेड़ी ना मैं छुरी गँड़ास में" जैसी पंक्तियाँ न सिर्फ़ हमें मुदित करती थीं, बल्कि इन पंक्तियों ने ही पहले-पहल हमारे भीतर प्रचलित पूजा-पाठ के प्रति शंका और विरोध का बीज भी बोया। पहली बार हमें ऐसे पद मिले 'मूरति से दुनिया फल माँगे और हाथ बनाए' या 'पत्थर पूजे हरि मिले तो मैं पूजूँ पहाड़, ताते यह चक्की भली पीस खाए संसार' या 'हिन्दुवन की हिन्दुवाई देखी तुरकन की तुरकाई', जिन्होंने हमारे आस-पास की दुनिया को सन्देह से देखना सिखाया। फिर 'हमन तो इश्क मस्ताना हमन को होशियारी क्या' या 'मन लागो मेरो यार फकीरी में' जैसे पदों ने हममें बेफ़िक्री, आज़ादी और अक्खड़पन का भाव जगाया। थोड़ा सयाने होने पर 'निर्भय निर्गुन गुन रे गाऊँगा' या 'गगन घटा घहरानी' तथा 'अवधूता जनम-जनम

हम योगी' जैसे पदों ने हमें आन्तरिक रूप से समृद्ध किया। कबीर ने हमारा नया संस्कार किया—निर्भीकता, निस्संगता और गहरी आत्मबद्धता के संकल्प से समृद्ध किया। हमने यह भी देखा कि कैसे कुछ लोग एक शव को गाते-बजाते ले जा रहे हैं। यह अभूतपूर्व दृश्य था। मृत्यु का उत्सव कबीर साहब की बानी में।

यह वह पृष्ठभूमि है, जो आज के औसत कवियों, हिन्दी के कवियों-लेखकों की सम्मिलित पृष्ठभूमि है। साहित्यालोचन के भीतरी विवादों-द्वंद्वों तथा धर्म-दर्शन—सामाजिक सुधार आदि के विवादों-झंझटों से भी पृथक्, यह वह पृष्ठभूमि है, जिस पर प्रायः प्रत्येक हिन्दी कवि-लेखक की बेल उगी है। इसलिए कि कबीर हमारे रोज़-ब-रोज़ के जीवन में शामिल हैं—सब श्वासों की श्वास में, फिर भी हम कबीर को आज कैसे पढ़ते हैं, यह सवाल तो है ही।

बचपन से ही हम कबीर का एक चित्र देखते आए हैं। उनकी आँखें झुकी हैं। दाढ़ी खसखसी। पतला-सा चेहरा। और मस्तक पर मोरपंख। आज भी मुझे नहीं मालूम कि यह मोरपंख क्यों है। कोई-न-कोई गूढ़ कारण तो होगा ही, जो मैं नहीं जानता या नहीं जान पाया। लेकिन ख़ास बात है कबीर के मस्तक पर मोरपंख का होना। मेरे लिए मोरपंख महत्त्वपूर्ण है। मेरे लिए कबीर का कवि-रूप महत्त्वपूर्ण है। कबीर, जो कवि है।

अक्सर कबीर के दर्शन पर बात होती है। उनके धार्मिक चिन्तन पर। समाज-सुधार के पक्ष पर। जाति-प्रथा के विरोध और पाखंड के विरुद्ध आक्रमण पर। वे हिन्दू थे या मुसलमान, इस पर। सारी बातें ज़रूरी और प्रासंगिक हैं। लेकिन मुझे लगता है, ये बातें इसलिए ज़रूरी हैं कि कबीर कवि थे। कबीर सन्त कहे जाते हैं। लेकिन सन्त तो और लोग भी हुए। समाज-सुधारक, धार्मिक चिन्तक या दार्शनिक भी और हुए। कबीर ने इन सब तत्त्वों का उपयोग अपनी कविता में किया। कविता से बाहर कुछ भी नहीं। इसलिए जो महत्त्व का है वह कविता के भीतर है, उसे पृथक् करके देखने का कोई अर्थ नहीं। हम कबीर के दर्शन या चिन्तन से सहमत हों या न हों, उनकी कविता इसकी मोहताज नहीं। कबीर ने कविता की। उनके लिए ये सारे तत्त्व कविता के तत्त्व बनकर आए, जैसा कि किसी भी कवि में होता है। उनके मस्तक पर मोरपंख था, जो किसी अन्य सन्त या सुधारक के मस्तक पर नहीं लगा। यह मोरपंख क्या है? कबीर की कविता क्या है?

किसी सन्त के लिए जगत् अपरिहार्य नहीं भी हो सकता। बल्कि जो विरागी हैं, उनके लिए यह संसार 'कागद की पुड़िया' ही तो है—'यह संसार रैनि के समान ओस बुन्द झलकी।' कबीर में भी यह भाव लगातार मिलता है। सन्त के लिए अपेक्षित है जगत् से मुक्ति। सब कुछ भंगुर और मिथ्या है। 'रहना नहीं देस बिराना है'। अन्तिम ध्येय है साईं से संयोग, ब्रह्म से मिलना। सन्त के लिए सब कुछ का त्याग ज़रूरी है। यहाँ तक कि स्मृति का भी। लेकिन किसी कवि के लिए यह

सम्भव नहीं। बिना इन्द्रियों के, बिना स्मृति के कविता सम्भव भी नहीं। इन्द्रियों की क्रिया को स्थगित कर कविता सम्भव नहीं। कबीर भी लगातार आँखिन देखी पर ज़ोर देते हैं। दिलचस्प यह है कि कबीर ने संसार की नश्वरता और निस्सारता का वर्णन अत्यन्त आवेग तथा गहन इन्द्रियबोध के साथ किया है—'उड़ जाएगा हंसा अकेला' या 'एक दिन पंछी निकल जाएगा मिट्टी जंगल की' या

तिंविर सांझ का गहिरा आवै, छावै प्रेम मन-तन में।
पच्छिम दिसकी खिड़की खोलो, डूबहु प्रेम-गगन में।

जीवन की निस्सारता और भंगुरता का उनका कोई भी पद हमें वापस जीवन के तट पर ही पटक जाता है—

बागों ना जा ना जा रे तेरी काया में गुलजार।
सहस्त्र कँवल पर बैठके तू देखे रूप अपार॥

यही कविता की विवशता है।

दिलचस्प यह भी है कि आत्मा और ब्रह्म के मिलन की, उस दिव्य, वर्णनातीत अनुभूति की अभिव्यक्ति करते हुए कबीर जो बिम्ब लाते हैं, वे सब प्राय: भौतिक जगत् के बिम्ब हैं—स्त्री-पुरुष-मिलन या सम्भोग के बिम्ब हैं। जो अनुभूति वर्णनातीत है, उसकी अभिव्यक्ति शायद ऐसे ही बिम्बों से सम्भव थी—

जो सुख चहै तो लज्जा त्यागे
पिया से हिलमिल लागे
घूँघट खोल अंग भर भेंटे
नैन आरती साजे।

मृत्यु के प्रसंग में जो बिम्ब आते हैं, वे भी जीवन की गहरी आसक्ति के बिम्ब हैं—

कबीर धवणि धवंती रहि गई, बुझि गए अंगार।
अहरणि रह्या ठमकड़ा, जब उठि चले लुहार॥

(धमनी धौंकती-धौंकती रह गई, अंगारे बुझ गए और अहरण (निहाई) पर ठमक रह गई जब लुहार उठकर चला)

या फिर

कबीर मरि मड़हटि रह्या तब कोई न पूछै सार।
हरि आदरि आगैं लिया ज्यों गऊ बछ की लार॥

जिस प्रकार गाय बछड़े को लेती है—ज्यों गऊ बछ की लार—वैसे ही हरि ने मृत कबीर को लिया। इतना आवेगपूर्ण बिम्ब कबीर देते हैं मृत्यु के बाद की स्थिति को व्यंजित करने के लिए।

कबीर के विचार चाहे जो हों, जब वे कविता में आते हैं, तो उसी रूप में नहीं, जैसे वे अन्यत्र थे। कविता में जीवन की निस्सारता तथा मृत्यु के ऐश्वर्य के चित्र भी जीवन के प्रति लालसा ही उत्पन्न करते हैं, क्योंकि जो बिम्ब आते हैं, वे साक्षात् भौतिक जगत् के एवं इन्द्रियों द्वारा गृहीत होते हैं। लेकिन कहीं भी चिन्तन तथा काव्य में कोई फाँक नहीं दिखाई देता—

ताता लोहा यूँ मिले, सन्धि न लखई कोई।

किन्तु कबीर स्थूल जगत् के कवि नहीं हैं। कबीर शरीर या मस्तिष्क के कवि नहीं है। ज्ञान या संवेदना के नहीं, वे आत्मा के कवि हैं। उनका लक्ष्य जगत्-व्यापार का चित्रण नहीं है। न ही वह मानसिक प्रतिक्रिया का अंकन करते हैं। मनुष्य के विभिन्न भावों अथवा मानव-सम्बन्धों के भी चित्रकार वे नहीं हैं, जैसा कि बहुधा देखा जाता है। कबीर मनुष्य की आत्मा के कवि हैं। अस्तित्व के कुछ बुनियादी प्रश्नों के कवि हैं। जीवन के होने या न होने की चिन्ता के, जीवन के वास्तविक अर्थों के सन्धान के कवि हैं। जीवन के विलोप, मृत्यु में इसके पर्यवसान और उपरान्त के कवि हैं। मुक्तिबोध ने जिस ज्ञानात्मक संवेदन तथा संवेदनात्मक ज्ञान की बात कवि-कर्म के सन्दर्भ में की है, वह कबीर के मामले में पर्याप्त नहीं है। कबीर एक ऐसे दुर्लभ कवि हैं, जिनमें आध्यात्मिक संवेदन के दर्शन होते हैं और उनकी कविता आत्मा की, जीव की मुक्ति की कविता है—

नाचु रे मेरे मन मत्त होय।

राहु-केतु नवग्रह नाचें जन्म जन्म आनन्द होइ।
गिरी-समुन्दर धरती नाचै, लोक नाचै हँस रोइ।

सहस कला कर मन मेरो नाचै, रीझ सिरजनहारा।

कबीर आत्मा की मुक्ति और उल्लास के कवि हैं, इस ब्रह्मांड के साथ मानव-मन के सम्बन्ध के कवि हैं। हम साधारण लोगों के लिए सुख-दुख का जो अर्थ है, कबीर की कविता उससे ऊपर उठकर आत्मा की मुक्ति का गुणगान करती है। कबीर ने भौतिक अस्तित्व के न होने को, दैहिक अनुपस्थिति एवं आत्मा की स्वतंत्रता को काव्य में व्यक्त किया—

अवधूता जनम जनम हम योगी।

लेकिन कविता की विवशता यह है कि जो इन्द्रिय से परे है, उसे भी ऐन्द्रिक बिम्बों के ज़रिये ही व्यक्त करना होता है। गूँगे को भी गुड़ का स्वाद बताना पड़ता है। कबीर ने इसीलिए जीवन के विभिन्न प्रसंगों से अपनी सामग्री चुनी। यह सही है कि वे स्थूल अर्थ में जीवन के विवरण के कवि नहीं हैं। लेकिन उनकी कविता में सर्वाधिक प्रसंग या बिम्ब दुख एवं पीड़ा के हैं—दुनिया भाँडा दुख का। आत्मा की मुक्ति के आह्लाद के क्षण में भी कबीर उन बिम्बों को नहीं भूलते—

कबीर जेते तारे रैणि के, तेते बैरी मुझ।
धड़ सूली सिर कंगुरै, तऊ न बिसारौ तुझ॥

उनके यहाँ भूख के, भीख माँगने के इतने सारे प्रसंग हैं—'सबहिं भुलावा पेट के धंधा' कबीर माँगन मरण समान हैं...मति र मंगावै मोहि', 'कबीर भूखा-भूखा क्या करै', 'गृही तौ च्यंसा घणीं, बैरागी तौ भीख', आदि। कबीर के बाद फिर तुलसीदास में ही भूख और दैन्य के इतने दारुण चित्र मिलते हैं—'जहाँ जाऊँ तहँ सोग सन्ताप। बुढ़ापे की असहाय अवस्था के इतने बिम्ब शायद ही कहीं और हों—

घर की नारि विमुख होय बैठी
पुत्र करत बदनाम
बरबरात है बिरथा बूढ़ा
अटपट आठो जाम।

या,

टूटी खाट पुराना झिंलगा
पड़े रहो दरवाजा।

या,

लड़िका बौहर बोली बोले
बुढ़ऊ मरि न गयो।

प्राय: उनके बिम्ब समाज की सर्वाधिक दलित श्रेणियों के जीवन से आते हैं—बुनकर, धोबी, बढ़ई, लुहार, कुम्हार, गुलाम, महरा, भिखारी और स्त्रियाँ। देखकर आश्चर्य होता है कि 'सती' के इतने बिम्ब यहाँ मिलते हैं और प्राय: सभी से सती के समर्थन का बोध होता है।

कबीर को पढ़ते या सुनते हुए गहरी पीड़ा और विषाद की अनुभूति होती है। 'रैन गई मत दिन भी जाय' ऐसा ही एक पद है। कविता की लय में, शब्दों के नाद में बहुत गहरा दुख पैबस्त है, जो केवल कबीर का नहीं, सम्पूर्ण भारतीय जीवन,

विशेषकर दलित-उत्पीड़ित समुदाय का दुख है। क्या यह अकारण है कि 'कफ़न' के पात्रों को कबीर ही याद आते हैं? कबीर का संगीत सर्वाधिक विपन्न, निराश और मृत्यु के कगार पर टिकी जाति का संगीत है—

साधो यह तन ठाठ तंबूरे का!
यह दुख भौतिक दुख है, देह धरे को दंड तो है ही।

इस दुख से मुक्ति की आकांक्षा के और उस अतीन्द्रिय मुक्ति के भी कुछ विलक्षण बिम्ब कबीर में मिलते हैं। बेफ़िक्री, फक्कड़पन और मस्ती की जैसी अभिव्यक्ति कबीर में मिलती है, वैसी अन्यत्र दुर्लभ है। यह इसलिए सम्भव हुआ कि यहाँ मृत्यु का भय नहीं है। आदि से अन्त तक सम्पूर्ण कबीर-काव्य मृत्यु के आभास से भरा हुआ है।

कबीर रोवणहारे भी मूये, मूये चलांवनहार।
हा हा करते ते मूये, कासिनि करौं पुकार॥

लेकिन यहाँ मृत्यु का शोक या भय नहीं है। मृत्यु इस भौतिक जीवन का अन्त भले हो, लेकिन वह आत्मा की मुक्ति का केन्द्रीय रूपक है। लेकिन कबीर के काव्य में मृत्यु की इतनी लम्बी और गहरी छाया क्यों है? क्या यह निराशा की, विवशता की चरम अभिव्यक्ति है? क्या यह उन लोगों के जीवन की एकमात्र विकल्प है, जिनके लिए यह दुनिया केवल सोग और सन्ताप है? मृत्यु की ये कविताएँ हमें इतना अधिक क्यों खींचती हैं? उनमें ऐसा क्या है, जो हमें बाँधे रखता है और फिर उसी वेग के साथ हमें जगत्-व्यापार में वापस फेंक देता है? मृत्यु का यह उत्सव हमें जीवन के प्रति गहरी लालसा से भर देता है—

उड़ जाएगा हंस अकेला।

एक बात और। मृत्यु की यह बारम्बार आहट हमें निर्मल भी करती है। यह चेतावनी भी है। कबीर हमारे नैतिक शिक्षक हैं। वे हमसे पूछताछ करते हैं, हमसे हमारा भेद भी लेते हैं, हमारे कर्मों के लिए सफ़ाई माँगते हैं। हम सोचने को मजबूर होते हैं कि यदि मृत्यु आसन्न है, तो फिर यह झूठ, पाखंड और लोभ क्यों?

मन रे तन कागद का पुतरा।
लागै बूँद बिनसि जाइ छन में, गर्ब करै क्या इतरा॥
माटी खोदहिं भीत उसारैं, अन्ध कहैं घर मेरा।
आवै तलब बाँधि लै चालै, बहुरि न करिहै फेरा॥
खोट कपट करि यहु धन जोर्‌यौ, लै धरती में गाड़्यो।

रोक्यौ घट कि सांस नहिं निकसै, ठौर ठौर सब छाड़्यो॥
कहै कबीर नट नाटिक थाकै, मंदला कौन बजावै।
गए परवनियाँ उझरी बाजी, को काहू कै आवै॥

एक अन्य मार्मिक दोहे में कबीर कहते हैं—

कबीर आपणपौ न सराहिए, और न कहिए रंक।
नां जांणौं किस ब्रिष तलि, कूड़ा होइ करंक॥

पता नहीं किस वृक्ष के नीचे हमारी हड्डियाँ कूड़ा हों। तब क्यों न इस चादर को दास कबीर की तरह जतन से ओढ़ा जाए और फिर ज्यों-का-त्यों धर दिया जाए। क्योंकि यह जीवन पवित्र है, क्योंकि यह जीवन अमोल है—हीरा जन्म अमोल था कौड़ी बदले जाए। इसलिए हमें एक-एक क्षण का हिसाब देना है। पल में प्रलय होने वाला है, बहुरि करोगे कब?

कबीर नाउँ न जांणौं गाँव का, मारगि लागा जाऊँ।
हड्डि काल्हि जु काँटा भाजिसी, पहिली क्यूँ न खड़ाऊँ॥

इसलिए अभी करना है, जो भी करना है—उठो ज्ञानी खेत सँभारो बह निकसेगा पानी। कबीर की कविता निरन्तर कर्म पर आग्रह की कविता है।

कबीर हमारे अहंकार को, हमारे अस्तित्व की मिथ्या को तोड़ते हैं। उनकी कविता के सामने हम निर्वस्त्र खड़े होते हैं। यह हमारी नैतिक भर्त्सना ही नहीं, हमारे परिष्कार और संशोधन की, हमारे जीवन-धर्म के जागरण की कविता है—तोरी गठरी में लागे चोर बटोहिया का सोवै। इसलिए यह निरन्तर स्वयं से, आत्म से उलझने-झगड़ने की कविता है—मन तोहे किहि बिधि मैं समझाऊँ। मृत्यु के उत्सव के बावजूद कबीर की कविता अन्ततः जीवन के प्रति प्रेम और ममत्व की कविता है, जैसे गाय बछड़े से लार लगाती है, वैसी कविता।

जीवन के प्रति अपने इसी लगाव के कारण कबीर हमें डाँटते भी हैं और समाज की बुराइयों, पाखंड और मिथ्या आचरण पर प्रहार करते हैं। उनके लिए मनुष्य सबसे महत्त्वपूर्ण है, जिसे साँईं ने गढ़ा है। फिर इतने सारे भेद कैसे? चाहे ब्राह्मण हो या भंगी, सब तो एक ही द्वार से निकसे हैं, फिर कैसी शुचिता? फिर कैसा ऊँच-नीच का भेद? कबीर ने जिस शक्ति के साथ सामाजिक भेदभाव पर प्रहार किया, वह अपने-आप में उदाहरण है। इसी कारण कबीर पिछले छह सौ वर्षों के दौरान हुए सभी सामाजिक आन्दोलनों के नायक रहे। कबीर की बानी उनकी बानी है, जो बोल नहीं सकते। कबीर की कविता ने सर्वाधिक दलित जीवों को जीने का तर्क बताया। कविता ऐसा भी करती है। करती रही है। वह केवल व्यक्ति ही नहीं,

पूरे समाज से सवाल-जवाब करती है? यह कैसा जीवन है, जो नरक से भी बदतर है। इसके बने रहने का क्या औचित्य है? और कबीर की कविता हमारा आह्वान करती है कि उठो और इसे बदलो। यह केवल सन्त की वाणी नहीं है। कबीर सामूहिक कर्म का आह्वान करते हैं। इसलिए उनका हर पद एक सम्बोधन है—

कहत कबीर सुनो भाई साधो!

लेकिन! क्षमा करेंगे, मुझे बार-बार 'लेकिन' शब्द का व्यवहार करना पड़ रहा है। क्योंकि कबीर के बारे में कोई भी बात पूरी या अन्तिम नहीं। हमेशा उसी साँस में एक दूसरी बात भी कहनी पड़ती है, जो पिछली बात के उलट भी हो सकती है। तो, कबीर सामूहिक कर्म के पक्षधर हैं। लेकिन बार-बार वहाँ लौट जाते हैं, जहाँ उनका अन्तरंग जीवन है—हंसा करौ पुरातन बात। एक व्यक्ति के भीतर का वह अवकाश, जहाँ रस गगन गुफा में अजर झरै। कहते हैं—

सभी ठौर जमात हमरी सभी ठौर पर मेला।
हम सब माय, हम ही सब माय, हम हैं बहुरि अकेला॥

फिर-फिर अकेला। और यह अकेला होना व्यक्ति की निजता है। उसके अस्तित्व की अनिवार्यता। कबीर उस निजता, उस आन्तरिक अवकाश और अकेलेपन के भी कवि हैं। इसलिए हम अकेले में कबीर को इतना क़रीब पाते हैं। यह वह स्वर जो हमारी ही 'हृत्तंत्री' से बजता हुआ लगता है। गगन में आवाज़ हो रही झीनी। हालाँकि इस अकेले होने को ही केवल न देखा जाए। उपर्युक्त में केवल एक खंड है 'बहुरि अकेला' शेष में जमात है, मेला है और सब है। कबीर फिर-फिर कर वहाँ लौट जाते हैं, जहाँ जीव बिलकुल अकेला होता है, जो कि हर मनुष्य की नियति है—

देस विदेसन हौं फिरा गाँव गाँव की खोरी।
ऐसा जियरा ना मिला लेवे फटकि पिछोरी॥

इन गम्भीर क्षणों में भी कबीर हँसना नहीं भूलते। उनमें हँसी ख़ूब है—मोहे देखत आवे हाँसि। जीवन और जीव की दुविधा पर, विडम्बना पर और अपने-आप पर—डर लागै और हाँसि आवै। यह हँसी स्वाधीन चित्र की हँसी है। 'कबिरा कुक्कर राम का मोतिया मेरा नाँउ' जैसे पदों में भी एक हास्य है, जो तटस्थता से उपजा है। बिना नैसर्गिक तटस्थता के द्वेषहीन हँसी दुर्लभ है। यह हँसी कितने रूपों में कबीर में मौजूद है, यह देखने के लिए हम इस पद को लें—

कैसे नगरि करौं कुटवारी।
चंचल पुरिष बिचषन नारी॥
बैल बियाइ गाइ भई बाँझ। बछरा दूझै तीन्यों साँझ॥

मकड़ी घरि माषी छछिहारी। मांस पसारि चील्ह रखवारी॥
मूसा खेवट नाव बिलइया। मींडक सोवै साँप पहरइया॥
नित उठि स्याल स्वंघ सूँ झूझै। कहै कबीर कोई बिरला बूझै॥

इसकी व्याख्या भी मिलती है। तकनीकी व्याख्या। अपने ऊटपटाँग बिम्ब-विधान के कारण यह कविता हँसी का अवसर तो देती ही है, हमें यह भी छूट देती है कि भिन्न सन्दर्भ में हम भिन्न अर्थ निकाल लें। क्या इसे पढ़कर हमें वर्तमान राजनैतिक व्यवस्था की याद नहीं आती? ऐसी उलटबाँसियाँ क्यों लिखी गईं या लिखी जाती हैं, मैं नहीं जानता। हो सकता है, कोई परिपाटी रही हो। लेकिन इतना तो है कि यह शब्दों का खेल है, भाषा की बाज़ीगरी।

यहाँ पर भी यही सवाल उठता है कि क्या कबीर की भाषा अपरिमार्जित या जैसा प्राय: कहा जाता है सधुक्कड़ी है, या भाषा की कोई अधम कोटि। कबीर की भाषा बस वैसी है, जैसी उसको होना था, जिस काम के लिए वह बनाई गई थी। भाषा का ऐसा विराट् वर्णक्रम दुर्लभ है। कबीर का कहना है—

कबीर मीठा खांणा मधुकरी, भाँति भाँति का नाज।
दावा किसहि का नहीं, बिन बिलाइति बड़ राज॥

थोड़ी-थोड़ी मात्रा में अनेक घरों से प्राप्त की हुई भिक्षा मीठा खाना है, क्योंकि उसमें भाँति-भाँति के अन्न रहते हैं उसमें किसी का दावा नहीं है, और बिना विलाइत (देश-ग्राम) के ही राज्य का सुख रहता है। कबीर की भाषा में इतने घरों के दाने हैं, इतने खेतों के अन्न। कबीर की भाषा स्थूल से लेकर अतीन्द्रिय तक सम्पूर्ण जीवन को व्यक्त करती है। इतने कम स्थान में यह कविता मनुष्य के जीवन और मन के इतने सारे द्वंद्वों, संघर्षों, त्रासदी तथा प्रहसन को व्यक्त करती है।

तो क्या कबीर को यह भान था कि वे कविता कर रहे हैं। क्या यह सब सजग सचेत रूप से हुआ? जहाँ-तहाँ ऐसे प्रमाण ज़रूर मिलते हैं, जिससे लगता है कि कबीर को अपने विशिष्ट कर्म का अहसास था। एक जगह वे कहते हैं—

कबीर चल्या जाइ था आगै मिल्या खुदाइ।
मीराँ मुझ सूँ यूँ कह्या किनि फुरमाइ गाइ॥

ख़ुदा के कहने पर उन्होंने गाने का रास्ता अख़्तियार किया, वरना वे तो यूँ ही चले जा रहे थे।

एक और बिम्ब, जो बहुत महत्त्वपूर्ण है, वह है अग्निपक्षी का—

कबीर अनल अकांसां घर किया, मधि निरन्तर वास।
वसुधा व्योम बिगता रहै, बिन ठाहर बिस्वास॥

अनल पक्षी (अग्नि-पक्षी) 'ककनूस' है, जिसके बारे में प्रसिद्ध है कि जब वह भाव-विभोर होकर गाता है, तो उसके शरीर से लपटें निकलने लगती हैं, जिनसे उसका घोंसला जल जाता है। अनल-पक्षी ने अपने घोंसले को जलाकर आकाश में घर किया, तो उसका निवास धरती तथा आकाश के मध्य हो रहा। वह वसुधा और व्योम से विगत होकर रहता है और दोनों ही स्थानों में उसे विश्वास नहीं है। यहाँ अनल-पक्षी मध्यम मार्ग का साधक तो है ही, लेकिन क्या वह स्वयं कवि का प्रतीक नहीं है, हर युग के कवि का, जो अपने गान से अपने ही नीड़ को भस्म कर देता है और फिर वसुधा और व्योम के बीच गूँजता रहता है एकाकी—

जो घर जारै आपना चलै हमारे साथ

यह अपना नीड़ जलानेवाला, अपना घर जलानेवाला कौन है। साधक भी है और अन्ततः कवि। एक मार्मिक पद में कबीर कहते हैं—ठाढ़ी रोवै कबीर की माई, ए लरिका क्यों जीवैं खुदाई। कबीर की माँ खड़ी-खड़ी रो रही है कि यह लड़का बिना आजीविका के संसार में कैसे जिएगा। उसने तो अपना नीड़, अपना घर भी जला लिया है। एक जगह और कबीर कहते हैं—

साध संग्राम है रैन दिन जूझना
देह परजन्त का है काम भाई

यह रैन-दिन जूझने का संग्राम किसका है। साधक का तो है ही। यह कवि का भी काम है। रैन-दिन देह पर्यन्त जूझते रहना। इसीलिए कबीर को कभी भी चैन नहीं—

दुखिया दास कबीर है, जागे अरु रोवे।

कबीर की कविता इसी रैन-दिन जूझते रहने की, संग्राम की कविता है, आत्मा की मुक्ति की आकांक्षा में देह पर्यन्त जूझने और फिर भी अपनी जीवन-चादर को बेदाग़ रखने की आकांक्षा की कविता। इस कविता का दीपक अनवरत जलता रहेगा—

कबीर दीपक दीया तेल भरि, बाती दई अघट्ट।
पूरा किया बिसाहुणां बहुरि न आऊँ हट्ट॥

कबीर का समन्वयवादी चिन्तन

रमेश नैय्यर

कबीर बहुत ही सहज और सरल हैं। वे निरक्षर के भी कानों में पड़ जाएँ, तो सीधे दिल तक उतर जाते हैं। मन में रच-बस जाते हैं। शैशव की कुछ बातें याद आती हैं, पाँच बरस के आस-पास रहा होऊँगा, भारत-विभाजन से कोई आठ बरस पहले। दादी अमर कौर सुबह-सबेरे गुरुग्रन्थ साहिब का जाप किया करती थीं। नानक, कबीर, शेख़ फ़रीद के अलावा, तुलसी, रैदास और मीराँ की काव्य-पंक्तियाँ उन्हें कंठस्थ थीं। उनको सस्वर उच्चारा करती थीं। अपने मौखिक जाप का समापन अक्सर वे कबीर की इस साखी से किया करती थीं—

कबीरा तेरी झोंपड़ी, गल कटियन के पास।
करण गे सो भरण गे, तू क्यों भया उदास॥

खाना पकाने के अलावा घर का सारा काम सँभालनेवाली जैनब को कबीर और फ़रीद में दिलचस्पी थी। ये सभी लोकप्रिय जनकवि थे। इनमें समानता यह थी कि ये सामाजिक समरसता और मेल-मिलाप के ज़बरदस्त पैरोकार थे। कबीर की पहचान व्यापक थी। हिन्दू और मुसलमान उन्हें अपना मानते थे। हिन्दू उन्हें कबीरदास कहते। स्वयं कबीर ने अपनी अनेक साखियों और पदों में—'दास कबीरा' का प्रयोग किया है। कबीर उस भौतिक संसार में सिक्ख पंथ के संस्थापक गुरु नानक से कुछ समय पहले आए थे। दोनों के सृजन-संसार में बड़ी समानताएँ थीं। ईरान से आए सूफ़ियों के साथ भी उनकी संगत हुई। उनके मेल-मिलाप से सभी धर्मावलम्बियों में समरसता की भावना संचारित हुई।

इन भक्त-कवियों की एक बड़ी विशेषता थी, उनका देश के विभिन्न भागों के धर्मावलम्बियों से ख़ूब सम्पर्क-संवाद हुआ। नानक के ईरान, इराक़ और मक्का-मदीना तक के भ्रमण के साक्ष्य मिलते हैं। कबीर और नानक में एक बड़ी समानता थी कि उन्होंने दूर-दूर के अनेक देशों की यात्राएँ तीर्थाटन के उद्देश्य से नहीं, बल्कि

क्षेत्रों की महान् विभूतियों से सम्पर्क और संवाद के लिए की थीं। इन यात्राओं के अनुभवों और पारस्परिक संवादों ने उनके सृजन-संसार को प्रभावित किया। इस साक्ष्य से प्राय: सभी विद्वान् सहमत हैं कि उनका जन्म एक हिन्दू माँ की कोख से हुआ था और लालन-पालन एक मुस्लिम जुलाहा परिवार ने किया था। स्वयं कबीर ने एक बार कहा था—'जाति जुलाहा मति को धीर, हरखि हरखि रमै कबीर'।

डॉ. भागवत स्वरूप मिश्र की पुस्तक कबीर ग्रन्थावली में कबीर के हवाले से लिखा गया है—'तू बाह्मन मैं कासी का जुलाहा'। आम धारणा है कि कबीर काशी में धर्माचार्य रामानन्द से प्रभावित थे। उन्हें कबीर ने अपना गुरु भी माना था। कुछ मुसलमान कबीरपंथी 'शेख़ तक़ी' को कबीर का गुरु मानते थे। उनसे काशी निवास के दौरान कबीर का सम्पर्क भी रहा था। इन सबसे एक तथ्य का संकेत मिलता है कि कबीर पर हिन्दू सन्तों और मुस्लिम फ़क़ीरों का प्रभाव था। इसके साथ ही उन्होंने हिन्दू और मुस्लिम धार्मिक विद्धज्जनों की संगत में रहते हुए दीन-धर्म के ठेकेदारों और पाखंडों को भी नज़दीक से देखा था। कबीर ने उन सबकी हक़ीक़त को भी समझा, जो अपना उल्लू सीधा करने के लिए तरह-तरह के प्रपंच रचते हैं। अपने काव्य में कबीर ने उन सब पर कठोर प्रहार भी किये। कबीर के व्यक्तित्व और कृतित्व का गम्भीर अध्ययन डॉ. हजारीप्रसाद द्विवेदी ने किया। उनके अनुसार कबीर का व्यक्तित्व अन्तर्विरोध का मिलन-बिन्दु था। वे हिन्दू होते हुए भी हिन्दू नहीं थे और मुसलमान होते हुए भी मुसलमान नहीं थे। कबीर का व्यक्तित्व उस चौराहे पर खड़ा था, जिस पर चारों तरफ़ से भिन्न-भिन्न मत-मतवादों के रास्ते आकर मिलते थे। चौराहे पर खड़ा व्यक्ति चारों तरफ़ की वस्तुओं को देखता हुआ भी किसी रास्ते की सीमाओं में बँधता नहीं है और अपनी सूझ-बूझ से उचित रास्ता चुनने में सफल हो जाता है।

कबीर कर्मकांड और तरह-तरह की कठोर साधना की अपेक्षा प्रेम के सीधे सरल मार्ग से ईश्वर तक पहुँचने को महत्त्व देते हैं। उन्होंने लिखा—

पोथी पढ़ि-पढ़ि जग मुआ पंडित भया न कोय।
ढाई आखर प्रेम का, पढ़े सो पंडित होय॥

कर्मकांड और हर प्रकार के दिखावे पर भी वे कटाक्ष करने से नहीं चूकते थे—

मूँड़ मुँड़ाये हरि मिले तो मैं भी लेऊँ मुड़ाय।
बार-बार के मूँड़ते भेड़ न तरगे जाए॥

उनका मानना था कि सच्चा प्रेम होना भी बहुत कठिन है—

कबीर यह घर प्रेम का, खाला का घर नाहिं।
शीश उतारे हाथी करि, सो पैसे घर माहि॥

कबीर का मानना था कि जब दुई (द्वैत) का भेद मिट जाता है तो आत्मा का परमात्मा से मिलन हो जाता है। बाहर-भीतर सब एकाकार हो जाता है—

जल में कुंभ, कुंभ में जल है, बाहर भीतर पानी।
फूटा कुंभ जल जलहि समाना, यह तत कथौ गियानी॥

इसी सिलसिले में कबीर की दो अन्य पंक्तियाँ विचारणीय हैं। वे शीशे की तरह आर-पार बिलकुल साफ़ होते हुए भी ज्ञानी, ध्यानी, विचारक को अबूझ रहस्य में उलझा सकती हैं—

बूँद समानी समंद में, सो कत हेरी जाय
समुंद समाना बूँद में, सो कत हेरा जाय

तू तू करता तू भया, मुझमें रही न हूँ
बारी फेरि बलि गई, जित देखूँ तित तू

पानी ही ते हिम भया, हिम है गया बिलाय
जो कुछ था सोई भया, अब कुछ कह्या ना जाय

अकथ कहानी प्रेम की, कुछ कही ना जाई
गूंगे केरी सरकरा, बैठे मन मुस्काई

संसार की माया में भटक जाने के कई कारण हैं। सबसे बड़ा कारण है विषयों और व्यक्तियों के मोहजाल में फँसकर उनको हासिल करने की अदम्य लालसा। लालसा कभी तृप्त होती नहीं, ज्यों-ज्यों उन्हें पूरा करने के जतन किये जाते हैं, त्यों-त्यों भटकाव बढ़ता जाता है। शान्ति और तृप्ति तब मिलती है, जब उन तमाम विषयों की निरर्थकता को समझकर किसी गुरु की कृपा से अनुपम परम ब्रह्म की झलक मिल जाती है। तब प्रतीति होती है कि प्राप्य तो यही था। चाहत तो इसी के दीदार की थी। भौतिक चक्षुओं से वह दिखता नहीं। दिखता तभी है, जब मन की आँखें खुल जाती हैं। तब लगता है, जो परम ब्रह्म हर तरफ़ हाज़िर-नाज़िर है, उसे देखने के लिए तो मन की आँखें खोलनी होती है। तभी यह ज्ञान भी होता है कि जब भी गुरु की कृपा होती है, उस अनुपम रूप की छटा पूरी ध्वज के साथ अकस्मात् सामने पड़ जाती है। तभी समझ में आता है कि देखने तो इसी को आए थे। व्यर्थ ही भटक गए।

आया था संसार में देखन को बहु रूप।
कहे कबीर सन्ता हौ, पड़ गया नजरि अनूप॥

तमाम सूफ़ी-सन्तों और ज्ञानियों के इस परम ज्ञान को कबीर भी मानते हैं कि जब तक 'मैं' के अस्तित्व को भक्त उस परम-तत्त्व में विलीन नहीं कर देता, तब तक परम ज्ञान की प्राप्ति नहीं हो सकती।

जब मैं था तब हरि नहीं, अब हरि हैं मैं नाहिं।
सब अँधियारा मिट गया, जब दीपक देख्या माहि॥

कबीर के काव्य ने अपने समकालीन भक्तों, कवियों और विचारकों को तो प्रभावित किया ही, आनेवाली पीढ़ियों के लिए भी चिन्तन-मनन और अनुकरण की अकूत सामग्री वे छोड़ गए। सहज प्रेम के मार्ग से प्रभु को प्राप्त करने की जो राह कबीर ने दिखाई, उसके पथिकों की संख्या बढ़ती चली गई। भारतीय साहित्यकार तो इससे प्रेरित-प्रभावित होते ही रहे। रवीन्द्रनाथ टैगोर ने जब कबीर की चुनिन्दा साखियों और पदों का अंग्रेज़ी में रूपान्तर प्रस्तुत किया, तो पश्चिम को पता लगा कि भारत ने कितना महान् कवि-चिन्तक विश्व-साहित्य को दिया है। अन्य समकालीन सन्त-कवियों की भाँति कबीर भी नैतिकता के मूल्यों के पालन को महत्त्व देते हैं। वे कामवासना को अधम मानते हैं। उनका मानना था कि नारी के प्रति आसक्ति और धन का मोह मनुष्य के पतन के बड़े कारण होते हैं। उनके अनेक पदों और साखियों से चरित्र की शुद्धता और नैतिकता के महत्त्व का आभास होता है। इस सन्दर्भ में कबीर की निम्नलिखित कुछ पंक्तियों को उद्धृत करना प्रासंगिक प्रतीत होता है—

एक कनक अरु कामिनी, विष फल की ए उपाई
देखैं ही थैं विष चढ़े, खायें तूं मर जाई
नारी सेती नेह बुधि-विवेक तबही हरें
कांई गमावै देह कारजि कोई नां तरें

कबीर को स्त्री-मात्र से घृणा नहीं थी। उन्होंने स्वयं विवाह किया था। वे दाम्पत्य की डोर से बँधे थे। पर-स्त्री-गमन को वे पाप मानते थे। वासना को मनुष्य के पतन की खान समझते थे। कामी पुरुष को अत्यन्त पतित मानते थे। उन्होंने पूरी मुखरता से कहा। कामवासना की वे सदैव निन्दा करते रहे हैं। वे सहज सामान्य गृहस्थ को भी भगवत्-प्राप्ति का अधिकारी मानते थे। उनके यहाँ कामवासना की वर्जना घृणा की सीमा तक थी। कामुक व्यक्ति को वे महापापी और कामवासना की तृप्ति को, आतुर नारी को वे नरक की खान समझते थे। इन सबसे मुक्त रहने के लिए 'राम' नाम को कबीर बहुत महत्त्व देते थे। मनसा, वाचा, कर्मणा, वे राम के सुमिरन और जाप को समस्त व्याधियों तथा बन्धनों से मुक्ति का अचूक उपाय मानते थे। वे पूर्ण विश्वास के साथ कहते हैं—

कबीर कहता जात हूँ, सुनता है सब कोई
राम कहे भला होगा नहीं तो भला ना कोई

कबीर कहे में कथि गया, कथि गया ब्रह्म महेस
राम नाम तत सार है, सब काहू उपदेस

तत तिलक तिहूँ लोक में, राम नांव निज सार।
जन कब्र मस्तक दिया, सोभा अधिक अपार॥

राम को अपना सर्वस्व अर्पित करने की तत्परता कबीर की इस साखी में झलकती है—

यह तनु जालों मसि करों, लिखो राम को नाउँ।
लेखणी करों करंक की, लिखि-लिखि राम पठाउँ॥

कबीर उस परम ब्रह्म राम के उपासक, गायक, प्रशंसक थे, जिसे गुरु नानक सहित उनके प्रायः सभी समकालीन कवियों ने परम ब्रह्म माना था। बाहर-भीतर कबीर वही था। भक्त-कवि कबीर निर्गुण राम के उपासक माने जाते हैं। परन्तु उस निर्गुण का सगुण रूप एक नज़र में ही सम्मोहित कर जाता है। उसका तेज़ चमत्कृत करता है—

पार ब्रह्म के तेज का, कैसा है उनमान।
कहिबे कूँ शोभा नहीं, देख्या ही परवान॥

कबीर बार-बार चेताते हैं कि यह जीवन और जगत् भी नश्वर है, इस नश्वरता को अमृत में बदलने का गुर भी वे सिखाते हैं, उनका मानना है कि अनन्त और अजर-अमर तो राम-नाम है। आज के कर्मवादी साधक और उपदेशक भी इसी सार मंत्र पर व्याख्यानमाला और ग्रन्थ लिख देते हैं। लिखते चले जा रहे हैं। भले ही लिखने का अन्दाज़ बदलता रहता है। परन्तु एकदम से मौलिक और नया कुछ नहीं होता। कबीर का बहुत ही लोकप्रिय और प्रेरक दोहा है—

कालि करे सो आज कर, आज करे सो अब।
पल में परलय होयगी बहुरि करेगा कब॥

कबीर पहले ही कह गए थे—

कबीर पल की सुधि नहीं, करें काल्हि को साज।
काल अच्यंता फड़पसी, ज्यूँ तीतर को बाज॥

कबीर की भाषा में पाठक-श्रोता को सर्वत्र राष्ट्रीय समन्वय मिलता है। पंजाब-सिन्ध के साथ ही हिन्दी-भाषी अनेक राज्यों की बोलियों और लोक-भाषाओं को गलबहियाँ डाले पढ़ा-सुना जा सकता है। इसी आधार पर कबीर कहते हैं कि काल-बोध से सम्पन्न ध्यानी-ज्ञानी सदैव चैतन्य रहता है, ज़रा ग़ौर फ़रमाइए इस साखी पर—

सब जग सूता नींद भरि, सन्त न आवै नींद।
काल खड़ा सर ऊपरे ज्यूँ तोरण आया नींद॥

कबीर की नज़र में मनुष्य का जीवन पानी की बूँद और ढलती हुई रात के तारे-जैसा अस्थायी होता है—

पानी केरा बुदबुदा अस मानुस की जात।
देखत ही छिप जाएगा ज्यूँ तारा परभात॥

इसी आधार पर सब को तर्क-वितर्क तथा खींच-तान से परे रहते हुए सीधे अपनी राह चलने की सीख देते हैं—

कहै कबीरा दास कबीरा, अपनी राह चल भाई।
हिन्दू तुरक का करता एकै, ता गति लखी न जाई॥

पंडित, क़ाज़ी और अन्य सभी धर्माचार्यों के फेर में न पड़कर मन के भीतर विराजे परम ब्रह्म को साधने की बात कबीर बहुत सीधे-सरल शब्दों में कहते हैं—

मन मथुरा दिल द्वारिका काया कासी जाणि।
दसवाँ द्वारा देहुरा तामैं जोत पिछाणि॥

कबीर-भक्त और भक्त कबीर

राजेन्द्र कुमार

इधर जो कबीर-विमर्श चल रहा है, उसमें कुछ सहभागी ऐसे हैं, जिन्हें कबीर को भक्त माननेवालों की नीयत पर गहरा शक है। कबीर को भक्त माननेवालों के दृष्टिकोण में उन्हें दलित-विरोधी सवर्ण मानसिकता की राजनीति नज़र आती है। दलित-चिन्तकों में से एक—डॉ. धर्मवीर अपने 'मौलिक' उत्साह में यहाँ तक कह जाते हैं कि कबीर भक्त नहीं, भगवान् थे : 'वे भक्त के रूप में भगवान् की खोज करने नहीं गए, बल्कि भगवान् के रूप में अपना आपा खोज करने गए हैं।' कबीर को भगवान् माननेवाले ऐसे उत्साही कबीर-भक्तों का अन्तर्विरोध यह है कि वे ख़ुद भी हड़बड़ी में वही ग़लती कर जाते हैं, जिस ग़लती के लिए वे हजारीप्रसाद द्विवेदी-जैसों को कठघरे में खड़ा कर रहे होते हैं। आचार्य द्विवेदी का कबीर के बारे में लिखा गया यह वाक्य—'वे युगावतार की शक्ति और विश्वास लेकर पैदा हुए थे' पढ़ते ही डॉ. धर्मवीर तुरन्त हमलावर की मुद्रा में आ जाते हैं—अवतारवाद का खंडन करनेवाले कबीर के लिए 'अवतार' शब्द का प्रयोग? डॉ. धर्मवीर के अनुसार 'यह कबीर के लिए ग़ैर-कबीरी शब्दावली का प्रयोग है।' लेकिन डॉ. धर्मवीर अपने को हजारीप्रसाद द्विवेदी से अधिक प्रामाणिक कबीर-भक्त सिद्ध करने के चक्कर में जब यह कहते हैं कि कबीर भक्त नहीं, भगवान् थे, तो स्वयं उस शब्दावली को भूल जाते हैं, जिसमें कबीर ने यह साखी दी—'ना कछु किया न करहिंगे, ना करने जोग सरीर। जौ कुछ किया सो हरि किया, भया कबीर कबीर!' अगर अवतारवाद का खंडन करनेवाले कबीर के लिए 'अवतार' शब्द का प्रयोग करना ग़ैर-कबीरी शब्दावली का नमूना है, तो 'जौ कछु किया सो हरि किया' कहकर अपने भक्त-रूप का समर्थन करनेवाले कबीर के लिए 'भक्त' के स्थान पर 'भगवान्' की संज्ञा का प्रयोग करना भी ग़ैर-कबीरी शब्दावली का ही एक नमूना है।

हम यहाँ यह नहीं कहने जा रहे कि कबीर के व्यक्तित्व को केवल उनके 'भक्त-रूप' में ही केन्द्रित या सीमित करके देखा जाए। कबीर-विमर्श में उन

बिन्दुओं को उभारना हम भी ज़रूरी समझते हैं, जो हमारे काल की चेतना से कबीर को जोड़ते हैं; लेकिन उन बिन्दुओं को सर्वथा दबाकर या छिपाकर नहीं, जो स्वयं कबीर की चेतना के काल की पहचान कराने वाले हैं। आचार्य द्विवेदी ने कबीर को मूलतः भक्त कहा। हमें यहाँ ऐसे किसी भी निर्णय की दावेदारी नहीं करनी है कि कबीर मूलतः क्या हैं या गौणतः क्या हैं। कबीर के स्वयं के अनुभवों में भी इस तरह की दावेदारी की वर्जना है—'भारी कहूँ तो बहु डरूँ, हल्का कहूँ तो झूठ!'

कबीर की चेतना के काल की जो लोकाभिव्यक्ति है, उसका एक युग-निर्मित मुहावरा है। वह मुहावरा सामान्यतः भक्तिपरक है। भक्ति में ही, उस समय ऐसा मान लिया गया था कि जीवन की सार्थकता है। उस समय के जितने महत्त्वपूर्ण कवि हैं, हर कवि ने उस युग-निर्मित सामान्य मुहावरे में ही अपने को व्यक्त किया। इसलिए भक्ति-तत्त्व सब में है। कबीर में भी है। लेकिन फिर यह भी है कि रचनाकार एक सामान्य मुहावरे को अपनाते हुए भी, उस मुहावरे का अपनी तरह एक विशिष्ट प्रयोग भी करता है। सामान्य मुहावरे में अपनी ओर से, अपनी विशेष अनुभूतियों, समझदारियों, वांछाओं अर्थात् विशेष प्रकार की निजताओं के द्वारा सामान्य मुहावरे को छेड़ता भी है, उसमें तोड़-फोड़ भी करता है, नया कुछ जोड़ता भी है। अगर ऐसा न होता, अगर एक ही मुहावरा एक ही तरह से सब कवियों के यहाँ आ रहा होता, तो फिर अलग-अलग कवियों की विशिष्ट पहचान कैसे बनती? तो, कबीर-सूर-तुलसी-जायसी, सबका युग-निर्मित एक सामान्य मुहावरा है, जो पहचान कराता है कि सब भक्त-कवि हैं। लेकिन फिर अलग-अलग विशेषताएँ भी हैं। ये अलग-अलग विशेषताएँ क्यों हैं, इनके कारण तलाशे जाने चाहिए।

कबीर भक्त हैं, इस तथ्य से इनकार करने का हठ बेमानी है। लेकिन कबीर में भक्त होने के नाते कुछ ऐसी विशेषताएँ हैं, जो तुलसीदास-जैसों के भक्त होने की विशेषताओं के सर्वथा अलग हैं। तुलसीदास-जैसों के यहाँ भक्ति इस श्रद्धा-भाव से अनुप्राणित है कि 'होइहि सोइ जो राम रचि राखा। को करि तरक बढ़ावइ साखा॥' कबीर अपनी भक्ति में श्रद्धा के साथ-साथ तर्क के लिए भी जगह बनाते हैं। कबीर अपनी भक्ति-भावना में 'बहुरि न भौ-जल फेरा' का आश्वासन पाकर भी अपने 'राम' से यह जिरह करने का अधिकार रखते हैं—'राम, मोहि तारि कहाँ लै जाइहौ?' मध्यकालीन मानसिकता का आधार थी श्रद्धा। सामन्ती व्यवस्था को श्रद्धा ही सुहाती है। सामन्ती संरचना श्रद्धा को सर्वाधिक वरेण्य मूल्य के रूप में प्रतिष्ठित करती है, ताकि तर्क करने का अधिकार पाने की सजगता सिर न उठाये। तर्क सिर उठाएगा, तो उससे राजा या ईश्वर का अस्तित्व ही खतरे में पड़ जाएगा और तब राजशाही की चूलें भी हिल उठेंगी और पुरोहिताई की भी। जो सामन्त है और जो उससे जुड़ा पुरोहित वर्ग है, वह तो हमेशा चाहेगा कि श्रद्धा बनी रहे, लोग

आँख मूँदकर स्वीकार करें। इसका मेल बैठता था इस बात से कि लोग ईश्वर को आँख मूँदकर स्वीकार करें। कबीर को ईश्वर स्वीकार है, लेकिन—'आँखिन देखी' के साथ उनका दृढ़ संकल्प है—

खुले नयन पहचानौं
हँसि-हँसि सुन्दर रूप निहारौं!

श्रद्धा-जैसे सामन्ती मूल्य में अपने जीवन के प्रत्यक्ष अनुभवों के द्वारा पाई गई चेतना को एक ऐसी भूमिका में ढालना कि वह एक नए प्रकार का प्रभाव, यथास्थिति को बदलने का प्रभाव पैदा करनेवाला हो, तो यह कबीर में मिलेगा। यह कोई चमत्कार नहीं है। यह कबीर की भक्ति में श्रद्धा ही नहीं, तर्क के लिए और विश्वास ही नहीं, सन्देह के लिए भी जगह बनती जाने की प्रक्रिया की स्वाभाविक परिणति है।

कबीर की भक्ति का महत्त्व स्वीकार करने में कुछ लोगों को शायद शर्म इसलिए आती हो कि भक्ति-भावना उन्हें एक सामन्ती काल की मानसिकता से बुनी हुई चीज़ प्रतीत होती है। लेकिन भूलना न चाहिए कि कई बार ऐसा होता है कि किसी विशेष प्रकार की बनावट से हम एक चीज़ पाते हैं और फिर उसी के ज़रिये उस बनावट से लड़ते भी हैं। मसलन, अंग्रेज़ी ने औपनिवेशिक मानसिकता से हमारे समाज में आधुनिकीकरण को जो रूप दिया, वह सब उनके राजनैतिक हितों के लिए था। वह आधुनिकीकरण वे अपने स्वार्थ, अपनी सत्ता के लिए कर रहे थे। लेकिन बाद में उसी हथियार से, उसी आधुनिक चेतना के ज़रिये उनके ख़िलाफ़ लड़ा जाने लगा। यह हमेशा ही होता है कि एक व्यवस्था अपने हित के लिए कुछ मूल्यों को प्रश्रय देती है, लेकिन उन्हीं मूल्यों की कोख से एक प्रतिपक्षता तैयार होती है, जो उस व्यवस्था के लिए ख़तरा बन जाती है। तो देखना यह चाहिए कि भक्ति-तत्त्व कबीर के यहाँ कैसी प्रतिपक्षता का रूप ले रहा है। प्राप्त मूल्य को ऐसा रूपान्तरित कर देना कि वह यथास्थितिवादी व्यवस्था के लिए चुनौती बन जाए, इसी को कहते हैं—रचनात्मक प्रतिरोध। कबीर की भक्ति में इस रचनात्मक प्रतिरोध का तेज़ देखते ही बनता है।

इसी तरह भाषा का भी रचनात्मक तेवर देखना चाहिए। कोई रचनाकार जिस भाषा का प्रयोग करता है, उस भाषा की भी एक पृष्ठभूमि होती है। फिर उसी भाषा को वह निरन्तर अभिव्यक्ति की नई भूमियाँ देता चलता है। भाषा हम लेते तो समाज से हैं, लेकिन जो बनी-बनाई भाषा चली आ रही होती है, उसी में कुछ तोड़-फोड़ करके और कुछ जोड़ करके उसी के औज़ार से हम सामाजिक रूढ़ियों पर वार भी करते हैं। कबीर भक्ति को एक ऐसी भाषा देते हैं, जिसका रूढ़ियों पर वार अचूक हो।

कबीर भक्त के रूप में अपने इष्ट की केवल उदारता पर न्योछावर नहीं हो जाते। तुलसी उदारता के सन्दर्भ में अपने 'राम' की अद्वितीयता का गुणगान करते नहीं थकते—

ऐसो को उदार जग माहीं।
बिनु सेबा जो द्रवै दीन पर राम सरिस कोउ नाहीं॥

कबीर उदारतावाद के ऐसे बखान के क़ायल नहीं। तुलसी इतने से ही सन्तुष्ट हैं कि ऊँचे वर्ण के लोग नीचे वर्ण के लोगों को गले लगा लें। राम केवट को गले लगा लेते हैं, इसी में राम की महानता है। इस तरह जो उच्च-वर्ण के लोग हैं, वे अपनी महानता का प्रमाण-पत्र प्राप्त कर लेते हैं और दूसरों की श्रद्धा के पात्र बन जाते हैं। ऐसी श्रद्धा कबीर की भक्ति का घटक नहीं बनने पाती। ऐसी श्रद्धा को वे तर्क से ध्वस्त करते हैं। कबीर की भक्ति का यह वैशिष्ट्य है। कबीर भक्ति के युगीन मुहावरे में इस तरह बोले कि भक्त कहलानेवाले अन्ध श्रद्धालुओं के लिए असह्य हो गए।

कबीर को 'मूलतः भक्त' माननेवाले आचार्य से यदि भिड़ना है, तो इसका सही तरीक़ा यह नहीं है कि कबीर को भक्त मानने से ही इनकार कर दिया जाए। भक्त तो वे हैं। उनके भक्त होने की चरितार्थता के आयाम क्या हैं, भिड़ना इस प्रश्न को लेकर चाहिए। आचार्य द्विवेदी को कबीर 'व्यक्तिवादी' दिखते हैं। 'समष्टि-वृत्ति' को आचार्य द्विवेदी कबीर की चिन्ता का 'स्वाभाविक धर्म' नहीं मानते। समष्टि-वृत्ति अगर कबीर की चिन्ता का स्वाभाविक धर्म न होती, तो वे एकान्त में बैठकर साधना करते। अगर भक्ति उनके लिए वैयक्तिक साधना का विषय होती, तो क्या ज़रूरत थी उस सारी पुकार की, जो उनकी कविता में हैं। कबीर की सम्पूर्ण कविता में, उसके भीतर से उभरती हुई पुकार साक्षी है कि वे अकेले-अकेले ऐसा कुछ भी पाना नहीं चाहते, जो मात्र उनकी वैयक्तिक सिद्धि बनकर रह जाए। आचार्य द्विवेदी को भक्त कबीर के 'व्यष्टिवादी' होने का भ्रम शायद इसलिए हो गया, क्योंकि उन्हें कबीर को नाथों की परम्परा में दिखाने का मोह कुछ ज़्यादा ही था। इस सिलसिले में डॉ. रामविलास शर्मा का यह पर्यवेक्षण ज़्यादा सही है कि 'भक्ति आन्दोलन' ने गोरखनाथ की बहुत-सी बातें आत्मसात् कीं, कुछ बातें छोड़ीं भी। एकान्त साधना पर बल गोरखनाथ के यहाँ मिलता है। गोरख की घोषणा थी—'जो एकांकी रहता है, वह वीर है।' (सबदी 178, पृ. 60) रामविलास जी ठीक कहते हैं कि 'इस दृष्टिकोण से हर तरह की सामूहिक कार्यवाही अनावश्यक हो जाती है।' (भारतीय संस्कृति और हिन्दी प्रदेश', भाग 2, पृ. 177) कबीर को ऐसा 'एकांकी वीर' बनना होता, तो वे 'लिये लुकाठी हाथ' बीच बाज़ार में क्यों आकर खड़े रहते?

आधुनिक काल में मुक्तिबोध कहते हैं, 'मुक्ति अकेले में नहीं मिलती।' वे 'जन-संग ऊष्मा' की बात करते हैं—जनता के साथ की ऊष्मा हमें मिले, उसी में हमारी सार्थकता है। तो मध्यकाल में कबीर समाज से संवाद करने के लिए आकुल हैं। उन्हें अकेले-अकेले कुछ भी पा लेने में सन्तोष कहाँ? भक्ति-मुक्ति जो कुछ चाहिए, समाज के साथ चाहिए। वे सामाजिक मुक्ति के आकांक्षी हैं, वैयक्तिक मुक्ति के नहीं। यह बात जो कबीर की भक्ति में है, महत्त्वपूर्ण है।

भक्त के रूप में कबीर के सामने एक कठिनाई है। अपने अनूठे इष्ट ('तत्त अनूठ') का जो अनुभव भक्त के रूप में कबीर कर रहे हैं, उस अनुभव का आख्यान अपनी कविता में कैसे प्रस्तुत करें? तो उसको वे वैयक्तिक सम्बन्धपरक अवधारणाओं में साक्षात् करते हैं। जो प्रेम-सम्बन्ध उनका अपने निर्गुण उपास्य के साथ है, उस प्रेम को क्या कोई एक वैयक्तिक सम्बन्धवाची नाम देकर सन्तुष्ट हुआ जा सकता है? समाज में लौकिक स्तर पर हम प्रेम के अनुभव को अलग-अलग नाम देकर सम्बन्धों की सीमा-रेखा खींचते हैं—यह दाम्पत्य है, यह वात्सल्य है...। कबीर की भक्ति, प्रेमानुभूति की अखंडता का पर्याय है। इसलिए कबीर जब एक ही साँस में दो बातें कहते हैं—'हरि मोर पिउ मैं राम की बहुरिया' तथा 'हरि जननी मैं बालक तोरा', तो कबीर अपनी भक्ति में प्रेम का समूचा अनुभव कर रहे होते हैं। वह 'माँ' भी है, वह 'पति' भी है—लौकिक स्तर पर यह अकल्पनीय है। इसी को कोई चाहें तो, रहस्यवाद कह लें। मैं इसे सिर्फ़ रहस्यात्मकता कह सकता हूँ रहस्यात्मकता इसलिए कि जो लौकिक अनुभव में वर्जित है, अतः अकल्पनीय, वह कबीर के अनुभव में अंकुठतः स्वीकृत है, अतः कल्पनीय! सम्पूर्ण और अखंड प्रेम की अभिव्यक्ति का प्रयास ही कबीर की कविता में रहस्यमयता का कारण है। उनकी चिन्ता है, प्रेम को अपनी समूची अखंडता में प्राप्त कर लेने की। एक भिन्न रूप में यह चिन्ता आधुनिक कवि अज्ञेय की भी है। कबीर में रहस्यवाद हो, न हो, लेकिन यहाँ कबीर के साथ एकाएक अज्ञेय का नाम ले बैठना, हो सकता है, किसी को ज़्यादा 'रहस्यवाद' लगे! इसलिए इस तुलना को स्पष्ट कर देना ज़रूरी है। 'शेखर : एक जीवनी' में शेखर की समस्या यह है कि वह सम्बन्धों को किन्हीं 'दिये गए नामों' में स्वीकार नहीं कर पाता। प्रेम-सम्बन्धों का जो बना-बनाया मॉडल है—बहन-भाई के रिश्ते वाला या पति-पत्नी या प्रेमी-प्रेमिका के रिश्तेवाला, वह सब उसको अधूरा-अधूरा लगता है। कह सकते हैं, शेखर भी एक सम्पूर्ण और अखंड प्रेम का अनुभव-आदर्श रखकर चल रहा है। लेकिन यह तुलना एक सीमा तक ही की जा सकती है। क्योंकि चिन्ताओं के स्वरूप भिन्न-भिन्न हैं। अज्ञेय की चिन्ता एक निरी बौद्धिक चिन्ता है आधुनिक मन की उसमें आधुनिक युग की विघटनात्मकता का त्रास व्यक्त हो रहा है। उसमें फ्रॉयड, एडलर, युंग की चिन्ताओं का समावेश है। कबीर की चिन्ता में मध्ययुगीन भक्त-मन को मथनेवाला सवाल है कि

हम जिस रूप में जीवन जी रहे हैं, उस जीवन की सार्थकता केवल भौतिक स्तर पर ही होने में है या उसका कोई भिन्न स्तर भी है—उससे अधिक ऊँचा, उदात्त और सम्पूर्ण!

कबीर अखंड प्रेम की तलाश कर रहे हैं, इसी से यह बात भी निकलती है कि उनके जो अलौकिक प्रतीत होनेवाले विचार हैं, उन्हें उनके लोक-सम्बन्धी विचार से काटकर नहीं देखा जा सकता। प्रेम की अखंडता के तर्क से ही यह बात भी सिद्ध होती है कि उनकी पारलौकिकता में लौकिकता भी विद्यमान है, उनकी आध्यात्मिक चेतना में उनकी ऐहिक चिन्ताएँ भी शामिल हैं। उनका रहस्यवाद—अगर वह रहस्यवाद है भी, तो वह लोक-विरोधी नहीं हो सकता।

कबीर साहेब की निर्गुण वैचारिकी

कँवल भारती

अक्सर निर्गुण सन्तों की प्रासंगिकता को रेखांकित किया जाता है, किन्तु जब प्रासंगिकता की बात आती है, तो उसका साफ़ मतलब होता है कि निर्गुण सन्तों ने जिस सामाजिक परिवर्तन की लड़ाई लड़ी थी, वैसा कोई परिवर्तन समाज में नहीं हुआ। आज हम जिस तरह के आक्रामक हिन्दुत्व और ज़िहादी इस्लाम के मनुष्य-विरोधी दौर से गुज़र रहे हैं, उसे देखकर नहीं लगता कि कबीर से लेकर अब तक कोई बहुत बड़ा अन्तर समाज में आया है। आज भी हम उसी दौर को महसूस कर रहे हैं, जो कबीर के समय में था। आज बहुत से लोग सूर और तुलसी की प्रासंगिकता पर बात करते हैं। पर वे हवाई तीर छोड़ते हैं। सूर और तुलसी आज कतई प्रासंगिक नहीं हैं। कबीर और रैदास साहेब की अपेक्षा सूर और तुलसी ज़्यादा सफल हुए हैं। इसका कारण यह है कि कबीर-रैदास आदि दलित सन्त क्रान्ति के कवि थे, जबकि सूर-तुलसी जैसे सगुण कवि प्रतिक्रान्ति के कवि थे। उन्होंने जैसा समाज बनाना चाहा था, वैसा ही बना। इसलिए वे प्रासंगिक नहीं हैं। प्रतिक्रान्ति हमेशा सफल होती है, क्योंकि उसके पीछे शासक-वर्ग की ताक़त होती है। किन्तु, क्रान्ति के साथ दलित-शोषित जनता जुड़ी होती है, और वह शासक-वर्ग के निशाने पर रहती है। इसलिए क्रान्तियाँ बहुत देर तक नहीं ठहरतीं, आगे चलकर ध्वस्त हो जाती हैं। इसका कारण है, आम जनता की अशिक्षा और आर्थिक विपन्नता, जो क्रान्ति को टिकने नहीं देती और प्रतिक्रान्ति को मजबूत करती है। इसलिए शासक-वर्ग हर युग में दलित-शोषित-वर्ग को अशिक्षित और ग़रीब बनाने की योजनाएँ बनाते रहते हैं।

मेरा ख़याल है कि इतिहास के किसी भी कालखंड में जब भी दलित वैचारिकी अस्तित्व में आई होगी, उसके लाने वाले यही अधिकार-विहीन लोग रहे होंगे, जो मेहनतकश लोग थे, समाज में सबसे ज़्यादा उपेक्षित थे। उन मेहनतकश लोगों ने कभी मानवता का अपमान नहीं किया, कभी किसी का शोषण नहीं किया, किसी के साथ छल नहीं किया, चोरी नहीं की, किसी से घृणा नहीं की। उन्होंने सभी मनुष्यों

को एक समझा, सभी से प्रेम किया। पर बदले में उन्हें घृणा, तिरस्कार, और उपेक्षा मिली। जब उन्होंने प्रतिरोध करने का साहस किया, तो गालियाँ मिलीं, मार मिली और मौत मिली। ऐसे ही पीड़ित लोगों का चिन्तन है 'दलित वैचारिकी'। यह वर्ग समतामूलक समाज चाहता है, पर शायद आप नहीं जानते होंगे कि इसी समता की वजह से हिन्दू-समाज ने दलितों पर सबसे ज़्यादा ज़ुल्म किये हैं। इसका साक्ष्य ऋग्वेद से लेकर गीता तक में मिल जाएगा। अभी ज़्यादा समय नहीं हुआ, जब गाँवों में दलितों के लिए बाकायदा एक आचार-संहिता लागू थी। इस संहिता के तहत वे हिन्दुओं-जैसा समान जीवन नहीं जी सकते थे। वे साफ़ कपड़े नहीं पहन सकते थे, स्कूलों में बच्चों को नहीं पढ़ा सकते थे, पक्के मकान नहीं बना सकते थे, गाजे-बाजे के साथ अपनी बारात नहीं निकाल सकते थे, अपने अच्छे नाम नहीं रख सकते थे, जेवर नहीं पहन सकते थे, जूते नहीं पहन सकते थे, यहाँ तक कि सवर्ण के सामने चारपाई पर भी नहीं बैठ सकते थे। इस संहिता का उल्लंघन दंडनीय अपराध था, और उसकी सजा सामूहिक यानी दलितों के पूरे गाँव को दी जाती थी। आज इसमें जो परिवर्तन आया है, वह दलित सन्तों की वजह से नहीं आया है, क्योंकि कोई हिन्दू दलित सन्तों की वजह से नहीं बदला। यह परिवर्तन डॉ. आंबेडकर के राजनैतिक आन्दोलन से आया है। अगर डॉ. आंबेडकर भी सामाजिक और धार्मिक आन्दोलन चलाते रहते, तो प्रतिक्रान्ति के शक्तिशाली तत्त्व उन्हें भी उसी तरह निगल जाते, जिस तरह कबीर-रैदास साहेब को निगल गए। लेकिन उन्होंने राजनैतिक-आन्दोलन चलाया और इसीलिए उन्हें सफलता मिली। इसी राजनैतिक-आन्दोलन ने ब्रिटिश भारत में दलितों की मुक्ति की आधारशिला रखी थी। यही राजनैतिक-आन्दोलन भारतीय संविधान में अस्पृश्यता-निवारण और समान मानवाधिकारों की घोषणा का कारण बना। आज सारा परिवर्तन इसी संविधान की वजह से है। अगर यह क़ानून आज ख़त्म हो जाए, तो सारे मनु और सारे तुलसी दलितों की छाती पर तांडव करना शुरू कर देंगे। इसलिए मैं कहता हूँ कि कुछ नहीं बदला है, जो बदलाव दिखाई देता है, वह सिर्फ़ कानून का भय है। दलितों ने जो कुछ पाया है, वह इसी कानून से पाया है, शासकों ने उन्हें अपनी मानवीयता से कुछ नहीं दिया है, चपरासी की एक नौकरी तक नहीं दी है।

एक सवाल आपके जेहन में कौंध रहा होगा कि क्या कबीर और रैदास साहेब ने दलितों को कुछ नहीं दिया है? यह सवाल भी आपके जेहन में उभर रहा होगा कि क्या वे सचमुच विफल हो गए थे? लेकिन मैं कहना चाहता हूँ कि बाबासाहेब डॉ. आंबेडकर के राजनैतिक-आन्दोलन की सफलता में ही कबीर और रैदास साहेब की सफलता है। ब्राह्मणों ने तो कबीर-रैदास साहेब को विफल करने के तमाम दार्शनिक हथकंडे अपनाए थे। उन हथकंडों के साथ वे आज भी सक्रिय हैं। पर कबीर और रैदास बहुत साहसिक क्रान्तिकारी थे। उन्होंने सत्ता के ख़िलाफ़ आवाज़

उठाने में अपनी मौत तक की परवाह नहीं की थी। कबीर साहेब के समय में सत्ता के दो बड़े केन्द्र थे—काज़ी और ब्राह्मण। उन्होंने उन दोनों केन्द्रों की ऐसी बखिया उधेड़ी कि उनसे पूर्व के ज्ञात इतिहास में वैसी बखिया कोई नहीं उधेड़ सका था। परिणामत: कबीर को हिज़रत करनी पड़ी, जैसी हिज़रत मुहम्मद साहेब को करनी पड़ी थी और रैदास को ज़िन्दा जलाकर मार डाला गया था। अगर कोई यह समझता है कि कबीर ने 'जो काशी तन तजै कबीरा, तौ रामहिं कहा निहोरा रे' के आधार पर काशी छोड़ी थी, तो वे बिलकुल ग़लत हैं। मुक्ति की जिस अवधारणा में कबीर का विश्वास ही नहीं था, उसी मुक्ति के लिए कबीर क्यों काशी छोड़ेंगे?

मैं अपने इस आलेख में केवल कबीर साहेब तक सीमित रहना चाहता हूँ। कबीर साहेब जिस समतावादी समाज के स्वप्नदर्शी थे, वैसा समाज सत्ताधारी-वर्ग को पसन्द नहीं था, पर वह स्वप्न धार्मिक और सामाजिक ग़ुलामी में जकड़ी अधिकारविहीन जातियों को पसन्द था। इसलिए वे दलित जातियों के महान धर्मगुरु और नायक थे, जिन्होंने धर्म के नाम पर खड़ी की गई शोषण और अन्याय की वर्णवादी-व्यवस्था को चिन्दी-चिन्दी कर दिया था। उनकी यह लड़ाई कोई साधारण लड़ाई नहीं थी, वरन् ऐतिहासिक लड़ाई थी, जो इससे पहले कभी नहीं लड़ी गई थी। यह एक ऐसी वैचारिकी की लड़ाई थी, जिसने अपना इतिहास बनाया था। इसने हिन्दी साहित्य को ही नहीं, बल्कि सम्पूर्ण भारतीय भाषाओं के साहित्य और चिन्तन-परम्परा को प्रभावित किया है। हिन्दी साहित्य के इतिहासकार अपने इतिहास का आदिकाल कबीर से मानते हैं, पर श्रेष्ठता का दर्जा उनसे सौ साल बाद पैदा हुए प्रतिक्रान्ति के कवि तुलसीदास को देते हैं। जब विश्व मंच पर भारतीय साहित्य में प्रगतिशील-चिन्तन की बात चलती है, तो रबीन्द्रनाथ टैगोर भी कबीर साहेब को ही आगे करते हैं। लेकिन उल्लेखनीय बात यह है कि उनके लिए कबीर साहेब सिर्फ़ दिखाने के लिए हैं, अपनाने के लिए तुलसी हैं। इसके बावजूद वे कबीर साहेब को भी मिटा नहीं सके। वे किसी भी निर्गुण सन्त को नहीं मिटा सके। इसका एक ही कारण था कि दलितों के ये महान सन्त दलितों के कंठ में विराजमान थे। जो कंठों में सुरक्षित हों, उन्हें कौन मिटा सकता है? कबीर और रैदास साहेब की सफलता यह थी कि वे दलितों के कंठों में जीवित थे। उन्होंने दलितों के दिमाग़ से दशरथपुत्र राम और देवकीनन्दन कृष्ण को निकालकर आतमराम को स्थापित किया था। उनकी सफलता यह थी कि उन्होंने नाम, कीर्तन और लीला-धाम वाले वैकुंठवासी सगुण ईश्वर को मिटाकर एक देहरहित निर्गुण ईश्वर को प्रतिष्ठित किया था, जो न जन्म लेता है, न मरता है। यह कबीर और रैदास साहेब की सबसे बड़ी सामाजिक क्रान्ति थी, जिसने सत्ताधारी-वर्ग के वर्चस्व को ख़तरा पैदा कर दिया था। इसलिए कबीर साहेब को निर्वासित होना पड़ा और रैदास साहेब को मरना पड़ा। उनकी मृत्यु के बाद सत्ताधारी-वर्ग ने उनको ठिकाने लगाने का काम शुरू किया।

कबीर साहेब के नाम पर जितने भी मठ, आश्रम और संस्थान कायम हैं, वे सब कबीर साहेब को ठिकाने लगाने के ही उपक्रम हैं। उन्होंने उन्हें अपने हिसाब से ठिकाने लगा दिया। ओशो ने अपने एक प्रवचन में बिलकुल ठीक कहा है, 'पंडितों के लिए कबीर अपाच्य हैं। सारे विश्वविद्यालय उन विद्वानों को सम्मानित करते हैं, जो कबीर को काट-छाँट कर रास्ते पर लगा देते हैं। कबीर साहेब ने अंगारे बरसाए थे, कौन पंडित-काज़ी उन अंगारों से ख़ुद को जलाना चाहेगा? उन्होंने जो वैचारिकी खड़ी की थी, वह उस युग की भयानक आँधी थी, जिसने पंडित-मुल्ला के तंबू उखाड़ दिये थे। सम्भवत: बुद्ध के बाद यह दूसरी महाक्रान्ति थी, जो कबीर ने की थी। इसलिए बुद्ध भी उनके लिए अपाच्य थे। बुद्ध को भी उन्होंने उखाड़ फेंका। लेकिन वे कबीर और रैदास साहेब को नहीं उखाड़ सके थे, क्योंकि वे दलितों के दिमाग़ों में फैल चुके थे। यह थी उनकी सफलता। वे पंडित-मुल्ला को नहीं बदल सके थे, पर दलितों को उन्होंने बदल दिया था।

एक संक्षिप्त विश्लेषण निर्गुणवाद पर भी। कहा जाता है कि वैष्णववादी-सन्त स्वामी रामानन्द जात-पाँत को नहीं मानते थे। इसके समर्थन में, उनका यह पद उद्धृत करते हैं कि 'जात-पाँत पूछो नहिं कोई, हरि को भजै सो हरि का होई।' लेकिन कभी भी यह वैष्णव-सन्तों का व्यावहारिक सत्य नहीं रहा। अगर रामानन्द जात-पाँत के विरुद्ध होते, तो वे, जैसा कि भक्तमाल में लिखा है, बीच में टाट का परदा डलवाकर कबीर से बात क्यों करते? फिर यह कथा क्यों गढ़ी जाती कि कबीर रामानन्द को अपने शरीर से छुआने के लिए गंगा घाट की सीढ़ियों पर लेट गए थे? दरअसल हक़ीक़त कुछ और ही है। हिन्दू धर्म में अपमानित दलित जातियों के लोग सम्मान के लिए इस्लाम में जा रहे थे। उसी समय वैष्णव-सन्तों ने उन लोगों को इस्लाम में जाने से रोकने के लिए भक्ति-आन्दोलन चलाया। ध्यान रहे कि निर्गुण-आन्दोलन भक्ति-आन्दोलन नहीं है। कोई भी निर्गुण-सन्त भक्त नहीं है। अगर कोई भक्त है, तो वह निर्गुण-सन्त नहीं हो सकता। वैष्णव-भक्ति में जिन अछूत (चांडाल) जातियों के लोगों को दीक्षा दी जाती थी, उन्हें दूर से राम-राम कहकर दीक्षा दी जाती थी, उन्हें गर्भगृह में जाकर भगवान् की मूर्ति के दर्शन करने का अधिकार नहीं था। ये दीक्षा के बाद भी चांडाल ही बने रहते थे। डॉ. बड़थ्वाल के हवाले से प्रोफ़ेसर ओमप्रकाश गुप्ता अपने ग्रन्थ 'कबीर के चांडाल वैष्णव' में लिखते हैं कि 'रामानन्द ने शूद्रों को केवल राम-राम भजने का कंशेसन सर्टिफिकेट निर्गत किया था, मन्दिर में प्रतिष्ठापित मूर्ति की पूजा और अर्चना का फ्री पास नहीं दिया था।' वे कीर्तन कर सकते थे, पर उन्हें प्रभु की आरती, शृंगार और पूजा करने की मनाही थी। कबीर साहेब ने वैष्णवों के इस दोहरे चरित्र को देखकर ही चांडाल वैष्णवों के प्रति अपना प्रेम व्यक्त किया था। वे एक साखी में कहते हैं—

साषत बामण मति मिलै, वैष्णों मिलै चंडाल।
अंक माल दे भेंटिए, मानो मिलै गोपाल॥

कबीर उन चांडाल वैष्णवों को गले लगाने को कह रहे हैं, जो वैष्णव-पंथ में दीक्षित होने के बाद भी चांडाल ही रहते थे। इस साखी में कबीर दलित जातियों को वैष्णवों और शाक्तों से दूर रहने की बात भी कह रहे हैं। कबीर ने वैष्णव, शाक्त, अवधूत, पंडित, काज़ी-मुल्ला और सभी तरह के सन्तों से संवाद किया है। कबीर साहेब ने अपने साधुओं से भी संवाद किया है। इसी संवाद में हमें उनकी वैचारिकी मिलती है, जिसने भारत में पहली बार एक क्रान्तिकारी निर्गुण-दर्शन की आधारशिला रखी थी।

निर्गुण-दर्शन क्या है? अगर मैं कहूँ कि भारत के तमाम ईश्वरवादी-दर्शनों में कबीर साहेब का निर्गुण-दर्शन सबसे क्रान्तिकारी दर्शन है और वह भी अनीश्वरवादी, तो आप विश्वास नहीं करेंगे। लेकिन यह सच है। एक अनीश्वरवादी दर्शन से आप क्या अपेक्षा रखते हैं? यही कि वह भौतिकवादी हो, लौकिक हो, यानी वह पारलौकिक न हो—लोक में विश्वास करनेवाला हो, इस भौतिक जगत् को सत्य और परलोक को मिथ्या मानता हो; जो मृत्यु के बाद के जीवन को न मानता हो, और इस आधार पर आवागमन, स्वर्ग-नरक, पूर्वजन्म-पुनर्जन्म तथा मुक्ति की अवधारणा का खंडन करता हो; जो वैराग्य, ब्रह्मचर्य, गृह-त्याग, काया-कष्ट, वन-गमन, तप-उपवास, तीर्थ-हज़, पूजा-उपासना और भिक्षाटन को अध्यात्म के नाम पर पाखंड कहता हो और जो वेद, पुराण, क़ुरान आदि धर्मशास्त्रों में रत्तीभर आस्था न रखता हो! ऐसे दर्शन को क्या आप ईश्वरवादी दर्शन कहेंगे? नहीं न। कबीर ऐसे ही दार्शनिक हैं, जो ईश्वरवादी होते हुए भी अनीश्वरवादी थे।

कबीर साहेब की निर्गुण वैचारिकी में आँखों-देखा लोक सत्य है, शास्त्र-लेखा परलोक सत्य नहीं है। वे कहते हैं कि पाँच तत्त्वों से निर्मित शरीर मृत्यु के बाद उन्हीं तत्त्वों में मिलकर ख़त्म हो जाता है। फिर कौन परलोक जाता है? ये पद देखिए—

पंचतत अविगत थैं उतपनाँ, एकै किया निवासा।
बिछुरे तत फिरि सहजि समाँनाँ, रेख रही नहीं आसा॥

परलोक का और भी जोरदार खंडन वे इस पद में करते हैं—

चलन चलन सबको कहत है, ना जानै बैकुंठ कहाँ है?
जोजन एक प्रमिति नहिं जानै, बातन ही बैकुंठ बखानै॥

वे एक पद में मृत्यु के बाद की सारी कल्पनाओं का खंडन करते हैं। कहते हैं, मन तू पार उतरकर कहाँ जाएगा? आगे कुछ भी तो नहीं है, न पंथ है, न उस पर कोई चलने वाला पंथी है, न नाव है, न केवट है, यहाँ तक कि धरती, गगन,

जीवन कुछ भी नहीं है। इसलिए यह पार उतरना, मुक्ति और परलोक वगैरह की बातें काल्पनिक हैं। यथा—

मन, तू पार उतर कहँ जैहो।
आगे पंथी पंथ न कोई, कूच मुकाम न पैहो॥
नहिं तहँ नीर, नाव नहिं खेवट, ना गुन खैंचनहारा।
धरनी गगन कल्प कछु नाहीं, ना कछु वार न पारा॥
बारहि बार बिचार देख मन, अन्त कहूँ मत जैहो।
कहै कबीर सब छाड़ि कल्पना, ज्यों के त्यों ठहरैहो॥

कबीर साहेब प्रकृति के वैज्ञानिक चक्र में विश्वास करते थे। वे जन्म और मृत्यु, उत्पत्ति और विनाश एवं उदय और अस्त को प्रकृति की भौतिक क्रियाएँ कहते हैं, जिनका संचालक कोई ब्रह्मा-विष्णु-महेश नहीं है। वे कहते हैं—जो आया है, वह जाएगा भी; जो फूल आज खिला है, वह मुरझाएगा भी; जो मकान आज चिना (बनाया) गया है, उसे ढहना भी है। यथा—

जो अग्य सो आँथवै, फूल्या सो कुम्हलाई।
जो चिणियाँ सो ढहि पड़ै, जो आया सो जाई॥

कबीर साहेब मरने के बाद की मुक्ति में विश्वास नहीं करते थे। वे कहते हैं कि सब कुछ इसी जीवन में है। इस जीवन से परे कुछ नहीं है। अगर कोई यह सोचता है कि देह के मरने पर जीव का ईश्वर से मिलन होता है, वही मुक्ति है, तो वह झूठी आशा रखता है। यथा—

साधो भाई, जीवत ही करो आसा।
जीवत समझे जीवत बूझे, जीवत मुक्ति निवासा।
जीवन करम की फाँस न काटी, मुए मुक्ति की आसा।
तन छूटे जिव मिलन कहत है, सो सब झूठी आसा।

कबीर साहेब के दर्शन में पुनर्जन्म के लिए जगह नहीं है। वे कहते हैं—कोई दूसरा लोक नहीं है, जहाँ आदमी मरने के बाद जाता है। ऊपर गगन के सिवा कुछ नहीं है, आदि में भी गगन है, मध्य में भी गगन है और अन्त में भी गगन है। यह सब झूठी शंका है कि कर्म के अनुसार आदमी का पुनर्जन्म होता है। वे पंडितों से बहुत तार्किक सवाल करते हैं कि अगर पुनर्जन्म होता है, तो फिर मरता कौन है? और स्वर्ग-नर्क कौन भोगता है? यथा—

कौन मरे कौन जनमै भाई।
सरग-नरक कौने गति पाई॥

आदै गगना अन्तै गगना मधै गगना भाई।
कहै कबीर करम किस लागै, झूठी संक उपाई॥

कबीर साहेब के समय में पंडित और मुल्ला दोनों धर्मगुरुओं ने स्वयं को सर्वज्ञ घोषित किया हुआ था। वे शास्त्रों से सृष्टि के निर्माण और प्रलय की कहानी बाँचते थे और उसमें जनता की आस्था जगाते थे। कबीर साहेब ने अपने ही अन्दाज़ में इसका खंडन किया और उन सर्वज्ञों से पूछा कि अपने शास्त्रों में देखकर बताओ कि जब धरती और आकाश नहीं थे, तब उनके पास कौन था? उस ईश्वर ने किस मुहूर्त में चाँद, सूरज और आकाश स्थापित किये थे? और सिर्फ़ मुहूर्त ही नहीं, उन्होंने उनसे वह तारीख़ भी बताने को कहा, जब धरती और आकाश नहीं थे। ये साखियाँ देखिए—

धरती अम्बर न हतो, कौन था पंडित पास।
कौन मुहूरत थापिया, चाँद सूरज आकास॥
पंडित तो बोरो पतरा, काजी छाड़ि कुरान।
वह तारीख बताइदे, हता न जमीं असमान॥

एक प्रखर भौतिकवादी ही यह कहने का साहस कर सकता था कि 'अलाह राम की गम नहीं, जहाँ घर किया कबीर।' या 'पंडित मुल्ला जो लिखि दिया, छाड़ि चलै हम कछु न लिया।' और—'हमरा झगरा रहा न कोऊ, पंडित-मुल्ला छाड़ै दोऊ।' एक निरंजन निर्गुण साहेब से जुड़ने के बाद उनके सारे भ्रम दूर हो गए थे। फिर नमाज़-पूजा सब उनके लिए निरर्थक थे। उन्होंने कहा—'पूजा करूँ न नमाज़ गुज़ारूँ, कहैं कबीर भरम सब भागा, एक निरंजन सूँ मन लागा।' मैं उनके निरंजन या निर्गुण पर भी चर्चा करूँगा, पर अभी हम यह जान लें कि वैराग्य और तप आदि पर उनके क्या विचार थे? वे अवधू से संवाद करते हैं और यह अवधू कोई और नहीं, रामानन्दी वैष्णव ही था, कि हमें तो वह जन अच्छा लगता है, जो भूले हुए को घर वापस लेकर आता है। घर-परिवार छोड़कर वैराग्य धारण करनेवाले अवधुओं को कबीर साहेब घर में ही योग करने की नसीहत देते हैं। यह पद देखिए—

अवधू, भूले को घर लावै, सो जन हमको भावै।
घर में जोग भोग घर ही में, घर तजि वन नहिं जावै।
घर में जुक्त मुक्त घर ही में, जो गुरु अलख लखावै॥

वे पंडित और मुल्ला दोनों से वेद-कितेब यानी वेद और क़ुरान छोड़ने की बात कहते हैं—'वेद कितेब छाड़ि देऊ पाँडे, ई सब मन के भरमा।' उनके लिए दैनिक जीवन के कर्म ही पूजा और काम से जहाँ-वहाँ जाना ही परिक्रमा थी। यथा—

जहँ जहँ जाऊँ सोई परिक्रमा, जो कुछ करूँ सो पूजा।

क्या ईश्वर और अल्लाह में आस्था रखनेवाला कोई व्यक्ति वेद और क़ुरान के ख़िलाफ़ ऐसी बात बोल सकता है कि वेद-क़ुरान भ्रामक किताबें हैं, उन्हें छोड़ दो? क्या इससे आप यह निष्कर्ष निकाल सकते हैं कि कबीर साहेब ईश्वरवादी थे? लेकिन सच यही है कि वे ईश्वरवादी थे। अब सवाल यह है कि क्या कोई ईश्वरवादी सन्त शास्त्र-विरोधी और परलोक-विरोधी हो सकता है? हमारे सामने चार्वाकों का उदाहरण है। वे शास्त्र-विरोधी और परलोक-विरोधी थे, पर अनीश्वरवादी थे। हमारे सामने बुद्ध का भी उदाहरण है। वे शास्त्र-विरोधी और परलोक-विरोधी थे, पर वे भी अनीश्वरवादी थे। लेकिन कबीर साहेब तो ईश्वरवादी थे। फिर वे शास्त्र-विरोधी और परलोक-विरोधी क्यों थे? यह एक ऐसा सवाल है, जिसे आपको समझने की ज़रूरत है। ओशो ने रैदास साहेब पर अपने प्रवचनों में एक संकेत दिया है, उसे मैंने अपनी पुस्तक 'सन्त रैदास : एक विश्लेषण' में आगे बढ़ाया है। हालाँकि दलित चिन्तकों का इस पर अभी ध्यान नहीं गया है। पर इस तथ्य पर ध्यान देने की ज़रूरत है कि पुष्यमित्र सुंग के शासन काल में जब बौद्ध मन्दिरों को ध्वस्त करने और बौद्ध भिक्षुओं के क़त्लेआम की राजाज्ञा जारी की गई, तो जो सम्पन्न भिक्षु थे, वे प्राण-रक्षा के लिए आस-पास के देशों में भाग गए थे, पर जो सम्पन्न नहीं थे और भाग नहीं सकते थे, वे भिक्षु वेश त्यागकर दलित बस्तियों में गृहस्थ बनकर रहने लगे थे। उनमें से अनेक ने विवाह भी दलित स्त्रियों से कर लिए थे। पर उन्होंने बौद्ध विचारधारा को नहीं छोड़ा था। वह उनमें पीढ़ी-दर-पीढ़ी जीवित रही। इन्हीं में से किन्हीं पीढ़ियों में कबीर और रैदास साहेब पैदा हुए थे। ज़रूरी नहीं है कि किसी को अपनी धार्मिक पृष्ठभूमि का ज्ञान रहा हो। ये अवचेतन की स्थितियाँ होती हैं, जिन्हें कोई नहीं जान पाता। पता नहीं कबीर साहेब की कौन-सी पीढ़ी कब मुसलमान बन गई थी। पर पिता की ओर से उन्हें वही शिक्षा मिली थी, जो समतावादी थी और पीछे बुद्ध की वैचारिकी से मिलती थी।

कबीर साहेब अनपढ़ नहीं थे, जैसाकि दुष्प्रचार किया जाता है। 'मसि कागद छूओ नहीं, कलम गही नहीं हाथ' का मतलब यह हो सकता है कि उन्होंने तुलसीदास की तरह हाथ में क़लम लेकर काग़ज़ पर पोथियाँ न लिखी हों, वरन् बुद्ध की तरह संवाद और प्रवचन किये हों। इस आधार पर उन्हें अनपढ़ नहीं कहा जा सकता। उनका काव्य और चिन्तन इस बात का प्रमाण है कि वे ख़ूब पढ़े-लिखे थे। ईश्वरवाद की दुनिया में निर्गुणवाद कबीर साहेब की महान खोज है। यह ज्ञान की क्रान्तिकारी खोज है। ईश्वरवाद की दो धाराएँ हैं, एक साकार ईश्वर की और दूसरी निराकार ईश्वर की। ईश्वरवाद की साकार धारा में ईश्वर जन्म लेता है, स्त्री रखता है, अवतार लेता है, लीला करता है, शत्रुओं को मारता है और परलोक में पापियों को दंड देता है, जबकि निराकार ईश्वर जन्म-मरण से मुक्त है, वह न स्त्री रखता है, न अपना सहायक, पर वह न्याय के दिन परलोक में स्वर्ग-नर्क के फैसले देता है। इस प्रकार

ये दोनों ईश्वर सगुण हैं, अवतार लेने वाला भी और जो अवतार नहीं लेता है, वह भी। ये गुणरहित नहीं हैं। लोगों को पैदा करना और मारना उनका गुण है। परलोक, पुनर्जन्म, स्वर्ग-नर्क, मुक्ति, मोक्ष आदि ईश्वर के गुणों की ही अभिव्यक्ति है। इसके विपरीत कबीर साहेब का ईश्वर निर्गुण है। यह ईश्वरवादी दर्शन में तीसरी दर्शनधारा है, जिसके जनक कबीर साहेब हैं। यह आश्चर्यजनक अवधारणा है कि ईश्वर भी है, और उसका कोई गुण भी नहीं है, गुणरहित है। जब गुणरहित है, तो परलोक, पुनर्जन्म, स्वर्ग-नर्क, मुक्ति, मोक्ष आदि कोई भी गुण उसका नहीं है। कबीर साहेब के निर्गुण ने इन सारे गुणों की जड़ काट दी।

कबीर साहेब का निर्गुण क्या है? वह है—'प्रथम एक जो आपै आप, निराकार निर्गुन निर्जाप', यानी वह प्रथम अर्थात् आदि सत्ता है। वह निराकार है और निर्गुण है, इसलिए निर्जाप है, उसका जाप नहीं हो सकता। वह ऐसा 'साहेब' है, जो वर्ण और जाति दोनों से मुक्त है—'बर्न-अबर्न नहीं तेहि ठाँव।' कबीर साहेब ने अपने निर्गुण ईश्वर को अलख कहा है, अर्थात् उसे देखा नहीं जा सकता। कबीर साहेब का निर्गुणवाद ऐसा ईश्वरवादी दर्शन है, जिसके भीतर की चेतना अनीश्वरवाद की है। इसे हम आजीवकों, चार्वाकों और बुद्ध के भौतिकवाद का विकास कह सकते हैं।

अब सवाल यह बाकी रह जाता है कि कबीर साहेब ने निर्गुण ईश्वर को राम, कृष्ण, हरि, रहीम, रहमान, साईं और गोविन्द नामों से किस कारण से पुकारा है? मुझे लगता है कि ऐसा उन्होंने दो कारणों से किया था। एक यह कि उनका यह उपक्रम पंडित और मुल्ला की आँखों में धूल झोंकने के लिए था। वे सुल्तान के शासन में अपनी आस्तिक छवि के साथ ही रह सकते थे। वे नास्तिक छवि में पकड़े जाते और पंडित-मुल्ला दोनों मिलकर उन्हें राजसत्ता से दंडित करा सकते थे। पर, राम-रहमान आदि नामों से उन्हें कोई एतराज़ नहीं हो सकता था, क्योंकि वेदान्तियों के लिए वह अद्वैत ब्रह्म जैसा था और मुस्लिमों को उसमें तौहीद नज़र आ रही थी। हालाँकि कबीर साहेब ने अपने राम और कृष्ण दोनों को स्पष्ट किया है कि वे दशरथपुत्र राम और देवकीपुत्र कृष्ण नहीं हैं। दूसरा कारण यह प्रतीत होता है कि काबा-कैलाश वाले सगुण ईश्वरों के जाल में फँसे जनसाधारण को एक ऐसी आदिसत्ता से जोड़ना चाहते थे, जो मन्दिर-मस्जिद में नहीं रहता और न जिसे प्रसन्न करने के लिए पूजा-नमाज़ की ज़रूरत पड़ती है। उसे किसी भी नाम से पुकारो, वह आदमी के भीतर ही रहता है—

समझा तो घर में रहैं, परदा पलक लगाए।
तेरा साहिब तुज्झ में, अन्त कहूँ मत जाए॥
कस्तूरी कुंडल बसै, मृग ढूँढ़ै वन माँहि।
ऐसे घट घट राम हैं, दुनिया देखै नाँहि॥

निर्गुण की यह अवधारणा इसलिए क्रान्तिकारी थी, क्योंकि वह सगुण ईश्वर के नाम पर किये जा रहे ग़रीब जनता के शोषण को ख़त्म करती थी और यह क्रान्ति न पंडित के हित में थी और न मुल्ला के। कबीर साहेब ने कितनी ही सावधानी बरती हो, पर पंडित-मुल्ला ने बिना मन्दिर-मस्जिद वाले निर्गुण-ईश्वर की परिकल्पना में नास्तिकता देख ही ली थी। यहीं से कबीर को ठिकाने लगाने का काम शुरू हुआ। उन्हें बनारस से निर्वासित किया गया और उनकी मृत्यु के बाद उनकी पूरी निर्गुण वैचारिकी को वैष्णवी रंग में रंगने के लिए पूरा पंडित-समुदाय सारे हथियारों से लैस होकर जुट गया। आज इसी रंग को उतारने की ज़रूरत है।

कबीर : सांस्कृतिक महाविद्रोह

शम्भुनाथ

हमारा समय आज पूरी तरह बाज़ारवाद के चंगुल में है। इसका कोई हिस्सा बाज़ार से स्वतंत्र नहीं है। कबीर के ज़माने का आदमी माया के बढ़ते जाल और अभिमान के कारण आत्मविस्मृत था। आज का आदमी भी अपने आत्मजगत्, बृहत्तर मनुष्यबोध और ज़िन्दगी की सही ज़रूरतों से बेख़बर है। वह बाज़ार की माया से घिरा है। ऐसे ही किसी बाज़ार में कबीर ने कहा होगा—'कबिरा खड़ा बजार में लिये लुकाठी हाथ'। लगभग 600 साल बाद, कबीर पर चर्चा वस्तुतः। एक बाज़ार में ही हो रही है, फ़र्क़ सिर्फ़ यह है कि हमारे हाथों में अब बुझी हुई लुकाठियाँ हैं।

कबीर सिर्फ़ दलितों के लिए नहीं, आज अचानक सभी के लिए प्रासंगिक हो उठे हैं। कबीर का भी भूमंडलीकरण हो रहा है। मेडोना ने कबीर के पद पर आधारित अपने गाने में 'कहत कबीर सुनो भई साधौ' ख़ूब चीख़-चीख़कर गाया है। दरअसल, बाज़ारवाद ने अतीत की हर वस्तु को प्रासंगिक बना दिया है। इसने प्रासंगिकता की पूरी अवधारणा ही गड्डमड्ड कर दी है। 20वीं सदी की पूर्व-वेला में रवीन्द्रनाथ ठाकुर की नज़र कबीर पर गई और उत्तर-वेला में मेडोना की नज़र, हमें इन दोनों नज़रों का फ़र्क़ समझने में कोई मुश्किल नहीं होनी चाहिए।

हमारे समय में कबीर का अर्थ क्या है? बाज़ार में अर्थ नहीं पूछा जाता। आज के बाज़ार में किसी चीज़ का अर्थ नहीं होता, सिर्फ़ उस चीज़ का स्वाद होता है, मज़ा होता है और एक क़ीमत होती है। कबीर का अर्थ खोजने की कोशिश करते ही 'बाज़ार' तुरन्त 'हमारे समय' में बदल जाता है। कबीर के अर्थ की खोज बाज़ार से अपने समय में हमारी वापसी है, अपने समाज में हमारी वापसी है, अपनी भाषा में हमारी वापसी है, और यह बुझी हुई लुकाठियों का सुलग उठना है।

कबीर आजकल बड़ी तेज़ी से किसी के लिए सिर्फ़ प्रेम के कवि, किसी के लिए सिर्फ़ आध्यात्मिक रहस्यवाद के कवि और किसी के लिए सिर्फ़ तर्क के कवि होते जा रहे हैं। कबीर पर चर्चा करते हुए कुछ लोग कहना चाहते हैं कि

कबीर पांडित्य नहीं, प्रेम के कवि हैं, प्रार्थना के कवि हैं। वे तर्क-वितर्क के नहीं, अनुभूति के कवि हैं। भक्ति का वाद-विवाद से क्या सम्बन्ध? कबीर ने कहा भी है, 'पंडित वाद बदंते झूठा' या 'कहत कबीर तरक दइ साधे तिनकी मति है मोटी।' यहाँ जिस तर्क की खिल्ली उड़ाई गई है, वह धार्मिक कट्टरतावादी कुतर्क है, अन्यथा सन्त-साहित्य से यदि तर्क को बहिष्कृत कर दिया जाएगा, तो बृहत्तर मानवीय प्रेम भी नहीं बचेगा। कबीर पूछते हैं कि जब सभी मनुष्यों के ख़ून का रंग एक है, एक ही तरह का मल-मूत्र है, एक-जैसी चमड़ी है, और सभी एक ही रास्ते से पैदा हुए हैं, तो फिर यह ब्राह्मण-शूद्र का भेद कैसा। वे तर्क देते हैं ललकारते हैं, तभी वे मनुष्य के बीच प्रेम का बड़ा सामाजिक आधार स्थापित कर पाते हैं। वे जातिवाद का विरोध करते हैं, पर जाति-घृणा को प्रश्रय नहीं देते। संकीर्ण आधारों पर इकट्ठा होकर कभी भी बड़ी चुनौतियों का सामना नहीं किया जा सकता, इसलिए कबीर के लिए प्रेम का अर्थ है हर संकीर्ण सामाजिक दीवार को तोड़कर मनुष्य-जाति की एकता। कबीर के राम समाज में भेद की जगह अभेद पैदा करते हैं, वे मनुष्य के दिलों में घृणा की जगह प्रेम पैदा करनेवाले राम हैं।

कबीर धार्मिक पाखंडियों से कहते हैं, तेरी प्रीति राम से नहीं है, धन-दौलत, पद और प्रतिष्ठा से है। इसीलिए तू भक्तों पर हँसता है—'साँची प्रीति विषय माया से, हरि भगतन सूँ हाँसी'। कबीर का एक अर्थ निर्भयता है। कबीर अपने ऊपर हँसने वालों से नहीं डरते, वे अपने बेगानेपन से नहीं घबराते। वे मतान्धता और पाखंडों से जमकर टकराते हैं। वे अपने समय में महोत्सव नहीं, एक महाविद्रोह थे।

कबीर ने भक्ति को बहुआयामी बनाया, आत्मजागरण का माध्यम, उनका मानो कहना था कि भीतर जितना जागते रहोगे, जीवन के सौन्दर्य का उतना ही व्यापक अनुभव कर सकोगे। भीतर के जागरण से उनका अभिप्राय था—पुरोहितवाद, धार्मिक अहंकार, जातिभेद, सामाजिक विषमता, ऊँच-नीच के बीच भेदभाव और कर्मफलवाद से मुक्त होना। कबीर के अर्थ के ये सन्दर्भ बहुत महत्त्वपूर्ण हैं। दरअसल, भक्ति-आन्दोलन का मुख्य सारतत्त्व है मनुष्य की सार्वभौम एकता और उसकी महत्ता। हम मनुष्य होकर भी मनुष्य के महत्ताबोध से वंचित हैं। नई टेक्नोलॉजी के इस युग में कबीर इसलिए भी याद किये जाने चाहिए कि उन्होंने रूढ़ियों और संकीर्णताओं से मुक्त मनुष्य की अवधारणा दी। आज का ज़माना 'हाई टेक्नोलॉजी-लो कल्चर' का ज़माना है। यह मनुष्य की गरिमाहीनता और संकीर्णतावाद का ज़माना है। इस ज़माने में उच्चतर मनुष्यत्व की अवधारणा के कारण कबीर ही भक्त कवियों से सबसे ज़्यादा प्रासंगिक हैं।

सामाजिक गतिशीलता के कारण जिन दिनों उच्चतर मनुष्यत्व की अवधारणा आकार ले रही थी, उन्हीं दिनों इसके विरोध में धार्मिक कट्टरतावाद भी नंगा रूप धारण कर रहा था। कबीर को हिन्दू-मुसलमान दोनों के धार्मिक ठेकेदारों का विरोध

झेलना पड़ा होगा। उन्होंने घर की चक्की का ज़्यादा महत्त्व घोषित करते हुए हिन्दू पंडितों पर व्यंग्य किया, 'पाथर पूजे हरि मिले तो मैं पूजूँ पहाड़, ताते ये चक्की भली पीस खाय संसार।' उनकी दृष्टि धरती के भौतिक जीवन पर थी, बैकुंठ पर नहीं। उन्होंने चुनौती के स्वर में कहा था, 'मुल्ला कहाँ पुकारे दूर, क्या बहरा हुआ खुदाय'। कबीर ने चार्वाक की तरह इस हिन्दू अन्धविश्वास पर भी चोट की, 'कहैं कबीर मोहे अचरज आवै, कौवा खाई पितर क्यों पावै'। तर्कविवेक की ये आवाज़ें ऐसे कंठों से गूँजीं, जो निरक्षर थे या जिन्होंने सिर्फ़ 'प्रेम' का ढाई अक्षर पढ़ा था।

वेदान्त और बौद्ध धर्म के बाद भक्ति-आन्दोलन भारतीय सामाजिक चेतना का तीसरा क्रान्तिकारी उन्मेष है। बौद्ध धर्मावलम्बी सनातन हिन्दू व्यवस्था से विद्रोह करके बाहर निकल चुके थे, जबकि भक्तों ने भीतर रहकर सुधार का उद्घोष किया था। निस्सन्देह कबीर ही हिन्दी के पहले भक्त कवि हैं और यह बात आश्चर्य में डाल सकती है कि हिन्दी-समाज में भक्ति आन्दोलन अपने पहले ही चरण में कितना विकसित और कितना बहुआयामी था। कबीर भक्ति-साहित्य के एवरेस्ट हैं। यह कबीर का ही दबाव था कि उनसे मन के किसी कोने में वितृष्णा रखते हुए भी तुलसी को बाह्याचार की तुलना में नाम-सुमिरन को महत्त्व देना पड़ा और 'रामचरितमानस' से शम्बूक प्रसंग हटाना पड़ा। लगभग 600 साल पहले की भक्ति यदि एवरेस्ट की तरह है, तो आज की भक्ति खाई-खन्दक है, जहाँ कम्प्यूटर के युग में भी हिन्दुओं के लिए चोटी और धोती की वकालत की जाती है। नए-नए धर्म-गुरु नए-नए ढोंग खड़े करते हैं। नए-नए प्रवचनकर्ता नए-नए पाखंड फैलाते हैं। धर्म मूल्य-बोध की जगह राजनैतिक गोटी या उपभोक्ता-मांल और मनोरंजन-उद्योग में बदल जाता है। संकीर्णता और लालच के इस दुःसमय में कबीर की भक्ति एक महान् सन्देश देती है। कबीर से ही पता चलता है कि भक्तिरहित ज्ञान अहंकार है और ज्ञानरहित भक्ति अन्धविश्वास। कबीर की भक्ति अन्धविश्वास, पाखंड और कट्टरतावाद से एक जेहाद है। यह सूरा का संग्राम है—'कायर भागे पीठ दे, सूरा करे संग्राम!'

कबीर को हजारीप्रसाद द्विवेदी ने ही सर्वप्रथम साहित्यिक प्रतिष्ठा दी थी। लेकिन कबीर को सही-सही पहचानने में उनके अपने संस्कार कुछ बिन्दुओं पर बाधक थे। उन्होंने एक टिप्पणी की थी, "भक्ति-तत्त्व की व्याख्या करते-करते उन्हें बाह्याचार के जंजालों को साफ करने की ज़रूरत महसूस हुई है, जो अपनी जड़-प्रकृति के कारण विशुद्ध चेतन-तत्त्व की उपलब्धि में बाधक है। यह बात ही समाज-सुधार और साम्प्रदायिक ऐक्य की विधात्री बन गई है। पर यहाँ भी यह कह रखना ठीक है कि वह भी फोकट का माल या 'बाइप्रोडक्ट है।' द्विवेदी जी के इस कथन के विपरीत, यह कहना सच के ज़्यादा क़रीब है कि विषम भारतीय समाज में कबीर के सुधारवाद और साम्प्रदायिक ऐक्य ही मूल चीज़ है। उनकी भक्ति और आध्यात्मिक रहस्य या ब्रह्म-साधना को कोई चाहे तो फोकट का माल या

'बाइप्रोडक्ट' कह ले। समाज-सुधार साम्प्रदायिक ऐक्य और जातीय अखंडता के प्रति उपेक्षा की प्रवृत्ति की वजह से ही 1947 के बाद के भारत में धर्मनिरपेक्षता फोकट का माल या 'बाइप्रोडक्ट' बनती गई और मूल उत्पाद हो गया सम्प्रदायवाद। भक्ति-काव्य अतीत को मनुष्य के जीवन की कसौटी बनाने का अस्त्र हो गया, भक्ति का एकमात्र लक्ष्य हो गया अतीत की कूपमंडूकता की रक्षा करना।

कबीर की भक्ति, धर्मभावना, साधना, जो कह लें, सबसे पहले वैयक्तिक थी और अपनी बुनियादी प्रकृति में साम्प्रदायिक नहीं थी। उनकी भक्ति बाह्याचारों से मुक्त होने के कारण सहज थी। वह एक मिश्रित भक्ति थी—उसमें अद्वैत, सगुण, निर्गुण, योग, सूफ़ीवाद, माधुर्य, दास, सभी परम्पराएँ आकर मिल जाती हैं। सन्तों ने अपनी भक्ति को शुद्ध करने का कभी प्रयास नहीं किया और भारतीय सांस्कृतिक विकास की मूल प्रकृति को अपनाया। शायद यही कारण है कि सन्त लोग भक्ति आन्दोलन के दिनों में पूरे भारत को सांस्कृतिक स्तर पर एक करने में समर्थ थे। सन्त मुख्यतः कारीगर और छोटे व्यापारी थे। वे दुनियावी मामलों से परे नहीं थे। व्यापारियों द्वारा चलाए धर्मों में हमेशा एक उदारता, विवेकपरकता और मिश्रणशीलता रही है, जबकि पोथी-पंडितों ने धर्म को हमेशा संकीर्ण बनाया।

एक पंडित ने बैल पर बहुत-सी धर्मशास्त्रीय पोथियाँ लाद लीं और वह कबीर से शास्त्रार्थ करने चल पड़ा। कबीर का घर थोड़ी दूर पर था। इलाक़ों में कुछ स्त्रियाँ कुएँ पर पानी भर रही थीं। पंडित ने अहम् में कड़ककर पूछा, 'कबीर का घर किधर है?' एक पनिहारिन ने उत्तर दिया—

कबीर का घर शिखर पर, जहाँ सिलहिली गैल,
पाँव न टिकै पिपीलिका, पंडित लादे बैल।

(पोथी-पंडित! कबीर का घर तो शिखर पर है, जहाँ चींटी का भी पैर टिक नहीं सकता और आप वहीं बैल पर ग्रन्थ लादकर जा रहे हैं।) कबीर निरक्षर थे, पर अशिक्षित नहीं थे। आज कोई संस्कृत और अंग्रेज़ी में मोटे-मोटे ग्रन्थ पढ़ ले, भारी विशेषज्ञता हासिल कर ले या सूचनाओं का स्टोर रूप बन जाए, तो भी सिर्फ़ इसी को ज्ञान का चिह्न नहीं कहा जा सकता। आज जिसके पास जितनी ऊँची डिग्री और विशेषज्ञता है, वह उतना ही अधिक अशिक्षित है।

कबीर का कथन है, 'तू कहता कागद की लेखी, मैं कहता आँखिन की देखी'। कबीर के पास अपनी आँख थी, अपना अनुभव था, जिसकी रोशनी में उन्होंने अपने समय की उन प्रभुत्वशाली विचारधाराओं का विरोध किया, जो लोक-संस्कृति और लोक-आकांक्षाओं के विरुद्ध थीं।

कबीर की भक्ति की दूसरी विलक्षणता है—निर्वैर की धारणा। तुलसी ने भी आगे चलकर लिखा था, 'बयरु न कर काहू सन कोई'। साम्प्रदायिक वैर के तद्‌युगीन

वातावरण में कबीर ने निर्वैर को अपनी भक्ति में पहला स्थान दिया—'निरवैरी, निहकामता साईं सेती नेह। विषयों से न्यारा रहे, सन्तनि का अंग एह।' हिंसा और मारकाट के युग में निर्वैर को प्राथमिकता देना साधारण बात नहीं है। इससे साबित होता है कि सन्त-कवि अपने युग के धार्मिक वैमनस्य के प्रति कितने सचेत थे। दादूदयाल ने तो निर्वैर को सन्त-मत का सार मान लिया था—'निरवैरी निज आत्मा साधन का मत सार'। भक्ति-काव्य के कुछ आलोचक उसकी 'तन्मयता' पर अधिक रीझते हैं, जबकि भक्ति-आन्दोलन में महत्त्वपूर्ण तत्त्व है—'निर्वैर'। यहाँ तक कि सन्त-कवियों का रहस्यवाद महज़ परमात्मा का भजन-कीर्तन नहीं है। यह उनके युग के अमानवीय भेदभाव और घृणा का ही आध्यात्मिक प्रत्युत्तर है। यह ख़ून की बह रही नदी में प्रेम की नौका है। कबीर के आलोचक उनके पदों में सिर्फ़ कला का सूक्ष्म रूप ही ढूँढ़ते रहे, वे रहस्यवाद का सिर्फ़ छिलका ही पा सके।

कबीर की भक्ति की तीसरी विलक्षणता है 'विवेक'। विवेक के बीज धार्मिक पाखंडों के अनावरण, मानवीय महत्ता की अनुभूति और श्रम-चेतना में प्रस्फुटित हुए हैं। भक्तिकालीन लोकजागरण और आधुनिक नवजागरण को कोई चीज़ आपस में जोड़ती है, तो वह है यही विवेक। कबीर के देश में चारों तरफ़ जग रहे इस विवेक के कारण ही भ्रम और यथार्थ के बीच संघर्ष छिड़ा था। महाराष्ट्र और गुजरात के अलावा हिन्दी-भूमि पर भी विवेक की आवाज़ गूँजी थी। पंडों, महन्तों और पोथी-पंडितों की नगरी इसी बनारस में गूँजी थी। कबीर सनातनता के समानान्तर नई चेतना के उन्मेष को पहचानकर ही कहते हैं—'सन्तों आई ज्ञान की आँधी रे। भ्रम की टाटी सबै उड़ानी माया रहे न बांधी रे।' उस ज़माने में क्या निर्गुण भक्ति, क्या सगुण भक्ति, सभी एक स्वर से धार्मिक आडम्बरों के ख़िलाफ़ थे। ख़ासकर कबीर की भक्ति अपने युग की सीमाओं में विवेक से जुड़कर धर्म को एक सर्जनात्मक रूप देनेवाली थी और जन-संस्कृति के उत्थान से प्रेरित थी।

कबीर ने 'मिथ्या भेदवाद' का ही विरोध नहीं किया, 'दौलत के असीम लालच' का भी विरोध किया। उन्होंने मानवीय स्वाभिमान के कारण यदि एक तरफ़ दूसरे के आगे हाथ फैलाने की जगह श्रम को महत्त्व दिया, तो दूसरी तरफ़ त्याग का आदर्श रखा, 'जो जल बाढ़े नाव में, घर में बाढ़े दाम। दोनों हाथ उलीचिए यही सयानों काम।' दौलत का असीम लालच और नग्न भोगवाद हमारे समय की मुख्य ख़ूबियाँ हैं।

कबीर ने आलस्य और भोगवाद की जगह श्रम और त्याग का महत्त्व प्रतिपादित किया था। जुगनूँ तभी तक चमकता है, जब तक उड़ता रहता है और अपनी रोशनी बाँटता रहता है।

कबीर अपने ज़माने के हिसाब से पर्याप्त अमीर रहे होंगे। उस समय शिल्प और दस्तकारी की काफ़ी उन्नति हो रही थी, बाज़ार का विस्तार हो रहा था। इसी

परिणाम में समाज में हिंसा के अलावा, विलासिता और कृत्रिमता भी बढ़ने लगी थी। सन्तों ने सादगी पर ज़ोर दिया। बाज़ार के प्रलोभनों से पैदा हुई कृत्रिम इच्छाओं पर नियंत्रण का सन्देश दिया। माया विभिन्न भौतिक प्रलोभनों का ही तो एक रूप है—अनियंत्रित सेक्स, असीम दौलत, हिंसा, अनावश्यक क्रोध, मद, ईर्ष्या—यही सब तो माया है। मनुष्य को बार-बार ठगनेवाली मिथ्या चेतना ही माया है। कबीर का माया का विरोध कभी भी जीवन का विरोध नहीं है। कबीर ने भक्ति के ढाँचे में दरअसल अपने युग के यथार्थों से मुठभेड़ की। इस प्रक्रिया में वे किस गहराई से अध्यात्म की ओर बढ़ रहे थे, उसी व्यापकता के साथ मनुष्य-मनुष्य के बीच एकता, बन्धुत्व और बराबरी की चेतना की ओर भी बढ़ रहे थे। उनकी भक्ति का लक्ष्य है आध्यात्मिक ढाँचे में लोक-जागरण, एक सांस्कृतिक महाविद्रोह! हमारे समय में कबीर का यही अर्थ है।

यह एक विडम्बना है कि हिन्दी-प्रदेश में कबीर, रैदास, दादू, रज्जब, सुन्दरदास, सेना, पीपा, दरिया साहब, लालदास, ग़रीबदास आदि के बाद सन्त साहित्य संकीर्ण पंथों और मठों में विभाजित हो गया। उनकी नई चेतना को विकसित करनेवाले कवि दलित और मुसलमान समुदाय से फिर पैदा नहीं हुए। धार्मिक पाखंड और कट्टरता के ख़िलाफ़ वैसी असरदार रचनात्मक आवाज़ फिर सुनाई नहीं पड़ी। कट्टरता का युग फिर आरम्भ हो गया। सन्त-परम्पराओं में भी इसकी प्रतिध्वनि हुई। दादूपंथियों ने कबीर को छोड़ दिया, कबीरपंथियों ने दादू को। रैदासपंथी कबीर के भजन नहीं गाते, कबीरपंथी रैदास को नहीं गाते। कबीर को माननेवाले भी विभिन्न मठों और कहीं-कहीं विरोधी शिविरों में विभाजित हो गए। यदि जम्मू में कट्टर हिन्दुत्ववादियों ने कबीर-समारोह नहीं होने दिया, तो दूसरी ओर कई कबीर पंथियों ने कबीर का मठीकरण और रहस्यीकरण शुरू कर दिया। एक ओर कबीर का अश्लील विरोध और दूसरी ओर कबीर की रहस्यवादी घेरेबन्दी।

इस बीच दुनिया में बड़े-बड़े परिवर्तन घटे हैं—बर्लिन की दीवार टूटी, विश्व-व्यापार संगठन बना, संचार-क्रान्ति आई, और विश्व एक गाँव बनने लगा। लेकिन यह सम्भव नहीं हो सका है कि सभी सन्त-कवियों के समर्थक और भक्त आपस के भेद तोड़कर, अपने मठों से ऊपर उठकर इकट्ठे हों। वे एक विराट् सन्त-काव्य-सम्मेलन करें। वे मिलकर सन्त-कवियों की सामाजिक चेतना का विकास करें तथा लोक-जागरण का जाम पड़ा पहिया चलाएँ। हिन्दी-समाज में कबीर-भक्तों ने नया कर्मकांड शुरू कर दिया है, 'बूड़ा वंश कबीर का' की हालत हो गई है।

दरअसल, कबीर ने अपनी विच्छिन्नता का अनुभव अपने जीवन-काल में ही कर लिया था—'सुखिया सब संसार है, खावे अरु सौवे। दुखिया दास कबीर है, जागे अरु रोवे'। ठीक ऐसा ही मीराँ ने भी कहा था, 'री म्हाँ जागा, जगत सब सोबा।' यह कठोर सामन्ती समाज में भक्त कवियों का 'ऐलियनेशन' है। यह ज्ञान

की पीड़ा है, यह मानव-विवेक का दर्द है। यह दर्द हमारे सामने कुछ प्रश्न छोड़ जाता है—कबीर का स्वप्न क्यों बिखर गया? तुलसी कबीर से सौ साल बाद होकर भी कबीर से अधिक आगे बढ़कर मुखर क्यों नहीं हो सके? भक्ति पुनः धार्मिक पाखंड और कर्मकांड में क्यों बदल गई? हिन्दी-समाज में ही धर्मान्धता का पुनरुत्थान और नई चेतना का विपर्यय क्यों हुआ? धर्म की वैसी ही वैयक्तिक, सहज और मिश्रणशील भावना वर्तमान साम्प्रदायिक उन्मादों पर कैसे पुनर्प्रभावी होगी? हमारा समय हमसे यह सब पूछ रहा है। बाज़ार में लौटने से पहले इन सवालों से थोड़ा भी टकराया जा सके, तभी कबीर पर कोई चर्चा सार्थक होगी।

कबीर और उनका रहस्यवाद

गोपेश्वर सिंह

कबीर मध्यकालीन भारतीय साहित्य और समाज की सर्वाधिक जाग्रत मनीषा हैं। वे घोषित रूप से न तो समाज-सुधारक थे और न कवि, फिर भी उनकी 'बानी' में सच्चाई का वह तेज़ था कि धर्म, समाज और साहित्य की परम्परागत मान्यताएँ प्रश्न-चिह्न के घेरे में आ गईं। उनकी व्यंजक, फक्कड़ और उदास कविता ने ऐसा चमत्कार किया कि सदियों से अधिकतर वंचित, शोषित-उपेक्षित लोगों में ज्ञान, धर्म एवं कविता की प्यास भड़क उठी और देखते-ही-देखते इन सभी क्षेत्रों में क्रान्ति हो गई। कबीर के साथ रैदास, नानक, दादू, हरिदास, सेन आदि निचली जाति के सन्तों ने अपनी आध्यात्मिक आकांक्षाओं की अभिव्यक्ति के गीत रचे। इस आध्यात्मिक आकांक्षा में उनके लौकिक जीवन के ही दुखों की परोक्ष घोषणा थी। कबीर आदि निर्गुण पंथी सन्तों का धर्म और साहित्य के 'वर्जित प्रदेश' में प्रवेश एक युगान्तकारी घटना थी। इस घटना ने निचली श्रेणी के लोगों के युग-युग से संचित सपनों की उड़ान के लिए एक मुक्त आकाश दिया। यह आकाश 'अनुभव-सत्य' का था, जो सत्ता और शास्त्र पर क़ाबिज़ वर्गों के सामने कठिन चुनौती बनकर उपस्थित हुआ।

उत्तर भारत में निर्गुण पंथ को निचली श्रेणी की जनता का धार्मिक पथ बनाने का श्रेय कबीर को है। ऐसा नहीं है कि निर्गुण-ब्रह्म की अवधारणा भारतीय धर्म-दर्शन में नहीं थी। एकेश्वरवाद और अद्वैतवाद निर्गुण ईश्वर के सम्बन्ध में कई तरह की दार्शनिक मीमांसा प्रस्तुत कर चुके थे। यह बहुत महीन-सी दार्शनिक बहस थी, जो सामान्य जन तक पहुँच से बाहर थी। निर्गुण सम्बन्धी इस बहस में सामान्य जन की धार्मिक आकांक्षा और ईश्वर के लिए शायद ही कोई जगह थी। यही कारण है कि शंकराचार्य का अद्वैतवाद कबीर आदि निर्गुण पंथी सन्तों के समय तक सामान्य लोगों में लोकप्रिय नहीं हुआ। यह पंडितों के बीच बहस का एक अन्तहीन विषय था। कबीर ने वेदान्त दर्शन से निर्गुण ब्रह्म की अवधारणा ली या शंकर के अद्वैतवाद से, इसका कोई स्पष्ट प्रमाण इतिहास में नहीं मिलता। अब तो कुछ

इतिहासकार—इस तरह के मत का पूरी तरह खंडन करते हैं। जो भी हो, कबीर के समय तक निर्गुण ब्रह्म एक ठोस वास्तविकता से अधिक दार्शनिक मीमांसा भर था। कबीर की ऐतिहासिक भूमिका यह है कि उन्होंने उस अमूर्त ईश्वर को मूर्त रूप दिया। उसे दार्शनिकों-आचार्यों के खाते से निकालकर ईश्वरविहीन श्रेणी की जनता के हवाले किया। कबीर-निर्गुण का वेदान्त और अद्वैत दर्शन के निर्गुण से नाममात्र का मेल है। यह निर्गुण ब्रह्म मध्यकालीन धर्म और साहित्य में नितान्त नया और मौलिक सृजन है। अगर ऐसा नहीं होता, तो यह निर्गुण ब्रह्म निचली श्रेणी की जनता के ज़रिये भक्तकालीन साहित्य और समाज में नई चेतना के आन्दोलन का संवाहक नहीं बनता। कोई तो बात थी कि वेदान्त और अद्वैत दर्शन के निर्गुण ब्रह्म से सामान्य जन की आध्यात्मिक प्यास न बुझ सकी थी, न वह सामान्य जन उस निर्गुण ब्रह्म को अपनी जीवन-शक्ति बना सका था। वेदान्त का निर्गुण ब्रह्म आन्दोलनधर्मी नई चेतना की ठोस आधार-भूमि है। वेदान्त के निर्गुण और कबीर के निर्गुण में महत्त्व का ठीक-ठीक मूल्यांकन नहीं हो सकता।

इस निर्गुण ब्रह्म के ज़रिये कबीर ने यह बताया है कि ब्राह्मण-शूद्र, हिन्दू-मुसलमान सबका ईश्वर एक है, इसके लिए जातीय झगड़े और धार्मिक फसाद व्यर्थ हैं। धार्मिक विभेद और वेद-क़ुरान की सत्ता को इस निर्गुण ब्रह्म ने ऐसी चुनौती दी, जिसकी कोई मिसाल उस काल के समाज और साहित्य में नहीं है। इस निर्गुण ब्रह्म के ज़रिये सभी तरह के धार्मिक बाह्याचारों की व्यर्थता सिद्ध करते हुए कबीर ने सबके लिए एक सुगम धार्मिक राह निकाली। कबीर का यह क्रान्तिदर्शी रूप था, जिसकी प्रशंसा उनके विरोधियों तक ने की। लेकिन उन्होंने जिस निर्गुण ब्रह्म को अपने धार्मिक-सामाजिक उद्देश्य का सबसे बड़ा सम्बल और पाथेय बनाया, उसकी लोक-स्वीकृति आसान न थी, उसे लेकर तरह-तरह के विवाद खड़े किये गए और उसे सामान्य लोकधर्म के विरुद्ध बताया गया। बहुदेवों की सगुण-उपासनावाले इस देश में निर्गुण पंथ ईश्वर के सगुण-साकार अवतारी रूप और उसकी उपासना-विधि के मूल में वर्णाश्रम-धर्म की प्रतिष्ठा है। सुगणवादियों ने इसीलिए निम्नजन्मा लोगों के निर्गुण पंथ की आलोचना की। निर्गुण पंथ के विरोध का एक अन्य कारण भी था। कबीर ने जिस निर्गुण ब्रह्म का निर्माण किया, उसे काया के भीतर ही खोजने की बात थी। उन्होंने कहा कि तेरा साईं तुम्हारे भीतर है, उसे काबा-काशी और मन्दिर-मस्जिद में ढूँढ़ना व्यर्थ है। ईश्वर का बगीचा तुम्हारे शरीर में ही है। उसका सौन्दर्य देखने के लिए बाहर जाना व्यर्थ है—'बागों न जा रे न जा, तेरी काया में गुलजार।' लेकिन उस ईश्वर की छवि देखने के लिए काया के भीतर सहस्रदल-चक्र पर बैठकर समाधि लगानी होगी। उस ईश्वर के दर्शन के लिए इस काया के भीतर इंगला, पिंगला, सुषुम्ना, सहस्रदल कमल, अनहद नाद, आदि अदृश्य उपासना-साधनों की ज़रूरत है। इन साधनों के ज़रिये अपनी काया में

ही उस ब्रह्म का साक्षात्कार किया जा सकता है और अनहद संगीत सुना जा सकता है। यह उपासना-मार्ग बाह्याडम्बरों को अस्वीकार कर सिर्फ़ शुद्ध एवं सच्चे तन-मन की ज़रूरत पर ज़ोर देता है। यह हर लिहाज़ से भेदभावरहित उपासना-मार्ग है। इसके लिए मन्दिर-मस्जिद, क़ाज़ी-काबा वेद-क़ुरान और पंडित-मुल्ला की ज़रूरत नहीं। भेद पैदा करनेवाले और ख़र्चीले बाह्याचारों की तुलना में यह आम लोगों के लिए सुलभ उपासना-मार्ग था। इस मार्ग की खोज करके कबीर ने निम्नजन्मा लोगों की 'जुगन-जुगन की तृसा बुझाई।' यह तृसा धर्म ईश्वर की थी। सगुण ईश्वर और मन्दिर निम्नजन्मा लोगों के लिए तब प्रवेश वर्जित क्षेत्र थे। उनका धर्म तो मालिकों की सेवा करना भर था। उनकी मुक्ति धर्म में नहीं, मालिक की सेवा में थी, उनका स्थान मन्दिरों में नहीं, उसकी सीढ़ियों पर था। कबीर ने ऐसे लोगों को निर्गुण पंथ के रूप में एक धर्म और ईश्वर देकर महान् कार्य किया। भक्तिकाल में यह एक सामाजिक क्रान्ति थी।

लेकिन यह निर्गुण पंथ जिस उपासना विधि-समाधि आदि की बातें करता था, उसमें गुह्य साधना और रहस्य के लिए काफ़ी गुंजाइश थी। जिस शरीर में सभी देवों तथा सभी तीर्थों के दर्शन करने का दावा निर्गुणियों ने किया, वह एक अद्भुत रहस्य-लोक हो गया। ब्रह्मांड का सारा खेल इस पिंड में देखने की घोषणा कबीर ने की—

चन्दा-झलकै यहि घट माहीं। ऊँची आँखन सूझै नाहीं॥
यहि घट चन्दा यहि घट माहीं। यहि घट गाजै अनहद तूर॥
यहि घट बाजै तबल-निसान। बहिरा सबद सुनै नहि कान॥
मृगा हास कस्तूरी बास। आपन खोजै खोजै घास॥

किन्तु घट में ही पूरे ब्रह्मांड के दर्शन की प्रक्रिया ने एक क़िस्म की एकान्त और अलक्षित-सी साधना को जन्म दिया, जो रहस्यवाद का मूलाधार है। यह रहस्यवाद कबीर में और दूसरे निर्गुण पंथी सन्तों में भी है। कबीर आदि का यह रहस्यवाद बहुत हद तक आज भी रहस्य ही है, उनके विरोधियों के लिए भी और समर्थकों के लिए भी। कबीर-जैसे क्रान्तिदर्शी कवि का यह रहस्यवाद उनके आलोचकों का बहुत बड़ा हथियार है। कबीर के समर्थक भी उनके रहस्यवाद की कोई सार्थक संगति उनके क्रान्तिचेता रूप से नहीं मिला पाते। आखिर यह घट के भीतर खेला जानेवाला रहस्यवादी धूप-छाँही खेल ही तो था, जो बाह्याचारों की धज्जियाँ उड़ाकर और ईश्वरविहीन लोगों को ईश्वर देकर 'जुगन-जुगन की तृसा' इसी संसार में बुझाने के कबीर के महान् उपक्रम पर प्रश्नचिह्न लगाता हुआ यह घोषणा कर रहा था कि यह संसार अपना नहीं है, माया है, यथार्थ नहीं, भ्रम है। स्त्री इसी माया का सबसे विकारयुक्त रूप है; मनुष्य का असली धर्म इस मायालोक से मुक्त होने में है, इस

संसार रूपी नैहर को छोड़कर बाबुल के घर जाने में है, आदि। कबीर की यह घोषणा उन्हें रहस्यमयी साधना का अनुगामी बनाती प्रतीत होती है। आरोप है कि यह साधना संसार की वास्तविकता का नकारकर एक काल्पनिक और अवास्तविक दुनिया में जाने को उद्यत करती है। इस दुनिया को माया मानकर अदृश्य को सच मानना रहस्य नहीं तो और क्या है। कबीर का यह उपक्रम ही उनका रहस्यवाद है। लोक की चिन्ता में हलकान हुए जा रहे सन्त कवि का यह लोक-विमुख वर्ग है, कुछ चकित करनेवाला है। प्रश्न है कि यह रहस्यवाद लोक-विमुखता का ही पर्याय है या इसकी कोई सामाजिक सार्थकता भी है?

निर्गुण ब्रह्म की जन्म-कथा में ही रहस्यवाद का बीज मौजूद है। जो रूप रेख-विहीन, निराकार और अव्यक्त चेतना-पुंज है, उसके बारे में तरह-तरह की जिज्ञासा और कल्पना करना सहज स्वाभाविक है। जिज्ञासु मन उसके बारे में, उसकी दयालुता-महानता के बारे में तरह-तरह के अनुमान लगाएगा। यह एक अन्तहीन जिज्ञासा है और यह जिज्ञासा रहस्य का घर है। दृश्य लोक से भिन्न अदृश्य जगत् की किसी अलौकिक सत्ता की भाव और चेतना के स्वर पर प्रतीति और फिर उस अनुभव की शब्दों में अभिव्यक्ति एक टेढ़ी एवं जटिल प्रक्रिया है। चूँकि बहुत-कुछ अप्रकट और अनुभव के स्तर पर है, इसलिए उसकी अभिव्यक्ति में धुँधलापन, अस्पष्टता, दुर्बोधता, प्रतीकात्मकता आदि का होना लाज़िमी है। निर्गुण भक्ति में रहस्यवाद के प्रवेश और उपस्थिति की वजह यही है। जिन धर्मों में ईश्वर के निर्गुण रूप की अवधारणा ग्रहण की गई, उन धर्मों में प्राय: रहस्यवाद भी है। सगुण भक्ति में रहस्यवाद का अभाव है। उसमें अदृश्य सत्ता की कोई गुंजाइश नहीं है, जो कुछ है खुला खेल फर्रुखाबादी है। राम, कृष्ण आदि भगवान् जन्म लेते हैं, धर्म की रक्षा के लिए तरह-तरह की लीलाएँ करते हैं, और ये सारी लीलाएँ चूँकि दृश्यमान् होती हैं, इसीलिए वहाँ न किसी रहस्य की गुंजाइश है, न रहस्यवाद की। इस दृश्य जगत् में धर्म-हेतु जन्म लेनेवाले ईश्वर की सेवा करना, कीर्तन करना, उसका अनुग्रह प्राप्त करना आदि ही उसकी भक्ति के विधान हैं। इसके लिए शुद्ध आचरण और शुद्ध मन का होना ज़रूरी है। यह सरल-सहज उपासना-पद्धति है। यह अलग बात है कि इस उपासना-पद्धति में भी भव्यता और तामझाम का महत्त्व बढ़ गया, किन्तु है यह सरल-सहज ही। सगुण भक्ति में तो नाम-जाप ही काफ़ी है। लेकिन यह सगुण भक्ति जात-पाँत की विभेदकारी भूमि पर आधारित है, इसके मूल में वर्णाश्रम धर्म की प्रतिष्ठा है, इसलिए निम्नजन्मा लोगों के लिए यहाँ सम्मानजनक स्थान नहीं है। उस निर्गुण ईश्वर की भक्ति स्वीकार्य की, जो जाति, वर्ण और धर्म से परे है। निर्गुण पंथ कबीर और उनके समानधर्मा सन्त कवियों द्वारा विवशता में अपनाए गए धर्म का प्रतिफल है। इस विवशता के पीछे लाखों-करोड़ों निम्नजन्मा लोगों की धार्मिक प्यास छुपी थी, जो सगुण भक्ति से नहीं बुझनेवाली थी।

निर्गुण पंथ में अधिकतर वे जातियाँ शामिल हुईं, जो निम्नजन्मा थीं, साथ ही जो दस्तकारी, शिल्प, व्यापार आदि धन्धों से जुड़ी थीं। नई सामाजिक-राजनैतिक स्थिति ने उनकी आर्थिक स्थिति कुछ बेहतर बना दी थी। थोड़ी आर्थिक निश्चिन्तता आते ही उनके भीतर युगों की सोयी सांस्कृतिक-धार्मिक चेतना जग गई। इस चेतना ने निर्गुण पंथ के रूप में अपना वैकल्पिक-धार्मिक संसार रचा। निर्गुणपंथ मध्यकाल में उन नई सामाजिक शक्तियों की धार्मिक इच्छाओं-आकांक्षाओं की साकार अभिव्यक्ति है, जिनके लिए हिन्दू धर्म और इस्लाम तथा वेद और क़ुरान दोनों ही अपर्याप्त थे। इन सामाजिक शक्तियों ने जिस ईश्वर की रचना की, उसका नाम निर्गुण था। जब ईश्वर आया, तो उसकी प्राण-प्रतिष्ठा के लिए मन्दिर भी चाहिए। मन्दिर बनाने की उन्हें छूट नहीं थी। यह नया वर्ग इतना शक्तिशाली नहीं था और शासक-पुजारी वर्ग इतना उदार नहीं था कि मन्दिर बनता। मन्दिर की व्यर्थता भी इनके सामने थी। मन्दिर भेदभाव के अड्डे थे। इसलिए इन्होंने ऐसे मन्दिर की रचना की, जहाँ भेदभाव की गुंजाइश नहीं थी। इन्होंने अपने तन को ही मन्दिर माना और हर किसी को अपने तन-रूपी मन्दिर में ही साधना करने की सलाह दी। तन मन्दिर है, मन्दिर को साफ़ और पवित्र होना चाहिए। इसके लिए जीवन में शुद्ध आचरण की आवश्यकता बताई गई। मन्दिर में पूजा-आराधना का एक विधि-विधान है, उसी तरह इस तन-रूपी मन्दिर में भी साधना का और ब्रह्म-साक्षात्कार का विधि-विधान विकसित हुआ। विधि-विधान ध्यान, योग, कुंडलिनी, समाधि, आदि के ज़रिये ब्रह्म-साक्षात्कार भी सम्भव था। यह वैकल्पिक धर्म था, वैकल्पिक धर्म और वैकल्पिक उपासना-मार्ग था। इस वैकल्पिक संसार की रचना से उपेक्षित-उत्पीड़ित जनता की भौतिक और धार्मिक प्यास बुझाती थी, जीने की नई राहें बनाती थीं। इसे इस रूप में देखने पर उसकी प्रगतिशील भूमिका दिखाई देगी, वरना यही लगेगा कि एक विधि-विधान की जगह उससे निकृष्ट विधि-विधान निर्गुण पंथ ने विकसित किया।

कबीर आदि निर्गुणपंथियों में जो रहस्य-भावना है, उसका कारण तन को देवालय बनाकर उसी में अपने ईश्वर के साक्षात्कार का प्रयत्न है। इस रहस्य-भावना के अपने प्रतीकार्थ हैं। किसी बाहरी कर्मकांड और दिखावे की ज़रूरत नहीं है। इन्द्रियों समेत इस पूरे तन का ही शोध करना है, क्योंकि तन के भीतर ही सब कुछ है। यह काया मन्दिर और मनसा (मन) थम्भ है। यह मन्दिर विकट क़िले-सा है, जिसे जीतना कठिन है, क्योंकि—'क्यूँ लीजै गढ़ बंका भाई, दोवर कोट अरु तेवर खाई।' इस तन रूपी वक्र गढ़ को कैसे जीता जाए? इसका परकोटा दुहरा और खाई तिहरी है। इसमें काम के कपाट लगे हैं, सुख-दुख इसमें द्वारपाल हैं, पाप-पुण्य द्वार हैं, क्रोध जहाँ प्रधान के पद पर है, लोभ विकट योद्धा है। मन यहाँ राजा है, आदि-आदि। कबीर के पास इस गढ़ को जीतने के लिए प्रेम का पलीता, सुरति की तोप और ज्ञान का गोला है। ब्रह्माग्नि, सत्य, सन्तोष, साधु-संगति और

गुरु-कृपा आदि हथियारों के साथ कबीर ने चढ़ाई की। गढ़ को जीता और राजा को वश में कर लिया। ज़ाहिर है कि ऐसे बीहड़ गढ़-से मन्दिर में प्रवेश के लिए अपने कठोर नियम हैं। इन नियमों का पालन करके ही उस मन्दिर में अभ्यर्थना की जा सकती है।

लेकिन संसार की जब माया है, तब किसी वैकल्पिक संसार का क्या मतलब? एक माया शंकराचार्य की थी, एक कबीर की। शंकराचार्य की माया ने दर्शन के क्षेत्र में पांडित्य को कैसी चुनौती उपस्थित की, इस इतिहास से सभी परिचित हैं। वह एक अति सूक्ष्म बौद्धिक बहस है, जिसका कोई सम्बन्ध सामान्य जन से नहीं। इसीलिए शंकर की माया को नामवर सिंह 'पंडितों की सम्पत्ति' कहते हैं। कबीर माया से टकराते हैं, उसे जीतते हैं, और कभी-कभी उसी के वशीभूत होने को विवश हो जाते हैं। वह इसी लोक की माया है। यह माया एक ठोस वास्तविकता है, जिससे हमारा-आपका हर रोज़ सामना होता है। जो संसार की माया यानी यहाँ बिखरे हुए विभिन्न आकर्षणों से दो-चार नहीं होगा, वह इसकी न्यारी गति को न तो समझ सकता है और न नया समाज रचने की सोच सकता है। यह माया कबीर को दुख भी देती है। लेकिन यह दुख दुनियावी भेदभाव से उपजता है। जैसे कबीर की माया ठोस वास्तविकता है, वैसे ही उनके राम और निर्गुण भी। इस निर्गुण और राम की शक्ति के सहारे वे संसार की माया से टकराते हैं। जिस मंत्र से माया-रूपी संसार की ठोस सच्चाई का सामना किया जाए, वह निर्गुण और राम ठोस सच्चाई के सिवा और कुछ नहीं। ठोस की काट ठोस। ठोस का सामना हवाई बातों से नहीं किया जा सकता। न तो कबीर के राम दर्शनशास्त्र की अमूर्त अवधारणा हैं, न उनकी माया, न उनका निर्गुण, और न उनका रहस्यवाद। नामवर सिंह के अनुसार—"माया की तरह ही कबीर के निर्गुण राम काफ़ी भौतिक हैं—'भौतिक' और वास्तविक। सगुण से किसी भी माने में कम मूर्त नहीं। जिस निर्गुण से मन्दिर और मस्जिद की नींव हिल गई, ब्राह्मण और शेख विचलित हो गए, वेद-क़ुरान की विश्वसनीयता सन्देह के घेरे में आ गई, वह एकदम हवाई चीज़ नहीं हो सकती। निर्गुण ऐसा ज्ञान है, जिसे कबीर कभी तीर कहते हैं और कभी तलवार। स्वयं कबीर के हृदय में यह ज्ञान तीर की तरह चुभा था, लेकिन कबीर के विरोधियों की नज़र में वह चमचमाती हुई तलवार थी। जो ज्ञान न हिन्दू, न मुसलमान हो, और जो ब्राह्मण-शूद्र के भेद को भी नकारता हो, उसका नाम निर्गुण के अलावा और हो भी क्या सकता है। सभी स्थापित मान्यताओं का निषेध ही...निर्गुण को स्वीकार करके ही कबीर ने बाक़ी सबको अस्वीकार्य करने का साहस हासिल किया। कहना न होगा कि 'निर्भय निर्गुण' गानेवाले कबीर के अन्दर कोई गहरा स्वीकार है। यह निर्गुण कोई रहस्य नहीं, बल्कि क्रान्तिदर्शी कवि की उदात्त कल्पना है, सभी वांछित मूल्यों और सपनों का सम्भाव्य मानचित्र।"

इसलिए कबीर के रहस्यवाद, अनहद, का ध्यान-योग के मूल में निहित जो मूल आशय है, उसे समझने की ज़रूरत है। इसके पीछे लोक में भौतिक एवं आध्यात्मिक अधिकरों से वंचित सामाजिक रूप से अपमानित-प्रताड़ित जनों के लिए वैकल्पिक संसार रचने का स्वप्न है। यह स्वप्न हक़ीक़त बनता है या नहीं, यह उतना महत्त्वपूर्ण नहीं है, जितना महत्त्वपूर्ण सामन्ती काल में उस स्वप्न का जन्म लेना। उस स्वप्न की अन्तर्वस्तु कैसी होगी, जिसकी चर्चा-मात्र से वेद, क़ुरान के हिमायती पंडितों-क़ाज़ियों के कान खड़े कर दिये! न किसी राजा का आश्रय, न बौद्ध धर्म की तरह संगठित कोई संघ-सम्प्रदाय, फिर भी कबीर के निर्गुण ने अपने विरोधियों के भीतर सगुण भय पैदा कर दिया। सूर-तुलसी समेत प्रायः सभी सगुणवादी सन्तों के कान खड़े हो गए। यदि निर्गुण रहस्य है, अबूझ है, तो आज भी अनपढ़ दलितों के बीच लोकप्रिय क्यों? प्रेमचन्द के घीसू-माधव तथा अत्यन्त निचली श्रेणी के पात्र कबीर का निर्गुण क्यों गाते हैं? आधुनिक काल में निराला का 'चतुरी चमार' और उसके साथी भी निर्गुण गाते हैं। न सिर्फ़ गाते हैं, बल्कि उसका मतलब भी बताते हैं। अनपढ़ चतुरी निर्गुण का और कबीर-पदावली का विशेषज्ञ है। जिस निर्गुण को समझने में पंडितों के छक्के छूटते हैं, उसका मतलब चतुरी और उसके साथी जानते हैं। निराला को आश्चर्य होता है—'वे लोग ऊँचे दर्जे के उन गीतों का मतलब समझते थे, उनकी नीचता पर एक आश्चर्य मेरे साथ रहा। बहुत-से गाने आलंकारिक थे। वे उनका मतलब भी समझते थे।' विद्वानों को भले ही निर्गुण का अर्थ समझने में कठिनाई हो, उसमें परत-दर-परत रहस्य दिखाई देता हो, प्रेमचन्द-निराला के घीसू-माधव और चतुरी-जैसे लाखों दलितों की आध्यात्मिक प्यास कबीर आदि सन्तों के निर्गुण से बुझती रही है और इसमें उन्हें जीने की ऊर्जा मिलती रही है। आधुनिक साहित्य में ब्राह्मणवाद के प्रखर आलोचक प्रेमचन्द-निराला के दलित पात्रों का निर्गुण गाना यों ही नहीं है। इसके गहरे निहितार्थ हैं। यह कबीर की लोक-चिन्ता की लोक में व्यापक स्वीकृति का सूचक है। कबीर आदि निर्गुण पंथी सन्त अपने नाम पर चलाए गए मठों-सम्प्रदायों में आज दफ़न कर दिये गए हैं, किन्तु वे जीवन-शक्ति बनकर लोक में ही जीवित हैं।

कबीर की रहस्य-भावना की ही तरह उनकी उलटबाँसियों की भी आलोचना हुई है और यह कहकर उनका मज़ाक़ उड़ाया गया है कि ऐसा कहकर वे अनपढ़ जनता पर भाषित करना चाहते थे कि वे ज्ञानी एवं पहुँचे हुए सन्त हैं। यह उलटबाँसी भी रहस्य-भावना का ही एक रूप मानी गई है। ऐसा क्यों है कि 'डायरेक्टनेस' का हिमायती कबीर उलटबाँसियों की शरण में जाता है? कुछ प्रचलित और सपाट उलटबाँसियों में नहीं, गहन आध्यात्मिक पदों-साखियों में जहाँ कबीर का क्षोभ नहीं, शान्त मन बोलता है, वहाँ रहस्य भाव और प्रतीक भरे पड़े हैं।

उलटबाँसियों का कारण नामवर सिंह के अनुसार कबीर का दुख है। कबीर का दुख क्या है? एक दुख तो समाज का भेदभाव है, जिसके लिए निर्गुण गाते हैं। दूसरा दुख 'सभी वांछित मूल्यों और सपनों का सम्भाव्य मानचित्र है, जब मानचित्र' है तो दुख कैसा? "दुख सिर्फ़ इस बात का है कि दिमाग़ में नक़्शा तो है, लेकिन उसके मुताबिक़ एक नया संसार बनाने के साधन नहीं हैं। यह असहायता और विवशता ही दुख है। यह नक़्शा आँखों में तो है, लेकिन आँखों के सामने नहीं है, मन में है, संसार में नहीं। कबीर की ही तरह यह दुख भी निराला है—विरोधाभासों से भरा हुआ, विडम्बनाओं से युक्त। अनुभव के ये उत्कट क्षण इसलिए प्राय: उलटबाँसियों में व्यक्त होते हैं।" बात सही है, जिस नए संसार का चित्र कबीर के पास है, उसे निर्मित न कर पाने की विवशता ने प्रतीकों, उलटबाँसियों और विरोधाभासों को जन्म दिया है। यही बात मुक्तिबोध पर भी लागू होती है, जिनके 'भविष्य का नक़्शा' की याद नामवर सिंह को कबीर के नए संसार के प्रसंग में आती है। लेकिन मुक्तिबोध के पास वर्तमान के तीव्र बोध के साथ 'भविष्य का नक़्शा' जितना सुस्पष्ट है, कबीर के पास नहीं। कबीर के पास जितना अपने समय और समाज का गहरा और तीखा बोध है, उतना उस नए समाज का स्पष्ट चित्र नहीं है। कबीर धर्म का विकल्प धर्म में, 'वेद कितेब' का विकल्प 'गुरुबानी' में, सगुण का विकल्प निर्गुण में, बाहरी मन्दिर का विकल्प काया के भीतरी मन्दिर में, बाह्याचार का विकल्प तन-रूपी मन्दिर में 'सहज समाधि' लगाने में ढूँढ़ते हैं। ऐसे में रहस्य-भावना ही नहीं, उलटबाँसियों और विरोधाभासों का पैदा होना स्वाभाविक है। मुक्तिबोध के पास जिस तरह से पूँजीवाद का विकल्प समाजवाद है, उतना स्पष्ट नक़्शा कबीर का नहीं है। बावजूद इसके मुक्तिबोध के यहाँ भी 'साक्षात् रहस्य' के रूप में 'रक्तालोक स्नात पुरुष' मौजूद है। आख़िर क्यों? इसलिए कि जटिल यथार्थ को ठीक-ठीक व्यक्त करने में जब पुराने शब्द, बिम्ब, प्रतीकादि असमर्थ पड़ जाते हैं, नए बिम्बों-प्रतीकों की ज़रूरत पड़ती है। यथार्थ का जो जटिल रूप ठीक-ठीक समझ या पकड़ में नहीं आता, वहाँ 'गहन एक सन्देह' पैदा होता है। जहाँ आँख और समझ असमर्थ हों, गहन सन्देह हो, वहाँ रहस्य-भावना का पैदा होना स्वाभाविक है, प्रतीकों का बदल जाना भी स्वाभाविक है। जब कथन जटिल होगा, तो कविता भी जटिल होगी। ऐसे में कविता ठीक-ठीक पकड़ में आने में वक़्त लेती है। अगर ऐसा न होता, तो उपेक्षित मुक्तिबोध का उनके जीवन काल में ही महत्त्व पहचाननेवाले और आँकनेवाले नामवर सिंह को अपने प्रिय कवि की प्रिय कविता को समझने में भी तीन दशक का वक़्त नहीं लगता। कभी 'अँधेरे में' को 'व्यक्ति-अस्मिता की खोज' कहनेवाले नामवर जी को वह कविता अब फासिज्म के ख़तरे से पैदा हुई लगती है। अभी यह गारन्टी नहीं दी जा सकती है कि कोई तीसरी व्याख्या नहीं आ सकती। दी भी नहीं जानी चाहिए। बहरहाल, अगर 'साक्षात् रहस्य' और 'गहन सन्देह' के बावजूद मुक्तिबोध

प्रगतिशील हैं और यथार्थवादी हैं, तो कबीर भी हैं। जहाँ तक अन्तर्विरोधों का सवाल है, तो जटिल परिस्थिति के आकलन में इनका होना स्वाभाविक है। मुक्तिबोध के ही समानधर्मा कवि नागार्जुन में अन्तर्विरोध तो है, लेकिन 'सन्देह' का अभाव है। मुक्तिबोध में इसकी उपस्थिति और नागार्जुन में इसका अभाव, रामविलास शर्मा को भले नागार्जुन में प्रगतिशील और मुक्तिबोध में अस्तित्ववाद लगता हो, दूसरे के लिए उलटबाँसी ही है। अन्तर्विरोध का होना हमेशा अशुभ ही नहीं होता। वह प्रगति का सूचक भी होता है। जहाँ तक उलटबाँसियों की दुरूहता का सवाल है, वह पंडितों और विरोधियों के लिए भले ही दुरूह हो, कबीर-प्रेमी जनता के लिए नहीं। इसके प्रमाण हैं प्रेमचन्द के घीसू-माधव और निराला के चतुरी चमार-जैसे करोड़ों दलित, जो कबीर को गाते-बजाते हैं और जीवन-शक्ति पाते हैं। इसका प्रमाण है यह लोकप्रचलित उक्ति—'कबीरदास की उलटी बानी, बरसै कम्बल भीजै पानी।' यह उक्ति वह चाभी है, जो कबीर की जनता के पास है और जिससे वह उनकी उलटबाँसियों के कठिन कपाट को खोलकर भीतर तक धँसती रही है।

कबीर के यहाँ माया का एक रूप नारी भी है, जिसके बारे में उनके विचार अत्यन्त कड़वे हैं। कबीर के रहस्य का एक रूप यह भी है। कबीर-साहित्य में कहीं माया और नारी एक हैं, कहीं दोनों ही आग हैं, जिससे मनुष्य जलकर बर्बाद हो जाता है। कहीं नारी विष है, तो कहीं नरक का कुंड। नारी के स्नेह सम्पर्क से बुद्धि और विवेक नष्ट हो जाते हैं। किसी कार्य की सिद्धि नहीं होती। नारी आत्मज्ञान और मोक्ष की सबसे बड़ी बाधा है। नारी अपनी हो या पराई, उसके सम्पर्क से नरक में जाना पड़ता है, आदि-आदि। यहाँ लगता ही नहीं कि ये उसी कबीर के विचार हैं, जो सभी स्थापित मान्यताओं की चूलें हिलाकर रख देता है। नारी-सम्बन्धी कबीर के ये विचार उसी सोच के तहत आए हैं, जिसमें उसके लिए कोई सम्मानजनक स्थान नहीं है। भारतीय धर्म-साधना में पुरुष के लिए स्त्री त्याज्य मानी गई है। ब्रह्मचर्य की महिमा बहुत पहले से गाई जाती रही है। महावीर, बुद्ध, शंकराचार्य आदि महापुरुषों ने स्त्री का त्याग करके या ब्रह्मचर्य का पालन करके ही ऊँचा पद प्राप्त किया। यह सिलसिला भक्तिकाल में भी जारी रहा। आधुनिक काल में विवेकानन्द, महात्मा गांधी, आदि ने भी ब्रह्मचर्य की महिमा का गान किया है। कबीर आदि निर्गुण पंथी सन्त भी इसी धारणा के शिकार हैं। दलितों और स्त्रियों के प्रति भारतीय समाज में कभी सम्मानजनक विचार नहीं रहे। दलितों के लिए समय-समय पर आवाज़ें उठती रहीं, भक्तिकाल में जात-पाँत के बन्धन ढीले कर दिये गए, लेकिन स्त्री सम्बन्धी सोच में कोई बदलाव नहीं आया। कबीर-जैसा तेजस्वी सन्त-कवि नारी के बारे में ऐसा विचार क्यों रखता है? इसका कोई माकूल उत्तर कबीर के प्रशंसक हजारीप्रसाद द्विवेदी, मुक्तिबोध, इरफ़ान हबीब, नामवर सिंह आदि के लेखन में नहीं है। भक्तिकाल में नारी की सामाजिक स्थिति अत्यन्त शोचनीय थी।

सभी भक्त-कवियों समेत कबीर भी उस पुरुष-प्रधान सोच के क़ायल हैं, जिसमें स्त्री माया है। यह अजीब है कि स्त्री को माया और बन्धन समझनेवाले भक्त-कवियों ने स्त्री-विरह के अनूठे प्रसंग रचे हैं। समूचा भक्तिकाव्य अनूठे नारी-विरह से भरा पड़ा है। ख़ुद कबीर के काव्य में नारी-विरह का बड़ा ही मार्मिक-चित्रण है। यह नारी-विरह उनका रहस्य-भाव भी है और प्रचंड संवेदना-शक्ति भी। यह कार्य संवेदना के स्तर पर हुआ है। सोच के स्तर पर स्त्री माया ही है। उस काल में सामन्ती सोच के तहत सामाजिक स्तर पर स्त्री भोग्य और लूट का माल है, तो धार्मिक स्तर पर माया। कबीर कभी इस माया से बचने की गुहार लगाते हैं और कभी बताते हैं कि माया उनके हाथ बिक चुकी है। नारी-सम्बन्धी कबीर के ये विचार उनकी सीमा तो हैं ही, यह सम्पूर्ण भक्ति-आन्दोलन के लिए आत्मघाती सिद्ध होता है।

हिन्दी-आलोचना में यदि कबीर के रहस्यवाद को 'अभारतीय' और लोकधर्म-विरोधी कहनेवाले हैं, तो ऐसे लोग भी हैं, जिन्होंने उनके रहस्यवाद समेत उनकी उलटबाँसियों तक का सम्बन्ध-सूत्र उपनिषदों से जोड़ दिया है। पहला प्रयास कबीर के काव्य को लोक-चिन्ता के दायरे से बाहर धकेलकर ख़ारिज करने का है, तो दूसरा उन्हें शास्त्रसम्मत बनाने का। कबीर के प्रति विरोध और प्रेम का यह ढंग अनोखा है : ये दोनों ही ढंग उनके वास्तविक महत्त्व पर पर्दा डालते हैं। यह छोटा-सा लेख कबीर के निर्गुण और उनके रहस्यवाद के सामाजिक आधार की प्रस्तावना प्रस्तुत करने का एक विनम्र प्रयास-भर है। रहस्यवाद के शास्त्रीय और अकादमिक विवेचन के रूप में कबीर की संगति बिठाने से ज़्यादा ज़रूरी है, उसके सामाजिक आशय की खोज और उसी खोज की प्रक्रिया को समझना प्रस्तुत लेख का मुख्य अभिप्रेत है।

कबीर का वैचारिक दर्शन

रोहिणी अग्रवाल

मो को कहाँ ढूंढ़े रे बन्दे, मैं तो तेरे पास में।
ना तीरथ में, ना मूरत में, ना एकांत निवास में।
ना मन्दिर में ना मस्जिद में, ना काबे कैलास में।
मैं तो तेरे पास में बन्दे, मैं तो तेरे पास में।
ना मैं जप में, ना मैं तप में, ना मैं बरत उपास में।
ना मैं किरिया करम में रहता, नाहिं जोग संन्यास में।
नहिं प्राण में, नहिं पिंड में, ना ब्रह्मांड अकास में।
खोजा होय तुरत मिल जाऊँ, इक पल की तलास में।
कहत कबीर सुनो भई साधो, मैं तो हूँ विश्वास में।

कबीर के वैचारिक दर्शन पर बात करने से पूर्व इस प्रश्न पर विचार कर लेना ज़रूरी है कि भक्ति-काल के अग्रगण्य कवि होने के बावजूद कबीर भक्त-कवि नहीं, सन्त हैं। 'जगत् मिथ्या ब्रह्म सत्यं'—भक्त संसार को नकारकर संसार की रचना करनेवाले अलक्षित अदृष्ट सर्वव्यापी ईश्वर को पा लेना चाहता है। वह ईश्वर जो शील, शक्ति और सौन्दर्य का संगम है और जिसकी अनुकम्पा से तमाम लौकिक दुखों से मुक्ति पाकर स्वर्गारोहण की कामना परिपूर्ण की जा सकती है। भक्त परमात्मा के ज़रिये उसमें आरोपित एक अमूर्त आदर्श की प्रतिष्ठा करता है, जो प्रच्छन्न रूप से मनुष्य-आत्मा-की हीनता और अकिंचनता पर ज़ोर देकर परमात्मा-आत्मा के बीच ठीक उसी सम्बन्ध की परिकल्पना करता है, जिसमें सामाजिक पदानुक्रम की स्वीकृति है। सामाजिक पदानुक्रम सामन्ती मानसिकता का निदर्शन भर है, जो वर्ग, वर्ण, लिंग और वय के आधार पर विषमतामूलक आचार-संहिताओं का निर्माण और निर्वाह करता है। ज़ाहिर है भक्त संसार का नकार/अतिक्रमण करने की हर सम्भव इच्छा के बावजूद संसार के गहन दलदल में धँसता चला है। उसकी मुक्ति

की यात्रा बहिर्यात्रा है। निष्क्रियता का अलख जगाते हुए वह सामान्यीकरण पर बल देता है और तमाम धार्मिक कर्मकांडों का निषेध करते हुए पुनः-पुनः नए कर्मकांडों की रचना करता चलता है। अपनी ही सीमाओं में आबद्ध वह न लोक के महत्त्व को जान पाता है, न आत्म की शक्ति को। आत्म-नकार वस्तुतः दिग्भ्रमित कर उसे घनघोर लौकिक, अहंनिष्ठ, एकाकी और पलायनवादी बना देता है। इसके विपरीत, सन्त संसार का नकार करने की बात सोचता ही नहीं। संसार से उसका गहरा नाता है। मोह का नहीं, संवेदना का जो संसार को बेहतर बनाने की व्यग्रता में बार-बार जड़ सांसारिक विधानों से टकराने, उन्हें चुनौती देने और नई लीकों को बनाने की तूफ़ानी चेष्टाओं में प्रतिफलित होता है। सन्त के लिए परमात्मा नामक कोई भी अलौकिक तत्त्व महत्त्वपूर्ण नहीं। प्रसाधन से दूर वह मानवीय-मूल्यों की प्रतिष्ठा में रत रहता है। उसका एकमात्र संगी है विवेक। यही उसकी अन्तश्चेतना है और परमात्मा भी। न आत्मदया, न आत्मदमन, न परलोक की चिन्ता, न इहलोक से पलायन-उसकी यात्रा आत्मान्वेषण की अन्तर्यात्रा है, जो 'मनुष्य' की प्रतिष्ठा कर लोकतंत्र में गहरी आस्था बनाए रखती है। दरअसल, भक्त राम-कृष्ण के रूप में परम सत्य की प्रतिष्ठा नहीं करता, लौकिक मूल्यों साम-दाम-दंड-भेद की नीति और विषमतामूलक व्यवस्था में आस्था-को 'रीइन्फ़ोर्स' करता है। वह धर्म का आश्रय लेकर अखंड मनुष्य को वर्ग, वर्ण, जाति, लिंग, समुदाय, संस्कृति में बाँटता है। सन्त मनुष्य की अखंड मनुष्यता का संवर्द्धन कर उसे जनशक्ति का रूप देना चाहता है। शेष सब विभेद उसके लिए बेमानी हैं। उसके लिए धर्म का अर्थ है—मानवतावादी दर्शन। कबीर इसी मायने में सन्त हैं कि उनका वैचारिक दर्शन सिर्फ़ और सिर्फ़ मनुष्य की गरिमा की रक्षा के लिए कटिबद्ध है। इसलिए आज के इक्कीसवीं सदी के भूमंडलीय विश्व में जब मनुष्य को क़तरा-क़तरा कुतर कर बाज़ार, धर्म, पितृसत्तात्मक व्यवस्था और वर्णव्यवस्था-सरीखी सामन्ती वर्चस्ववादी ताक़तें इकाइयों में बँटा व्यक्ति बनाने का कुचक्र चलाती हैं, तब इनके मनोविज्ञान को जानने और इनसे निपटने के लिए सन्त कबीर के वैचारिक दर्शन को नज़दीक से जानना अनिवार्य हो जाता है। दरअसल, आज का आक्रान्ता समय सिर्फ़ आज की सच्चाई नहीं। वह रूप बदल-बदलकर हर वक्त की छाती पर सवार हो अपनी विजय-यात्रा पर निकला करता है। आज के बीहड़ समय को पन्द्रहवीं सदी में कबीर ने भी झेला है, जब मनुष्य की गरिमा को तोड़कर उसे अकिंचन 'व्यक्ति' बनाती साजिशें मानवीय-मूल्यों को अपदस्थ कर विकल्प रूप में जीवन-मूल्यों का घटाटोप खड़ा करती हैं और उन्हें ही नए युग का अन्तिम सत्य घोषित कर जीवन-प्रवाह को बदल देना चाहती हैं। ज़ाहिर है, कबीर का विश्लेषण कबीर की ज़मीन पर खड़े होकर करना पलायनवादी निष्क्रिय मानसिकता है। हमारी ज़मीन पर पुख़्ता पाँव गड़ाये खड़े कबीर का आकलन करना अपने युग के भीतर उस जज़्बे और ज़रूरत

को भर देना है, जो कबीर को व्यक्ति नहीं, संघर्ष, जिजीविषा, अदम्य विश्वास और सृजन का प्रतीक बनाता है।

कबीर को थहाने की एकमात्र कुंजी है कबीर के 'राम' का मर्म जानना। यह राम न कृष्ण हैं, न दशरथसुत राम। चूँकि अवतारी पुरुष के रूप में उसने जन्म नहीं लिया, अतः उसकी लीलाओं का महिमामंडन भी नहीं। 'घट-घट में वह साईं बसता, कटुक बचन मत बोल रे'—वह हर मनुष्य के अन्तस्थ में विद्यमान है—विवेक/अन्तश्चेतना बनकर जिसे 'जिन खोजाँ तिन पाइयाँ, गहरे पानी पैठि।' अन्यथा डूबने के डर से किनारे बैठे-बैठे जड़ होते रहो या कस्तूरी मृग की तरह अपनी ही नाभि से उठती गन्ध के स्रोत का पता लगाने के लिए वन-वन भटकने की पस्ती के बाद अकारथ दम तोड़ने की त्रासदी सहते रहो। कबीर का राम दरअसल एक आइडिया है—अमूर्त शक्ति-जो आदर्श का पुंजीभूत रूप है और एक अखंड मानवीय प्रेरणा का प्रकाशपुंज, जो स्व-पर, ऊँच-नीच के भेद से परे 'मनुष्य' का आकलन-केन्द्र है। इसलिए वह 'जल में कुंभ, कुंभ में जल है', यानी अपने भीतर के मनुष्य की रक्षा के उद्योग में दूसरे के भीतर के मनुष्य की रक्षा करने का विवेक अपने भीतर और बाहर पाता है। लेकिन अपने ही भीतर स्थित राम को पाना क्या इतना सरल है? 'हिरदा भीतर आरसी, मुख देखणा न जाई/मुख तो तौपरि देखिए, जे मन की दुविधा जाई।'

इसी मनोहारी दुविधा से आक्रान्त है—आज का व्यक्ति। विवेकसम्मत आचरण का अर्थ है बहुत-सी सुविधाओं, विशेषाधिकारों, लिप्साओं और निरंकुश आचार-संहिताओं से वंचित रहना। भीतर की सद्वृत्तियों के आलोक में अपनी ही मनुष्यता को जाँचते रहने की निर्मम निःसंग समझ विकसित करना। सुविधाभोगी मानस कबीर के काल का हो या इक्कीसवीं सदी के अभियांत्रिकी सम्पन्न युग का रूप-रंग-रस-गन्ध में सराबोर दुनियावी प्रलोभनों में लिप्त होकर ऐन्द्रिक सुख भोग लेना चाहता है। न ऐन्द्रिक सुखों के पूर्ण परित्याग की बात करते हैं कबीर। निषेध वर्जना बनकर सहज-स्वस्थ सोच का दमन नहीं करती, भीतर की मनोभूमि पर बर्बरता और पाशविकता का कुटिल साम्राज्य पुख़्ता करती चलती है। इसलिए कबीर सन्तोषप्रद एवं सम्मानजनक ढंग से लौकिक ऐषणाओं की पूर्ति कर लेना चाहते हैं—

साईं इतना दीजिए जा में कुटुम समाय।
मैं भी भूखा न रहूँ, साधु न भूखा जाय।

इसके बाद सिर्फ़ लोभ का विस्तार है—दूसरों की ज़मीन पर अतिक्रमण की अनैतिक कोशिश। इसे कबीर 'माया' का नाम देते हैं—एक ऐसी तिलिस्मी आत्ममुग्धता, जो अहंकार और अज्ञान के पायों पर सवार हो मनुष्य की अस्मिता को ही लीलने लगती है। 'माया तजूँ, तजी न जाय/फिरि फिरि माया मोहे लिपटाय'—दूर

तक पसरी एक अवश बेचारगी। इतना अशक्त नहीं हुआ करता मनुष्य कि निरीह कातर भाव से अपना ही तन-मन घुलता देखता रहे। जिजीविषा और प्रतिरोध की शक्ति ही व्यक्ति को कर्मठ बनाती है और समाज को विकासशील इकाई। 'काहे रे मन दह दिसि धावै, विषिया संग सन्तोष न पावै'—कबीर की करारी फटकार में आज के बाज़ार-तंत्र से जूझने की ललकार है। ज़रूरत है संयमित होकर बाज़ार के शास्त्र और मनोविज्ञान को जानने की। जिसका तंत्र टिका है ढेर से उत्पादों, उत्पादकों, उपभोक्ताओं पर और वजूद मीडिया-विज्ञापन और छवियों पर। बाज़ार केन्द्र है, लेकिन केन्द्र होने के दम्भ से बहुत दूर मात्र 'स्रष्टा' की अकिंचन छवि से सन्तुष्ट। वह एक नया शास्त्र गढ़ता है, जहाँ पहले चरण में केन्द्र होने का दम्भ सेवा और परोपकार-जैसे सकारात्मक जीवन-मूल्यों को धारण करता है। दूसरे चरण में वह सीमित साधन-सम्पन्न क्रेता को ससीम जीवनचर्या से निकालकर लालसाओं के निःसीम व्योम में प्रतिष्ठित करता है, जहाँ उसकी कल्पना लालसा को साकार करना असीमित साधन सम्पन्न उत्पादक/पूँजीपति का अहोभाग्य बन जाता है। घोर विस्मय! आँखें मल-मलकर अपने को चिकोटी काटने की नाटकीय स्थिति... कहना न होगा कि—यहाँ थैला-बटुवा-लस्त-पस्त चालवाली तुच्छ छवि की प्रेत छाया से मुक्त कर वह 'उपभोक्ता' को अहंमन्य नशीली केन्द्र छवि में अवतरित करता है, जहाँ साधन से उत्पादन तक, विज्ञापन से वितरण तक केन्द्र में बस वही है। तीसरे चरण में बाज़ार अहंमन्यता को मीठे नशे में ढालकर उपभोक्ता को ज़्यादा-से-ज़्यादा परनिर्भर और निष्क्रिय बनाता है, इस क़दर कि उपभोग से मिलनेवाले आनन्द की बजाय उपभोग की सतत दुश्चिन्ता उसके अस्तित्व की पहली शर्त बन जाती है। यहाँ क्रेता जो न्यूनतम भौतिक आवश्यकताओं से परिचालित मूलतः 'मनुष्य' है और इसलिए बाज़ार के दबावों का प्रतिरोध करने में सक्षम है, को उपभोक्ता, जो लालसाओं के अनावश्यक विस्तार के कारण स्वयं उत्पाद बन गया है में तब्दील करने के बाद बाज़ार 'स्रष्टा' का मुखौटा उतारकर अपने मूल केन्द्र यानी शोषक की भूमिका में आ जाता है। चूँकि वह हर उस व्यक्ति से भयभीत है, जो संयम, आत्मानुशासन, विश्लेषण, दृढ़ इच्छा-शक्ति और चयन के सीमित अवसरों के साथ जीवन-क्षेत्र में उतरकर भौतिक आवश्यकताओं की पूर्ति करते हुए मानवीय दायित्वों को सम्पन्न करना अपना परम कर्तव्य समझता है, अतः चौथे और अन्तिम चरण में स्मृतियों के लोप की पुरज़ोर पैरवी करता है, यानी बाहर और भीतर बाज़ार का अनन्त विस्तार!

ज़ाहिर है बाज़ार भोग की सर्वग्रासी ज्वाला का दूसरा नाम है, जिसका फल है सतत असन्तोष। चिर अतृप्ति। माया प्रतीकार्थ अज्ञान, दम्भ, छल, प्रपंच का विस्तार भोग को प्रश्रय देता है। तो क्या इस जानलेवा गठबन्धन से मुक्ति पाना सम्भव नहीं? है। लेकिन डगर बेहद कठिन है। अपना घर फूँककर तमाशा देखने के अलमस्त

शौर्य की पैरवी करती। 'जब आवै सन्तोष धन, सब धन धूरि समान'—कबीर उपदेश नहीं देते। न ही इन्द्रिय-निग्रह की शुष्क कठोर भयाक्रान्त कर देनेवाली पद्धति में ठोक-पीटकर क़ैद कर देना चाहते हैं उमगते-विकसते जीवन-प्रवाह को। वे विवेक के अंकुश तले—जियो और जीने दो—सहअस्तित्व के अधिकार को पुनर्जीवित करना चाहते हैं, जो मनुष्य को पशु से अलगाकर विशिष्ट और सुसंस्कृत कर देता है। सन्तोष-धन तमाम मनोविकारों के संगठित आक्रमण को पहले ही वार में समूल काट कर परे फेंक देता है। कबीर तमाम मनोविकारों को लोभ और बड़ाई नामक दो विकारों में गूँथते हैं—'मैं मैं बड़ी बलाई है, सकै तो निकसि भाजि/कब लग राखौ हे सखी, रुई लपेटी आग' तथा 'कबीर अपने जीवते, ऐ दोई बातें धोई/लोभ बड़ाई कारणौ, अछता मूल न खोई।' इन दोनों के नष्ट होने का परिणाम है—'ज्यों-की-त्यों धर दीनी चदरिया।' क्या कबीर के अतिरिक्त कोई अन्य भक्त कवि इतने आत्मविश्वास से जीवन-चदरिया को मैला किये बिना 'ज्यों-की-त्यों' छोड़ देने का सन्तोष पा सका है?

बाज़ार से जूझते कबीर के बरक्स कबीर-परवर्ती समाज/साहित्य में यह जानना भी ज़रूरी है कि क्या बाज़ार उपभोक्तावादी मानसिकता बनकर सदा-सर्वदा व्यक्ति को भटकाता रहा है? क्या बाज़ार का माकूल जवाब देकर बाज़ार की अधिनायकवादी ताक़तों को हराया है उसने? हाँ! प्रेमचन्द की कहानी 'ईदगाह' में बाज़ार नन्हे हामिद के विवेकसम्मत आचरण से चारों ख़ाने चित पड़ा है। हामिद इतना नासमझ, इतना अभावग्रस्त और इतना ज़्यादा संवेदनशील है कि मृत माँ-बाप के लौट आने पर सुख के हिंडोले मे झूलने की कल्पनाओं में जीता है, अधिकतर। दादी की निस्सहायता और घर के कोने-कोने में पसरी ग़रीबी एक सच्चाई है, जिसके साथ उसके जीवन का हर लम्हा जुड़ा हुआ है। इसलिए ईद के अवसर पर दोस्तों-हमजोलियों की तुलना में कुल छह पैसे का जेबख़र्च उसे 'छोटेपन' का अहसास नहीं कराता। मेला, मेले की रंगीनियाँ और सजी-भरी दुकानों का अम्बार उसे आतंकित भी करता है और विमूढ़ भी। उसकी मित्र-मंडली भरी जेब के मुताबिक़ एक-से-एक दामी खिलौने खरीदती है, मिठाइयाँ खाती है। हामिद इन सबसे दूर अपनी तृष्णाओं, हसरतों और अभावों के साथ अकेला खड़ा है। उपेक्षित और तिरस्कृत! लेकिन धीरज और विवेक का साथ नहीं छोड़ता वह। इसलिए हसरतों और सच्चाइयों, लोभ और दायित्व के द्वंद्व के बीच उसे रोटी बनाती दादी की जली उँगलियाँ दिखाई दे जाती हैं। फिर तमाम द्वंद्वों की समाप्ति और ठोस निर्णय! चिमटा! भीड़ की शक्ल में दोस्त हँसें तो हँसते रहें, 'पीअर ग्रुप प्रेशर' के सिद्धान्त की आड़ में अपनी दुर्बलताओं को ढाँपनेवाला बहानेबाज़ नहीं है हामिद। बल्कि बेहद स्वाभिमानी और हाज़िर-जवाब कि दोस्त अपनी पसन्द और लोभ पर शर्मसार हो उसे अपना नेता और नायक मान बैठते हैं। या फिर संजय खाती की कहानी 'पिन्टी का साबुन' और नीलाक्षी

सिंह की कहानी 'प्रतियोगी भी बाज़ार की ताक़त से लोहा लेकर मनुष्य की इयत्ता और अस्मिता क़ायम रखने का जज़्बा रखती हैं। इनमें 'डैथ ऑव ए सेल्ज़मैन', 'मुझे चाँद चाहिए' या उदय प्रकाश की कहानियों-सरीखा 'त्राहिमाम त्राहिमाम' जैसा रोता-झींकता निरीह आर्तनाद नहीं है, अपनी अन्त:शक्तियों को संचित कर अपनी लड़ाई अपने दम-ख़म पर लड़ने का आत्मविश्वास है। यही कबीर-वाणी है—घर फूँक तमाशा देखने का उल्लास, जो सन्तोष को मूल्य और मूलधन बनाकर अज्ञान, अहंकार और अबुद्धि पर विजय पाता है।

स्थिति का विश्लेषण, आत्मसाक्षात्कार, समस्या से निपटने के लिए विवेकसम्मत रणनीति बनाने का कौशल और जिजीविषा—यही है कबीर के वैचारिक दर्शन का सारतत्त्व। इन्हीं को हथियार बना कबीर अपने युग में पसरी संकीर्ण साम्प्रदायिक मानसिकता से जूझते रहे हैं, जो धर्म और जाति के नाम पर मनुष्य-मनुष्य के बीच विभेदक दीवारें खड़ी करती रही हैं। कबीर पहले फटकार लगाते हैं—'जो तू बामन बामनी जाया, आन बाट तै क्यों न आया/जो तू तुरक तुरकनी जाया, भीतर खतना क्यों न कराया।' फिर धर्म-पालन के नाम पर कर्मकांडों में हास्यास्पद लिप्तता पर कटाक्ष—

पाहन पूजे हरि मिले, तो मैं पूजूँ पहार।
ताते या चाकी भली, पीस खाय संसार।

तथा

काँकर पाथर जोरि कै, मसजिद लई बनाय।
ता चढ़ मुल्ला बाँग दे, बहरो भयो खुदाय।

क्या इतना भर होता है धर्म? कुछ प्रतीकों-चिह्नों-रूढ़ियों-कर्मकांडों में सिमटकर बेहद संकुचित, आत्मलिप्त और असंवेदनशील? धर्म के केन्द्र में अपने अल्लाह/ईश्वर को बचाने की फ़िक्र है या मनुष्य की गरिमा का संवर्द्धन कर मनुष्यता को बचाने की? जो धर्म असहिष्णुता, द्वेष, वैमनस्य, प्रतिशोध और घृणा का पाठ पढ़ाता हो, वह 'धर्म' तो नहीं, क्योंकि धर्म सत् और विवेक के पाँवों पर चलकर मनुष्य को मनुष्य से जोड़ता है। विडम्बना है कि कबीर अपने युग में जिन कर्मकांडी ताक़तों को बुरी तरह फटकारते थे, वे आज 'राष्ट्रवाद' का नाम लेकर महिमामंडित की जाने लगी हैं। धर्म के कर्मकांडी स्वरूप का वर्चस्व पहले मनुष्य को 'मैं' और 'वह' में बाँटता है, फिर 'मेरे' धर्म को 'उसके' धर्म से श्रेष्ठ साबित कर दूसरे को 'काफ़िर' घोषित करता है और अन्तत: 'अपने' धर्म की विजय के उन्माद में 'दूसरे' को तहस-नहस करने के 'पुनीत' कर्तव्य में जुट जाता है। साम्प्रदायिकता के उत्स के मूल में इस बर्बर मानसिकता को लक्षित किया जा सकता है, जो अपने क्रूरतम

रूप में 1992 में बाबरी मस्जिद के विध्वंस में उभरकर आई है। साम्प्रदायिक ताक़तें सतह पर उभरी विकृत विद्वेषपरक सच्चाइयों को तूल देकर व्यक्ति को भीड़ और भेड़ में तब्दील करती चलती हैं, जबकि सत्य यह है कि सतह के नीचे खदबदाती सच्चाइयाँ ही स्थिति का सटीक विश्लेषण कर पाती हैं। बक़ौल इस्मत चुगताई, हम जब भी हिन्दू-मुस्लिम की बात करते हैं, 'मैं' और 'वे' में बँटकर अपने-अपने स्टैंड पर लज्जित होने या क्षमा माँगने की कोशिश क्यों करते हैं? क्यों इतिहास के ताने-बाने की बिनाई में से सिर्फ़ एक ही धागा उठाते हैं और उसी के सहारे पूरे नमूने की बारीक जाँच करने की कोशिश करते हैं? क्यों नहीं उन सच्चाइयों से रू-ब-रू होकर प्रचारित करते कि हिन्दू-मुस्लिम की साझी संस्कृति हमारे देश की अनुपम सांस्कृतिक विरासत रही है, जहाँ मन्दिर और मस्जिद की दीवार साझी रही है, जहाँ धर्मान्तरण के बावजूद मुस्लिम-परिवारों के शादी-ब्याहों में कृष्ण-यशोदा के गीत गाए जाते हैं और छुआछूत-जैसे ऊपरी भेदों/परहेज़ों के बावजूद दोनों धर्मों में गाढ़ा भाईचारा और मेल-मुहब्बत रहे हैं। कबीर की वाणी आज के कथा-साहित्य में साम्प्रदायिक ताक़तों से टकराने का मंत्र बनकर अपने-आपको एक ठोस रचनात्मक पात्र में गूँथती रही है। 'कितने पाकिस्तान' में तो विवेक को जगानेवाली इस अलख जगाती आवाज़ को कमलेश्वर ने 'कबीर' का नाम ही दिया है। 'हमारा शहर उस बरस' में गीतांजलि श्री ने इसे धार्मिक एवं जातीय पहचान से हीन 'मनुष्य' के कल्याण के लिए कार्यरत बाबू पेन्टर का नाम दिया है और अब्दुल बिस्मिल्लाह ने 'अपवित्र आख्यान' में तमाम विसंगतियों और विडम्बनाओं से निर्लिप्त हिन्दू-मुस्लिम साझी संस्कृति की अद्‌भुत मिसाल बनकर जीती राबिया के रूप में व्यक्त किया है तो प्रियंवद ने 'वे वहाँ क़ैद हैं' में एक सूक्त वाक्य में पिरोया है—'ये अँधेरे जैसे-जैसे बढ़ें, तुम अपनी लौ बढ़ाते जाओ।'

कबीर सत्य को दो-टूक सत्य की तरह स्वीकार करने के पक्षधर हैं। इसलिए जानते हैं कि 'मानस जनम अमोल है, देह न बारम्बार' और जब तक 'देह' है, 'विषय विकार' के घर 'मन' को 'मूँड़ने' का जतन करते हैं, क्योंकि 'मन माया ममता मुई, अहं गई सब छूटि।' साथ ही कोशिश भी करते हैं कि 'औरन को सीतल' करने के साथ-साथ 'आपहु सीतल' करनेवाली बानी बोलें, ताकि 'मन का आपा' खोकर व्यक्ति जान सके कि 'आपण यौं न सराहिए, और न कहिए रंक/नां जाणौं किस वृच्छ तलि, कूड़ा होइ करंक।' लेकिन आत्मसाक्षात्कार की यह प्रक्रिया इतनी सरल तो नहीं। 'निन्दक नियरे राखिए' की गुहार लगाकर अपने 'सुभाय' को बिना साबुन-पानी 'निरमल' बनाने की सतत क्रिया है यह और 'तू तू' करते 'हूँ' को नष्ट करने की साधना। संसार में बुरा देखने के उद्योग में अपने अन्तर्जगत् में झाँकने की निर्भीकता है और 'मुझसे बुरा न कोय' स्वीकारने की ईमानदारी भी। उल्लेखनीय है कि सत्य का संज्ञान आत्मपरिष्कार की ऊर्ध्व यात्रा को सम्भव बनाता है। इस यात्रा

में 'जागृतावस्था' का बोध है, जिसमें मानवीय दुखों को दूर करने की निःशेष चेष्टा में 'रुदन' का भाव अन्तर्निहित है—

सुखिया सब संसार है, खाए अरु सोये
दुखिया दास कबीर है, जागे अरु रोये।

यह वही भाव है, जो 'करुणा' का नाम लेकर गौतम को बुद्ध बनाता है और ऊर्ध्व अन्तर्यात्रा को मानव-कल्याण की बहिर्यात्रा से जोड़ 'निर्वाण' तक पहुँचाता है। कबीर सम्भवतः इसे ही कुंडलिनी जागृत करने की प्रक्रिया बताते हैं। ज़ाहिर है, कबीर को जानने का अर्थ है अपने ही अन्तस्तल में स्थित 'विवेक' की शक्ति को पहचानना, उसे सक्रियतर करना और दिशानिर्देशक बनाना। यही 'राम' है या 'निरंजन'-मनुष्यता की उत्स-शक्ति और यही 'मनुष्य' बनने की प्रेरणा भी। तब आज के साम्प्रदायिक द्वेष की लपलपाती आग में स्वाहा होती मनुष्यता को बचाने के लिए कबीर का यही वैचारिक दर्शन ही तो आगे बढ़कर आता है—

एक निरंजन अल्लाह मेरा, हिन्दू तुरक दुहूँ नहीं मेरा।
राखूँ वरत न मुहरम जाना, तिस ही सुमिरूँ जो रहे निदाना।
पूजा करूँ न निमाज गुहारूँ, निराकार हिरदै निमस्कारूँ।
ना हज जाऊँ, न तीरथ पूजा, एक पिछाण्याँ तौ क्या दूजा।
कहै कबीर भरम सब भागा, एक निरंजन सूँ मन लागा।

कबीर के राम

श्रीराम परिहार

हिन्दी-साहित्य का भक्तिकाल सांस्कृतिक जागरण का काल है। सगुण और निर्गुण दोनों शाखाओं के भक्त-कवियों ने सांस्कृतिक मूल्य-स्थापनाएँ की हैं। सगुण-भक्ति-धारा के माध्यम से जहाँ मनुष्य का आत्मबोध, स्वाभिमान तथा समाज के प्रति कर्मनिष्ठा और त्याग प्रतिपादित हुआ है, वहीं निर्गुण भक्तिधारा के द्वारा ईश्वर की सहजता और व्यापकता तथा समाज के परिप्रेक्ष्य में जातिगत विभेद के ऊपर मानवीय समानता स्थापित हुई है। सगुण भक्ति ने समाज में एक भरोसा पैदा किया। निर्गुण भक्ति ने ईश्वरीय सत्ता का विकेन्द्रीकरण किया। निर्गुण भक्तों ने वर्ण-व्यवस्था, आश्रम-व्यवस्था, कर्मकांड तथा ईश्वर-प्राप्ति के साधनों पर सामन्ती पहरेदारी को अस्वीकार किया। इसके लिए उन्होंने ईश्वरीय सत्ता को निर्गुण निरूपित किया। विशेषकर कबीरदास ने अद्वैत दर्शन के माध्यम से भक्ति का अनेक दृष्टि से सहज मार्ग प्रशस्त किया।

अवधूत कबीर का भक्तिमार्ग निर्गुण के शिखर तक पहुँचता है। यह मार्ग मनुष्य के आत्म-तत्त्व को प्रकट करता है। यह मार्ग संसार को परम तत्त्व का प्रसार मानता है। यह मार्ग संसार के भीतर और संसार से परे एक परमसत्ता की उपस्थिति पाता है। परमसत्ता ही विशुद्ध चैतन्य है। कबीर ने अपने भक्तिपथ को प्रकारान्तर से साधनापथ ही बना दिया है। यह साधनापथ जगत्, माया, जीव की व्याख्यायित बस्तियों से गुज़रता हुआ ब्रह्म तक जाता है। कबीर के राम निर्गुण ब्रह्म ही हैं। वे अवतारी नहीं हैं। नाथपंथ ने भारतीय भक्ति-साधना को गहरे तक प्रभावित किया है। नाथ-पंथ में द्वैत-अद्वैत, सगुण-निर्गुण से परे एक परम सत्ता है। वह ही 'ब्रह्म' है। वह ही 'नाथ' है। वह ही 'परात्पर' है। वह ही 'शिव' है। वह ही संसार की उत्पत्ति, स्थिति और लय का कारण है। नाथों के अनुसार निर्गुण शिव विशुद्ध चैतन्य है। सगुण शिव उपाधियुक्त चैतन्य है। सगुण शिव ही क्रियात्मक रूप से सृष्टि का निर्माण करते हैं। चैतन्य की इच्छा से उपाधियुक्त शक्ति का प्राकट्य होता है।

उपाधियुक्त शक्ति, शिव से ही प्रकट होती है। इस प्रकार चैतन्य शिव और शक्ति के संयोग से एक विक्षोभ उत्पन्न होता है। यह विक्षोभ ही 'नाद' है। इस विक्षोभ की क्रियाशीलता ही 'बिन्दु' है। 'नाद' और 'बिन्दु' से पहले की स्थिति का संकेत करते हुए कबीर कहते हैं—

नाद नहीं था, बिन्दु नहीं था, करम नहीं थी काया।
अलख पुरुष की जिव्हा नहीं थी, सबद कहाँ से आया॥

कबीर के निर्गुण राम नाद और बिन्दु से पूर्व की स्थिति के ब्रह्म हैं। लेकिन वह विशुद्ध चैतन्य इस जगत् का कर्ता भी है। वह जगत् से परे होकर भी जगत् में व्याप्त है। महायान दर्शन में परमतत्त्व के लिए 'तथता' सम्बोधन आता है, जिसका अर्थ है—'जैसा है, वैसा'। वह अगम-अगोचर है। मन-वाणी से बाहर है। वह न एक है और न दो है। उसे संख्याबद्ध भी नहीं किया जा सकता। संख्या देश-काल की सीमा में बद्ध परिमाप है, जबकि ब्रह्म देश-काल से परे है। वह परम चैतन्य अखंड है। वह सर्व व्याप्त होकर अनन्त अनगिनत है, तब उस ब्रह्म को एकवाद या बहुवाद में नहीं परखा जा सकता। भारतीय दर्शन में ब्रह्म को अद्वैत कहा है। उसमें द्वैत है ही नहीं। वह अखंड है। अनन्त है। पूर्ण है। ब्रह्म से साक्षात्कार की स्थिति की व्यंजना कबीर करते हैं—'पूरे सों परचा भया।' पूर्ण से परिचय की दशा में ही कबीर अपने निर्गुण राम को द्वैत-अद्वैत से बाहर अनुभव करते हैं—

एक कहौं तो है नहीं, दोय कहौं तो गार।
है जैसा वैसा रहे, कहै कबीर विचार॥

कबीर के निर्गुण राम विश्व में चैतन्य-अधिष्ठान हैं। विशेष बात यह कि कबीर के निर्गुण राम निष्क्रिय नहीं हैं। जगत् की समस्त क्रियाशीलता ही एक तरह से उसी चैतन्य की क्रियाशीलता है। वह जल भी है और जल में उत्पन्न कमल भी है। वह जल में रहते हुए कमल की तरह जल से विलग भी है। वह विश्व से विच्छिन्न है और अविच्छिन्न भी है। वह चैतन्य सब में समाया हुआ है—

ऐसा मेरा साईंया सब घट रह्या समाय।

उसका कोई रंग नहीं है, लेकिन दुनिया के सारे रंग उसी से हैं और उसी के हैं। उसका कोई रूप नहीं है, फिर भी यह अनन्त-रूप ब्रह्मांड उसी का प्रतिबिम्ब है। वह न पिंड है, और न ब्रह्मांड है, तथापि व पिंड में भी है और ब्रह्मांड में भी है। उसका न आदि है न अन्त है। कबीर अपने राम के बारे में ऐसा ही कुछ कहते हैं—

सन्तो, धोखा काँसू कहिए।
गुन में निरगुन, निरगुन में गुन, बाटि छाँड़ि क्यूँ रहिए।
अजर-अमर कहै सब कोई, अलख न कथणां जाई।
नाति-स्वरूप वरण नहीं जाके, घटि-घटि रह्यों समाई।
प्यंड-ब्रह्मांड कथ्यो सब कोई, वाकै आदि अरु अन्त न होई।
प्यंड-ब्रह्मांड छाँड़ि जे कहिए, कहै कबीर हरि सोई।

कबीर के निर्गुण राम निरंजन ब्रह्म हैं। कबीर के राम सगुण ब्रह्म नहीं हैं। वे अव्यक्त हैं, निराकार हैं, त्रिदेव से परे हैं, बहुदेव से अलग हैं। कबीर के राम वेदान्त के ब्रह्म से भी भिन्न हैं। वेदान्त का ब्रह्म समष्टि में व्याप्त नहीं है। वह समष्टि अज्ञान से उपहित है। वह विशुद्ध चैतन्य मात्र है। कबीर के राम समष्टि अज्ञान से उपहित नहीं हैं। वह संसार में व्याप्त है। उसकी आराधना-उपासना-साधना की जा सकती है। वह अरूप, अनाम है, लेकिन भक्ति के द्वारा उसे प्राप्त किया जा सकता है। उससे मिला जा सकता है, वह अलख है, लेकिन भक्ति-साधना से उससे सम्पर्क स्थापित कर सकता है। कबीर के राम प्रेम के वशीभूत हैं। प्रेम से उसे पाया जा सकता है। मन की निर्मलता बड़ी चीज़ है। प्रेम ही कबीर और तुलसी के साधना-पथ को एक क्षण के लिए प्रेम-तरुवर की छाया देता है। तुलसी कहते हैं—'निरमल मन जन सो मोहि पावा, मोहि कपट छल-छिद्र न भावा।' इसी सर्वव्यापी और सर्वात्मव्यापी ब्रह्म को कबीर प्रेम से प्राप्त कर लेते हैं, क्योंकि वह अरूप प्रत्येक कण में रूपायित है। प्रत्येक में रमण कर रहा है। सबके भीतर 'सहज' निवास कर रहा है। वह निरंजन ब्रह्म 'अंजन' रूप में सृष्टि में व्याप्त है। यह सृष्टि उसी निरंजन के अंजन रूप का पसारा है—

राम निरंजन न्यारा रे, अंजन सकल पसारा रे।
अंजन उतपति वो उंकार, अंजन मांड्या सब विस्तार॥
अंजन ब्रह्म संकर इंद, अंजन गोपी संगि गोब्यंद।
कहै कबीर कोई बिरला जागै, अंजन छाड़ि निरंजन लागै॥

कबीर ने ब्रह्मा को अवतारवाद की सीमा में अस्वीकार किया। उनकी मान्यता है कि वह निरंजन राम किसी देह की सीमा में बँधकर नहीं आ सकता। राम और कृष्ण के रूप में अवतारों की उपासना सगुणोपासना कहलाई। कबीर का मत है कि वह अनन्त कभी सीमाबद्ध नहीं हो सकता। उसके अनुसार तो सारे जगत् के अणु-परमाणु ही उस ब्रह्म का रूपायन है। उन्होंने सगुणवाद की सीमित अवधारणा का विरोध किया, ईश्वरोपासना का नहीं। यह स्पष्ट है कि कबीर ईश्वरोपासना की पद्धति का विरोध नहीं कर रहे हैं, वे ईश्वर को सीमाबद्ध करने तथा अवतारों के बाद उस ईश्वर को मन्दिरों-मठों और मूर्तियों में वैशिष्ट्य देने की ख़िलाफ़त कर रहे हैं।

कबीर का 'निर्गुण ब्रह्म' विश्व से परे और विश्व में व्याप्त ईश्वर के लिए प्रयुक्त हुआ है। यही कारण है कि कबीर, राम, कृष्ण, गोविन्द, केशव, हरि, गोवर्धनधारी, गिरिधारी, नन्दनन्दन, आदि शब्दों का प्रयोग ईश्वर के व्यापक अर्थ में ही करते हैं। गहराई से अध्ययन करें, तो पाते हैं कि कबीर ने पौराणिक नामों का प्रयोग भक्ति-धर्म की आस्थाओं के कारण किया है। भारतीय जनमानस की आस्थाओं का सम्मान और भक्ति की गहराई में निर्गुन-सगुण मतों में समानता के बिन्दु ही कबीर से निर्गुण राम और सगुण राम की व्याख्या कराते हैं। कबीर के निर्गुण राम, जो कि विश्व से ऊपर की सत्ता है, वह राम ही सगुण रूप में अपनी आद्यशक्ति की सहायता से विश्व-प्रपंच को रचते हैं और उस रचना में स्वयं स्थित और उपस्थित रहते हैं। फ़र्क़ यह है कि कबीर के राम देह-देह में, पदार्थ-पदार्थ में, धरती-गगन में रम रहे हैं। वह राम ही आत्मा-आत्मा में बस रहा है—'आतम राम अवर नहिं दूजा।'

संसार की रचना माया के द्वारा हुई है। माया निर्गुण ब्रह्म की सगुण इच्छा-शक्ति की क्रियमाणता है। कबीर स्पष्ट कहते हैं—'तू माया रघुनाथ की, खेलण चली अहेड़े।' यह माया जगत् में सबका शिकार करती फिरती है। इसके विषय-बाणों से कोई भी बच नहीं पाता है। कबीर कहते हैं कि इससे त्रिदेव-ब्रह्मा, विष्णु, महेश भी नहीं बच सके। ऋषि-मुनि, योगी-यति भी इससे अछूते नहीं रह सके। यह माया त्रिगुणात्मक है। इससे ही यह जीवों के इन्द्रिय-सुख भोग का पण्य जुटाती रहती है। यह तृष्णा को जागृत करती है। यह जीवों को भ्रमाती रहती है। माया में अद्‌भुत मोहिनी शक्ति है। वह मीठी खाँड की तरह है। इसने सब जग को कोल्हू की घाणी में जोत रखा है। माया मन की सहज गति को मोड़ देती है। इसी के दुष्प्रभाव से आशा, तृष्णा, ममता, मोह, आसक्ति पैदा होती है। देह-त्याग के बाद भी इनका प्रभाव बना रहता है। इससे छुटकारे का उपाय कबीर बताते हैं। कबीर एक तरफ़ योगी की मुद्रा में हमें प्राप्त होते हैं। दूसरी ओर वे प्रेम-पयोधि से प्रतीत होते हैं। ऐसा पयोधि, जो अपने प्रभु के चरण में बिछ जाता है। ऐसा भक्त, जो अपने राम की शरण में स्वयं को छोड़ देता है। ऐसा त्यागी, जो अपने जीवन का उत्सर्ग कर देता है। इसके बिना कबीर के राम मिल नहीं सकते। भवबन्धन से छुटकारा तब तक नहीं, जब तक राम से लौ न लग जाए। जब तक मन गंगा-नीर की तरह निरमल न हो जाए। तब तक मन को ईश्वर नहीं मिलते हैं। एक स्थिति में कबीर हठयोग, ध्यान, प्रपत्ति, प्रत्याहार, प्रेम के पार जाकर केवल शरणागत की राह पर पूर्ण समर्पण की मुद्रा में खड़े दिखाई देते हैं—'दास कबीर राम की सरने, ज्यूँ लागी त्यूँ तोरी।'

सहजै-सहजै सब गए, सुत, बित, कांमिणी, काम।
एकमेक ह्वै मिलि रह्या, दासि कबीरा राम।
सहज-सहज सब को कहै, सहज न चीन्है कोइ।
जिन्ह सहजै हरि जी मिलै सहज कही जै सोइ।

सहज भाइ जै उपजै, ताका किसा मान अभिमान।
आपा पर सम चीनियै, तब मिलै आतमा राम।

कबीर वाङ्मय में 'सहज सुन्न' कई जगह आया है। कबीर ने निर्गुण राम की अवधारणा को 'सहज सुन्न' के सम्बोधनों में अनेक स्थानों पर स्पष्ट किया है। भारतीय साहित्य में बौद्ध दार्शनिक नागार्जुन ने ईश्वर के लिए 'शून्य' शब्द का प्रयोग किया था, जो परम चिति है। कैवल्य है। निर्गुण है। निरंजन है। उसे हमारी भाषा-बानी अभिव्यक्त नहीं कर सकती। वह भावाभिभाव से मुक्त है, जो हमारी इन्द्रियों की पहुँच से बाहर है। वह जैसा है, वैसा है। उसे बौद्ध-दर्शन ने 'शून्य' नाम दिया। बाद में तंत्रयान ने इसे 'सहज' कहा। बाद के साहित्य और सन्त-साहित्य में 'सहज' शब्द का बहुतायत से प्रयोग हुआ है। 'सहज' शब्द का अर्थ है—'सह जायते इति सहजः।' अर्थात् जो जीव तथा वस्तुओं के साथ ही उत्पन्न होता है। तात्पर्य यह कि जो जीव का स्वाभाविक स्वरूप है, जो प्रत्येक पदार्थ का आन्तरिक स्वरूप है, जो जीव का वास्तविक स्वरूप है, जो कि परमतत्त्व का एक अंश है, अर्थात् जो परमतत्त्व है, वह सहज है तथा उसकी सहजता ही प्रत्येक कण में आत्मरूप स्थित है। इस दृष्टि से उपनिषदों के शून्यवाद से भी तांत्रिक बौद्धों का सहजयान निकट है। ग्रन्थसाहब में रामानन्द की सुरक्षित वाणियों में 'सहज-शून्य' का परिचय मिलता है। कबीर के चिन्तन और साधना में निर्गुण राम के लिए यही 'सहज सुन्न' बार-बार प्रयुक्त हुआ है।

कबीर का 'सहज शून्य' केवल तात्त्विक चिन्तन का विषय ही नहीं है, वह प्रेम का भी साध्य है। 'सहज' से मिलन दोनों ही राहों से सम्भव है। ज्ञान से भी वह प्राप्त किया जा सकता और प्रेम का पथिक बनकर भी वहाँ पहुँचा जा सकता है। एक ओर अजपाजाप और नादानुसन्धान द्वारा चित्त के सारे संकल्प-विकल्प समाप्त हो जाते हैं, दूसरी ओर यही स्थिति प्रेम की चरम परिणति में भी होती है। दोनों ही चरमोत्कर्ष में चित्त का सहज में लय हो जाता है, जीव की चेतना 'शून्य' का अनुभव करती है। जहाँ दैहिक और भौतिक सारे व्यवधान समाप्त हो जाते हैं, कबीर उसे 'सहज शून्य' कहते हैं। सद्गुरु की कृपा से जिसने सहज सुन्न में पहुँचकर महारस को चख लिया है, उसे ही अपने स्वरूप का सहज बोध होता है—'सहज सुन्नि में जिहि रस चाख्या, सतगुरु थैं सुधि पाई।' यह वह स्थिति है जहाँ देश-काल की सीमाएँ समाप्त हो जाती हैं।

हम वासी उस देस के, जहाँ जाति, वरण, कुल नाहिं।
सबद मिलावा होई रह्या, देह मिलावा नाहिं॥

कबीर के निर्णुण राम अवधारणा में 'सबद' भी महत्त्वपूर्ण है। 'शब्द' का अर्थ कबीर के चिन्तन में ध्वनि नहीं है। तंत्र, योग तथा साधना में 'शब्द' का अर्थ क्रिया,

गति या स्पंदन से है। विज्ञान की मान्यता है कि महाकाश में अणु-परमाणु बहुत ही तीव्र गति से चक्कर काटते हैं। चक्कर काटते हुए विद्युत्-कणों की गति ही 'शब्द' है। इसे कर्णेन्द्रियों से नहीं सुन सकते। कबीर के निर्गुण राम विशुद्ध चैतन्य हैं। यह चैतन्य चिदाकाश में निरन्तर स्पन्दित होता रहता है। वही स्पन्दन जड़-चेतन में भी होता है। ब्रह्मांड के सारे स्पंदन उसी महास्पंदन से जुड़े हैं। यही 'शब्द' या 'सबद' है। प्रकारान्तर से इसी को 'शब्द ब्रह्म' या 'नाद ब्रह्म' कहा गया है। 'नाद' वह स्पंदन है, जो अपनी विशुद्ध अवस्था में अनाहत है। 'नाद' बिना किसी 'आघात' के स्पंदित होता रहता है। 'बिन्दु' नाद से उत्पन्न शक्ति है, जो चराचर में व्याप्त है। कबीर जब 'सबद' के मिलने की अनुभूति बयान करते हैं—तब बिन्दु का नाद में समाहित होना ही अमरता पाना है।

सर गगन गुफा में अजर झरै।
अजपा सुमिरन जाप करै।
बिनु बाजा झनकार उठै जहँ, समुझि परै सब ध्यान धरै।
बिनु चन्दा उजियारी दरसै, जहँ तहँ हंसा नजरि परै।
दसवै द्वारै ताड़ी लागी अलख पुरुष जाको ध्यान धरै।
काल कराल निकटि नहिं आवै, काम-क्रोध-मद-लोभ जरै।
जगन-जुगन की त्रिखा बुझानी, करम-भरम अघ व्याधि टरै।
कहै कबीर सुनो भाई साधौ, अमर होई कबहू न मरै।

सद्गुरु द्वारा अभिमंत्रित शब्द के शिष्य के शरीर में प्रविष्ट होते ही सबद की गतिमयता शुरू हो जाती है। गुरु दीक्षा, अजपाजाप और ध्यान द्वारा कुंडलिनी सहस्रार में पहुँचकर अलख से परिचय करती है। उसमें समाहित हो जाती है। भक्त की चेतना महाचेतना में मिल जाती है। कबीर के अनुसार यही 'सबद मिलावा' है। यही निरंजन राम से मिलन है।

परिचर्चा

परिचर्चा के प्रश्न

जयपाल सिंह

प्रिय पाठकों को यह भी बताता चलूँ कि इस पुस्तक की जब योजना बन रही थी, उस समय आदरणीय जोशी जी से चर्चा हो रही थी। यह प्रश्न बार-बार सामने आ रहा था कि कबीर के बारे में बहुत-कुछ लिखा गया है, कई पुस्तकें प्रकाशित हुई हैं और तुम कबीर पर काम करना चाह रहे हो! यह प्रश्न एक पहाड़-सा मेरे सामने था। जिसके पार देखने की क्षमता मुझमें न थी। फिर भी मैंने उनसे एक बात कही यह मेरी धृष्टता ही कही जानी चाहिए वह यह कि 'आदरणीय आज के समय-समाज को जोड़ते हुए कुछ नया काम करना चाह रहा हूँ।' शायद मेरे इस उत्तर में उन्हें कुछ उम्मीद या आशा बँधी होगी। फिर उन्होंने ही मुझे सुझाव दिया कि तुम क्यों न समसामयिक विषयों पर कुछ साहित्यकारों से परिचर्चा कर लो। उनकी मंशानुरूप इस काम को आगे बढ़ाया है। दस बिन्दुओं की प्रश्नावली में राजेश जोशी जी, कर्मेन्दु शिशिर जी, अजय तिवारी जी, लीलाधर मंडलोई जी के विचार आपके सामने हैं—

1. कबीर एक संवेदनशील व्यक्ति रहे, जिन्होंने समाज की बुनावट को एक सजग द्रष्टा के रूप में देखा है। यदि वे आज होते, तो उनकी अभिव्यक्ति को समाज किस रूप में स्वीकार करता अथवा विरोध कर रहा होता?
2. ऐसा कहा जाता है कि कबीर तत्कालीन परिस्थितियों की उपज थे, जिसके कारण कबीर व्यक्ति-केन्द्रित उपासना के लिए प्रेरित रहे, क्या इसी कारण कबीर के पदों में गूढ़ता आ गई?
3. कबीर ने मानव-धर्म को सर्वश्रेष्ठ कहा, अहिंसा और शान्ति की बात की है, सद्‌गुरु की महिमा बताई, लेकिन आज लोगों के आचरण से लगता है कि अधिकांश धर्मावलम्बी (तथाकथित भी शामिल किये जा सकते हैं) किसी निश्चित सम्प्रदाय, पंथ या किसी ख़ास विचारधारा के अनुयायी अथवा अनुगामी हैं, जिनसे सत्य, आचरण, अहिंसा, शान्ति, सद्भाव, उपकार, सेवा इत्यादि की अपेक्षा करना कितना सही है?

4. आजकल धर्म एक विवादित विषय-सा बन गया है। कबीर के आईने में आप धर्म को कैसे देखते हैं?
5. आपको ऐसा नहीं लगता कि कबीर ने 'गीता' का ही नीतिगत सन्देश आम जनमानस को अपनी वाणी के माध्यम से देने का प्रयास किया है?
6. कबीर के आराध्य राम और चिन्तन का नाम राम है, लेकिन भक्तिकालीन कवियों में कबीर को तुलसी से बिलकुल अलग रखा जाता है। आपको ऐसा नहीं लगता कि राम नाम में वे तुलसी के सर्वाधिक निकट हैं?
7. कबीर सद्भावना के दूत हैं, लेकिन उनके निधन के तुरन्त बाद उनके अनुयायी विभाजित हो गए। क्या कबीर को अपनी-अपनी विचारधारा में बाँधने की कोशिश की जा रही थी?
8. झूठ-फ़रेब, कपट, व्यक्तिनिष्ठता तथा अवसरवादिता वर्तमान की देहरी पर है, जिसके खट्टे-मीठे उपभोगी कहीं-न-कहीं हम सब हैं। फिर कबीर के सन्तमार्ग की कल्पना आज के समय में कितनी सार्थक है?
9. आज के परिप्रेक्ष्य में कबीर के समाज-चिन्तन, सद्भाव तथा भक्ति को आप किस रूप में देखते हैं?
10. कबीर बाह्याडम्बर-विरोधी रहे हैं, लेकिन हमें आज समाज में यही सबसे ज़्यादा दिखाई देता है। इस विषय पर आप क्या कहेंगे?

जयपाल के प्रश्नों के उत्तर में...

राजेश जोशी

1. कबीर समाज में परिवर्तन के पक्षधर थे। अनेक मानव-विरोधी मूल्यों (जो तब भी समाज में विद्यमान थे और आज भी हैं) का कबीर ने अपनी रचनाओं में स्पष्ट रूप से विरोध किया। कबीर की दृष्टि का विरोध उस समय भी समाज के वर्चस्वशाली वर्ग के लोगों द्वारा किया गया और कबीर अगर आज होते, तब भी उनका विरोध हो रहा होता। कबीर कवि थे, वे आज भी मौजूद हैं, तब वे एक व्यक्ति थे और आज वे एक ऐसी रचना हैं, जिसे करोड़ों लोग गा रहे हैं, उनके विचारों का विरोध आज भी हम देख सकते हैं। ऐसे विचार वर्चस्वशाली वर्ग और उसकी वर्गीय सत्ता को कभी रास नहीं आ सकते।
2. हर कवि, बल्कि हर व्यक्ति, की सामाजिक चेतना का निर्माण उसका भौतिक अस्तित्व ही करता है। हर व्यक्ति और हर कवि एक समय और स्थिति में रहते हुए ही उसका अतिक्रमण करता है। इसीलिए एक कवि या एक चेतना सम्पन्न व्यक्ति अपने समय से आगे की बात कर पाता है। कबीर भी अपने समय का अतिक्रमण करते हैं। कबीर के दोहों में गूढ़ता अधिक नहीं है, उनकी उलटबाँसियों में ज़रूर एक तरह की फ़ैंटेसी मुझे महसूस होती है, जिसमें अपने समय की विडम्बनाओं को समझने की गहरी अन्तर्दृष्टि मौजूद है। उनको समझने के लिए थोड़ी मेहनत की ज़रूरत होती है।
3. एवं 4. अब धर्म एक व्यवसाय और एक शक्तिसंरचना (पावर स्ट्रक्चर) है। यही नहीं, वह राजनैतिक शक्ति को पाने का साधन भी है। समय के साथ उसका स्वरूप बदल चुका है। उससे महान् मानवीय मूल्यों और व्यवहार की अपेक्षा करना फ़िज़ूल है। कबीर ने भी अपने अनेक पदों में धर्म के इस विकृत रूप को पहचानकर उस पर चोट की है।
5. मुझे नहीं लगता कि कबीर के दर्शन का 'गीता' से कोई सीधा या परोक्ष सम्बन्ध बन सकता है।

6. कबीर निर्गुण भक्ति से सम्बन्धित हैं। तुलसी सगुण सम्प्रदाय के कवि हैं। कबीर के राम और तुलसी के राम में फ़र्क है। कबीर के राम गांधी के राम के ज़्यादा नज़दीक लगते हैं।
7. कबीर के ही विचारों की नहीं, हर चिन्तक, विचारक के विचारों की कई तरह की व्याख्याएँ होती रहती हैं। विचारों की दुनिया सतत सक्रिय रहती है। इसलिए कबीर की भी अनेक व्याख्याएँ हैं, जो एक-दूसरे से भिन्न भी हैं। यह स्वाभाविक है।
8. ये सारे दुर्गुण कबीर के समय में भी थे और आज भी हैं, और ये हैं, इसलिए उनका विरोध करनेवाली वाणी और विचार की ज़रूरत भी बनी हुई है।
9. एवं 10. आडम्बर वर्गीय समाज में अनिवार्य रूप से विद्यमान रहेगा। ग़ैर-बराबरी स्वयं आडम्बर को जन्म देती है। आज के परिप्रेक्ष्य में कबीर की ज़रूरत पहले से ज़्यादा है। हमारे समय में धर्म एक पाखंड बन चुका है। वह घृणा फैलाने के अस्त्र के रूप में उपयोग हो रहा है। ऐसे समय में कबीर और भक्तिकाल के कवियों के पुनर्पाठ और समाज में उनके प्रचार की ज़रूरत बढ़ गई है।

कबीर

लीलाधर मंडलोई

1. कबीर संवेदनशील थे लेकिन अपने समाज के धार्मिक और सामाजिक पाखंड को बखूबी समझते थे। उनके सामने वेद और कुरान तर्क के साथ थे। वे हर उस संस्कार के प्रबल विरोधी थे, जो मनुष्य को अन्धविश्वास की ओर ले जाता था। उनकी संवेदनशीलता का दार्शनिक पक्ष था जातिविहीन ऐसा समाज, जिसमें धार्मिक कट्टरवाद न हो। उनके समय में निर्भय अभिव्यक्ति आसान न थी। फिर भी वे डिगे नहीं। वे अपना घर फूँककर निकले थे। उन्होंने तब भी खुला प्रतिरोध किया। अगर आज होते, तो दुगुनी ताक़त से मैदान में होते। वे युगद्रष्टा थे और कल भी वही किया, यानी कुत्सित सत्ताओं का विरोध और आज भी वही करते। आज उनके विचार हमारे लिए अधिक मौजू हैं। हमें अब एक नहीं, कई कबीर चाहिए।
2. कबीर को तत्कालीन स्थितियों ने प्रभावित किया, इसकी गवाही उनके साहित्य में जगह-जगह है। लेकिन उनका साहित्य सिर्फ़ गवाही नहीं है। उस समय नाथ पंथ, शैव सम्प्रदाय, जैन धर्म, बौद्ध धर्म और वैष्णव धर्म में मत-मतान्तर और परस्पर-विरोधी आचरणों का बोलबाला था। वे एक-दूसरे के धर्म और सम्प्रदायों को श्रेष्ठ मानते हुए समाज को जोड़ने की जगह बाँट रहे थे। कबीर धर्म-भावना को देख रहे थे। वे धर्म को एकरेखीय दृष्टि से मुक्त कर सर्वस्वीकार्यता की तरफ़ लाने के पक्षधर थे। जुलाहे परिवार में जन्म और माता-पिता का त्याग, पालन-पोषण मुस्लिम परिवार में। दोनों धर्मों का अनुभव उन्हें निम्न जातियों में रहते हुए हुआ। वे दलित भी थे और अल्पसंख्यक भी थे। सगुण भक्ति के कर्मकांडों की अन्धता के वे विरोधी थे, तो समाज में व्याप्त इस्लाम की रूढ़िवादी सोच को भी वे अमंगलकारी मानते थे। कबीर व्यक्ति-केन्द्रित उपासना के लिए प्रेरित रहे, ऐसा कहना युक्तिसंगत न होगा। उनके साहित्य की गूढ़ता बहुआयामी और वैश्विक है।

'ढाई आखर' में कल्याण की अवधारणा है। अगर सिर्फ़ इन दो अक्षरों के महत्त्व को ही जान और मान लें, तो समाज की लघु इकाई से लेकर दुनिया जहान के आज की वैश्विक केन्द्रीय समस्याओं को ठीक किया जा सकता है, चाहे युद्ध हो, विस्थापन हो, महामारियाँ हों, आपदाएँ हों, पर्यावरण के संकट हों। लाभ-लोभ के फेर में आप अपने भीतर के इनसान को हैवान बनाकर ही तो इन संकटों के उत्तरदायी हैं। ढाई आखर का ज्ञान होता, तो आप न मनुष्य-विरोधी होते, न सृष्टि-विरोधी, न धर्म और जाति-विरोधी। आप विरोधी होते गए, जबकि कबीर ने हमें समन्वयवादी होते देखना चाहा। उन्होंने नाथ पंथ को अपनाया, क्योंकि वह सम्मिलन की भावना का पक्षधर था। गोरखनाथ की हठयोग-साधना ईश्वरवाद को लेकर चली, जिसमें हिन्दू और मुसलमान दोनों उसकी तरफ़ आकर्षित हुए और एक बेहतर विकल्प माना। इसमें धार्मिक अवैज्ञानिक निस्सारता का निषेध था, सामान्य अन्तस्साधना पर बल था। यही बात सूफ़ी मत के प्रेम-मार्ग में है। कबीर ने दोनों को मिला दिया। यह मिलन आज बेहद ज़रूरी है। इसलिए कबीर आज भी उतने ही प्रासंगिक हैं। कबीर का साहित्य इतना ही साधारणता में गूढ़ है।

3. आपकी बात मेरे कहे से जुड़ रही है। इस सवाल में ही आपने जवाब दे दिया है। जो आज भी धर्म का अलग-अलग राग अलाप रहे हैं और समाज को विभाजित कर रहे हैं, कबीर तब भी उनके विरोधी थे और आज भी होते। यह हिन्दू-राष्ट्र की जो राजनीति हो रही है, वे उसके घोर आलोचक होते और समन्वित राष्ट्र की बात करते। वे इस्लाम, ईसाई राष्ट्रवाद की भी आलोचना करते। वे पहले जननायक की भूमिका का वरण करते हैं, जिसे आज की भाषा में सामाजिक कार्यकर्ता यानी सोशल एक्टिविस्ट कहते हैं। कबीर-दर्शन के केन्द्र में मानव-धर्म अग्रणी है, जिसे प्रेम से पाया जा सकता है।
4. इसका उत्तर पिछले जवाबों में है। धर्म के अनुयायी धर्म के सीमित और विभाजनकारी रूप की राजनीति के शिकार हैं। धर्म से अधिक शान्तिपूर्ण जीवन का आकांक्षी यह समाज है, लेकिन सत्ता अपने वोट-बैंक के लिए उसे साम्प्रदायिक बना रही है। ऐसे में कबीर की समावेशी सोच ही कारगर है। धर्मों का सांझा चूल्हा समय की ज़रूरत है। कबीर के धर्म को मैं इसी रूप में देखता हूँ।
5. कबीर ने सारे धर्मों के सारतत्त्व से अपनी गीता बनाई। अगर उसमें गीता के उपदेश सुनाई पड़ते हैं, तो यह सुखद है।
6. तुलसी राम के सगुण उपासक थे और सगुण उपासना के पक्षधर थे। कबीर भी राम-नाम जपते थे, लेकिन वे निर्गुण उपासक थे। उनके राम किसी मूर्ति

में क़ैद नहीं है। वह सगुण से बाहर है। सगुण राम की आड़ में आज अयोध्या में साम्प्रदायिक शक्तियों के कर्म देखिए। वहाँ सत्कर्म का भाव ग़ायब है और कुकर्म का प्रत्यक्षीकरण अधिक है। इसे न राम, न रहीम और न ही तुलसी की स्वीकृति मिलती। कबीर का विरोध तो कल्पनातीत होता। कल्पना करें यदि निर्गुण राम में हिन्दुओं का भरोसा होता, तो यह मन्दिर-मस्जिद का फ़िज़ूल बावेला चल पाता? बिलकुल नहीं। इसलिए मुझे कबीर के निर्गुण राम मनुष्यता और मर्यादा के सही रूप लगते हैं।

7. यह सही है कि अनुयायियों में विभाजन हुआ। दरअसल क्षुद्र राजनीति कहाँ नहीं है! कबीर किसी भी तरह के विभाजन के विरोधी थे। कबीर का समावेशी चिन्तन समझा होता, तो यह विभाजन न होता। देश का विभाजन भी तो इसी गन्दी राजनीति का परिणाम है।

8. आज देश जिस हालात में है, वह भयावह है। आनेवाले दिन इससे अधिक मारक होंगे। अब पूँजीवादी हैं दुनिया को चलाते। और पूँजीवाद कुछ भी करवा सकता है। मूलतः मनुष्य या समाज बुरा नहीं है। उसे पूँजी ने बना दिया है। वह सरकारें ख़रीद लेती है, धर्म को बन्धक बना लेती है। युद्ध करवाती है। जंगलों को अपने हितों के लिए मैदान बना देती है। नदियाँ जितनी उद्योगों से प्रदूषित हैं, उतनी उसके तटवासियों से नहीं। झूठ-फरेब में बैंक डूब रहे हैं पूँजीपतियों की वजह से। सरकारें पूँजीपतियों के हक़ में ऐसे क़ानून बना रही हैं कि आप अपने मौलिक अधिकारों के लिए अदालत नहीं जा सकते। बड़े उद्योगपति देश को कंगाल बनाते जाएँ, क़र्ज़ न चुकाएँ, तो कोई गुनाह नहीं और एक आम-आदमी न चुकाएँ, तो कुर्की यानी वे शोषण का शिकार होते रहें और नीरो बँसरी बजाता रहे। आज कबीर होते तो कविता से पहले सत्ता के कुरुक्षेत्र में होते। कबीर लड़ रहे होते...!!

9. आज के आक्रामक पूँजीवादी युग में कबीर के दर्शन की बड़ी ज़रूरत है। कबीर होते, तो वे सत्ता को एक इंच की जगह भी न देते। कबीर को याद करने की वजह यह अवश्य है कि प्रेम के ढाई आखर की सीख आज जहाँ नहीं, वहाँ हो, इसके प्रयास हों। कबीर-भक्ति निजी न होकर सामुदायिक हो। कबीर का एक गुण आज अर्जित कर लें कि हमें ऐलानिया सच बोलना है, तो बहुत-सी बातें सुलझ जाएँगी।

10. बाहरी आडम्बर के विरोधी मात्र नहीं थे, वे उन्हें समूल हटाना चाहते थे। यह आडम्बरों का जाल अपनी इच्छाओं की परिणति नहीं, किन्तु ग़ैरज़रूरी को ज़रूरी बनाने वाली पूँजीवादी सत्ताओं का षड्यंत्र है। जो आपकी ज़रूरत नहीं, वह अनिवार्य ज़रूरत की तरह पेश किया जा रहा है। आडम्बर के दृश्य कोरोना काल में पूँजीपतियों के लिए वह महामारी से अधिक सुनहरा अवसर

था और विश्व की सरकारों ने जनता से अधिक पूँजीपतियों के पक्ष में निर्णय दिये। आडम्बर को वेलिडेट करने के लिए कोरोना से बचाव के तौर-तरीक़ों को इतना प्रचारित किया कि जनता मास्क, साबुन, सेनिटाइज़र और दवाइयों के पीछे भागती रहे। कबीर यह सब बर्दाश्त न कर पाते। समाज को बदलने के लिए आगे आते रहते। ताज्जुब नहीं कि पहली हत्या उन्हीं की होती।

कबीर की प्रासंगिकता पर बातचीत

कर्मेन्दु शिशिर

1. एक रचनाकार के लिए संवेदनशील होना उतना महत्त्वपूर्ण नहीं होता जितना दृष्टिसम्पन्न होना। कबीर कामगार थे। करघे पर कपड़ा बुनते थे। उससे उनको रोटी मिलती थी। एक श्रम करनेवाले व्यक्ति के अनुभव अलग होते हैं। दुनिया-जहान को देखने का उसका नज़रिया जैसा होगा, वैसा और का नहीं हो सकता। इसलिए कबीर की निगाह समाज के अदीठ गाँठ को भी खोल देती है। वे सामाजिक ताने-बाने को बहुत बारीकी से समझते हैं। श्रम के तल्ख अनुभवों का ताप उनकी रचनाओं में जगह-जगह दिखता है। पाखंड उन्हें बिलकुल बर्दाश्त नहीं। आपने पूछा है कि अगर वे आज होते, तो समाज उनके साथ क्या सलूक करता? अगर एक पंक्ति में कहूँ, तो वे या तो कारागार में होते या किसी अस्पताल के इमरजेन्सी वार्ड में जीवन-मरण से जूझ रहे होते। आज हमारा बौद्धिक स्तर चाहे जितना ऊँचा हो, हम ख़ुद को चाहे जितना रैशनल, आधुनिक और लोकतांत्रिक कहें, लेकिन आज हमारे समाज की असहिष्णुता चरम पर है। हम असहमति के स्पेस को ख़त्म कर चुके हैं। हम अपने से अलग सोच-विचार को एकदम सहन नहीं कर पा रहे हैं। यह अन्धी गली में फँसा हुआ समाज है। यह कबीर को गर्भ में ही ख़त्म कर देनेवाला समाज है। यह समाज उनको जीने और अपनी सोच रखने का अवसर ही नहीं आने देता। कबीर के गम्भीर अध्येता पुरुषोत्तम अग्रवाल जी ने उनके अपने समय-समाज में उनके साथ हुए सलूक पर लिखा है। किस तरह उस समय के तमाम हिन्दू-मुस्लिम के प्रभावशाली लोगों ने बादशाह से शिकायत की थी। हाथी से कुचलवाने और नदी में फेंकने की किंवदन्तियाँ अकारण नहीं थीं। तो डॉ. पुरुषोत्तम अग्रवाल जी ने बताया है उनके समय के समाज ने उनके साथ बहुत बुरा सलूक किया था। लेकिन इतना तो था कि उनको जीने दिया गया। उनकी हत्या नहीं हुई। वे लम्बे समय तक जीवित

रहे और अपनी मौत मरे। मतलब यह कि कम-से-कम कबीर के आसंग में तब का समाज आज की तुलना में ज़्यादा सहिष्णु था, ज़्यादा मानवीय था।

2. मानव-सभ्यता के इतिहास में जितने भी महत्त्वपूर्ण लोग हुए हैं, वे सब अपने समय की ही उपज होते हैं। इतिहास उनको पैदा करता है और वे फिर इतिहास रचकर अपनी ऐतिहासिक भूमिका अदा कर जाते हैं। कबीर के समय में जो धार्मिक हालात थे, समाज के भीतर की जो स्थितियाँ थीं, उनमें आप अन्य पक्षों को छोड़कर सिर्फ़ पाखंड पर ध्यान केन्द्रित कीजिए। आप देखेंगे, कबीर ने अत्यन्त तीखे स्वर में पाखंडों पर चोट की। असमानता पर चोट की। मसलन यह उस युग की बड़ी विडम्बना थी। आपने व्यक्ति-केन्द्रित उपासना की बात की। देखिए इस्लाम, सिख या ईसाई धर्म में सामूहिक उपासना की परम्परा है। भारत के अन्य पंथों में जिसे हिन्दू धर्म कहा जाता है जबकि हिन्दू धर्म करके कोई धर्म नहीं हुआ। यह तो एक पॉलिटिकल आइडेंटिटी के रूप में प्रसारित कर रूढ़ कर दिया गया। हमारे यहाँ मूल बात यह थी कि ईश्वर को प्राप्त करना है। उसे आप योग, तप, ज्ञान अथवा प्रेम से प्राप्त करें, आपकी मर्ज़ी। इसमें किसी का किसी से मतभेद नहीं। इसलिए हमारे यहाँ इस्लाम या ईसाई धर्म आए, तो किसी को कोई एतराज़ नहीं हुआ। भला ईश्वर को प्राप्त करने के भिन्न रास्तों से मतभेद की गुंजाइश ही कहाँ बनती थी। यह तो धर्म के सांस्थानिक स्वरूप में आने के साथ सत्ता और वर्चस्व की आकांक्षा में वैमनस्य शुरू हुआ और बढ़ता ही चला गया। यह कहीं से धार्मिक कृत्य तो था ही नहीं, यह तो धर्म का अधार्मिक इस्तेमाल था। अब तो ख़ैर धर्म और अधर्म का फ़र्क़ ही ख़त्म हो गया है। अब आइए गूढ़ता वाली बात पर। देखिए, कबीर को लेकर इंग्लैंड, अमेरिका, फ्रांस, इटली, कनाडा और न अन्य देशों के अध्येताओं ने इतना काम किया है कि उनको समझने में गूढ़ता बाधा नहीं रही। हिन्दी में भी इस पर इतना काम हुआ है, लोगों ने बहुत हद तक इस गूढ़ता की गुत्थियों को सुलझा लिया है। योग और साधना की प्रक्रिया अपने-आप में गूढ़ रहस्य है। उसका सामाजिक बोध से अलगाव रहा है, इसलिए वह हम आप-जैसों के लिए गूढ़ रहस्य ही रह गया। मैंने कबीर पर आचार्य हजारीप्रसाद द्विवेदी, डॉ. पुरुषोत्तम अग्रवाल और कँवल भारती जी को पढ़ा तो पाया कि इन विद्वानों ने कबीर की गूढ़ता को बहुत हद तक दूर कर दिया है। उलटबाँसियों और कबीर से जुड़ी किंवदन्तियों को पुरुषोत्तम अग्रवाल जी ने बहुत ही बारीकी और गम्भीरता से रैशनलिटी के साथ विचार किया है। वे बहुत दूर तक अपने निष्कर्षों से पाठकीय सहमति सम्भव कर देते हैं। फिर एक कवि को लेकर, वह भी कबीर जैसे कवि को लेकर, हम उनके इसी पक्ष पर क्यों माथापच्ची करते रहें। उनकी रचनाओं

का भूगोल बहुत ही विस्तृत है। उसमें तीन दशकों से भी अधिक पुरुषोत्तम अग्रवाल जी जैसा समर्थ अध्येता भटकता रहा। फिर भी सन्तुष्ट नहीं। तो उनकी रचनाओं के अन्य आयामों को लेकर हम बहुत-कुछ अर्जित कर सकते हैं।

3. दुनिया में इतने रसूल, इतने सन्त, इतने उपदेशक और विचारक हुए। इनके ग्रन्थों से पुस्तकालय भरे पड़े हैं, लेकिन समाज में नैतिकता तो नहीं आ गई? यह सिर्फ़ विचार का मामला नहीं है। इसे आचरण में विन्यस्त होना चाहिए। यह समाज, शासन और व्यक्ति पर निर्भर करता है। यह नीतियों और उसे लागू करनेवाली व्यवस्था पर निर्भर करता है। कबीर या कोई भी धर्म-उपदेशक या कोई भी धर्म अपने आदर्शों को जनता को दे देता है। कालान्तर में वह पंथ या धर्म संस्थागत हो जाता है। जब वह संस्थागत बन जाता है, तो आचरण के लिए कुछ उसूल बन जाते हैं। इस तरह उसके दो रूप बन जाते हैं। एक बाहरी और दूसरा आन्तरिक। सार्वजनिक और सर्वसुलभ होते ही आन्तरिक और बाह्य के अन्तर्विरोध सामने आने लगते हैं। संस्थागत होने से उसमें सत्ता और ताक़त की भूमिका आ जाती है। लाभ और लोभ का प्रवेश हो जाता है। ऐसे में पंथ और धर्म की रूहानियत और आदर्श कमज़ोर पड़ने लगती है और आवरण प्रमुख होने लगता है। आज आप समाज और व्यक्ति में इसी फाँक को देखते हैं। कबीर का पूरा साहित्य यही तो चेताता रहा है कि बाहरी पाखंड नहीं, आन्तरिक पवित्रता और रूहानी सच्चाई ही असल तत्त्व है। कबीर के बताए इस आलोक में आप देखिएगा, तो इस फाँक को आसानी से लक्षित कर लीजिएगा।

4. आप देखिए कि धर्म कब विवादित नहीं था? लोग कहते हैं धर्म को राजनीति से अलग होना चाहिए। अब धर्म-जैसे असरकारी कारक से राजसत्ता दूर रहे, यह विचार राजसत्ता क्यों सुनेगी? देखिए, धर्मनिरपेक्षता में भी धर्म की राजनीति शामिल है और साम्प्रदायिकता में तो कहना ही क्या? राजसत्ता, राजनीति या शासक को धर्म-वर्म से कुछ लेना-देना नहीं होता। वह अपनी राजसत्ता को ध्यान में रखते हुए धर्म के साथ सलूक तय करता है। बाबर जब युद्ध करता था तो ख़ुदा, इस्लाम और जिहाद का हवाला देता था और राज स्थापित करने लगा, प्रजा को धर्म का सम्मान करने की शिक्षा देने लगा। अकबर को लगा, उसे राज्य का विस्तार करना है, इसलिए सभी धर्मों के साथ सहिष्णु व्यवहार मुफ़ीद रहेगा, तो वह दीन इलाही तक सोच गया। औरंगज़ेब ने 49-50 साल राज किया। इसमें वह बीच-बीच में दूसरे धर्मों के प्रति एकदम उदार बन जाता था और उसे लगता था कि प्रजा के प्रति कट्टरता से अपनेवाले एकदम समर्पित होकर साथ देंगे और दूसरे धर्मवाले

दबे रहेंगे, फिर राजसत्ता महफ़ूज रहेगी। बाबरी मस्जिद के ध्वंस से राम मन्दिर तक में एक बात ऐसी बताइए जो धर्म के आलोक में सही हो? सारा कुछ घनघोर धर्म-विरोधी कृत्य हुआ। कबीर ने मन्दिर और मस्जिद दोनों का परिहास उड़ाया। उनके लिए तो ख़ुदा और ईश्वर का मस्जिद या मन्दिर हर मनुष्य के भीतर है। आतिश साहब का एक शेर है—

मन्दिर को तोड़ डालिए,
मस्जिद को ढाइए
दिल को न तोड़िये
ये ख़ुदा का मुकाम है!

तो कबीर इसी आन्तरिक मन्दिर-मस्जिद की बात करते हैं। इसी को अनेक तरीक़ों से बार-बार दुहराते हैं। धर्म इसीलिए विवादित हो गया है, क्योंकि अन्दर से और आचरण से अधार्मिक लोग बाहर से धर्म के रसूल, नबी या सन्त अथवा उपदेशक बन गए हैं। कबीर झूठ और सच को साफ़-साफ़ हिगराते हैं। रह-रहकर पाखंड पर करारी चोट करते हैं। अत्यन्त तीखे प्रहार करते और आन्तरिक उन्नयन पर बल देते हैं। आपने सही नाम लिया, इस आसंग में कबीर से बेहतर और कौन होगा!

5. मुझे तो ऐसा कभी लगा नहीं। गीता के उपदेशों को कबीर से जोड़कर सोचने की बात दिमाग़ में आई ही नहीं। कबीर एक भिन्न तरह के रेविलियन कवि थे। उनके पहले उन-जैसी कोई परम्परा नहीं दिखती। किसी चली जा चुकी पर वे चले ही नहीं। वे निर्गुण, सगुण जैसे विभाजन में भी नहीं अटे। 'निरगुन सरगुन ते परे वहाँ हमारा ध्यान।' आप देखिए निरगुन के भीतर भी बहुत श्रेणियाँ थीं। प्रेम, ज्ञान, योग, तप; आप पाएँगे कबीर में किसी का पूर्ण निषेध और समग्र स्वीकार-जैसी बात थी ही नहीं। वे सारी गुफाओं में जाते हैं। कोई इलाक़ा नहीं छोड़ते। कहीं बसते नहीं हैं। बस यह करते हैं कि उसमें से क्या लेना है, वे ले लेते हैं। जो छोड़ना है, छोड़ देते हैं। जहाँ जो नागवार लगता, उधार नहीं रखते हैं, बेबाक कह देते हैं। बहते नीर की तरह समय-समाज और अनुभव-सृजन के बीच उनमें एक निरन्तरता दिखती है। आप ग़ौर कीजिए, वे आँखिन देखी कहते हैं। अनुभव में देखना भी शामिल है। वे ऊपर से रूखे ज़रूर लगते हैं लेकिन उनमें जबरदस्त इन्द्रियबोध है। वे बहुत ही सेंसुअल हैं। वे रचते नहीं हैं, सहजता से अभिव्यक्त होते चलते हैं। शायद यह भी एक कारण हो कि हमारे समय-समाज में भी वे बिलकुल अपने लगते हैं, साथ के। मसलन एक सहयात्री की तरह लगते हैं। उनकी बात खट से लगती है और अन्दर बैठ जाती है। फिर लगता है, यह तो अपनी

ही बात है। मेरा ख़याल है, ऐसी कोई मजबूरी नहीं कि हम कबीर को किसी के साथ रखकर या उनकी बात को किसी पूर्व धर्म-ग्रन्थ से जोड़ के देखें। वे सीधे संवाद के लिए सबसे अधिक जनसुलभ कवि हैं।

6. कबीर और तुलसी बिलकुल अलग धाराओं के कवि हैं। तुलसी के राम और कबीर के राम की एकता आप नाम से मत जोड़िये। कबीर जब राम कहते हैं, तो वे वस्तुतः ईश्वर को सम्बोधित है। इस पर बहुत विद्वानों ने विचार किया है। कबीर ने कभी भी सगुण भक्ति या ईश्वर की बात ही नहीं की है। उनका निर्गुण भी अपनी तरह का है। एक जगह वे कहते हैं कि 'निरगुन सरगुन ते परे, वहाँ हमारा ध्यान।' वे अनन्त अपार असीम में अन्तहीन तक यात्रा के पथिक हैं। तुलसी के राम चित्रवत् तय और स्थिर हैं। उनके लिए राम का कोई पर्याय नहीं। वे कृष्ण तक के सामने यही कहते हैं कि 'तुलसी मस्तक तव नवे, धनुष बान लो हाथ।' वे रूप और पोशाक तक में समझौता को तैयार नहीं। कबीर से उनका गम्भीर अलगाव वहाँ दिखता है, जब वे सामाजिक स्तर पर बात करते हैं। वे वर्णव्यवस्था के प्रबल हिमायती ही नहीं हैं, बल्कि दलितों-पिछड़ों के ज्ञान-क्षेत्र में प्रवेश, उनका बहस-विमर्श में शामिल होना, उनके समाज और सत्ता में बराबरी को ही वे कलियुग कहते हैं। पुरुषोत्तम अग्रवाल जी ने अपनी कबीरवाली किताब में तुलसीदास के कलियुग-वर्णन की जो व्याख्या और विश्लेषण किया है, उससे उनकी वैचारिक पंगुता का ढंग से अन्दाज़ हो जाता है। वे विचारों से ब्राह्मणवाद या वर्णवाद के कट्टर समर्थक दिखते हैं। साहित्य और कवित्व में उनकी असाधारण दक्षता ही उनको बचाये हुए हैं। वे विश्व-साहित्य के अनुपम कवि तो हैं, लेकिन कबीर अपने अनगढ़पन के बावजूद आज उनसे ज़्यादा महत्त्वपूर्ण और ग्राह्य हैं।

7. देखिए! जब कोई धर्म, पंथ या सम्प्रदाय संस्थागत स्वरूप ले लेता है, तो वह एक ताक़त बन जाता है। उसके अनुयायी संगठित हो जाते हैं और एक सत्ता बन जाती है। सम्पत्ति हो जाती है। सम्पत्ति और सत्ता के बाद स्वाभाविक है कि नेतृत्व आएगा। फिर उसका प्रतिद्वंद्वी भी पैदा होगा। फिर मतभेद होगा, जो उत्तरोत्तर बढ़ता जाएगा। फिर उसकी आध्यात्मिकता या विचार गौण होकर पूरी तरह निष्क्रिय हो जाएँगे। रह जाएगी सत्ता और सम्पत्ति। अब इसमें बेचारे कबीर कहाँ से आकर सफ़ाई देंगे और सच बताएँगे। फिर उससे अलग किसी और का कहा कोई क्यों सच मानेगा। आप इस विडम्बना को इस तरह समझिए कि जो जुलाहा कबीर करघे पर कपड़े बुनता हो, उसी से उसकी रोज़ी-रोटी चलती हो, जिसने सत्ता और सम्पत्ति को माया माना हो और 'माया महाठगिन हम जानी' का विचारवाला हो, भला उसको इस

सबसे क्या लेना-देना? इसलिए यह सब कबीर के विचारों को बेचने के नाम पर धन्ध है, दुकान है। कबीर के पाठकों को इसको इसी रूप में समझना चाहिए। ऐसे में तो और सख़्त इलाज...।

8. जब आदमी बीमार पड़ता है, तभी तो दवा की ज़रूरत पड़ती है! तो आपने आज के समय-समाज के जिस तरह के सिमटम की चर्चा की है, वह सब तो बहुत बीमार और पतनशील समाज के ही हैं। ज़ाहिर है, ऐसे तो और सख़्त इलाज की ज़रूरत है। जाति और धर्म का झूठा विभाजन, पाखंड और झूठ से भरे समाज की रुग्णता बेशक बहुत गम्भीर है। ऐसे तो कबीर अपने समय से ज़्यादा आज की ज़रूरत है। इसमें तो कोई सन्देह ही नहीं।

9. देखिए, विश्व के इतिहास में कोई विचार या चिन्तन ऐसा नहीं होता कि उसे उसी रूप में हर काल और परिवेश में प्रयोग किया जा सके। हर समाज को हर काल में अपने लिए उपयुक्त रास्ते खुद तलाशने होते हैं। पिछला चिन्तन या विचार इसमें मदद करता है। समय-समाज और परिस्थिति के अनुरूप एक नए शक्ल में ढालना होता है। अतीत से हम क्या लें और क्या छोड़ दें, यह तय करना होता है। बेशक़ कबीर के विचारों में बहुत-कुछ ऐसा है, जिसकी आज सख़्त ज़रूरत है। सवाल यह है कि उसे जीवन में किस तरह विन्यस्त किया जाए! अच्छे विचारों से दुनिया के पुस्तकालय भरे पड़े हैं। उससे समाज में कहाँ बदलाव आ पाया? जो समाज को बदलनेवाले महापुरुष होते हैं, वे अपने भीतर पूरी विरासत का सार आत्मसात् किये होते हैं। तो क्या हमें महापुरुष के आगमन की प्रतीक्षा करनी चाहिए? बिलकुल नहीं। हमें कबीर और उन जैसों के विचारों को पहले ख़ुद इस तरह आत्मसात् करना चाहिए कि वे हमारी सोच और चेतना का हिस्सा बन जाएँ। फिर अपनी सीमा में हम समाज के बदलाव में जो कर सकते हैं, वह करें। यह बात याद रखनी चाहिए कि अन्ततः हम अपनी ही भूमिका के ज़िम्मेदार होते हैं।

10. किसी भी धर्म का मूल-तत्त्व है आध्यात्मिकता, आन्तरिक शुद्धि या मुक्ति! कोई भी विचार तभी सार्थक होगा, जब वह आचरित हो। लेकिन जैसा मैंने पहले कहा कि संस्थागत रूप ग्रहण करने के बाद सत्ता और धन के लोभ में सारे आदर्श बदल जाते हैं। हर धर्म या विचार को आचरित करने के लिए कुछ व्यावहारिक तरीक़े सुझाए जाते हैं। जैसे पोशाक या रहन-सहन-सम्बन्धी निर्देश बनाए जाते हैं। संस्थागत रूप बनने के बाद संस्था का प्रबन्धन करनेवाला इन तमाम बाहरी आवरणों पर ख़ासतौर से ध्यान देता है। तिलक लगाना, दाढ़ी बढ़ाना, ख़ासतौर के कपड़े पहनना। नियमित पूजा करना, घंटी बजाना, पाँचों वक़्त की नमाज अदा करना, वगैरह। यह सब इसलिए बनाया गया कि बाहरी आचरण और अनुशासन से आन्तरिक उन्नयन में मदद

मिलेगी। लेकिन होता यह है कि बाहरी आवरण रह जाता है और मूल-तत्त्व ग़ायब हो जाता है। इसीलिए कबीर ने बार-बार इस पाखंड पर सबसे तेज़ आक्रमण किया। 'मन न रँगाए, रँगाए योगी कपड़ा' या 'दाढ़ी बढ़ा कर बन गए बकरा।' वे बार-बार आन्तरिक सच, आन्तरिक पवित्रता और सच्चाई पर ज़ोर देते रहे, क्योंकि पाखंड दूसरे के साथ तो धोखा देता है ही, ख़ुद के साथ भी धोखा है। इसलिए कबीर-साहित्य का यह सबसे प्रमुख स्वर है।

प्रश्न यह है कि कबीर के आसंग में यह सबसे प्रमुख स्वर क्यों है? दरअसल, यह भक्त को सत्ता या धन से बाँधे रखता है। इसे कबीर माया कहते हैं। 'माया महाठगिन मैं जानी।' कबीर मनुष्य की पूरी मुक्ति चाहते थे, पूरी आज़ादी। इसलिए वे तमाम बन्धनों को छिन्न-भिन्न करते हैं। आदमी की हर ज़ंजीर टूट जाए और ख़ुद के मूल को, खुद की अहमियत को पहचान ले। आप चाहें, तो इसे मार्क्स के कम्युनिस्ट घोषणा-पत्र की आख़िरी पंक्ति से जोड़कर भी देख सकते हैं। जब वे कहते हैं—'फ्री फ्रॉम ऑल चेन्स।' इसीलिए उनकी प्रासंगिकता आज भी बनी हुई है।

कबीर की सार्थकता उनकी कारीगर-दृष्टि में है

अजय तिवारी

1. संवेदनशीलता के बिना कोई कवि नहीं हो सकता। यह संवेदनशीलता दो बातों से पता चलती है। एक, समाज में अपनी स्थिति और दूसरे, सचेत जीवन-दृष्टि या अचेत संस्कार। कबीर कारीगर थे। उनकी संवेदनशीलता को उनकी जीवन-स्थिति से अलग करके नहीं समझा जा सकता। संवेदनशीलता की पहचान इस बात से नहीं होती कि कोई अपने प्रति क्या भावना रखता है, बल्कि इस बात से होती है कि समाज के अन्य सदस्यों के प्रति उसकी भावना क्या है। आत्मग्रस्त व्यक्ति अपने प्रति संवेदनशील होता है, दूसरों के प्रति वह उतना ही क्रूर हो सकता है। ऐसे में यह संवेदनशीलता व्यर्थ है, वह यथार्थ में क्रूरता ही है। यह क्रूरता व्यक्तिवाद का लक्षण है, जो बाज़ारवादी व्यवस्था के साथ असाध्य हो गया है। कबीर के युग में पूँजीवाद आरम्भिक स्थिति में था। फिर भी वे उन लक्षणों को देख रहे थे, जिन्होंने आज यह विकराल रूप ले लिया है। वे बहुत साफ़-साफ़ देखते हैं—

मन बनिया बनिज न छोड़े।
जनम-जनम का मारा बनिया अजहूँ पूर न तोले॥
कुनबा वाके सकाल हरामी अमृत माँ विष घोल॥

यह व्यापारी से कारीगर के अन्तर्विरोध की अभिव्यक्ति है। न इस पद में अस्पष्टता है, न रहस्यवाद। सामाजिक सम्बन्धों की यह अभिव्यक्ति अपनी स्थिति से समाज को देखने का परिणाम है। यह अन्तर्विरोध पूँजीवाद के आरम्भिक दिनों में ही उभर रहा था। उस समय जो नया बाज़ार बन रहा था, उसमें किसान और कारीगर का शोषण अन्तर्निहित था। तुलसी अगर किसान की आँख से देखते थे, तो कबीर कारीगर की आँख से। उनकी आलोचना स्वार्थ और आत्मग्रस्तता से प्रेरित नहीं है। इसीलिए वे

बाज़ार में खड़े होकर ललकार सकते हैं कि 'जो घर जारै आपना, चलै हमारे साथ।'

ऐसी निस्पृहता उस वर्ग में नहीं होती, जिसके पास सम्पत्ति है। यह प्रारम्भिक पूँजीवाद के साथ उभरते प्रारम्भिक सर्वहारा की दृष्टि है। इसीलिए उनकी सामाजिक दृष्टि अत्यन्त सजग है। आज हम इस तरह की दृष्टि को आसानी से सहन नहीं करते। तुलसीदास ने इन्द्र के लिए कहा था, 'पर अकाज, प्रिय आपनु काजू।' दूसरे को नुक़सान पहुँचाकर भी अपना काम सिद्ध करनेवाले ऐसे लोग आज ऐसे ग़ैर बनकर राजनीति, समाज और व्यवसाय में हावी हैं। ऐसे में कबीर होते, तो वे देशद्रोह के आरोप में जेल काट रहे होते या भीड़-हिंसा के शिकार हो जाते। इससे पता चलता है कि वृद्ध पूँजीवाद की अपेक्षा प्रारम्भिक पूँजीवाद सामाजिक संस्कृति के लिए अधिक उदार था।

संक्षेप में, संवेदनशील व्यक्ति सामाजिक अन्तर्विरोधों को देखता है, उसमें शोषित-वंचित-दमित के हितों का समर्थन करता है। इन अन्तर्विरोधों से लाभ लेने वाला अवास्तविक मुद्दे खड़ा करता है। यह कबीर के समय होता था, जिसका विरोध वे माया कहकर करते थे, आज भी होता है, जिसे देशभक्ति कहकर उचित ठहराया जाता है। तरह-तरह के विरोधों से ग्रस्त समाज में संवेदनशीलता सामाजिक आलोचना और परिवर्तन की आकांक्षा का रूप लेकर व्यक्त होती है, क्रूरता इस आलोचना और परिवर्तन के प्रति असहिष्णुता के रूप में। हर आलोचना संवेदनशील नहीं होती। जिस आलोचना के मूल में करुणा है, वही मानवीय और संवेदनशील है। इस करुणा से रहित आलोचना स्वार्थपूर्ण और क्रूर हो सकती है, यह आज हम अच्छी तरह देखते हैं।

2. कबीर ही नहीं, हर रचनाकार अपनी परिस्थितियों की उपज होता है। परिस्थिति का अर्थ है देश और काल। होमर भारत में नहीं हो सकते थे, वाल्मीकि बीसवीं शताब्दी में नहीं हो सकते थे। कबीर जिन परिस्थितियों की उपज थे, वे बेहद उथल-पुथल से भरी थीं। दो-तीन शताब्दियों से भारत पर लगातार बाहरी हमले हो रहे थे। कहते हैं, सिकन्दर लोधी का हमला कबीर के जीवन-काल में हुआ था। इन हमलों का कारण भारत की समृद्धि था। लुटेरे इस समृद्धि से आकर्षित होकर सम्पदा लूटने आते थे। यह सम्पदा व्यापार से इकट्ठी होती थी। व्यापार की उन्नति से विश्व-बाज़ार में भारत आकर्षण का केन्द्र था। इस व्यापार में एक महत्त्वपूर्ण भाग सूती कपड़े का था। मार्क्स ने 'भारतीय इतिहास पर टिप्पणियाँ' में कहा था कि भारत अनादिकाल से पूरी दुनिया को सूती कपड़ा पहनाता आया है। कबीर इसी सूती कपड़े के व्यवसाय से

जुड़े कारीगर-जुलाहे थे। व्यापारिक उन्नति के दो परिणाम हुए। एक ओर विश्व-बाज़ार में भारत की स्थिति ऐसी थी कि अरब देशों में यूरोप के व्यापारी भारतीय व्यापारियों से माल खरीदते थे, लेकिन उसके बदले में देने लायक उनके पास कुछ नहीं होता था, इसलिए सोना, हीरा-जवाहरात देकर जाते थे, दूसरी ओर सामाजिक जीवन में सामन्ती व्यवस्था अन्दर से टूटने लगी थी। दूसरे शब्दों में, पुरानी व्यवस्था दरक रही थी, नई व्यवस्था स्थापित नहीं हुई थी, इस दशा में किसान-कारीगर अपने अधिकार की माँग लेकर रंगमंच पर उभरे। भक्ति आन्दोलन का संचालन मुख्यतः इन्हीं किसानों-कारीगरों द्वारा किया गया था।

यह ध्यान देने की बात है कि एक आन्दोलन के रूप में भक्ति का आविर्भाव तेरहवीं-चौदहवीं शताब्दी में हुआ, लेकिन उसकी भावना और सिद्धान्त पहले से मौजूद थे। आचार्य रामचन्द्र शुक्ल ने कहा था कि भक्ति का सूत्रपात उपनिषद्-काल में और विस्तृत प्रवर्तन पुराण-काल में हो चुका था। लेकिन उसने उत्तर भारत में आन्दोलन का रूप लिया तेरहवीं-चौदहवीं शताब्दी में। डॉ. नित्यानन्द तिवारी ने कहा है कि इस समय निर्धन और दलित जनता ने उपासना के व्यक्तिगत अधिकार की माँग की। इसके लिए वैयक्तिक चेतना अनिवार्य थी। सामन्ती बन्धनों के शिथिल हुए बिना वैयक्तिक चेतना और व्यक्तिगत अधिकार की माँग सम्भव न थी। कारीगर-तंत्र से जुड़े कबीर किसी सामन्ती दबाव में नहीं थे। जिसे व्यक्ति-केन्द्रित उपासना कहा जा रहा है, वास्तव में वह उपासना के व्यक्तिगत अधिकार की चेतना है। आरम्भिक पूँजीवाद के साथ यह व्यक्तिगत चेतना तेज़ी से उभरी। कबीर इस विद्रोह की महत्त्वपूर्ण कड़ी थे। वे अपने ईश्वर से नया सम्बन्ध स्थापित करते हैं—

तू मोहि देखै, हौं तोहि देखौं, प्रीति परस्पर होई।
तू मोहि देखै, तोहि न देखौं, यहि मति बुधि सब खोई॥

यह भक्त और ईश्वर की समता की माँग है। प्रीति परस्पर होती है। एकतरफ़ा नहीं। तू मुझे देखे, मैं तुझे देखूँ, ताकि बीच में कोई पुरोहित (दलाल) न रहे। धर्म और भक्ति में यह अन्तर है कि पुराण (शास्त्र-क़ुरान-बाइबिल, जिसे कबीर 'किताब' कहते हैं), मठ (मन्दिर-मस्जिद-गिरजा) और पुरोहित (पंडित-मुल्ला-पादरी) के बिना धर्म नहीं रह सकता, लेकिन भक्ति के लिए श्रद्धा-आस्था-समर्पण की आवश्यकता है। भक्ति में पंडित-मुल्ला-पादरी जैसे मध्यस्थ की ज़रूरत नहीं है। कबीर इन्हें हटाकर ईश्वर से सीधा और बराबरी का नाता जोड़ते हैं। ज़रा सोचिए, जब भक्त और ईश्वर

में समानता का नाता है, तो मनुष्यों में क्यों न हो? यह विचारधारा सामाजिक विशेषाधिकारों का निषेध करती है, धर्म और मानव-जीवन दोनों स्तरों पर। इसलिए व्यक्तिगत उपासना तत्कालीन समाज में विद्रोही चेतना से सम्बन्धित थी, उसका आध्यात्मिक अर्थ तो था ही, सामाजिक निहितार्थ भी था।

कबीर जिस भक्तिमार्ग का विकास कर रहे थे, उसमें आध्यात्मिक चेतना और सामाजिक चेतना, धर्मसाधना और आत्मसाधना इस तरह संश्लिष्ट थे कि उन्हें अलग नहीं किया जा सकता। यह पद्धति इतनी नई थी कि पारम्परिक अनुभव में उसके लिए अभिव्यक्ति के साधन नहीं थे। इसलिए उन्हें जिन माध्यमों का सहारा लेना पड़ता था, वे संस्कारबद्ध मानस के लिए 'गूढ़' थीं। ध्यान दें, तो कबीर के बहुत-से पद जुलाहे के कार्यकलाप से जुड़े प्रतीकों में हैं—'झीनी-झीनी बीनी चदरिया' से लेकर 'साहेब है रँगरेज, चुनरी मोरी रँग दीन्ही' तक, इनमें ऐसी गूढ़ता नहीं है, बहुत-से पद हठयोगियों के प्रतीक-विधान में हैं—'घाट-घाट में रटना लागि रही, परघट हुआ अलेख जी', 'गगन की गुफा तहाँ गैब का चाँदना, उदय और अस्त का नाव नाहीं', 'योगिया की नगरी बसै मत कोई, जो रे बसै सो योगिया होई', इत्यादि, इनमें कुछ प्रतीक गूढ़ हो गए हैं, क्योंकि हठयोग-साधना से सामान्य जन का परिचय नहीं है, कुछ पद उलटबाँसी के हैं—'एक अचंभा देखा भाई, ठाढ़ा सिंह चरावै गाई', 'बरसै कंबल भीजै पानी', इत्यादि, ये सामाजिक सम्बन्धों की विसंगतियों का चित्रण करते हैं, किन्तु कालगत फ़ासले के कारण इन्हें समझने में कठिनाई आती है।

कबीर की 'गूढ़ता' का एक कारण उनका रहस्यवाद है। यदि इस रहस्यवाद की प्रकृति पर ध्यान दें, तो यह रूपातिरेक और भावातिरेक के रूप में मिलता है। रूप का अतिरेक ईश्वर में, भाव का अतिरेक भक्त में। सामन्ती रूढ़िवाद और व्यावसायिक स्वार्थपरता से क्षुब्ध मानस ईश्वर की शरण में जाता है और उसे इतना उदात्त, इतना सुन्दर बना देता है कि उसके सिवा कुछ और भाता ही नहीं, हर तरफ़ उसी को देखना चाहता है, 'लाली मेरे लाल की, जित देखूँ तित लाल।' वह स्वयं भी इस रंग में रँग जाता है, 'लाली देखन मैं गई, मैं भी हो गई लाल।' पहली स्थिति रूपातिरेक की है, दूसरी भावातिरेक की। यह भावातिरेक कविता में तन्मयता का रूप लेकर व्यक्त होती है, 'मन मस्त हुआ तब क्यों बोलै'। तत्कालीन समाज से असन्तोष के नाते ईश्वर में तीव्र समर्पण, उस ईश्वर के प्रति तन्मयता ही रहस्यवाद है। यह रहस्यवाद, सामाजिक परिस्थितियों से असामंजस्य की यह अभिव्यक्ति, नकारात्मक नहीं है। वह एक विकल्प की सम्भावना तलाशती है। यही विकल्प भक्ति है। तत्कालीन परिस्थितियों में न आधुनिक जनतंत्र का उदय हुआ था, न विज्ञान

की चेतना का। इसलिए कबीर समेत सभी कवि अपना असन्तोष ही नहीं, विकल्प भी धार्मिक पदावली में व्यक्त करते थे।

अन्त में, एक बात और। कबीर जिन भी माध्यमों से ईश्वर को याद करते हैं, उनमें 'सत्य' का प्रबल आग्रह है। स्थापित व्यवस्था से लाभ उठानेवाले समुदाय उसके द्वारा प्रचलित धारणाओं को ज्यों-का-त्यों स्वीकार करते हैं, लेकिन जिन्हें उस व्यवस्था से असन्तोष होता है, वे सत्य के वास्तविक स्वरूप की खोज करते हैं। कबीर कहते हैं—

जस तूँ तास तोहि कोई न जाना।
लोग कहैं सब आनहि आना।

'आनहि आना', यह और-और रूपों में कहना मिथ्या से सत्य को ढक देना है। यही माया है। कबीर इस मायावरण को भेदकर सत्य के उस रूप को जानना चाहते हैं, जैसा वह है। इस संघर्ष का महत्त्व आज और अधिक है। व्यावसायिक चकाचौंध और विखंडनकारी प्रभावों के कारण सत्य को उसके वस्तुगत स्वरूप में जानना और अभिव्यक्त करना पहले से अधिक कठिन हो गया है। अब मिथ्या को या मनमानी धारणाओं को ही सत्य के रूप में स्थापित करने के लिए 'उत्तर-सत्य' का सिद्धान्त ही चल निकला है।

3. कबीर के समय भी ऐसे लोग थे, जिनकी कथनी और करनी में भेद था। कबीर इस पाखंड से निरन्तर संघर्ष करते हैं। उनका स्वर इस बारे में इतना आक्रामक है कि आज के समय हम उस स्वर में बात करके सत्ता या भीड़ के कोप का शिकार बन सकते हैं। जिन पंडितों और मुल्लाओं की कबीर अथक आलोचना करते हैं, वे इसी पाखंडी समाज के लोग हैं। पाखंड का रूप यह है कि जनता की समस्याएँ और आवश्यकताएँ एक तरह की हैं, लेकिन उसे ये लोग जाति-पाँति, रोज़ा-नमाज़, तीर्थ-व्रत-जैसी चीज़ों में उलझाकर भ्रमित करते थे। जैसे आज मन्दिर-मस्जिद, 'लव-जिहाद', नायक-पूजा और चमत्कार-प्रेम में उलझाते हैं। कबीर का नया मानव-धर्म नई मर्यादाओं से बना था। इनमें सत्य, अहिंसा, शान्ति, सद्भाव इत्यादि मुख्य हैं। नई मर्यादा के लिए नई नैतिकता आवश्यक है। इसलिए कबीर की धर्मसाधना, समाजसाधना और आत्मसाधना आपस में सम्बन्धित हैं। यह बात सभी भक्तों पर लागू होती है। हमें यह समझना चाहिए कि 'ख़ास' विचारधारा ख़ास लोगों के हित में थी। कबीर अपनी स्वतंत्र विचारधारा निर्मित करते हैं। उसमें कट्टरता नहीं है। यह बात विद्वानों ने लक्षित की है कि वैष्णव भावना, औपनिषदिक दर्शन, सूफ़ी प्रभाव और योगियों का रूढ़िवाद-विरोध, सब उस विचारधारा में संश्लिष्ट है। इस संश्लेषण में तत्कालीन समाज की विविधता

और आवश्यकता प्रतिबिम्बित होती है। साथ ही, यह नहीं भूलना चाहिए कि कबीर का भी पंथ बना। उसमें नए तरह की जड़ता आई। साधना को गुह्य बना दिया गया। समावेशी उदारता का स्थान बहिष्कारी संकीर्णता ने ले लिया। एक दौर की क्रान्तिकारी चेतना समय बदलने के साथ पंथ, मठ या सम्प्रदाय में सीमित हो गई। इसके बीज उस आध्यात्मिक ढाँचे में हैं, जिससे कबीर अपने समय की परिस्थितियों में मुक्त न रह सकते थे। लेकिन कबीर की भावधारा पर विश्वास करके उनके चिन्तन के अन्तर्विरोधों का सावधानी से विवेचन करना चाहिए। तभी हम आज की परिस्थितियों में उसके क्रान्तिकारी पक्षों का अंगीकार और विकास कर सकते हैं। किसी को भी, कबीर को भी, पूजा की वस्तु नहीं बनाना चाहिए। कबीर जो सीख देते हैं, उसका सारतत्त्व यह है कि धर्म मनुष्य के लिए है, मनुष्य धर्म के लिए नहीं, जो धर्म मनुष्य को बाँटे, सताए या आगे बढ़ने से रोके, उसे अस्वीकार करना मनुष्य का कर्तव्य है। यही सच्चा मानव-धर्म है, यही कबीर की विरासत है।

4. इसका कुछ उत्तर पिछले प्रश्न में आ गया है। कबीर धर्म को जीवन की समस्याएँ सुलझाने के लिए साधन मानते हैं। आज धर्म को मनुष्य के विभाजन का अस्त्र बनाया जा रहा है। पुरोहिती धर्म से लोक-धर्म पहले भी अलग था। आज सत्ताधारियों के धर्म का सामान्य जन की धार्मिक आवश्यकताओं से कोई सम्बन्ध नहीं है। लेकिन हम देखते हैं कि कॉरपोरेट हितों की सेवा के लिए जनता को धर्म के आधार पर लड़ाया जाता है। राष्ट्रीय सम्पत्ति देशी-विदेशी पूँजीपतियों को बेचनी होती है, तो मन्दिर-निर्माण और लव-जिहाद की आड़ ली जाती है। यह धर्म नहीं, पाखंड है। कबीर का धर्म इसी पाखंड के विरुद्ध अनवरत संघर्ष है। दूसरी बात, कबीर अपने 'राम' से सीधा रिश्ता क़ायम करते हैं, बिचौलियों को जगह नहीं देते। आज हम देखते हैं कि धर्म के बड़े-बड़े व्यापारी सत्ता के संरक्षण में पलते हैं। वे हर तरह के अपराध में लिप्त हैं। हत्या, बलात्कार, हथियारों की सौदागरी आदि सभी कार्यों में ये तिजारती धर्मगुरु संलिप्त हैं। याद रहना चाहिए कि धर्म जब प्रतिष्ठान का रूप लेता है, तब वह निहित स्वार्थों का साधन, अपराध का सहयोगी और समाज का शत्रु बन जाता है। साधारण लोगों के धार्मिक विश्वास का दोहन करके वह उन्हें भ्रमित करता है। इसी भ्रम का दार्शनिक नाम कबीर के यहाँ 'माया' है। माया केवल नैतिक अध:पतन नहीं है, वह 'महाठगिनी' है। कॉरपोरेट (तिजारती) धर्म की तरह।

5. कबीर के सन्देश में 'गीता' के अलावा भी बहुत-कुछ है। उनका सिद्धान्त और दर्शन अनेक प्रभावों के संश्लिष्ट रूप से बना था। यदि 'गीता' को केवल कर्मयोग मानें, तो कबीर के यहाँ जिस सहज साधना की अवधारणा है, वह

उसके निकट है। कबीर कहते हैं कि उनका चलना ही परिक्रमा है, उनका बोलना ही नाम स्मरण है, उनका लेटना ही दंडवत् है, इत्यादि। लेकिन यह सहजता 'साधन' की चीज़ है। 'गीता' में कर्म को 'योग' का विषय कहा गया है। योग द्वारा मनुष्य अपनी वृत्तियों को संयमित करता है, मन को एकाग्र करता है। उस संयम और एकाग्रता के बाद मनुष्य सहजता अर्जित करता है। कबीर में यह भावना 'गीता' के अलावा गोरखनाथ के योगमार्ग से भी आई है।

दूसरी बात यह कि कबीर मूलतः वेदान्ती थे। 'गीता' वेदान्त की प्रस्थान-त्रयी का अंग है। प्रस्थान-त्रयी में बादरायण का ब्रह्मसूत्र, 'महाभारत' की 'गीता' और उपनिषद् शामिल हैं। वेदान्त की सृष्टि से भी 'गीता' का प्रभाव स्वाभाविक है। लेकिन अधिक महत्त्वपूर्ण बात यह है कि कबीर किसी प्रभाव को, किसी सन्देश को अनालोचनात्मक ढंग से स्वीकार नहीं करते। 'कागद लेखी' पर वे हमेशा 'आँखिन देखी' को प्राथमिकता देते हैं। उनमें विभिन्न प्रभाव खोजते समय हमें इस 'आँखन देखी' पर, अपने स्वतंत्र विवेक पर, अधिक भरोसा करना चाहिए।

6. यह बखेड़ा पंडितों और विद्वानों का खड़ा किया है। यह बखेड़ा सगुण और निर्गुण के आधार पर किया गया है। भक्त-कवियों में कबीर और तुलसी सर्वाधिक दार्शनिक विचारोंवाले हैं। दार्शनिक स्तर पर सगुण और निर्गुण में दोनों के लिए कोई भेद नहीं है। यह भेद है उपासना के मार्ग को लेकर। ईश्वर को मूर्ति और मन्दिर से निकालकर घट-घटवासी बनाना बाह्याडम्बर के विरोध का साधन और सभी मनुष्यों की समानता का आधार था। कबीर ने यह किया। सामान्य जन निर्गुण से आकृष्ट न हो सकते थे, उन्हें ब्रह्म के निश्चित स्वरूप का आधार चाहिए था, इसलिए तुलसी ने सगुण भक्ति का सहारा लिया। मन्दिरों और पुरोहितों का विरोध उन्होंने भी किया। वशिष्ठ राजगुरु हैं, विश्वामित्र के आगे उनकी महिमा तुलसी ने काफ़ी कम कर दी है। कबीर की तरह तुलसी के लिए सारे सम्बन्धों के कसौटी राम हैं। ये राम कबीर के लिए सगुण भी हैं, निर्गुण भी, राम तुलसी के लिए भी सगुण और निर्गुण दोनों हैं।

कबीर—

सरगुण की सेवा करो, निरगुण को धरो ध्यान।
सरगुण निरगुण से परे तहाँ हमारा ज्ञान।

और तुलसी—

सगुन अगुन दुइ ब्रह्म सरूपा। अकथ अगाध अनादि अनूपा॥

दोनों में क्या फ़र्क़ है? वास्तव में दोनों की धारणा थी कि सगुण और निर्गुण दोनों ब्रह्म के स्वरूप हैं। ब्रह्म इन दोनों से मिलकर बना है। इसलिए किसी एक स्वरूप में सीमित नहीं है। वे भक्त थे। बह्म की पूर्णता में विश्वास करते थे। यह पूर्णता सगुण-निर्गुण की एकता में थी। इसलिए उपासना की आवश्यकता के लिए वे किसी एक स्वरूप पर बल देते हैं, लेकिन दार्शनिक स्तर पर ब्रह्म को दोनों के योग से निर्मित पूर्णता के रूप में देखते थे। इस सृष्टि से कबीर और तुलसी सर्वाधिक निकट हैं, यह सही है।

7. तथाकथित मध्यकालीन धर्मसाधनाओं की यह विडम्बना रही है कि प्रारम्भिक उत्थान के बाद उनका विसर्जन प्रतिकूल दिशाओं में हुआ। मुक्तिबोध मानते थे कि निर्गुण भक्ति क्रान्तिकारी थी, जिसे सगुणमार्गियों ने हथियाकर प्रतिक्रियावादी रूप दे दिया। लेकिन आपने सही बात उठाई है कि उनके अनुयायी विभाजित हुए और उन्होंने अपनी 'विचारधारा' में कबीर को बाँधने का प्रयत्न किया। इसका एक कारण यह है कि कबीर के चिन्तन में क्रान्तिकारी अन्तर्वस्तु धार्मिक विश्वास की भाषा में व्यक्त हुई। धार्मिक विश्वास और क्रान्तिकारी विचार में अन्तर्विरोध है। कबीर के मौलिक चिन्तन में यह अन्तर्विरोध दबा हुआ था। किन्तु उनके अनुयायियों के लिए वह स्वयं अर्जित विचार नहीं था, बल्कि गुरु से प्राप्त विरासत थी। उस विरासत की व्याख्या वे अपनी-अपनी सीमाओं में करते थे। इन व्याख्याओं को लेकर कबीर के अनुयायी आपस में विभाजित हुए। जब कबीरपंथी मठों और मन्दिरों की स्थापना हुई, तब उसके साथ सम्पत्ति के झगड़े भी जुड़ गए। जिन परिस्थितियों में कबीर की भक्ति प्रकट हुई थी, उनके बीत जाने पर अनुयायियों ने चमत्कारों के सहारे पंथ के संचालन का प्रयत्न किया। अधिकांश अनुयायी कबीर के क्रान्तिकारी विचारों की अपेक्षा उनके धार्मिक मन्तव्य को प्राथमिकता देते हैं। इस प्रकार, चमत्कारवाद, अवतारवाद और सम्पत्ति के फेर में कबीर की मूल भावना परवर्ती काल में निरस्त हो गई। अब कबीर के क्रान्तिकारी विचार साहित्यकारों के माध्यम से जीवित हैं, कबीरपंथियों के कारण नहीं। फिर भी यह लक्षित करने की बात है कि कबीरपंथियों में आज भी जाति-पाँति की संकीर्णता नहीं है। उनके मठों में सद्भाव जीवित है। मुझे अनेक कबीरपंथी मठों में जाने और वहाँ के सन्तों से बातचीत करने का अवसर मिला है। यहाँ किसी प्रकार का आपसी भेदभाव नहीं है। कबीर की इतनी विरासत अब भी मौजूद है।

8. उनके समय की कल्पनाएँ आज हमारे बहुत काम की नहीं हैं। कबीर का सन्तमार्ग समाज के लिए था। लेकिन उनके अनुयायियों की ही सामाजिक भूमिका कुछ नहीं रह गई है, अपने मठ के भीतर वे चाहे जितने सत्य का अनुपालन करें। दूसरे धार्मिक पंथ भी समाज में नकारात्मक भूमिका अदा

करते हैं। सच्चाई यह है कि धर्म के रास्ते से आज कोई महत्त्वपूर्ण सामाजिक परिवर्तन नहीं हो सकता, भले नैतिक सुधार की ही बात हो। धर्म मध्यकालीन संस्था है, आधुनिक युग में धर्म का स्थान राजनीति ने ले लिया है। सन्तमार्ग भी सामाजिक सुधार की सृष्टि से चलाया गया धार्मिक पंथ ही है। इसलिए उसकी भूमिका समाप्त हो चुकी है। दूसरी बात यह कि प्रासंगिकता का अर्थ अंगीकार नहीं है, मूल्यों का विवेक है। इसलिए पंथ के स्थान पर मूल्यों की प्रासंगिकता पर ध्यान देना चाहिए। यहाँ कबीर बेहद प्रासंगिक हैं और लम्बे समय तक रहेंगे।

9. आडम्बर अगर सत्ताधारी वर्ग की संस्कृति है, तो सद्भाव साधारण जन की। सद्भाव का सन्देश हमारे बहुत काम का है। साम्प्रदायिक विद्वेष और जातिवादी दुराग्रहों से संघर्ष में सद्भाव सबसे महत्त्वपूर्ण है। सद्भाव का मूल करुणा में है। कबीर का समाज-चिन्तन करुणा पर आधारित है। करुणा की पहचान पीड़ित से सहानुभूति और पीड़ा के कारणों के प्रतिकार से होती है। इसलिए करुणा निष्क्रिय भावना नहीं है। कबीर एक जुझारू कर्मयोगी के रूप में हमारे सामने आते हैं। वे जाति-धर्म के भेड़ों से परे मनुष्यमात्र की एकता का प्रतिपादन करते हैं, तो उस एकता को बाधित और खंडित करनेवालों से अथक संघर्ष भी करते हैं। यही संघर्ष उनकी भक्ति का सार है। कबीर श्रमिक (जुलाहा या कारीगर) थे, श्रमिकवर्गीय दृष्टि से समाज को देखते थे। उनके अनुयायियों की बात नहीं करता, क्योंकि वे श्रमिक न होकर समाज से विरक्त संन्यासी हैं। कबीर का महत्त्व और उनकी प्रासंगिकता इस श्रमिकवर्गीय दृष्टिकोण में है।

10. बाह्याडम्बर का अर्थ है भाव कुछ हो और अभिव्यक्ति कुछ और। यह विज्ञापन-संस्कृति की विशेषता है। दिखावा इसका मूलमंत्र है। धर्म की वास्तविक भावना न हो, धर्म के नाम पर तरह-तरह के कर्मकांडों में उलझाया जाए, यह बाह्याडम्बर है। जो अनावश्यक है, उसे आवश्यक बताया जाए, जो आवश्यक है उसकी उपेक्षा की जाए, यह प्रवृत्ति मध्यकालीन धर्मसाधना के पुरोहिती ढाँचे में थी, आधुनिक व्यापार के प्रचार में भी है। कबीर ने इसका तीव्र विरोध किया। पूँजीवाद के बाज़ारवादी रूप के साथ यह प्रवृत्ति काफ़ी व्यापक हुई है। धनीवर्ग ही नहीं, मध्यवर्ग का बड़ा हिस्सा इसके प्रभाव में है और श्रमिकों-किसानों-दलितों में भी उसका असर बहुत बढ़ गया है। दिखावे की इस संस्कृति का विकल्प जनान्दोलनों में है। उनके साथ नई सांस्कृतिक चेतना का उभार होगा। अभी दो सप्ताह से दिल्ली की सीमाओं पर किसानों का आन्दोलन देखिए। सरकारी प्रचार और छल-छद्म लगातार उद्घाटित हो रहे हैं। दिखावे से वास्तविकता का फ़र्क़ सामने आ रहा है। किसान हित

का दिखावा और कॉरपोरेट पूँजी की सेवा—इस बाह्याडम्बर को किसानों ने पहचाना है और लोगों को समझाने में वे क्रमश: सफल हो रहे हैं। यह आन्दोलन सफल या असफल, उसने एक नई संस्कृति का आधार रखा है और यह संस्कृति भारतीय जनतंत्र के लिए अत्यन्त आवश्यक है। कबीर के वचन इसमें हमारी सहायता करते हैं।

चिन्तन

कबीर की कविता में घर और देश

सदानन्द साही

कबीर की कविता में घर एक महत्त्वपूर्ण प्रतीक के रूप में हमारे सामने आता है। आम तौर पर कबीर के जिस घर से हमारा परिचय है, वह है, जिसे वे जला देना चाहते हैं। याकि जला देते हैं। वे अपना घर तो जलाते ही हैं, उसका घर भी जला देना चाहते हैं, जो उनके साथ चलना चाहता है। घर को जला देना कबीर के साथ चलने की पूर्व शर्त है। यदि आप कबीर के साथ चलना चाहते हैं, तो पहले अपना घर जला दें। कबीर के साथ चलने का न्योता सिर्फ़ उसे ही मिलेगा, जिसने अपना घर जला दिया है—

कबिरा खड़ा बाजार में लिये लुकाठी हाथ।
जो घर जारे आपना चले हमारे साथ॥

इसे सिर्फ़ न्योता ही न समझा जाए। यह इजाज़त और अनुज्ञा का भी मामला है। कुछ लोग बिना न्योते के भी चले आते हैं। माया और राम दोनों को एक साथ साध लेना चाहते हैं। अपना घर भी जोड़ लें और कबीर के साथ कुछ दूर चलकर देख भी लें कि वहाँ क्या मिल रहा है? कबीर ऐसे लोगों को न्योता भी देते हैं और चेताते भी हैं—

हम घर जारा आपना, लिया मुराड़ा हाथ।
अब घर जारौं तासु का, जो चलै हमारे साथ॥

कबीर के घर की यह आम छवि है। वे अपना घर जलाकर आ गए हैं। वे हर उस व्यक्ति का घर जला देने के लिए तत्पर हैं, जो उनके साथ चलनेवाला है या चलना चाहता है। मज़े की बात यह कि वे अकेले जाना भी नहीं चाहते। वे अपने साथ सबको ले जाना चाहते हैं। चेताते चलते हैं कि अगर घर नहीं जला पा रहे हो, तो कोई बात नहीं। देख लो! मेरे हाथ में लुकाठा है। मेरे साथ चलोगे, तो पहले

तुम्हारा घर जलाएँगे, फिर आगे बढ़ेंगे। अपना घर जलाओ और मेरे साथ चलो। हम इसी कबीर को जानते हैं।

अब जो घर जोड़ने की माया में जुटे हैं, वे भला क्यों कबीर के पास आने लगे। घर कितनी मुश्किल से बनता है। उसे जलाना कहाँ की समझदारी है। इसीलिए जिनके पास घर है, वे प्रायः कबीर से परहेज़ करते हैं। कबीर की कविता से परहेज़ करते हैं। रामचन्द्र शुक्ल कहते हैं—'उनका (कबीर का) कोई साहित्यिक लक्ष्य नहीं था, वे पढ़े-लिखे लोगों से दूर-ही-दूर अपना उपदेश सुनाया करते थे।'

कबीर के समय में पढ़े-लिखे लोग कौन थे? या कि जिन्हें पढ़ने-लिखने की इजाज़त थी, वे कौन लोग थे? प्रायः वही लोग थे, जो घर जोड़ने की माया में जुटे हुए थे। वे भला कबीर की सुनते ही क्यों? और कबीर उन्हें सुनाने भी क्यों जाते? घर जोड़ने की माया से बँधे हुए पढ़े-लिखे लोगों के पास झख मारने कबीर क्यों जाते? और इसका उलटा भी उतना ही सच है—ऐसे लोग घर जलाने की बात करनेवाले कबीर के पास क्यों जाते?

लेकिन कबीर के साथ चलने के लिए बहुत-से लोग तैयार रहते हैं। अपना घर जलाने और कबीर के साथ चल पड़नेवाले लोगों की कमी नहीं है। प्रेमचन्द के घीसू और माधव को हम जानते हैं। माया जब मुँह बिराती है, वे कबीर के पास जाते हैं। घीसू, माधव का पता प्रेमचन्द देते हैं। ऐसे लाखों लोग हैं, जो कबीर के साथ चलते हैं, जिनका पता हममें से बहुतों को न हो। अमेरिका के एक कवि हैं राबर्ट ब्लाई। उनकी कबीर से भेंट रवीन्द्रनाथ टैगोर के अनुवाद के माध्यम से हुई। उन्हें टैगोर का विक्टोरियन अंग्रेज़ी में किया अनुवाद पुराना लगा। राबर्ट ब्लाई ने स्वयं कबीर के पचास पदों का अनुवाद किया। अब वे अपनी कविताएँ नहीं सुनाते। जहाँ जाना होता है, वे कबीर की कविताएँ ही सुनाते हैं। इस तरह देखें, तो घीसू, माधव से लेकर राबर्ट ब्लाई तक कबीर के साथ चलने को तैयार लोगों का दायरा बहुत व्यापक है। ऐसे लोगों को कबीर कहाँ ले जाना चाहते हैं, कहाँ ले जाते हैं? इसी के साथ सवाल यह भी है कि कबीर के साथ जाने के लिए लोग क्यों तैयार हैं। आख़िर कबीर कहाँ ले जा रहे हैं? वह कौन-सी जगह है, जहाँ जाने के लिए लोग अपना घर-बार जलाने पर आमादा हैं। इसकी चर्चा हम आगे करेंगे।

कबीर के यहाँ घर के और भी रूप हैं। थोड़ा उसे भी देख लें। एक तरफ़ तो घर में 'झगरा भारी' है। वे इस झगरे को सुलझाते हैं। इस भारी झगरे से मुक्ति दिलाने की बात करते हैं।

मैं कहता आँखिन की देखी तू कहता कागद की लेखी।
मैं कहता सुरझावन हारी तू राखे अरुझाइ रे॥

घर से आदमी का बड़ा पुराना नाता है। घर के बिना आदमी का काम नहीं चलने वाला। घर जलानेवाले के रूप में मशहूर कबीर का भी। वे केवल घर जलाते नहीं हैं, घर बनाते भी हैं। 'अवधू गगन मंडल घर कीजै, अमृत झरै सदा सुख उपजै, बंकनालि रस पीजै।' इत्यादि-इत्यादि। यानी घर से अमृत बरसे और सुख मिलता रहे, तो कबीर को घर करने में एतराज़ नहीं है। घर की प्रकृति भिन्न है। घर का स्वरूप भिन्न है। अमृत बरसता हो, निरन्तर सुख उपजता हो, तो कबीर घर की रखवाली के लिए भी प्रस्तुत हैं। वे केवल घर जलाने के लिए हाका नहीं लगाते, वे घर की रक्षा के लिए भी आवाज़ लगाते हैं—

मन रे जागत रहिए भाई।
गाफिल होई वस्तु मति खोवै, चोर मुसै घर जाई॥

घर जलाने के लिए प्रसिद्ध कबीर इसके लिए सचेत कर रहे हैं कि कहीं घर में चोर न घुस जाए, इसलिए जागत रहिए भाई।

सर्वेश्वर दयाल सक्सेना की एक कविता है—

मैंने जब-जब सिर उठाया अपने ही चौखट से टकराया
सिर झुका आओ बोलीं भीतर की दीवारें
सिर झुका आओ बोला बाहर का आसमान
दोनों ने मुझे छोटा करना चाहा।
बुरा किया मैंने जो ये घर बनाया।

घर का एक रूप है, जो आदमी को छोटा करना चाहता है। आदमी को छोटा कर देता है। कबीरदास उसे जलाने की बात करते हैं। वह इसी तरह का घर है। जो आदमी को छोटा कर दे, ऐसा घर कबीर को स्वीकार नहीं है।

घर जलाकर और जलवाकर कबीर हमें कहाँ ले जाना चाहते हैं? इस घर जलानेवाले सन्त के प्रति सैकड़ों वर्षों से लोगों के मन में इतना आकर्षण क्यों है? वह कौन-सी जगह है, जहाँ जाने के लोभ में लोग घर जलाने को तैयार हो जाते हैं?

इसका उत्तर मुझे रैदास को पढ़ते हुए मिला। रैदास का प्रसिद्ध पद है, सबने पढ़ा होगा। 'बेगमपुरा शहर को नाऊँ।' इस पद में रैदास कहते हैं—हमें ख़ूब अच्छा वतन/घर मिल गया है। 'अब हम ख़ूब वतन घर पाया।' वे आगे कहते हैं—मेरे शहर का नाम बेगमपुर है। जहाँ दुख और अन्देशे के लिए कोई जगह नहीं है। वहाँ न तो माल है, न लगान देने की चिन्ता। किसी तरह का ख़ौफ़ नहीं है, भूल या ग़लती नहीं है, पतन का डर नहीं है। मेरे भाई, मैंने ऐसा ख़ूबसूरत वतन पा लिया है, जहाँ सदैव ख़ैरियत ही रहती है। वहाँ की बादशाहत/शासन-व्यवस्था दृढ़ और स्थायी है। वहाँ दूसरा या तीसरा कोई नहीं है। यह शहर दाना-पानी, रोज़ी-रोज़गार

के लिए मशहूर है। धनी-मानी और सज्जन लोगों से यह शहर भरा है। जिसको जहाँ भावे, वहाँ आ-जा सकता है। कहीं कोई रोक-टोक नहीं करता। हर तरह के बन्धनों से मुक्त रैदास कहते हैं—जो मेरे इस शहर में रहनेवाला है, वही मेरा मित्र है। यह अद्भुत शहर कहाँ है?

कबीर और रैदास दोनों बनारस के हैं। दोनों समकालीन हैं। दोनों मिलकर एक नया शहर बसा रहे हैं। रैदास के भक्तों की संख्या पंजाब में बहुत है। पंजाब से बनारस आनेवाली एक ट्रेन का नाम है—बेगमपुरा एक्सप्रेस। एक बार मुझसे किसी ने पूछा था—बेगमपुर कहाँ है? सहसा तो मुझे पूछनेवाले पर हँसी आई। लेकिन भोलेपन से पूछा गया वह प्रश्न मन में कहीं अटक गया। मुझे लगा कि इस बेगमपुर का पता लगाना चाहिए। यह बेगमपुर और कहीं नहीं, कबीर और रैदास की कविता में है। यह कबीर और रैदास की कल्पना का शहर है।

कबीर कहते हैं—'अवधू बेगम देस हमारा।' कबीर राजा-रंक-फ़क़ीर-बादशाह सबसे पुकार-पुकारकर कहते हैं कि अगर तुम्हें परम पद चाहिए, तो हमारे इस देश में बसो। इस देश में सत्त धर्म की महत्ता है। केवल सत्त धर्म है।

यही बेगमदेस है, जिसे कबीर अमरपुर भी कहते हैं। वे सजना से अमरपुर ले चलने के लिए कहते हैं। अमरपुर में बाज़ार लगा हुआ है। वहाँ सौदा करना है। उसी अमरपुर में सन्त रहते हैं, 'सन्त-समाज-सभा जहाँ बैठी, वहीं पुरुष है अपना।'

कबीर क्या कह रहे हैं। इसे ध्यानपूर्वक सुनने की ज़रूरत है। सन्त समाज-सभा जहाँ बैठी वहीं पुरुष है अपना। यह सन्तों का समाज सन्तों की सभा अमरपुर में है। यानी सन्तों की सभा जहाँ है—वहीं अमरपुरी है। वही बेगमपुर है। इसी के साथ कबीरदास का एक और पद पढ़ लीजिए—

चलन चलन सब कोई कहत है, ना जानौं बैकुंठ कहाँ है।
जोजन एक प्रमिति नहीं जाने, बातन ही बैकुंठ बखाने।

एक जोजन आगे का हाल जिन्हें नहीं मालूम, वे बैकुंठ का बखान करते रहते हैं। जब तक आप स्वयं वहाँ नहीं जाते, स्वयं नहीं देख पाते, तब तक बैकुंठ पर भरोसा नहीं किया जा सकता। अन्त में कबीर कहते हैं कि और कुछ नहीं, साधु की संगति ही बैकुंठ है।

यह साधु कौन है? जो अमरपुर में रहता है वही साधु है, वही सन्त है। वही बेगमपुरा का नागरिक है। इस बेगमपुर की नागरिकता की क्या शर्तें हैं? यह किस भूगोल में पाया जाता है। इसकी क्या विशेषता है? कबीर इसकी विशेषताएँ बताते हैं—

जहवाँ से आयो अमर वह देसवा।
पानी न पौन न धरती अकसवा, चाँद सूर न रैन दिवसवा।

ब्राह्मन, छत्री न सूद्र वैसवा, मुगलि पठान न सैय्यद सेखवा।
आदि जोति नहिं गौर गनेसवा, ब्रह्मा विस्नु महेस न सेसवा।
जोगी न जंगम मुनि दरवेसवा, आदि न अन्त न काल कलेसवा।
दास कबीर ले आए संदेसवा, सार सब्द गहि चलै वहि देसवा।

रैदास के पद के साथ एक बार इस पद को साथ-साथ पढ़कर देखें। नागरिकता की शर्त एक ही है। भेद-बुद्धि का अभाव। किसी तरह की कोई भेद-बुद्धि नहीं है। ऊँच-नीच की भावना नहीं है।

यह बेगमपुर ऐसा वतन/घर है, जहाँ मनुष्य को छोटा करनेवाली हर तरह की भेद-बुद्धि का अभाव है। हर वह चीज़, जो मनुष्य को मनुष्य से बाँटती है, भिन्न होने का, 'द अदर' होने का भाव पैदा करती है—अमरपुर में उसकी समाई नहीं है। भेद-बुद्धि रखने वाले को बेगमपुर का वीज़ा पासपोर्ट नहीं मिलेगा। कबीर का एक और प्रसिद्ध दोहा याद आ रहा है—

कबीरा यह घर प्रेम का खाला का घर नाहिं।
सीस उतारे भुँई धरे तब पइसे घर माहिं॥

अहंकार का, भेद-बुद्धि का सिर उतारकर बाहर रख देना है, तब प्रेम के घर में प्रवेश हो पाएगा। प्रेम का घर ऐसा है, जिसमें अपना सब कुछ देकर सब कुछ को दाँव पर लगाकर ही प्रवेश हो सकता है। कुछ भी पाने के लिए कुछ खोना पड़ता है। फिर प्रेम तो सर्वोत्तम है। सर्वोत्तम पाने के लिए सर्वोत्तम देना होगा। सबसे कठिन है सर्वोत्तम को देना। हमारी मुश्किल है कि हम पाना तो चाहते हैं सब कुछ, लेकिन उसके लिए कुछ भी छोड़ने को तैयार नहीं हैं। इसी पर तंज कसते हुए कबीर कहते हैं—

जन कबीर का सिषर घर, बाट सिलैली गैल।
पाँव न टिकै पिपीलिका, लोगन लादै बैल॥

कबीर हमें प्रेम के घर में लाना चाहते हैं। यह प्रेम का घर ही रैदास का बेगमपुर है। बेगम देस का नागरिक बनने के लिए हमें बहुत-कुछ छोड़कर आना होगा। इसीलिए कभी-कभी मुझे लगता है कि कबीर की कविता हमें बहुत-कुछ छोड़ने के लिए कहती है, बहुत-कुछ अनसीखा करने के लिए कहती है। बहुतेरे अवरोध हैं, जिन्हें दूर करने के लिए कहती है।

बेगमदेस पर विचार करते हुए हमारा ध्यान तुलसीदास के रामराज्य की ओर चला जाता है। बेगमदेस और रामराज्य में बड़ी समानताएँ हैं। तुलसी के रामराज्य की कल्पना की हिन्दी में बहुत सराहना हुई है। रामराज्य की यूटोपिया के नाते तुलसीदास हिन्दी के श्रेष्ठ कवि माने जाते हैं। लेकिन बेगमपुर और अमरपुर की

यूटोपिया रचने वाले रैदास और कबीर को सिर्फ़ खंडन-मंडन करनेवाला मानकर अवमानित किया जाता रहा है। बहस होती है कि वे कवि हैं भी या नहीं।

कबीर और रैदास दोनों ही तुलसी से कम-से-कम सौ वर्ष पहले हुए हैं। उनका बेगमपुर या बेगमदेस तुलसी के रामराज्य की कल्पना से कम-से-कम सौ वर्ष पहले की कल्पना है। तुलसीदास ने थोड़े हेर-फेर के साथ बेगमपुर की कल्पना को रामराज्य के रूप में प्रस्तुत कर दिया है। तुलसी के रामराज्य और बेगम देस को आमने-सामने रखकर देखिए। दोनों में ज़्यादा भेद नहीं है। रामराज्य की कल्पना में तुलसीदास ने वर्णाश्रम-धर्म को 'एडजस्ट' कर दिया है। 'सत्त धर्म' की जगह तुलसीदास ने 'निज-निज धरम' की भेद-बुद्धि के लिए जगह बना दी है। रामचन्द्र शुक्ल तुलसीदास की जिस प्रतिभा के सबसे बड़े क़ायल हैं, वह यही है। शुक्ल जी लिखते हैं—'सगुण धारा के भारतीय पद्धति के भक्तों में कबीर, दादू आदि के लोकधर्म-विरोधी स्वरूप को यदि किसी ने पहचाना, तो तुलसीदास ने।' शुक्ल जी कह चुके हैं कि कबीर, रैदास, दादू आदि का प्रवेश पढ़े-लिखे लोगों में नहीं, बल्कि बे-पढ़ी-लिखी जनता में था। विडम्बना देखिए कि जिनका प्रवेश बे-पढ़े-लिखे लोगों में था, वे ही कवि लोक-धर्म-विरोधी हो गए। असल में वर्ण-व्यवस्था और आश्रम-पद्धति ही रामचन्द्र शुक्ल के लोकधर्म की बुनियाद है। इसीलिए वर्ण-व्यवस्था और आश्रम-धर्म का विरोध करनेवाले कबीर आदि सन्त लोकधर्म-विरोधी हो जाते हैं। वर्णाश्रम-धर्म को फिर से स्थापित करने के कारण तुलसीदास लोकवादी हो जाते हैं, हिन्दी के सर्वश्रेष्ठ कवि हो जाते हैं, और वर्णाश्रमरहित लोकधर्म के प्रवर्तक कबीर और रैदास कवि भी हैं या नहीं, इस पर बहस हो रही है। यह भी हिन्दी साहित्य की अनेक उलटबाँसियों में से एक है। बहरहाल यह एक दूसरा पहलू है, जिसकी चर्चा फिर कभी।

अभी तो मुझे इतना ही कहना है कि यह बेगमदेस एक यूटोपिया है। उलटबाँसियों से भरे जटिल संसार के बरक्स एक-प्रति संसार, एक मानवीय और समुन्नत संसार, जिसमें सत्त की संगति है, साधु-समाज है, उन्नत मनुष्य हैं। प्रेम ही जिसका नियम है। रवीन्द्रनाथ ने जिस मानव-धर्म की कल्पना की है, वह इसी बेगम देस से निकलता है। उसके प्रवर्तक और प्रतिष्ठाता कबीर हैं, रैदास हैं। ऐसी उदात्त यूटोपिया की रचना करनेवाले कबीर को विश्वकवि रवीन्द्रनाथ कवि मानते हैं और "Hundred poems of Kabir" नाम से कबीर की सौ कविताओं का अंग्रेज़ी में अनुवाद करके दुनिया के सामने प्रस्तुत करते हैं। और इधर हिन्दी के विद्वान् आचार्य और आलोचक बहस कर रहे हैं कि कबीर कवि हैं या नहीं। शायद ऐसी ही बहसों के लिए कबीर ने कहा था—

बोलना का कहिए रे भाई, बोलत-बोलत तत्त नसाई।

सतर्क बुद्धि और संवेदना के कवि

कृष्णकुमार सिंह

कबीर यह तन जात है, सकै तो लेहु बहोड़ि।
नागे हाथूँते गए, जिनके लाख करोड़ि॥
कागद केरी नाँव री, पाँणी केरी गंग।
कहै कबीर कैसे तिरूं, पंच कुसंगी संग॥

कालजयी सन्त कवि कबीरदास ने अपनी रचनाओं के माध्यम से सामाजिक जकड़बन्दी को तोड़ने की सार्थक कोशिश की। मध्यकालीन भारतीय समाज में व्याप्त अनेक तरह की जकड़बन्दियों को लक्ष्य कर विभिन्न लोक-भाषाओं में असाधारण रचनात्मक क्षमता से सम्पन्न अनेक कवि और चिन्तक सामने आए थे। कबीर उनके अगुआ थे। वे भक्तिकालीन हिन्दी साहित्य के लोकजागरण के अद्वितीय व्यक्तित्व और रचनाकार हैं। 'मसि कागद' से दूर रहनेवाला कवि कहता है—

पंडित मुल्ला जो लिखि दिया।
छाड़ि चले हम कछु न लिया॥

ऐसी घोषणा मामूली नहीं। सामान्य कवि के वश की बात तो क़तई नहीं। सब को झटककर आगे बढ़ जाने के लिए जो साहस और अक्खड़पन चाहिए, वह कबीर के व्यक्तित्व में कूट-कूटकर भरा था। उपर्युक्त पंक्तियाँ उनके काव्य का प्रस्थान बिन्दु हैं और इनको हृदयंगम किये बिना उन्हें समझने का प्रयास बेमानी होगा।

कबीरदास के काव्य में मध्यकाल के सामाजिक जीवन के सत्य की मर्मस्पर्शी अभिव्यक्ति हुई है। वे भक्तिकाल के अत्यन्त सतर्क-बुद्धि कवि हैं। गहरी संवेदनशीलता से सम्पन्न उनके सतर्क और जागरूक व्यक्तित्व से निष्पन्न उनका कवि-कर्म इस बात का साक्षी है कि उसमें जीवन-जगत् के तीक्ष्ण पर्यवेक्षण से प्राप्त अनुभूतियों और अनुभवों की विश्वसनीय अभिव्यक्ति हुई है। एक ओर अपने समकालीन

सामाजिक स्तर पर उसकी गहरी पकड़ है, तो दूसरी ओर अपनी सदाशयता में वे सार्वकालिक बनने की क्षमता से सम्पन्न हैं। वे सच्चे अर्थों में कालजयी कवि हैं, जिनकी कविता की चमक न केवल क़ायम है, बल्कि वर्तमान वैश्विक धरातल पर अपनी सार्थकता के नए-नए आयामों का उद्घाटन कर रही हैं।

कबीर ने अपने एक पद में कहा है—

कहे कबीर सुनो सखि मोरि, प्रेम होय सो जाने।
निज प्रीतम की आस नहीं है, नाहक काजर पारै॥

अत्यन्त दुर्भाग्यपूर्ण है कि संसार आज भी 'नाहक काजर पारै' की स्थिति से बहुत आगे नहीं बढ़ पाया है। प्रीतम का पता नहीं, उससे परिचय नहीं, लेकिन आस लगाए बैठे हैं। ऐसी मिलनेच्छा कितनी निरर्थक है, कहने की ज़रूरत नहीं। प्रेम के बिना उसे जानने का कोई उपाय नहीं। स्मरणीय है कि प्रेम की महिमा से हिन्दी भक्तिसाहित्य भरा पड़ा है। तुलसीदास का स्मरण होता है—

रामहि केवल प्रेम पियारा।
जानि लेहु जेइ जाननिहारा॥

कबीर का दृढ़ विश्वास है कि प्रेमतत्त्व का अभाव मनुष्य-जीवन को नारकीय बना देता है। चाहे वह किसी भी देश-काल का मनुष्य-जीवन क्यों न हो। इसका परिणाम हर काल में सामने आता है। ध्यातव्य है कि आज समाज में 'नाहक काजर' पारनेवाले तथाकथित महात्माओं और भक्तों की भरमार हो गई है। उनका यह मुहावरा तत्कालीन सन्दर्भ से आगे आकर आज के सामाजिक-धार्मिक जीवन की एक कड़वी सच्चाई को व्यक्त करती है। कलह-कोलाहल के अलावा इसका कोई दूसरा परिणाम हो भी क्या सकता है? नासमझ लड़ें, तो बातें कुछ समझ में भी आती हैं। ज़्यादातर लड़ते ऐसे लोग पाए जाते हैं, जो अपने को ज्ञान-मार्ग और साधना-मार्ग का अनथक पथिक समझते हैं और विलक्षण होने का दावा करते हैं। ऐसे दावेदार ज्ञानियों-साधकों की असलियत कबीर से ज़्यादा कौन जानता है? एक पद में वे कहते हैं—

जोगी जती तपी संन्यासी, आप आपमें लड़ियाँ।
कहै कबीर सुनो भई साधो, राग लखै सो तरियाँ॥

'जोगी जती तपी संन्यासी' की आपसी कलह तत्कालीन सामान्य जनता के बीच कैसा सन्देश देती होगी, अनुमान लगाया जा सकता है। उल्लेखनीय है कि मध्यकाल में योगमत बहुत प्रभावशाली था। वैष्णव मत के प्रचार-प्रसार से पहले समस्त उत्तर-भारत में शैव मत की प्रबलता रही है। उससे जुड़े योगियों की जनता

के बीच अच्छी-ख़ासी प्रतिष्ठा थी। तरह-तरह के चमत्कारों से वे जनता को अपने मोहपाश में बाँध लेते थे। उनके यहाँ ईश्वर के प्रति सच्चे भाव के लिए कोई जगह नहीं थी। 'गोरख जगायो जोग, भगति भगायो लोग', इस उक्ति का मर्म इसी पृष्ठभूमि में समझा जा सकता है। ऐसे परिवेश में लोकधर्म की प्रतिष्ठा का संकल्प लेकर सामने आए कबीरदास-जैसे जागरूक सन्त और कवि के निशाने पर योगियों का आ जाना अत्यन्त स्वाभाविक है। बाह्याडम्बरों से घिरे योगियों और संन्यासियों की वास्तविकता से उनका गहरा परिचय था, वे उनकी लोकविमुख भूमिका से भली-भाँति परिचित थे। इसलिए वे जमकर उनसे लोहा लेते हैं, उन पर करारी चोट करते हैं और जनसामान्य को ऐसे तथाकथित महात्माओं से बचने की सलाह देते हैं। हृदय में प्रेमतत्त्व का अभाव होने के कारण ऐसे लोग स्वयं भ्रमित हैं और भोले-भाले लोगों को भी भरमा रहे हैं। इसी विश्वास के बल पर कबीर उनकी जमकर ख़बर लेते हैं। उनका दृढ़ मत है कि समाज-जीवन राग से ही चल सकता है, विराग से नहीं। स्मरणीय है कि कबीर स्वयं गृहस्थ थे और गृहस्थी में आनन्द पाते थे। उन्हें अच्छी तरह मालूम था कि तथाकथित संसारत्यागी महात्मा कौन हैं और उनके माहात्म्य का राज़ क्या है। एक पद में वे कहते हैं--

अन्नहि छाड़ि एक पीवहिं दूध।
हरी न मिलै बिन हिरदै सूध॥

अन्नत्यागी और दुग्धग्राही संन्यासियों की कमी न मध्यकालीन समाज में थी, न आज है। ऐसे लोग वस्तुतः एक तरह से सुविधाभोगी बने रहते हैं। अपनी तथाकथित सिद्धि के अहंकार में क़ैद ये महात्मा अन्य लोगों को मोक्ष का मार्ग दिखाते घूमते हैं। ऐसे वेशधारी योगियों और संन्यासियों की क़लई खोलते हुए कबीर कहते हैं—

जोजन एक परिमित नहिं जानै।
बातनि ही बैकुंठ बखानै॥
जब लग मन बैकुंठ का आसा।
तब लग नहिं हरि चरन निवासा॥

तत्कालीन समाज में, योगियों, वैरागियों और संन्यासियों की प्रतिगामी भूमिका के कारण ही कबीर उनके प्रति कठोर हैं। अवसर मिलते ही वे उन पर आक्रमण करते हैं। योगियों पर तीव्र प्रहार देखें—

मन ना रँगाए रँगाए जोगी कपड़ा
आसन मारि मन्दिर में बैठे
ब्रह्म छाँड़ि पूजन लागे पथरा॥

कनवा फड़ाय जटवा बढ़ौले
दाढ़ी बढ़ाय जोगी होइ गैलै बकरा।
जंगल जाय जोगी धुनिया रमौले
काम जराय जोगी होय गैलै हिजरा॥

जीवन-जगत् से मुँह मोड़कर साधना-सिद्धि के मार्ग पर जानेवाले 'जोगी जती तपी संन्यासी' को वह कवि किसी भी सूरत में कैसे बर्दाश्त करता, जो स्पष्ट रूप से घोषणा करता है—

अवधू भूले को घर लावै।
सो जन हमको भावै॥
घर में जोग भोग घर में ही।
घर तज बन नहीं जावै॥
घर में युक्त, मुक्त घर में ही।
जो गुरु अलख लखावै॥

समाज-जीवन से दूर जाकर जंगल में धूनी रमानेवाले योगियों की हैसियत दढ़ियल बकरे से अधिक नहीं। कबीरदास का आक्रोश आकस्मिक नहीं, उसके गहरे सामाजिक कारण हैं। जीवन के प्रति कबीर का दृष्टिकोण कितना सन्तुलित और व्यावहारिक है, यह एकदम स्पष्ट है। एक अन्य पद में कबीर कहते हैं—

का नांगे का बाँधो चाम।
जौ नहीं चीन्हसि आतम राम॥
नांगे फिरै जोग जे होई।
वन का मृग मुकुति गया कोई॥
मूँड़ मुँड़ाये जौ सिधि होई।
स्वर्ग ही भेड़ न पहुँची कोई॥
व्यंद राखि जे खेलै है भाई।
तौ खुसरै कौंण परम गति पाई॥

दूसरों को भरमाने में लगे ऐसे योगियों और संन्यासियों को अपनी साधना और ज्ञान का बहुत अहंकार होता है। आत्मतत्त्व से पूरी तरह अपरिचित ऐसे महात्माओं को कबीर ज़रा भी छूट देने को तैयार नहीं हैं। उनकी राय में वे स्वयं मरणशील हैं, क्योंकि उन्हें राम-नाम की महिमा का बोध नहीं है और इसी कारण वे बाहरी विधानों-कर्मकांडों में ही उलझकर रह गए हैं। उनके शब्दों में—

जोगी तजी तपी संन्यासी बहु तीरथ भ्रमना।
लुंजित मुंजित मौनि जटा धरि अन्त तऊ मरना॥
ताते सेविए ले रामना।

कबीरदास की रचनाओं में अपने आराध्य के प्रति अपूर्व समर्पण-भाव बराबर मिलता है। गहरी आस्था, विश्वास और प्रेम में पगा ऐसा समर्पण उच्चकोटि के भक्त का लक्षण है। ग़ौरतलब है कि उनके यहाँ जिन चीज़ों पर सबसे अधिक प्रहार मिलता है, उनमें अहंकार एक है। वे अहंकार को जीवन की सर्वाधिक विनाशकारी चीज़ मानते हैं। यह बात नहीं भूलनी चाहिए कि अहंकार का गहरा सम्बन्ध व्यक्ति की सामाजिक-आर्थिक स्थिति से होता है। इन दोनों स्तरों पर जो लोग गए-बीते हैं, उन्हें किस बात का अहंकार होगा? कहने की आवश्यकता नहीं कि यदि कबीरदास ने अहंकार पर सबसे अधिक चोट की है, तो उनके निशाने पर कौन लोग और कैसी शक्तियाँ रही हैं। अपने एक पद में उन्होंने मदान्ध लोगों की छोटी-सी सूची प्रस्तुत की है। उनके शब्दों में—

सब मदमाते कोई न जाग, ताथे संग ही चोर घर मुसन लाग॥
पंडित माते पढ़ि पुरान, जोगी माते धरि धियान॥
संन्यासी माते अहमेव, तपा जु माते तप के भेव॥

यह अहंकार अज्ञानता का परिणाम है। इसी अज्ञानता के तमस् को दूर करने की चिन्ता मध्यकाल के सभी सन्त-कवियों की सबसे बड़ी चिन्ता है। उस युग के अग्रणी कवि कबीर सही जगह पर उँगली रखते हैं और सबको अपने ढंग से चेतावनी देते हैं। उन्हें पता है कि यह कवि का दायित्व है। स्मरण रखना चाहिए कि कबीर मध्यकाल के सर्वाधिक संवादधर्मी कवि हैं। उनका सारा काव्य मानव-समाज के साथ गम्भीर संवाद की विराट् चेष्टा का काव्य है। जीवन का कोई प्रसंग, कोई मामला हो, वे हमेशा संवाद के लिए तैयार रहते हैं। साधो, सन्त, भाई, अवधू सब इस दायरे के अन्दर आते हैं। विचारणीय है कि संवाद की ज़रूरत क्यों पड़ती है। जो कवि मानता है कि—

पार ब्रह्म के तेज का कैसा है उनवान
कहिबे को सोभा नहीं, देख्या ही परमान

वह क्यों बेचैन है लोगों को इतना कुछ बताने के लिए? यह स्वाभाविक सवाल है। इसका उत्तर तलाशा जाना चाहिए—यह जानते हुए भी कि ऐसे सवालों के जवाब स्याह-सफ़ेद रेखाएँ खींचकर नहीं दिया जा सकता है।

कवि कबीरदास की समस्याएँ व्यापक जनसमुदाय की समस्याएँ हैं, उनके समय के मामूली लोगों की चिन्ताएँ हैं। व्यक्तिगत स्तर पर उनके यहाँ खाने-पहनने

की कोई चिन्ता नहीं मिलती है। सामान्य गृहस्थ का जीवन जीनेवाले कवि की जीविका झीनी चदरिया तैयार कर और बेचकर चल जाती थी। इससे अधिक की न उन्हें आवश्यकता थी, न चाह। उनकी समस्या उस व्यक्ति की समस्या थी, जिसके पास दोनों शाम भोजन का ठिकाना नहीं था। ऐसी स्थिति में अगर उन्हें आराध्य से शिकायत भी करनी पड़े, तो कोई हर्ज़ नहीं। वे बेहिचक कहते हैं—

माधो कैसी बनी तुम संगे, आपि न देहु न लेवउ मंगे॥
दुइ सेर मांगउ चूना, पाउ घीउ संग लूना॥
आधा सेर मांगउ दाले, मोकउ दोनउ बखत जिवाले॥
खाट मांगउ चउपाइ, सिरहाना अवर तुलाइ॥
उपर कउ मांगउ खीधा, तेरी भगति करै जनु बीधा॥

जीवनरक्षा के लिए अनिवार्य वस्तुओं की माँग कितनी जायज़ है! आटा, दाल, नमक, चटाई, कम्बल आदि रोज़मर्रा की ज़रूरतों की पूर्ति की चिन्ता अत्यन्त मानवीय चिन्ता है। अपने आस-पास के सामाजिक जीवन से जुड़ी ऐसी चिन्ता कबीरदास के साथ-साथ भक्तिकाल के अन्य महत्त्वपूर्ण कवियों की रचनाओं में भी बराबर अभिव्यक्त हुई है। स्पष्ट है कि भक्तिकालीन लोकजागरण कबीरदास-जैसे महान् समाजचेता कवियों के कवि-कर्म से सम्भव हुआ है।

कबीर को तत्कालीन समाज के वर्गों की समझ है और गहरी समझ है। उनकी रचनाओं से गुज़रते हुए बार-बार हमारा ध्यान इसकी ओर आकृष्ट होता है। हम जानते हैं कि सभी सन्त-कवि निम्नवर्ग से आए हैं। वे सामान्य जनता से, उनके कष्टों से, उसकी समस्याओं से पूरी तरह से जुड़े हुए हैं। ऐसी स्थिति में जनजीवन से अत्यन्त गहराई और आत्मीयता से जुड़े हुए सन्त-कवियों के काव्य में यदि वर्गों की चर्चा न रहती, तो यह एक अस्वाभाविक बात होती।

सन्त कबीर के शब्दों में—

कुँभरा एक कमाई माटी, बहु बिधि जुगति बणाई।
एकनि मैं मुकताहल मोती, एकनि ब्याधि लगाई॥
एकनि दीना पाट पटम्बर, एकनि सेज निवारा।
एकनि दीना गरै गूदरी, एकनि सेज पयारा॥

एक ओरे मुक्ताहल मोती, तो दूसरी तरफ़ व्याधि अर्थात् दुख, तकलीफ़; एक ओर पाट-पटम्बर और पलंग की सेज, तो दूसरी ओर गरी-गूदरी और 'सेज पयारा' अर्थात् पुआल का बिछौना। कबीर दोनों वर्गों को आमने-सामने खड़ा करके 'कंट्रास्ट' की सृष्टि करते हैं। एक वर्ग मोती धारण करनेवाला है, रेशमी वस्त्र धारण करनेवाला है, गद्देदार पलंग पर सुख की नींद सोनेवाला है, तो दूसरा कष्टों का

घर है, फटे-चिटे कपड़े लपेटनेवाला है। प्रसंगत: इस बात की चर्चा अपेक्षित है कि मध्यकाल में उच्चवर्ग कैसे कपड़ों का इस्तेमाल करता था तथा उनमें रेशम की क्या स्थिति थी। प्रख्यात इतिहासकार मोरलैंड ने अकबर के युग के बारे में लिखा है कि उस समय सबसे अधिक महँगा रेशम था, उसके बाद ऊनी और सूती कपड़े आते थे। अन्यत्र मोरलैंड रेशम को 'विलास की वस्तु' कहते हैं। स्पष्ट है कि रेशम का प्रयोग उच्चवर्ग अर्थात् सामन्त वर्ग ही करता था, निम्नवर्ग उसकी बात सोच भी नहीं सकता था। इसी तरह पलंग भी उच्चवर्ग के पास ही होता था। इसके विपरीत निम्नवर्ग के पास आवश्यक कपड़े भी नहीं होते थे। वे लँगोटा, लुंगी आदि पहनते थे। यहाँ तक कि स्त्रियाँ जो साड़ी पहनती थीं, उसी को उनके शरीर के ऊपरी भाग को ढकने के लिए पर्याप्त माना जाता था। इसके अतिरिक्त अधिक की आशा उन्हें नहीं रहती थी, उसे पूरा करने के लिए साधन उनके पास नहीं होता था। स्पष्ट है कि वैसी हालत में वे गरी-गूदरी पहनते ही थे। इस प्रकार, कबीर की पूर्वोक्त पंक्तियाँ इस बात का ठोस प्रमाण प्रस्तुत करती हैं कि उन्हें दोनों वर्गों की बिलकुल स्पष्ट समझ है। अन्यत्र कबीर कहते हैं—

तहाँ जाहु जहाँ पाट पटम्बर, अगर चन्दन घसि लीनाँ।
आइ हमारे कहाँ करौगी, हम तौ जाति कमीनाँ॥

यहाँ कवि माया को सम्बोधित करके उसे 'पाट पटम्बर' धारण करनेवाले तथा अगर-चन्दन का लेप करनेवाले लोगों के पास जाने की सलाह दे रहा है। स्पष्ट है कि ऐसे के लिए तो सबसे उपयुक्त जगह वही है। वहाँ उसे फलने-फूलने की पूरी गुंजाइश है। वैसे सम्पन्न लोगों के ठीक विपरीत स्थिति में हैं कमीनी जातियाँ—'हम तौ जाति कमीनाँ'। कमीनी जातियों के पास माया के लिए जगह कहाँ है? वस्तुत: तत्कालीन समाज में कमीनी जातियाँ सबसे अधम मानी जाती थीं—सामाजिक, आर्थिक, धार्मिक सभी दृष्टियों से। वे उत्पादक जातियाँ थीं, शारीरिक श्रम। 'कमीना' शब्द से कहीं-न-कहीं इस बात का संकेत मिलता ही है। यह निम्न वर्ग का सूचक है। ध्यातव्य है कि कबीरदास पाट-पटम्बर धारी लोगों के सन्दर्भ में 'अगर-चन्दन' की बात करते हैं। वस्तुत: पाट-पटम्बर धारी लोग ही 'अगर चन्दन' भी लगाते हैं, जो निश्चय ही, क़ीमती होता था। 'अगर-चन्दन' का लेप वस्तुत: बाह्य विधानों के अन्तर्गत आता है और कबीर की दृष्टि में इसका भक्ति से कुछ लेना-देना नहीं है। भक्ति के लिए इन बाह्य विधानों की कोई ज़रूरत नहीं होती। कबीर का संकेत स्पष्ट है कि जो वर्ग आर्थिक दृष्टि से समृद्ध है, वही 'अगर-चन्दन' का लेप करता है। ऐसा कर वह स्वयं को गौरवशाली तथा अन्य को हीनतर मानता है ।

कबीरदास को अपने समकालीन समाज का गहरा ज्ञान था। उसे उन्होंने अपनी पैनी निगाह से देखा ही नहीं, उसकी धड़कनों को सुना भी था। अपनी आँखों से

देखना और अपने कानों से सुनना-जैसे मुहावरे अपनी अर्थवत्ता इसी सन्दर्भ में हासिल करते हैं। 'आँखिन देखी' पर विश्वास करनेवाले कवि ने अपनी रचना में ऐसे मार्मिक तथ्यों का उल्लेख किया है कि उन्हें नकारना किसी के वश की बात नहीं। एक जगह वे कहते हैं—

को है लरिका बेचई, लरिकी बेचई कोइ।
साँझा करै कबीर सिउ हरिसंगि बनजु करेइ॥

मध्यकाल में अपनी दयनीय हालत से परेशान होकर सन्तान को बेच देने की बात इतिहास से प्रमाणित है। जीवित रहने की इतनी बड़ी क़ीमत चुकानी पड़े, यह बात दहशत पैदा करती है। कबीर की रचना में आकर यह तथ्य कितना मार्मिक प्रभाव उत्पन्न करता है, इसका अन्दाज़ा आसानी से लगाया जा सकता है। कबीर जिस युग में थे, वह गहरे आर्थिक वैषम्य का युग था। एक ओर कनक-कामिनी से सुशोभित ऊँचे-ऊँचे महल और दूसरी ओर ऐसा दारुण यथार्थ किसी भी सहृदय व्यक्ति को दहला सकता है। कबीर ने अपनी गहरी संवेदना के धरातल पर ऐसे सामाजिक सत्य का साक्षात्कार कर और उसे प्रामाणिक रूप में उपस्थित कर अपने कवि-कर्म को विश्वसनीय बना दिया है।

कबीरदास का काव्य यथार्थ और आदर्श दोनों को अपने साथ बराबर लेकर चलता है। अपनी बाँह के बल पर भरोसा रखनेवाला और जीवन के संघर्ष-पथ पर सहज भाव से आगे बढ़ाने में विश्वास करनेवाला कवि अच्छी तरह से जानता है कि उसे जाना कहाँ है। जयशंकर प्रसाद के शब्दों में पहुँचना उस सीमा तक, जिसके आगे राह नहीं। कवि 'बेहद्दी मैदान' की बात यों ही नहीं करता है। वह उसको भी छोड़कर आगे बढ़ जाने का हौसला रखता है। उसकी घोषणा है—

हम वासी उस देश के जहाँ जाति बरन कुल नाहिं।
शब्द मिलावा होइ रहा, देह मिलावा नाहिं॥

'जाति, बरन, कुल' को एक झटके में हटा देना बहुत बड़ी बात है। भारतीय समाज में इनकी ताक़त का एहसास कबीर को भलीभाँति है। इसे जाने बिना उनसे लड़ना सम्भव नहीं होता। हज़ारों वर्षों से चले आ रहे इन संकीर्ण घेरों में बन्द रह जानेवाले लोग दूसरे होंगे, कबीर के आस-पास भी ऐसे तत्त्वों का टिका रहना कठिन है। उनका पूरा जीवन इस बात का अनन्य उदाहरण है। ग़ौरतलब है कि कबीर का काव्य आदर्शहीन नहीं है। भूलना नहीं चाहिए कि आदर्शहीन काव्य दीर्घजीवी नहीं होता। वह काल का ग्रास बनकर जनता की स्मृति से ग़ायब हो जाता है। जिस कवि के पास आदर्श है, वह किसी तरह की किलता को स्वीकार नहीं कर सकता। प्रेम समन्वित मंगलमय आदर्श से अनुप्राणित कवि शब्द की ताक़त को बख़ूबी जानता

है। शब्द-ब्रह्म को साधनेवाला व्यक्ति ही श्रेष्ठ कवि का दर्जा प्राप्त कर पाता है। उपर्युक्त पंक्तियों में प्रयुक्त पद 'देह' भौतिकता का व्यंजक है, जिसके परे जाने की बात कवि अत्यन्त विश्वास और सहजता के साथ कर रहा है।

कबीर के काव्य को समझना जितना आसान है, उतना ही कठिन भी। मनुष्य मात्र की एकता का प्रतिपादक उनका काव्य जीवन से गहरे लगाव का काव्य है। स्मरणीय है कि जीवन-जगत् की परिस्थितियों के अनुसार मनुष्य के अन्दर सामाजिक भावों का जागरण होता है और रचनाकार के दृष्टिकोण के निर्माण में उनकी भूमिका होती है, लेकिन बड़ा रचनाकार इसकी सीमाओं से अच्छी तरह अवगत होता है। इसलिए वह उसमें बँधकर नहीं रह जाता। उनसे बँधा रह जानेवाला लेखन स्थिर जल से भरा तालाब बनकर रह जाता है, निर्मल, वेगवान जलप्रपात बनने की सामर्थ उसमें नहीं आ सकती है। कहने की आवश्यकता नहीं कि सच्चा साहित्य न तो सामयिकता की उपेक्षा कर लिखा जा सकता है और न ही उसमें चिपककर रह सकता है। वह वर्तमान की आँख से अतीत और भविष्य दोनों को अविचल भाव से देखता है। सभी तरह के कर्मकांडों, बाह्य आडम्बरों को निर्ममतापूर्वक हटाने के बाद ही कवि को वह दृष्टि मिलती है, जिसके सहारे वह गहरे विश्वास से कह सकता है—

आँख न मूँदो कान न रूँधो, तनिक कष्ट नहिं धारो।
खुले नैन पहिचानौं हँसि-हँसि, सुन्दर रूप निहारो॥

'खुले नैन' से देखने का ही परिणाम है कि कवि में ऐसा साहस आ पाता है—

अलह राम का गम नहीं, तहाँ कबीर रहा ल्यौ लाय।

राम को अपना सर्वस्व माननेवाला और राम नाम की महिमा का निरन्तर गान करनेवाला कवि उससे भी आगे निकल जाता है, उसकी सीमा का भी अहसास उसे बख़ूबी है। यह आकस्मिक नहीं है कि आचार्य हजारीप्रसाद द्विवेदी कहते हैं—मस्ती, फक्कड़ाना स्वभाव, संस्कार और सब कुछ को झाड़-फटकार चल देनेवाले तेज़ ने कबीर को हिन्दी-साहित्य का अद्वितीय व्यक्ति बना दिया है। उनकी वाणियों में सब कुछ को छोड़-छाड़कर उनका सर्वजयी व्यक्तित्व विराजता रहता है। ध्यान देने की बात है कि सब कुछ को छोड़-छाड़कर आगे बढ़ जानेवाला व्यक्ति ही सब कुछ पर छा जाता है। कबीरदास भारत के उन गिने-चुने कवियों और मनीषियों में अग्रगण्य हैं, जिन्होंने अपनी वाणी और कर्म दोनों में उसे प्रतिष्ठित किया है, जो भाषातीत माना जाता है। 'साधौ, सहज समाधि भली' का उद्घोष सुदीर्घ साधना का ही सुपरिणाम है। सामाजिक जीवन और साहित्य दोनों ही क्षेत्रों में ऐसा सहज साधक युगों के संचित पुण्य-प्रताप से ही सामने आता है। सन्त कबीरदास इस बात के ज्वलन्त प्रमाण हैं।

बाहरी आडम्बर से ग्रस्त धर्म का विरोध करके कबीर ने धर्म के वास्तविक स्वरूप का प्रचार-प्रसार किया, उस धर्म की प्रतिष्ठा का सार्थक प्रयास किया, जिसमें सभी मनुष्य सामाजिक धरातल पर बराबर हैं। किसी तरह के भेदभाव को सिरे से नकारकर कबीर ने सही अर्थों में लोकतांत्रिक समाज का सपना देखा। ऐसे समाज में मनुष्य को आत्मसम्मान और आत्मविश्वास तो प्राप्त होगा ही, एक-दूसरे के प्रति विश्वास, सम्मान और प्रेम का भाव भी होगा। सामाजिक स्तर पर तमाम तरह के भेदभाव से ग्रस्त समाज में अपने कर्मों और वचनों से ऐसा सन्देश देना एक बड़े कवि के बड़प्पन का परिचायक है। कबीर-जैसे जागरूक और कर्मशील सन्त और कवि की उपस्थिति किसी भी भाषा-समाज के लिए गौरव की बात है। इस अर्थ में हिन्दी-समाज को यह गौरव सहज ही प्राप्त है।

पश्चिम और कबीर

राजेन्द्र प्रसाद सिंह

पश्चिम के देशों में कबीर को जानने की आग सबसे पहले इटैलियन भाषा में लगी। इटली के मार्को डेला टोम्बा (1726-1803) ने कबीर के ज्ञानसागर का इटैलियन भाषा में अनुवाद किया। वह साल 1758 था।

मार्को डेला टोम्बा का अधिकांश जीवन बिहार के बेतिया और पटना में बीता तथा आख़िरकार भागलपुर में मृत्यु हुई। फिर यह आग इंग्लैंड और फ्रांस तक फैल गई और जर्मनी भी अछूता नहीं रहा। जहाँ एक ओर कैप्टन डब्ल्यू. प्राइस (1780-1830) ने 'बीजक' में पाए जानेवाले गोरखनाथ से कबीर के वार्तालाप को अपनी पुस्तक 'हिन्दू एंड हिन्दुस्तानी सिलेक्शन्स' में संकलित किया, वहीं दूसरी ओर जनरल हैरियट ने 'ए मेम्वार ऑन दि कबीरपंथी' में कबीर की कुछ कविताओं का अनुवाद फ्रेंच में प्रस्तुत किया।

जनरल हैरियट (1780-1839) ब्रिटिश सेना के ऑफ़िसर थे। दिल्ली की लड़ाई (1803) में वे अपना एक पैर गँवा बैठे थे। फिर भी उन्होंने 1832 में कबीर को फ्रेंच में अनूदित किया।

मगर कबीर पर पहला वैज्ञानिक अनुशीलन करने का श्रेय एच. एच. विल्सन को है। विल्सन (1786-1860) अंग्रेज प्राच्यविद् तथा मूल रूप से सर्जन थे। कोलब्रुक की अनुशंसा पर वे 1811 में एशियाटिक सोसाइटी ऑफ़ बंगाल के सचिव हुए। उनका अध्ययन पहली बार हिन्दू सेक्ट्स के नाम से 'एशियाटिक रिसर्चेज' में 1828 तथा 1832 में छपा।

वह उन्नीसवीं सदी का पूर्वार्द्ध का दौर था। गार्सा-द-तासी तब फ्रेंच भाषा में हिन्दी साहित्य का प्रथम इतिहास लिख रहे थे। वे फ्रांस में पूरबी भाषाओं के प्रोफ़ेसर थे। तासी ने कबीर पर लिखने के लिए पश्चिम के जिन अध्येताओं से आधार-सामग्री ली, उनमें वही टोम्बा, प्राइस, हैरियट और विल्सन प्रमुख थे।

गार्सा-द-तासी ने अपनी पुस्तक 'इस्त्वार द ला लितरेत्यूर ऐन्दूई ऐ ऐन्दूस्तानी'

(प्रथम भाग 1839, दूसरा भाग 1847) में कबीर पर तुलसीदास से डेढ़ गुना अधिक लिखा। यह आचार्य रामचन्द्र शुक्ल से उलट है।

सिखों के पवित्र आदिग्रन्थ (1604) को याद कीजिए, जिसमें हिन्दी के सन्त-कवियों में से सर्वाधिक कविताएँ कबीर की संकलित हैं और तुलसीदास बाहर हैं।

कबीर चूँकि आदिग्रन्थ के महत्त्वपूर्ण कवि हैं, सो इस ग्रन्थ के बहाने भी कबीर के अनेक अनुवाद हुए, मिसाल के तौर पर अर्नेस्ट ट्रम्प (1877) और मैक्स आर्थर मेकलिफ़ (1909) के अनुवाद।

जर्मनी भी अछूता नहीं रहा। अर्नेस्ट ट्रम्प (1828-1885) प्राच्यविद्या के जर्मन प्रोफ़ेसर थे। वे कबीर की कुछ कविताओं को 1877 में अनूदित किये। यह वही समय है, जब भारत में दयानन्द सरस्वती ने 'सत्यार्थ प्रकाश' (1875) की रचना की।

'सत्यार्थ प्रकाश' में दयानन्द सरस्वती ने कबीर के बारे में जो लिखा, वह विचलित कर देनेवाला है। लिखा कि कबीर कई पंडितों के पास फिरा, परन्तु किसी ने नहीं पढ़ाया। तब ऊटपटाँग भाषा बनाकर जुलाहे आदि नीच लोगों को समझाने लगा। तँबूरा लेकर गाता था, भजन बनाता था। विशेष पंडित, शास्त्र, वेदों की निन्दा करता था। कुछ मूर्ख लोग उसके जाल में फँस गए। जब मर गया, तब लोगों ने उसे सिद्ध बना लिया।

यही भारतीय नवजागरण की कबीर के बारे में मानसिकता थी, जो उनके वचनों को भारत में अनुसन्धान-कार्य से रोक रही थी।...और ईसाई अनुसन्धानों को गालियाँ बक रही थी।

कानपुर में क्रिश्चियन कॉलेज के प्राचार्य रेवरेंड जी. एच. वेस्टकाट ने जब 'कबीर एंड दि कबीर पंथ' (1907) की रचना की, तब उन पर आरोप लगा कि वे कबीर पंथ का ईसाईकरण कर रहे हैं और कबीर पंथ पर सेंट जोन की रचनाओं का प्रभाव प्रमाणित कर रहे हैं।

आरोप पश्चिम के अनेक विद्वानों पर लगे। विलियम हंटर पर भी लगा कि उन्होंने कबीर को 15वीं सदी का 'भारतीय लूथर' क्यों कहा? मोर्को डेला टोम्बा पर भी आरोप है कि उन्होंने 'मुक्ति' का अनुवाद Gloria Permanente ईसाई धर्म के प्रभाव में किया है। आरोप मेकालिफ पर भी है कि उन्होंने धर्म के साथ छेड़छाड़ की। भला 'माया' का अनुवाद 'Worldly Love' कैसे होगा? ऐसे अनेक।

कोई शक नहीं कि काल, परिवेश और संस्कार लेखन-कार्य को प्रभावित करते हैं और किया भी। बावजूद इसके पश्चिम में कबीर पर जितना कार्य हुआ, सम्भवतः हिन्दी के किसी अन्य कवि पर नहीं हुआ।

भारत के जिस दौर में श्यामसुन्दर दास विश्वविद्यालय-हित में 'कबीर ग्रन्थावली' (1928) का सम्पादन कर रहे थे, उस दौर में एफ. ई. के. ने लन्दन विश्वविद्यालय

में कबीर पर थीसिस लिखी थी। यही संशोधित थीसिस 1931 में 'कबीर एंड हिज़ फ़ॉलोअर्स' के नाम से प्रकाशित हुई।

कबीर को भारतीय लूथर यदि किसी विदेशी ने कहा, तो यह भी जानिए कि कबीर को राष्ट्रकवि भी एक विदेशी ने ही कहा है। गुई सोरमन ने अपनी अंग्रेज़ी पुस्तक 'दि जीनियस ऑफ़ इंडिया' (2001) में कबीर को 'राष्ट्रकवि' कहा है। पहले यह किताब फ्रेंच में आई थी और सोरमन फ्रांस के हैं।

कबीर को राष्ट्रकवि के ख़िताब से नवाजा जाना आलोचना के क्षेत्र में बड़ी घटना है। राष्ट्रनिर्माण का हर ताना-बाना कबीर-काव्य में मौजूद है। वाक़ई कबीर बड़े राष्ट्रनिर्माता थे।

सुभाषचन्द्र कुशवाहा की पुस्तक 'कबीर हैं कि मरते नहीं' (2020) अनामिका प्रकाशन, प्रयागराज से छपी है। किताब में सुभाषचन्द्र कुशवाहा ने कबीर से जुड़ी अनेक गुत्थियों को सुलझाने का प्रयास किया है—मिसाल के तौर पर कबीर का जन्म और मृत्यु-वर्ष की गुत्थी, कबीर के माँ-बाप और धर्म की गुत्थी, उनके गुरु की गुत्थी, आदि...अनेक। सुभाषचन्द्र कुशवाहा ने लिखा है कि 1841 से कबीर के बारे में ब्रिटिश अख़बारों में लेख और समाचार छपने लगे थे। उन्होंने इस सन्दर्भ में ब्रॉडफ़ोर्ड ऑब्ज़र्वर (9 सितम्बर, 1841) को उद्धृत किया है, जिसमें ए. लंगलोज़ का लम्बा लेख है और लंगलोज़ ने इस लेख में कबीर को भारत का महान् समाज-सुधारक और 15वीं सदी का नायक कहा है। फिर तो आलोचक ने 19वीं सदी के उत्तरार्द्ध और 20वीं सदी के पूर्वार्द्ध के अनेक ब्रिटिश अख़बारों के अनेक पन्नों को प्रस्तुत किया है। कोई दो दर्ज़न अख़बारों का हवाला है, जिनमें कबीर से सम्बन्धित लेख हैं, ख़बरें हैं।

एलेन्स इंडियन मेल (2 नवम्बर, 1848), अर्मघ गार्डियन (1 जनवरी, 1853), मार्निंग एडवरटाइजर (10 मार्च, 1865), दि स्कॉटमैन (5 जुलाई, 1872), बरमिंघम डेली पोस्ट (15 अगस्त, 1879), डंडी एडवरटाइजर (30 नवम्बर, 1881), दि होमवर्ड मेल (23 जनवरी, 1882), लन्दन डेली न्यूज़ (24 मार्च, 1883), यार्कशायर गजट (17 जून, 1893) और दि पॉल मॉल ग़ज़ट (18 अक्टूबर, 1894) से लेकर शेफिल्ड डेली टेलीग्राफ़ (3 अप्रैल, 1915), ग्लोब (24 अप्रैल, 1915), दि लीड मरक्यूरी (20 मार्च, 1930) तथा लीवरपूल इको (14 अप्रैल, 1942) तक दो दर्ज़न पश्चिम के अख़बारों का हवाला है। पश्चिम के वे अख़बार, जिनमें कबीर मौजूद हैं।

कहीं कबीर की कविताओं का अंग्रेज़ी में अनुवाद है, कहीं उन पर लेख है, कहीं कबीर पंथ की जानकारी है, कहीं डब्ल्यू. डब्ल्यू. हंटर की पुस्तक की समीक्षा है, कहीं रुडयार्ड किपलिंग लिखित कबीर का गीत-प्रसंग है और कहीं रवीन्द्रनाथ टैगोर द्वारा अंग्रेज़ी में अनूदित कबीर की कविताओं की ख़बरें हैं।

दम-ब-दम हर क़दम हमें कबीर चाहिए

कैलाश बनवासी

यह उस देश-समाज के लिए बहुत बड़ी विडम्बना है, बहुत क्षोभ, दुर्भाग्य, और गहरी निराशा की बात है कि जहाँ कबीर-जैसा क्रान्तिकारी समाज-सुधारक और जनजागरण का अग्रदूत हुआ, जिसने अपने समय के तमाम आडम्बरों, कुरीतियों, पाखंडों, विद्वेष, इत्यादि के ख़िलाफ़ आज से छह सौ से भी अधिक बरस पहले अलख जगाई थी, आज वही देश मानो फिर से उसी युग की अज्ञानता की अँधेरी सुरंग में वापस चला आया है। तकनीक, विज्ञान, प्रौद्योगिकी के आज के चरम विकासवाली इक्कीसवीं सदी में होने के बावजूद जब हम लोगों को उन्हीं मध्ययुगीन कर्मकांडों, आडम्बरों, अन्धविश्वासों, दकियानूसी रीति-रिवाजों में फँसे देखते हैं, तो कबीर की यही पंक्ति याद आ जाती है, 'पानी बिच मीन पियासी रे, मोहे सुन-सुन आवे हाँसी!' यह सच्चाई है कि देश आज बड़े पैमाने पर मानसिक गतिरोध का शिकार है, वह धर्म, जिसे नैतिकता, मानवता, प्रेम और समरसता का सबसे बड़ा स्रोत बनना चाहिए था, जो प्रेरक और आशा का केन्द्र हुआ करता था, आज दूषित राजनीति के चलते एक चुनाव-जिताऊ हथियार में बदल चुका है। वह आज हिंसकों, उग्र, और कट्टरपंथियों की गिरफ़्त में है। वह अपनी बुनियादी ताक़त और लक्ष्य से बहुत पीछे रह गया है।

कबीर को आज याद करें, तो आश्चर्य होता है, कैसे वह जीवन-भर गहरे कर्मकांडों में फँसे देश में उनके बेहद विरोधों के बावजूद उनसे लोहा लेते रहे, और जनमानस को भक्ति के सरल मार्ग की राह दिखाकर उस समय की तमाम सामाजिक-धार्मिक बुराइयों का विरोध करते रहे, उन पर कठोर आघात करते रहे। ज़रा कल्पना कीजिए उनकी मन:स्थिति, हृदय की विशालता, वज्र-सी देह, जिस पर परम्परा-रूपी अनगिनत हथौड़े चल रहे होंगे, उसकी क्या स्थिति रही होगी? भला एक सामान्य व्यक्ति के पास परम्पराओं की बेड़ियों से जकड़े समाज को मुक्त कराने का साहस और सामर्थ्य कहाँ से आई होगी?

इसलिए इस युग-प्रवर्तक कवि को मात्र कविता के दायरे में रखकर नहीं देखा जा सकता, बल्कि कविता तो उनके लिए जन-जागृति का माध्यम रही है। अपने दोहों, पदों, रमैनियों में वे इसी अभियान में डटे हैं। उन पर जितना कहा गया, लिखा गया, इसके बावजूद उनकी प्रासंगिकता ख़त्म होने का नाम नहीं लेती। कबीर को बड़ा कवि कविता के विद्वान् भले ही न मानें, लेकिन अपनी रचनाओं से वे आज पर्यन्त लोगों के दिलों में बसे हैं। और युगों-युगों तक जनचेतना को आलोकित करते रहेंगे।

कबीर पर अब तक न जाने कितने ग्रन्थ लिख लिये गए हैं, अनगिनत विचार और विश्लेषण हो चुके हैं, इसके बावजूद कुछ-न-कुछ 'कबीर' जैसे हर बार खोजना बचा रह जाता है। उनके जीवन और सृजन के इतने अधिक आयाम हैं कि किसी एक लेख में समेट पाना असम्भव है। उनके निर्गुण दर्शन पर व्याख्या कर पाना मेरी क्षमता से बाहर है। वे मूर्तिपूजक नहीं थे। वे अपनी लौ जिस एकात्म निर्गुण ब्रह्म से लगा चुके थे, और ख़ुद को उसकी एक प्रेमिका या दुलहन मानते थे, जो सूफ़ियों की अवधारणा से मेल खाती है। इसके ढेरों पद उनके यहाँ मिल जाएँगे—

सखियो, हमहूँ भई बलमासी
आयो जोबन बिरह सतायो, अब मैं ज्ञान-गली इठलाती
ज्ञान-गली में खबर मिल गए, हमें मिली पिया की पाती
वा पाती में अगम संदेसा, अब मरने को न डराती
कहत कबीर सुन भाई प्यारे, वर पाए अविनासी

या

सांई बिन दरद करेजे होय
दिन नहिं चैन रात नहिं निंदिया, कासे कहूँ दुख होय
आधी रतियाँ पिछले पहरवा, सांई बिना तरस रही सोय
कहत कबीर सुनो भाई प्यारे, सांई मिले सुख होय।

कबीर के यहाँ भक्ति का मूलाधार प्रेम है। यहाँ भक्ति और प्रेम एक-दूसरे के पूरक हैं। इनमें भेद नहीं है। कबीर की इस भक्ति के विषय में कबीर-ग्रन्थावली के सम्पादक रामकिशोर शर्मा कहते हैं—'कबीर की भक्ति की सबसे बड़ी विशेषता है प्रपत्ति। प्रपत्ति का अर्थ है सब कुछ छोड़कर ईश्वर के शरणागत हो जाना।' यहाँ ईश्वर के प्रति चरम अनुराग की अभिव्यक्ति है। उनका यह समर्पण बरबस उनके बाद की भक्त-कवयित्री मीराँबाई की याद दिला जाता है। हालाँकि वह सगुण मार्गी थीं...कृष्ण की उपासक। कबीर की इस भक्ति/प्रेम में ख़ुद को उस अगम-अगोचर के प्रति पूरी तरह किसी प्रेमिका-जैसे समर्पित कर देना है। उन्हें भक्ति के

किसी पंडित या मौलवी निर्देशित आडम्बर, कर्मकांड में विश्वास नहीं है। उनके आडम्बरों-पाखंडों पर तो वे बार-बार हमला करते हैं। उन्होंने जिस भक्ति को चुना है, वह एक अटूट लौ है, जिसमें आजीवन रत रहना है। एक तरह से यह भक्ति आपका व्यक्तित्वान्तरण कर आपको उस लोक से जोड़ देता है, जिसमें किसी तरह का सरलीकरण या सुविधा नहीं है।

कबीरा यह घर प्रेम का खाला का घर नाहि।
सीस उतारे हाथि करि, सो पैसे घर माहि॥

इसे ही वह बहुत साफ़गोई से कहते हैं—

भक्ति का मारग झीना रे
नहिं अचाह नहिं चाहना, चरनन लौ लीना रे
साधन के रस-धार में, रहे निस-दिन मीना रे
राग में स्रुत ऐसे बसे, जैसे जल मीना रे
सांई सेवन में देत सर, कुछ बिलम न कीना रे
कहैं कबीर मत भक्ति का, परगट कर दीना रे

और कबीर के यहाँ प्रेम और भक्ति की ऐसी ही व्याख्या अनेक प्रकार से मिलती है। इसलिए उनकी भक्ति का मार्ग औरों से जटिल है, कष्टकारी है। यह मंत्र पढ़ने तक सीमित नहीं है। इसका विस्तार वे समूचे ब्रह्मांड तक करते हैं। उनके यहाँ प्रेम ही '*हरि*' है, जिसको लेकर कहा जा सकता है—'*हरि अनन्त हरि कथा अनन्ता!*'

कबीर अपनी भक्ति, प्रेम, रहस्यवाद, उलटबाँसियों के बहुत सशक्त कवि होने के बावजूद अपने समय से, यथार्थ से सीधे-सीधे टकराने के कारण हमारे लिए वे आज भी वैसे ही प्रासंगिक बने हुए हैं, जितने कि अपने समय में। हमारे समय की गहरी विडम्बना देखिए, मनुष्य आज पहले से कई-कई गुना अधिक स्वार्थ, सुविधा, लालच, उपभोक्तावाद, अहं, वर्ण और वर्ग के श्रेष्ठतावाद के जंजालों में उलझा हुआ है, जिसमें न्याय-अन्याय, उचित-अनुचित, नैतिक-अनैतिक के फ़र्क़ को भूलकर केवल अपने हित तक सीमित होकर रह गया है। यही नहीं, वह उस युग की तुलना में ज़्यादा शातिर, मूर्ख, अन्धविश्वासी, प्रदर्शन-प्रिय, आडम्बरी ही नहीं, कट्टर और क्रूर हो चला है। इन सबके ख़िलाफ़ कबीर ने आजीवन संघर्ष और विद्रोह किया। कबीर ने जनसाधारण को आडम्बरी धर्म से निकालकर सहज धर्म की ओर प्रवृत्त करने का संकल्प लिया था। उन्होंने बड़ी निर्ममता, अक्खड़ता, दृढ़ता के साथ प्रचलित पाखंडों, आडम्बरों और अन्धविश्वासों को ध्वस्त किया। उसकी जगह एक सहज, तार्किक, उदात्त, सहृदय धर्म को स्थापित करने की कोशिश की। कबीर का यह धर्म समूची मानवता के लिए था। इस सम्बन्ध में रामकिशोर शर्मा

लिखते हैं—'कबीर का यह धर्म किसी धर्म-विशेष का अनुकरण न होकर अनेक धर्मों के सहज तथा शाश्वत तत्त्वों का समन्वय है। इसमें वैष्णव का प्रेमादर्श, त्याग, विनय, प्रपत्ति, सूफ़ियों की इश्क़-भावना, भारतीय अद्वैत-चिन्तन और योग-चिन्तन का समावेश है। यह सहज धर्म हिन्दू, मुसलमान, ब्राह्मण, शूद्र सभी को मान्य हो सकता है। (कबीर-ग्रन्थावली, पृ. 60)

कबीर ने पोंगा-पंथियों, अन्धविश्वासों पर जो तीक्ष्ण व्यंग्य किये हैं, वे बहुत प्रसिद्ध दोहे और पद हैं। स्मृतियों में बसे हुए हैं। इतने ज़्यादा, जैसे हमारे अवचेतन का हिस्सा बन चुके हैं, और जो जब-तब हमारे ज़ेहन में आते ही रहते हैं। ये उनकी बहुश्रुत, लोकप्रसिद्ध पंक्तियाँ हैं, जिनकी पुनरावृत्ति का जोखिम उठाकर भी कुछ को उद्धृत करना ज़रूरी जान पड़ रहा है। यथा—

पाहन पूजै हरि मिले, तो मैं पूजूँ पहार।
ताकी से तो चाकी भली, पीस खाए संसार॥

कांकर पाथर जोरि के, मस्जिद लियो बनाय।
ता पर मुल्ला बांग दे, बहरो हुआ खुदाय॥

जे तूं बाम्भन बम्भनी जाया तौ आन बाट काहे न आया।
जे तूं तुरुक तुरकनी जाया, तो भीतर खतनी क्यूँ न कराया॥

साधो, पाँड़े निपुण कसाई
बकरी मारि भेड़ को धाये, दिल में दर्द न आई
करि अस्नान तिलक दे बैठे, विधि सों देवि पुजाई
गाय बधै सो तुरक कहावे, यह क्या इनसे छोटे
कहै कबीर सुनो भाई साधो, कलि में बाम्भन खोटे

साधो देखो जग बौराना
साँची कहौ तो मारण धावे झूठे जग पतियाना
हिन्दू कहत है राम हमारा मुसलमान रहमाना
आपस में दोउ लड़े मरतु हैं मरम कोई नहीं जाना

भक्त-कवियों में उनकी भक्ति-भावना ही प्राय: उनका प्रमुख स्वर है। वे अपने ईश्वर की आराधना को ही सर्वोपरि मानते रहे हैं, जिनसे मुक्ति या सन्मार्ग की प्राप्ति हो। इसके उलट, कबीर ऐसे सन्त-कवि हुए, जिनके यहाँ सामने देश-समाज में फैली धार्मिक, सामाजिक, सांस्कृतिक बुराइयों और जड़ताओं को समूल दूर करने

का दायित्व सबसे बढ़कर हो जाता है। उनकी सामाजिक पक्षधरता, तार्किकता, प्रखरता और साहस अपने समकालीन ही नहीं, आज के रचनाकारों से भी बहुत आगे है। वे समाज में जागृति लाने का संकल्प लिये रचनाकार हैं, निरे आस्थावान् भक्त-कवि नहीं। इसीलिए उनके यहाँ इस क़दर बेचैनी और क्षोभ दिखाई पड़ता है।

सुखिया सब संसार है, खाए अरु सोवै
दुखिया दास कबीर है, जागे अरु रोये

जाति-प्रथा के उस दौर में उनसे बड़ा दूसरा कोई विरोधी और विद्रोही नहीं मिलता। वे ख़ुद जुलाहे थे, कपड़े बुनकर जीविका चलानेवाले। जाति-भेद को लेकर उनके यहाँ बहुत तीखी आलोचना मिलती है। कबीर आज के नेताओं की तरह 'सर्वधर्म समभाव' की अवसरवादी सोच नहीं, बल्कि इस भेद को मिटाने पर ही बल देते थे।

हम बासी उस देश के, जहाँ जाति-पाँति कुल नाहिं
सबद मिलावा है रहा, देह मिलावा नाहिं

जाति न पूछो साधु की, पूछ लीजिए ज्ञान
मोल करो तलवार की, पड़ी रहन दो म्यान

कबीर के यहाँ निर्बल, निर्धन, असहाय लोगों के प्रति जैसी गहरी और अकथ पीड़ा है, वह उनके समकालीन भक्त-कवियों के यहाँ दुर्लभ है। कबीर की कविताई को देखिए, तो इसमें वे तत्कालीन समाज के पीड़ितों, शोषितों, वंचितों की पीड़ा और अन्याय के विरुद्ध खड़े दिखाई देते हैं। बल्कि नीचे उल्लिखित दोहों में अन्याय के ख़िलाफ़ वंचितों की तरफ़ से ज़बरदस्त प्रतिरोध दर्ज करते हैं। और वही ऐसी पंक्तियाँ कह सकता है, जिसके मन में इनके प्रति असीम करुणा हो-—

दुर्बल को न सताइए, जाकी मोटी हाय
बिना जीव की साँस सों, लोह भस्म हो जाए

तिनका कबहूँ ना नींदिये, जो पाँव तले होय
कबहूँ उड़ आँखों पड़े, पीर घनेरी होय

कबीर की कविता के असंख्य आयाम हैं, जिन पर तो विद्वानों ने ग्रन्थ लिखे हैं, और लिखते रहेंगे। मैं अपने सीमित अध्ययन से सिर्फ़ कुछ उन बिन्दुओं की तरफ ध्यान आकर्षित करना चाहता हूँ, जो आज भी प्रासंगिक बने हुए हैं। यह समय गहन उपभोक्तावाद का है। चीज़ों-सुविधाओं के प्रति मनुष्य की हवस बाज़ार

की माया के चलते चरम पर है। सादा जीवन उच्च विचार—जिसके सबसे बड़े पैरोकार और प्रतीक महात्मा गांधी थे...को हाशिये में फेंक दिया गया है। चौतरफ़ा चीज़ें बटोर लेने की अन्धी और असमाप्त हवस है। कबीर सांसारिक होते हुए भी सन्त थे। किसी भी किस्म की अतिरिक्त की चाह से परे। इसीलिए वे कह पाते हैं—

साँईं इतना दीजिए, जामें कुटुम समाय।
मैं भी भूखा ना रहूँ, साधु न भूखा जाय॥

इसके बदले वे प्रेम, भक्ति या मनुष्यता के सन्मार्ग पर दिल खोलकर चलने का निमंत्रण देते हैं—

लूट सके तो लूट ले, राम नाम की लूट।
पाछे फिर पछताओगे, प्राण जाहिं जब छूट॥

कबीर ने जीवन के हर पहलू पर कविता कही है। वे अपने युग के क्रान्तिकारी युगप्रवर्तक कवि थे। उन्हें पढ़ना जैसे फिर से अपना आत्मावलोकन करना है, और आज की 'माया' जिसे हम सीधे-सीधे पूँजीवाद के सह-उत्पाद बाज़ारवाद और उपभोक्तावाद कह सकते हैं, से मुक्त होने में, जीवन के प्रति यथार्थवादी, वैज्ञानिक, तार्किक, प्रेममयी, उदात्त, विराट् मानवतावादी दृष्टिकोण अपनाने में बहुत मदद मिलती है। कबीर हमारे लिए आज भी उतने ही ज़रूरी हैं, जितने कभी अपने समय में रहे होंगे। किन्तु, अपने यहाँ इधर ऐसी शक्तियाँ और प्रवृत्तियाँ बढ़ी हैं, जो ऐसे महान् क्रान्तिकारी युगपुरुषों का अपने सामुदायिक या राजनैतिक हित साधने में इस्तेमाल करने लगे हैं, बनिस्बत कि उनके सोच-विचार की रौशनी फैलाने के। यह उन महापुरुषों का दुर्भाग्य है कि उनके प्रसंशक या पंथ के अनुयायी उनके विचारों को अधिकाधिक समाजोपयोगी बनाने के बदले, अन्धभक्त बनकर नितान्त व्यक्तिपूजा को बढ़ावा देने लगते हैं, बल्कि उन्हें महज़ अपनी जाति या समुदाय की निजी सम्पत्ति मानने लग जाते हैं। अपनी स्वार्थ-सिद्धि में लगे ऐसे लोगों को महापुरुषों के रौशन विचारों के धूमिल पड़ने की चिन्ता क़तई नहीं होती। इस राजनैतिक रोग से जितना ज़्यादा बचा जा सके, उतना ही वह समाज के साथ-साथ उन महापुरुषों के हित में होगा।

राम सनेही ना मरै...

अरुण देव गौतम

हिन्दी के अनन्य भक्त-कवियों में तुलसी के बाद सर्वाधिक चर्चा जिस भक्त-कवि की होती है, वे हैं कबीरदास। कबीर ने हिन्दी की जिस भक्ति-धारा का अवगाहन किया है, वह धारा है निर्गुण भक्ति की ज्ञानमार्गी अथवा सन्तमार्गी काव्य-धारा। कबीर की भक्ति-भावना अपने परवर्ती और पूर्ववर्ती भक्त-कवियों से बिलकुल भिन्न रही है। कबीर की भक्ति में जिस निर्गुण आराध्य का वर्णन है, वह उपनिषदों की अद्वैत भावना से प्रभावित है। कबीर के ब्रह्म का स्वरूप भी अद्वैती है, किन्तु अनेक स्थानों पर कबीर का ब्रह्म इस अद्वैत रूप का अतिक्रमण भी कर जाता है। यही कारण रहा है कि कबीर ने कोई मत या सिद्धान्त नहीं दिया। वस्तुतः कबीर का ब्रह्म उनके अनुभवों की देन है। कबीर पहले साधक हैं, फिर कवि। वे अपनी भक्ति-साधना में जिस-जिस रूप में अपने ब्रह्म का साक्षात्कार करते हैं, उसी रूप में हमको बताते चलते हैं। वे 'यहु निज ब्रह्म विचार' और 'आतम साधन सार रे' में विश्वास करते हैं। और इसीलिए कबीर का ब्रह्म अनेक स्थानों पर बदल जाता है। वस्तुतः यह तर्क किसी दार्शनिक सिद्धान्त या मत से बहुत ऊपर है, यह आन्तरिक अनुभवों और अनुभूतियों का विषय है। इसीलिए कबीर ने कहा है—

कस्तूरी कुंडल बसै, मृग ढूँढे बन माहिं
ऐसे घटि घटि राम हैं, दुनिया देखे नाहिं॥

भारतीय सांस्कृतिक इतिहास में जनमानस को व्यापक और गहरे स्तर पर प्रभावित करनेवाला काल साहित्य के क्षेत्र में भक्ति-काल के नाम से जाना जाता है। भक्ति का प्रादुर्भाव प्रायः दक्षिण से माना गया है। इस विषय में स्वयं कबीर ने ही कहा है, 'भक्ति द्राविड़ी ऊपजी, लाए रामानन्द/परगट किया कबीर ने, सात दीप नव खंड'। वस्तुतः दक्षिण से निकला भक्ति का सोता 'स्रोत', कर्नाटक से चलते हुए, महाराष्ट्र में सन्तों के यहाँ विकास पाते हुए, गुजरात में अलख जगाते

हुए, उत्तर में वृन्दावन में नव-यौवन को प्राप्त करके समस्त उत्तर भारत में भक्ति की विराट् धारा का रूप ले लेता है। भक्ति की परम्परा के अनेक सूत्र भारतीय चिन्तन के अद्वैतवाद, विशिष्टाद्वैतवाद तथा मध्वाचार्य एवं रामानन्द-जैसे मनीषी आचार्यों के माध्यम से समस्त लोक में किसी-न-किसी रूप में प्रचलित थी। वहीं दूसरी ओर नाथपंथियों के योग और सिद्धों की साधना के कुछ जादू-टोने मंत्र आदि में भी तत्कालीन जनता का हृदय दिग्भ्रमित था। ऐसे सन्धि-काल में क्रान्तिकारी सन्तकवि कबीर का प्रादुर्भाव होता है। कबीर ने भक्ति और साधना की पहले से चली आ रही परम्पराओं को समझा और परखा तथा जनमानस के लिए भक्ति का जो मार्ग दिखाया, वह एक ओर अनेक विचारधाराओं एवं परम्पराओं से प्रभावित था, वहीं दूसरी ओर भक्ति का आडम्बर-रहित सीधा-सरल मार्ग लोक में प्रचलित किया। कबीर ने सिद्धों-नाथों के साथ वैदिक चिन्तन एवं दर्शन की परम्पराओं को लोकोन्मुखी और लोकग्राही रूप में प्रस्तुत किया। इसीलिए बच्चन सिंह ने कबीर को 'भक्तिकाव्य का प्रथम क्रान्तिकारी पुरस्कर्ता' भी कहा।

भक्त-कवियों के यहाँ जो आदर्श है, वह है प्रेम का आदर्श। प्रेम भक्त कवियों के यहाँ केन्द्रीय तत्त्व है। इसी तरह कबीर के यहाँ भी प्रेम के आदर्श और उत्कट रूप के दर्शन होते हैं। कबीर का प्रेम भगवत्प्रेम का आदर्श कहा जा सकता है। कबीर के भगवत्प्रेम के विषय में आचार्य हजारीप्रसाद द्विवेदी लिखते हैं—'हमने देखा कि कबीरदास की भक्ति-साधना का केन्द्र-बिन्दु प्रेम-लीला है। किन्तु इस लीला का जो स्वरूप कबीरदास ने उपस्थित किया है, वह बहुत व्यापक और विशाल है। भक्ति-रूपी प्रिया के लिए भगवान्-रूपी प्रेमिका ने जो चुनरी सँवार दी है, वह मामूली चुनरी नहीं है और उस चुनरी को धारण करने की क्षमता भी मामूली नहीं है।' इसीलिए भक्ति के आदर्श की घोषणा करते हुए कबीर ने साफ़ भाषा में कह दिया है—

भाग बिना नहिं पाइए, प्रेम प्रीति की भक्ति
बिना प्रेम नहिं भक्ति कछु, भक्ति भर्यो सब जक्त
प्रेम बिना जो भक्ति है, सो निज दम्भ विचार
उदर भरन के कारने, जनम गँवायो सार॥

और इसी प्रेम के महत्त्व को फिर बताने की कोशिश की है—

पोथी-पढ़ि पढ़ि जग मुआ, पंडित भया न कोय
ढाई आखर प्रेम का, पढ़ै सो पंडित होय!

वस्तुतः प्रेम को सरल-सहज रूप से कबीर ने हमारे सामने रखने की कोशिश की है। कोई आडम्बर नहीं है, प्रेम सरलता और निष्कपटता का नाम है। बस यही बताना चाहते हैं कबीर।

भक्त-कवियों की सबसे ऊँची कल्पना है 'लीला'? कबीर सहित भक्त-कवियों के यहाँ जो लीलावाद है, उसका बहुत गहरा अर्थ है। उसकी संकल्पना भी बहुत गहरी है, जो वैदिक भी है और वेदान्ती भी। यह सर्वविदित है कि ईश्वर या भगवान् अगम्य हैं, अगोचर हैं, निरंजन हैं, अकल और अनीह हैं। किन्तु फिर भी ईश्वर अनुभवजन्य है। वह लीलामय है। तैत्तरीयोपनिषद् में इसी लीला के विषय में कहा गया है 'नहि लीलाया: किंचित्प्रयोजनमस्ति, लीला एव प्रयोजनत्वत्' और जो इस लीला को नहीं जानता, वह भ्रम में है। वस्तुत: लीला को भगवान् के आनन्द-स्वरूप का प्रकाश माना गया है। उपनिषदों में इसी आनन्द को ही जीवन का आधार माना गया है। ईश्वर या भगवान् आनन्दमय है, वह रस-रूप है। इसीलिए ब्रह्म या ईश्वर को 'रसो वै स:' (तैत्तरीयोपनिषद् 2/7) कहा गया। वही रस कबीर के यहाँ राम-रस के रूप में दिखाई देता है। कबीर कहते हैं—'पीवत राम रस चढ़ी खुमारी।' यह खुमारी नशा नहीं है, बल्कि मस्ती है। वे फिर कहते हैं—

हरि रस पीया जानिये
कबहुँ न जाय खुमार
मैमंता घूमत रहे, नाहीं तन की सार... ॥

वस्तुत: कबीर के यहाँ जो लीला है, वह अकथ कहानी है, जो बिरला ही जान सकता है। इसीलिए कबीर कहते हैं—

यों मत जाने यहि रे फाग है
यह कछु अकथ कहानी
कहैं कबीर सुनो भई साधो
यह गति विरलै जानी... ॥

कबीर की भक्ति का आधार है आराध्य के प्रति निष्कपट प्रेम। इसीलिए वे भक्त के लिए मन और हृदय की शुचिता को आदर्श मानते हैं। आडम्बर रहित और पवित्र हृदय ही भक्ति का मूल है। इसीलिए वे भक्त का आदर्श भी बनते हैं। एक प्रेमी-भक्त अपने ईश्वर से मिलन की आशा-प्रत्याशा में कितना विलीन हो जाता है, यह कबीर ही हो सकते हैं—

अंखड़ियाँ झाँईं पड़ी, पंथ निहारि निहारि
जीभड़ियाँ छाला पड़्या राम पुकारि पुकारि॥

ऐसा कहकर कबीर भक्तों को नसीहत भी देते चलते हैं। तभी राम मिलेंगे, जब पाने की इतनी उत्कट अभिलाषा होगी, कि प्राण कंठ-कंठ से पुकार उठे।'

कबीर के यहाँ भगवत्प्रेम में जिस प्रकार मिलन का राग है, उसी तरह विरह में गहरी पीड़ा और अन्तर्वेदना के दर्शन होते हैं। कबीर छटपटाते हुए कहते हैं—

यहु तन जालौं मसि करूँ, ज्यों धुआँ जाई सरगि
मति वै राम दया करै, बरसि बुझावै अग्गि... ॥

प्रेम विरह की ऐसी ही तपिश और बेचैनी जायसी के यहाँ देखने को मिलती है, जब रत्नावली कहती है—

पिउ से कहेउ संदेसड़ा हे भौंरा हे काग
सो धनि विरही जरि मुई, तेहिक धुआँ हम लाग... ॥

कबीर के यहाँ राम का विरह बहुत असहनीय है। राम नहीं मिलने से वेदना बढ़ती जा रही है,

कबीर देखत दिन गया, निस भी देखत जाइ
बिरहिन पिउ पावे नहीं, जियरा तलपै भाइ... ॥

कबीर अपने इष्ट रूपी बूटी पाने के लिए बेचैन हैं, पर्वत आदि में खोज रहे हैं लेकिन—

परबत परबत मैं फिरा, नैन गँवाए रोय
सो बूटी पाऊँ नहीं, जाते जीवन होय...

और इसीलिए अन्त में कबीर को कहना पड़ा—

सुखिया सब संसार है, खाए अरु सोये,
दुखिया दास कबीर है, जागे अरु रोवे... ॥

यह हम सब जानते हैं कि कबीर के राम दशरथ सुत मर्यादा पुरुषोत्तम राम नहीं हैं। बल्कि वे ऐसे निर्गुण ब्रह्म हैं, जो घट-घट व्यापी हैं। अन्तर्यामी हैं। जो सबके हैं और सबमें हैं। वास्तव में उनके प्रभु राम रोम-रोम और कण-कण में बसे हैं। किन्तु लोगों को वह मन में होते हुए भी दूर दिखाई देता है, इसीलिए कबीर कहते हैं जब प्रियतम पास ही हो, तो उसे सन्देश भेजने की क्या आवश्यकता—

प्रियतम को पतिया लिखूँ, कहीं जो होय बिदेस
तन में, मन में, नैन में, ताकौ कहा संदेस..!!

कबीर के राम ऐसे अद्वैत ब्रह्म हैं, जो घट-घट वासी हैं। उसी ब्रह्म की सत्ता सम्पूर्ण जगत् में विद्यमान है। उसके अतिरिक्त और कुछ नहीं है। सब उसी से उत्पन्न और उसी में विलीन हो जाते हैं। कबीर कहते हैं—

पाणी ही ते हिम भया, हिम ह्वै गया बिलाय
जो कुछ था सोई भया, अब कुछ कहा न जाय... ॥

वस्तुतः यह सृष्टि और ब्रह्म के अस्तित्व को, उसके सम्बन्ध को दिखाने का सबसे सरल मार्ग है, जो कबीर करते हैं। इसीलिए वे विस्तार से भी समझाते हैं—

जल में कुम्भ, कुम्भ में जल है, बाहर भीतर पानी
फूटा कुम्भ जल जलहि समाना, यह तथ किथौं गियानी...!!

कबीर का ब्रह्म बहुत सूक्ष्म, किन्तु व्यापक है। उसके मुँह, हाथ-पैर नहीं है। वह पुष्प की ख़ुशबू से भी सूक्ष्म है।

जाके मुँह माथा नहीं, नाहीं रूप सुरूप
पुहुप बास ते पातरा, ऐसा तत्त्व अनूप... ॥

वस्तुतः कबीर की भक्ति के अनेक रूप देखने को मिलते हैं। कबीर के यहाँ आराध्य के प्रति अनन्यता का जो भाव है, वह अत्यन्त महत्त्वपूर्ण है। ईश्वरीय भक्ति की यही अनन्यता और समर्पण-भाव ही कबीर से कहलवा लेता है—

कबीर कूता राम का, मुतिया मेरा नाऊँ
गले राम की जेवड़ी, जित खैंचे तित जाउँ...!!

इसका यह तात्पर्य नहीं कि कबीर में मर्यादा और आत्मसम्मान का भाव नहीं था। कबीर अक्खड़ थे। उनमें आत्मसम्मान कूट-कूटकर भरा था। वे अपने राम के अनन्य भक्त थे। किन्तु अन्य भक्त-कवियों की तरह सदैव विनीत या दयनीय भाव स्वीकार नहीं था। तभी कबीर कह सके—

राम नाम की ओढ़ी चदरिया
ज्यों की त्यों धर दीनी चदरिया...!!

यह वस्तुतः कबीर के उसी आत्मसम्मान और आत्मविश्वास का द्योतक है, जो उनकी अनन्य भक्ति और विश्वास से उपजा था।

कबीर के यहाँ अपने ईश के प्रति गहरी आस्था और अपने कर्म के प्रति अडिग आत्मविश्वास अनेक स्थानों पर दिखाई देता है। जब लोग मोक्ष की लालसा में प्राण त्यागने के लिए काशी जाते थे, तब कबीर ने काशी छोड़कर उस मगहर में प्राण त्यागने का फ़ैसला किया, जिसे लोग नरक का द्वार कहते थे। यह कबीर का राम की भक्ति के प्रति आत्मविश्वास ही था कि वे सारी धर्मान्धता और रूढ़ि के ख़िलाफ़ मुखर होकर कह सके—

क्या कासी क्या ऊसर मगहर
राम हृदय बस मोरा
जो कासी तन तजै कबीरा
रामहिं कौन निहोरा... ॥

भक्त-कवियों में जाति-पाँति की भावना नहीं थी। सभी भक्त-कवि सामाजिक समरसता को बनानेवाले तथा ऊँच-नीच के भेद को अस्वीकार करनेवाले थे। इसका कारण भक्त-कवियों के गुरु रामानन्द का सूत्रवाक्य था—

जाति-पाँति पूछै नहिं कोई
हरि को भजै सो हरि का होई... ॥

यही बात कबीर की भक्ति में भी झलकती है। कबीर के यहाँ भी जाति-पाँति का भेद नहीं। कबीर कहते हैं—

जाति न पूछो साधु की, पूछ लीजिए ज्ञान
मोल करो तलवार का, पड़ी रहन दो म्यान... ॥

कबीर ने भक्ति के लिए सच्चे आडम्बररहित व्यवहार को उचित माना है। इस सम्बन्ध में जो बातें कबीर ने कही हैं, वे सभी बातें समान रूप से भक्ति के लिए अनिवार्य बन जाती हैं। कबीर कहते हैं—बाहरी दिखावा ठीक नहीं, भीतर का अनहद नाद प्रमुख है। इसीलिए कबीर को—

माला फेरत जग मुआ, मिटा न मन का फेर
कर का मनका डारि कै, मन का मनका फेर

कहना पड़ा।

कबीर के यहाँ बाह्याचार और धार्मिक आडम्बरों का विरोध हुआ है। वह विरोध हठयोगियों से ही शुरू हो गया था किन्तु व्यापक और प्रभावी रूप से कबीर के यहाँ हुआ। हिन्दू-मुस्लिम में भी जो कट्टरता और अन्धविश्वास दिखाई दिया, वहाँ कबीर ने प्रहार किया। चाहे वह हिन्दू को 'पाथर पूजै हरि मिलै तो मैं पूजूँ पहार... कहकर किया, या मुसलमान को 'काँकर पाथर जोरि कै मस्जिद लई बनाय...ता चढ़ि मुल्ला बाँग दे, क्या बहरा हुआ खुदाय...।' कहकर प्रहार किया है। क्योंकि ईश्वर के प्रति कबीर की स्पष्ट मान्यता थी—

ना मैं देवल, ना मैं मस्जिद, ना काबे कैलाश में...
मुझको कहाँ ढूँढ़ते बन्दे, मैं तो तेरे पास में॥

कबीर की भक्ति में रहस्यवाद बहुधा आकर्षित भी करता है और व्यतिरेक भी पैदा करता है, किन्तु गहराई से देखने पर भक्ति का दार्शनिक स्तर पर उतर जाना ही रहस्य बन जाता है। साथ ही कबीर का यह रहस्य अन्य रहस्यवादियों की भाँति गूढ़ होते हुए भी सामान्य जन में ग्राह्य होता है। कबीर भक्त पहले थे, ज्ञानी बाद में। कबीर की मूल अनुभूति अद्वैत की है, लेकिन कबीर ने उसे रहस्यवाद के रूप में व्यक्त किया है। कबीर वेदान्त के अद्वैत से रहस्यवाद की भूमि पर अवतरित हुए। कबीर का रहस्यवाद उपनिषदों के ऋषियों का रहस्यवाद है, जो मूलत: अद्वैत के अन्तर्विरोधों में भी समन्वय स्थापित करनेवाली अनुभूति है। वे सगुण के नहीं, निर्गुण ब्रह्म के उपासक हैं। यही कारण है कि उनका भगवत्-प्रेम रहस्यवाद कहलाया। कबीर ने अद्वैत ज्ञान, प्रेममूलक भक्ति और रहस्यवाद के मिश्रण से निर्गुण भक्ति में सर्वथा नई और मौलिक स्थापना की। रहस्यवादी प्रेम को अपनाने के कारण उनकी भक्ति में सगुण भक्ति-जैसी सरसता-तरलता भी दिखाई देती है।

कबीर ने जीवात्मा-परमात्मा के प्रेम का सीधा-सीधा चित्रण किया है। इसके लिए उन्होंने सूफ़ी कवियों के समान कथारूपकों का प्रयोग नहीं किया है। जब कबीर अत्यन्त आनन्दित हो जाते हैं और इस आनन्द की वर्षा में उनका अंग-प्रत्यंग भीग जाता है, तो बरबस ही कबीर का फकीर-मन गा उठता है—

कबीर बादल प्रेम का, हम पर बरसा आय
अन्तर भीगी आत्मा, हरी भई बनराय...!!

कबीर की भक्ति का जो मूल स्वरूप था, वह एक ओर वेदान्ती दर्शन और अद्वैतवाद से सम्बन्धित था, तो वहीं दूसरी ओर 'यहु निज बह्म विचार' से प्रेरित था, लौकिक था और वास्तविक जीवन से भी जुड़ा हुआ था। वही भक्ति इस संसार से मुक्ति भी दिलाती है, वही भक्ति प्रेम-रस के आनन्द से विभोर भी कर देती है, वही भक्ति आत्मिक शुचिता और आडम्बरहीनता के साथ तुलसी के राम की भाँति 'मोहिं कपट छल छिद्र न भावा' वाली स्थिति को प्राप्त करनेवाली हो जाती है।

वस्तुत: कबीर ने अपने समय में प्रचलित सभी चिन्तन एवं दार्शनिक परम्पराओं, मत-सम्प्रदायों तथा समाज में प्रचलित अनेक आचार-विचारों से रस ग्रहण करते हुए अपने निजी और सच्चे अनुभव को अपनी सहज और सरल वाणी में लोकग्राही रूप में प्रस्तुत किया। कबीर की वाणी सच्ची थी, इसीलिए लोक में हृदयंगम हुई। कबीर की वाणी आज भी सम्पूर्ण भारत में चाहे वह उत्तर भारत हो, राजस्थान हो, मालवा हो, गुजरात हो, महाराष्ट्र हो, सभी जगह अपने अलग-अलग रंग-ढंग में गाई जाती है। संगीत भक्ति-साहित्य की अनुपम देन है। कबीर के गीत-संगीत लोक से लेकर नागर शैलियों में प्रचलित और प्रतिष्ठित हैं। सच तो यह है कि कबीर एक समय और काल-विशेष के ही कवि और सन्त नहीं हैं, बल्कि अनन्तकाल तक चलनेवाली

सन्त और भक्ति की परम्परा के प्रतिनिधि हैं। धार्मिक पंथ और सम्प्रदाय के किसी-न-किसी रूप में कबीर की परम्परा आज भी जीवित और प्रासंगिक है। आज भी कबीर की तान समाज में सुनी जा सकती है। कबीर भक्ति की ही नहीं, अपितु भारत की संस्कृति, संगीत, साहित्य और सभ्यता-परम्परा के प्रतिनिधि कवि हैं।

हम कबीर के विषय में चर्चा करते हुए यह भाव समझ सकते हैं कि कबीर की भक्ति का एक छोर बहुत गहरे अर्थों के साथ ब्रह्म की उपासना, अनहदनाद और अजपाजाप की स्थिति से सम्बद्ध होता है, वहीं दूसरी ओर इन सबके लीन-विलीन हो जाने की ओर भी इशारा करता है। कबीर का यह गहरा किन्तु सूक्ष्म इशारा वस्तुतः तुलसी के राम के प्रति अनन्य भक्ति और 'एक भरोसो एक बल, एक आस-विस्वास' का जैसे बचा रह जाना है। तभी तो कबीर के यहाँ भी सब समाप्त हो जाता है, किन्तु राम-सनेही अन्त तक शेष है—

शून्य मरै, अजपा मरै, अनहद हू मरि जाय
राम-सनेही ना मरै, कह कबीर समुझाय... ॥

कबीर : शिक्षकीय गरिमा के प्रवक्ता-कवि

सुभाषचन्द्र गुप्त

भारतीय चिन्तन-परम्परा में 'सतगुरु' के लिए आचार्य, शिक्षक, शास्त्रोपदेशक आदि अर्थ निर्धारित किये गए हैं। लोक-व्यवहार में 'गुरु' शब्द शिक्षाविषयक आचार्य के रूप में विवेचित है। 'आचार्य' का अर्थ ही है, जिसका ज्ञान आचरण के अनुरूप हो। बुद्ध ने लिखा है कि आदमी की पहचान यह नहीं है कि वह क्या बोलता है, वरन् आदमी की पहचान यह है कि वह क्या करता है। स्पष्ट है कि आचरण ही मनुष्य की पहचान है। यही कारण है कि भारतीय चिन्तकों, शिक्षाशास्त्रियों ने शिक्षा के साथ 'दीक्षा' शब्द का भी प्रयोग किया है। शिक्षा पुस्तकीय ज्ञान है, और दीक्षा पुस्तकीय ज्ञान की व्यावहारिक परिणति। कबीर ने दीक्षागुरु की खोज पर ज़ोर दिया है। महात्मा गांधी ने अपनी 'आत्मकथा' में एक जगह लिखा है कि शिक्षा का मूल उद्देश्य व्यक्ति को संस्कारित करना है, परन्तु जहाँ मानवोचित संस्कारों की प्रबलता हो, वहाँ शिक्षा की आवश्यकता नहीं रह जाती। दीक्षा संस्कृतीकरण की प्रक्रिया है और यह प्रक्रिया सतगुरु के बिना सम्भव नहीं। संस्कार अपने सामान्य अर्थ में परिष्कार है। दीक्षा की प्रक्रिया में परिष्कार की चेतना अन्तर्निहित होती है। दीक्षा की प्रक्रिया निरर्थक तत्त्वों की सचेष्ट छँटाई करती है और मनुष्य को मनुष्य होने का सही अर्थ बताती है। कबीर मानते हैं कि जिसे सच्चे सद्गुरु की समीपता मिल गई, उसे एक सार्थक जीवन-दृष्टि मिल जाती है—

सद्गुरु की महिमा अनन्त, अनन्त किया उपकार॥
लोचन अनन्त उघारिया, अनन्त दिखावन हार॥

'नदिया एक घाट बहुतेरे' के अनुसार जीवन जीने के असंख्य रास्ते हैं। जिस तरह एक यात्री एक नाव और एक नाविक का सहारा लेकर गन्तव्य घाट पर पहुँच जाता है, उसी तरह जीवन-सागर को पार करने के लिए किसी कुशल नाविक अर्थात् किसी सिद्ध गुरु के सान्निध्य की ज़रूरत होती है। मनुष्य-जीवन नदी-सा है, नाविक

सद्गुरु हैं, और नाव उपासना-पद्धति, जीवन-दृष्टि है। सद्गुरु कुशल नाविक बनकर साधना की नाव के सहारे शिष्य को निरापद, निर्भय एवं सहज ढंग से लक्ष्य तक पहुँचा देते हैं। कबीर ने इस सत्य को भली-भाँति समझ लिया था, इसीलिए उनकी जीवन-दृष्टि, आत्म-प्रतीति की चरम सीमा को छूनेवाले आत्मविश्वास से ओतप्रोत है। ऐसा 'आत्मविश्वास' अपने अनुभव को समाज के अनुभव से संलग्न करने के बाद ही पैदा होता है। समाज में जीवन के बदलते सन्दर्भ और तात्कालिकता के गहरे दबावों से चुनौतियाँ पैदा होती हैं—ऐसे में प्रगतिशील व्यक्तित्व मौजूदा मूल्यों एवं दृष्टियों की प्रासंगिकता का नए सिरे से मूल्यांकन करते हेतु प्रश्नवाचक की भूमिका में सामने आता है।

समय और समाज को समझने के तीन माध्यम हैं, पहला—अध्ययन-मनन का, अर्थात् समाज, संस्कृति, धर्म, दर्शन, अध्यात्म से सम्बन्धित ढेरों पुस्तकें पढ़कर ज्ञान हासिल करना, जिसे कबीर ने 'कागद की लेखी' कहा है। दूसरा—प्रत्यक्ष दर्शन का, अर्थात् कबीर के शब्दों में 'आँखिन की देखी।' यह कठिन है क्योंकि इसका रास्ता लम्बा है और इस प्रक्रिया में एक ओर समाज को समझने की 'दृष्टि' विकसित करनी होती है और दूसरी ओर समाज में स्थापित वर्चस्वशाली सत्ताओं व मूल्यों से सीधे-सीधे टकराव का जोखिम उठाना पड़ता है। तीसरा है—इन दोनों के बीच की स्थिति। मनुष्य की जनपक्षीय चिन्ता एवं चेतना, मानव-आदर्श तथा मानव-व्यवहार के बीच विरोधाभास देखती है, तो सत्य का बोध कराने और समाज में उसकी स्थापना के लिए छटपटाने लगती है। यह छटपटाहट ही ज्ञान की तीसरी यानी विशिष्ट स्थिति है। यह तीसरी स्थिति ही सांस्कृतिक नवजागरण एवं आत्मबोध का प्रस्थान-बिन्दु बनती है। लेकिन सांस्कृतिक जड़ों की खोज तथा आत्मबोध की दिशा की पड़ताल करने के क्रम में एक अहम सवाल उठता है कि अपने समाज की मनुष्यविरोधी शक्ति-संरचना के प्रति कवि की दृष्टि आलोचनात्मक है, या ग़ैर-आलोचनात्मक। कवि रूढ़िगत मूल्यों और यथास्थितिवादी तत्त्वों से समझौता करता है अथवा उसके भीतर विद्रोह के संस्कार हैं? सांस्कृतिक सत्य से परिचित कराना, ग़लत तथ्यों का विरोध करना एक बात है, और उसके सामने घुटने टेक देना या उसका मुखर प्रवक्ता बन जाना बिलकुल दूसरी बात। कबीर ने जीवन और जगत् के बाहरी-भीतरी सत्य को निकट से देखा था और आँखों के सामने दिखनेवाले बहुरंगी आकर्षण एवं सम्मोहन के पीछे से झाँकती विद्रूपता-निर्ममता का सम्यक् साक्षात्कार किया था। यही कारण रहा है कि उन्होंने एक नया तथा आत्मपरिभाषी जीवन-दर्शन विकसित किया। उनका जीवन-दर्शन एक ओर उनकी प्रेमाभक्ति का माध्यम है, तो दूसरी ओर समाज को सत्य का बोध करानेवाला 'कम्पास' यंत्र। ये दोनों आयाम समानान्तर रूप से उनकी चिन्तन-प्रक्रिया और काव्य-प्रक्रिया में उपस्थित हैं।

मध्यकाल के जिस जटिल और औपनिवेशिक वातावरण में कबीर के जीवन एवं कविकर्म का विकास हुआ, उसमें अनेक मत एवं साधनाएँ प्रचलित थीं, वितंडावाद ज़ोरों पर था और खंडन-मंडन की अस्वस्थ तथा घनघोर प्रतियोगिता चल रही थी। कबीर के शब्दों में जनता 'पेड़ छाड़ि सब डारि लागै' की स्थिति में थी। सभी अपने-अपने सम्प्रदाय को सर्वश्रेष्ठ एवं एकमात्र कल्याणकारी बताकर उसके प्रचार-प्रसार में लगे थे। साधारण जनता तो हमेशा से शातिर नेताओं की कठपुतली बनती रही है। हठयोग, शैव, शाक्त, तांत्रिक आदि के मायाजाल में उलझी जनता वास्तविक जीवनबोध से अलग-थलग पड़ी थी। कबीर इन मिथ्याडम्बरों के प्रति गहरी प्रतिक्रिया का भाव लेकर सामने आए। गुरु रामानन्द के चेताए कबीर ने 'धर्म के मर्म' को आत्मसात् करते हुए जनता को दिग्भ्रमित करनेवाले धर्म के पाखंडियों और तथाकथित धर्मगुरुओं के ख़िलाफ़ ज़िहाद का ऐलान किया—

जाके संग दस-बीस हैं
ताका नाम महंथ।

इतने कठोर शब्दों का प्रयोग एवं खुली चुनौती कबीर-जैसे सहृदय के अन्तर्मन में सामाजिक-धार्मिक अन्तर्विरोधों तथा विसंगतियों के प्रति उठनेवाली गहरी वेदना तथा विद्रोह का परिचायक है। आम लोगों से सम्पृक्त खुरदरे यथार्थ का तीव्र बोध कराती कबीर की चिन्ता संकीर्ण मतवाद के हालातों के बीच मूल्यों के प्रदूषण से दूर मानवधर्मी संवाद क़ायम करती है। वस्तुतः कबीर का जीवन-विवेक लोक और लोकोत्तर को, दृश्य एवं अदृश्य को, पदार्थमय संसार तथा अभौतिक-अनश्वर परमसत्ता को, एक-दूसरे से जोड़ते हुए जगत् को मिथ्या माननेवाली अवधारणा की जगह एक ठोस वस्तुवादी जीवन-दर्शन प्रस्तुत करती है—"जीवत ब्रह्म को पूजै नहीं/मुरदा को मेहमान।"

कबीर अपने समय की समाज-व्यवस्था के रीढ़विहीन चरित्र को साफ़-साफ़ देख रहे थे। वे एक ओर भेदभावपरक सामाजिक-सांस्कृतिक परम्पराओं के दिये अनगिनत एवं गहरे ज़ख़्मों को अपने भीतर समेटे थे और दूसरी ओर उनके पास इतिहास की प्रगतिशील चेतना एवं परिवर्तनकामी तत्त्वों को पहचानने और अपनाने की अद्‌भुत क्षमता थी। निर्गुण-परम्परा के योद्धा कबीर ने चार्वाकों, लोकायतों, आजीवकों, बौद्ध दार्शनिकों और सिद्ध कवि सरहपाद के लोक-सरोकार से सम्पन्न सामाजिक चिन्तन की तार्किक पद्धति विरासत में पाई थी। लोकायतों और आजीवकों ने सर्वप्रथम प्रारब्धजनित कर्मफल, पुनर्जन्म आदि के विचारधारात्मक प्रभामंडल के पीछे छिपे षड्यंत्रों को समझा और इन षड्यंत्रों से अभिशप्त समुदाय को तर्कसंगत चेतना प्रदान करते हुए शोषण-दोहन करनेवाली शक्तियों को खुली चुनौती दी। हालाँकि 'प्रतीत्य समुत्पाद' का क्रान्तिकारी दर्शन प्रस्तुत करनेवाले बुद्ध पुनर्जन्म के चक्रव्यूह

से बाहर नहीं निकल सके। बावजूद इसके, कर्मकांडी परम्परा के विरोध में सबसे अधिक ताक़तवर हस्तक्षेप बौद्ध दार्शनिकों का रहा, जिन्होंने धार्मिक संकीर्णताओं में उलझे भारतीय जनमानस को एक नया दर्शन दिया। निस्सन्देह बौद्ध दार्शनिकों ने धर्म-दर्शन को सामाजिक सरोकार से जोड़ते हुए उसे लोक-भूमि प्रदान की। बौद्ध-दर्शन ने सामाजिक व सांस्कृतिक चिन्तन की एक ऐसी तार्किक पद्धति विकसित की, जिसने भाववादी चिन्तकों को धराशायी कर दिया। अश्वघोष, नागार्जुन, धर्मकीर्ति आदि ने प्रति-परम्पराओं के सामाजिक चिन्तन को दार्शनिक आधार प्रदान करने में महत्त्वपूर्ण योगदान दिया, लेकिन यह भी सच है कि कबीर का समय एवं समाज अपेक्षाकृत अश्वघोष और सरहपाद के समय-समाज से अधिक जटिल तथा चुनौतियों से भरा था।

12वीं और 13वीं शताब्दी के सामाजिक-सांस्कृतिक परिदृश्य में तीन आचार्य सामने आए—आचार्य रामानुज, आचार्य निम्बार्क और मध्वाचार्य। इन तीनों आचार्यों के आगमन के साथ ही वेदान्तमूलक भक्ति-साधना का फैलाव सुसंगठित तरीक़ों से होने लगा था। सनातन धर्म की विरोधी धारा के रूप में विकसित बौद्ध धर्म कालान्तर में वज्रयान एवं सहजयान-जैसी तांत्रिक साधना-पद्धति को आत्मसात् कर हिन्दू धर्म के साँचे में ढल गया। उड़ीसा और बंगाल के वज्रयानियों और वैष्णव-सम्प्रदाय के बीच का फ़र्क़ भी लगभग मिटता-सा गया। इसी तरह महाराष्ट्र और राजस्थान में भी नाथपंथी व वैष्णव एक-दूसरे के सन्निकट आ रहे थे। पूर्वी प्रदेश के सन्त जयदेव, दक्षिण के नामदेव तथा ज्ञानदेव, पश्चिम के बेनी तथा सधना और उत्तर के लालदेव—ये सभी रामानन्द के पूर्ववर्ती सन्त थे। रामानन्द ने साधना का एक ऐसा भव्य और विशाल मन्दिर निर्मित किया, जिसके दरवाज़े सबके लिए खुले थे। मूर्तिपूजा, वेदादि धर्मग्रन्थों एवं उपासना के बाहरी साधनों की आलोचना करते हुए उन्होंने अन्तस्साधना का मार्ग दिखाया। सबसे बड़ी बात यह रही कि रामानन्द ने निम्न जातियों के लिए भी भक्ति का परिसर खोल दिया। फलस्वरूप भारतीय इतिहास के मध्ययुग में सदियों से तिरस्कृत और अछूत मानी जानेवाली जातियों के बीच से पहली बार सन्त पैदा हुए। मुक्तिबोध के शब्दों में—"सन्त-काव्य निचली जातियों की सांस्कृतिक आत्म-प्रस्थापना का काव्य है। वर्णभेद, जाति-व्यवस्था, ऊँच-नीच आदि को लेकर सिद्धपंथी तो कबीर से बहुत पहले हिन्दू-समाज की तीखी आलोचना कर चुके थे। रूढ़ि-ध्वंस की परम्परा को धारदार बनाते हुए कबीर ने दलित जाति-समूह में आत्मगौरव का भाव जगाया। यह सांस्कृतिक आत्मबोध अपने-आप में इतनी सनसनीख़ेज़ घटना थी कि सवर्ण-समुदाय की पहली पंक्ति के भक्त-कवियों को उसके विरोध या बचाव में आगे आना पड़ा।"

तत्कालीन भारतीय समाज में परस्पर-विरोधी विचारधाराओं के बीच द्वंद्व की प्रक्रिया निरन्तर जारी रहने के कारण कबीर-काव्य में वैदिक रूढ़ियों के निषेध के साथ-साथ धर्म एवं साधना को सीधे तथा सादे रूप में रखने का प्रयास है। धर्म

धारण करने के लिए है, न कि केवल पढ़ने व पाठ करने के लिए। भोली-भाली एवं भटकी जनता को जीवन एवं धर्म का सीधा स्वरूप बता देना ही सद्गुरु का एकमात्र अभीष्ट होता है। धर्म का सादापन एवं सीधापन सामान्यजन को अपनी ओर खींचता है और धर्म का टेढ़ापन धर्मेच्छुओं को दूर करता है। धर्म की जटिलता वहीं होती है, जहाँ धर्म का उद्देश्य पाखंड एवं दम्भ का आतंक पैदा करना होता है। धर्म के कठिन पंथ का अनुसरण साधारण जनता के लिए सम्भव नहीं होता। इसीलिए कबीर ने आमजन को समझाया कि ये तथाकथित धर्मगुरु धर्म की परिभाषा एवं उसकी व्याख्या ग़लत ढंग से कर रहे हैं। शास्त्र और कर्मकांड का निषेध कबीर के आध्यात्मिक चिन्तन को एक नया अर्थ व एक नया अनुगूँज ही नहीं देता, बल्कि पूरे सामाजिक जीवन को गहरे स्तर पर आन्दोलित भी करता है। कबीर यह घोषणा करते हैं कि मोक्ष का रास्ता न तो केवल सवर्णों के घर के सामने से गुज़रता है और न केवल शूद्रों के घर के सामने से। यदि मोक्ष का अधिकार सवर्णों को है, तो शूद्रों को भी है। मुक्ति टुकड़ों-टुकड़ों में नहीं मिलती। समस्त उत्पीड़ित वर्गों की मुक्ति एक साथ होगी। वस्तुतः कबीर ने अपने जैसों से ईश्वर को छीन लेनेवाली ताक़तों के विरुद्ध धर्मयुद्ध की घोषणा की। उनका धर्म शास्त्रसम्मत नहीं है, बल्कि मनुष्यसम्मत है। उन्हें न तो शास्त्र के जंगल में भटकने की सुविधा थी, न फ़ुरसत और न ज़रूरत ही थी। उन्होंने धर्म-साधना की जटिलता की तीखी भर्त्सना करते हुए आगम, निगम, पुराण आदि को अप्रासंगिक एवं महत्त्वहीन करार दिया तथा साधना की जटिल प्रक्रियाओं में आमजन को उलझानेवाले धर्माचार्यों की साधना-पद्धति की उलटी राह चलने की सलाह दी—

कबीर धारा अगम की, सतगुरु देइ लखाय।
धारा उलट सुमिरन करें, स्वामी महि समाय॥

वस्तुतः आज कबीर ज़्यादा प्रासंगिक दिख रहे हैं, क्योंकि धार्मिक संकीर्णताओं के झंडाबरदारों, बाज़ीगरों और व्यापारियों के शोर-शेर में उनकी वाणी ज्ञान और ज्ञान के प्रवक्ता शिक्षक के सच्चे स्वरूप से परिचित कराती है। जीवन-मूल्य को विकृत तरीक़ों से समझाने की सुनियोजित, संगठित एवं सांस्थानिक साज़िशें तेज़ हो गई हैं। कबीर अपने गुरु के 'सबद' को नहीं, बल्कि उसमें समाहित अर्थगत चेतना को जीवन-व्यवहार में उतारने का आह्वान करते हैं। कबीर के अनुसार सच्चा गुरु, सच्चा शिक्षक वही हो सकता है, जो सारतत्त्व से परिचित कराए और निस्सार को छाँट दें—नीरक्षीर-विवेकी की तरह—

साधू ऐसा चाहिए, जैसा सूप सुभाय।
सार-सार को गहि रहे, थोथा देइ उड़ाय॥

सतगुरु दीन्हीं तत्त्व विचार।
मूल गहो अनुभव विस्तार॥

लेकिन जो साधक नहीं है, वह साधना की पद्धति क्या बताएगा? इसीलिए कहा गया है कि 'पानी पीजे छान के/गुरु कीजे जान के।' पर आज शिक्षा परिदृश्य में, ज्ञान के परिदृश्य में अन्धकार और अन्तर्विरोधों का फैलाव दिखाई दे रहा है। अध्यापक (सद्गुरु) भी भटकाव में हैं और छात्र भी। उदारीकरण के दौर में जिस तरह तमाम चीज़ें, तमाम नीतियाँ बाज़ार-केन्द्रित हुई हैं और कल्याणकारी राज्य की अवधारणा नेपथ्य में धकेली जा रही है, उसका प्रभाव शिक्षा-जगत् पर भी पड़ा है। शिक्षा विचार की भूमि रही है, बाज़ार की भूमि कभी नहीं। बाज़ारवादी शिक्षानीति ने जहाँ एक ओर शिक्षक और छात्र दोनों की समझ को बाज़ारू बनाया है, वहीं दूसरी ओर 'पढ़ने का हक़' और 'पढ़ाने का हक़' दोनों के सामने चुनौतियाँ पैदा कर दी हैं। शिक्षा के निजीकरण और व्यापारीकरण ने शिक्षा का उद्देश्य ही बदल दिया है। 'प्रॉसेस' जैसा होता है, 'प्रॉडक्ट' भी वैसा ही होता है। विगत कुछ दशकों में जिस तरह नैतिकता, संवेदनशीलता, सामाजिकता, साझापन, राष्ट्रीयता-जैसे बुनियादी मानवीय संस्कारों का तेज़ी से क्षरण हुआ है, उसकी जड़ में उदारवादी शिक्षानीति है। सही मायने में बाज़ार-केन्द्रित शिक्षानीति आदमी को उदारवादी (व्यापक सोचवाला) नहीं, उदरवादी (पेटवादी) बना रही है। शिक्षा का उद्देश्य मानस को विस्तृत बनाना है, न कि संकुचित। बाज़ारवादी ताक़तें कल भी समाज के लिए अहितकर थीं और आज भी हैं। तभी तो बाज़ारवादी शक्तियों के सर्वनाश के लिए कबीर को ऐलान करना पड़ा था--

कबिरा खड़ा बाजार में लिये लुकाठी हाथ।
जो घर जारे आपनो चले हमारे साथ॥

टॉल्स्टॉय ने लिखा है कि शिक्षा जनता को जगाती है, लेकिन तानाशाही चरित्र का शासक, पूँजीवादी चरित्र का शासक कभी भी ऐसी शिक्षानीति और शिक्षा-व्यवस्था का निर्माण नहीं कर सकता, जिससे कि जनता जाग जाए। टॉल्स्टॉय के उक्त कथन की रौशनी में मौजूद शिक्षानीति को समझा जा सकता है। अर्थनीति, राजनीति और शिक्षानीति—ये तीनों अलग-अलग चीज़ें नहीं हैं, ये तीनों आपस में जुड़ी हैं। कबीर के समय भी शिक्षा के अधिकारों को एक ख़ास वर्ण तक सीमित एवं अधिकृत कर दिया गया था, वर्तमान में भी शिक्षा से आम लोगों को दूर करने के लिए दोहरी साज़िशें हो रही हैं। एक ओर शिक्षा के निजीकरण के ज़रिये शिक्षा के अवसरों को सीमित किया जा रहा है और दूसरी ओर बाज़ारीकरण के ज़रिये शिक्षा को इतनी महँगी बनाई जा रही है कि आम जनता के लिए शिक्षा हासिल

करना कठिन हो जाए। एक बड़ी आबादी को शिक्षा से वंचित कर शूद्रवत् जीवन जीने के लिए अभिशप्त बनाने का षड्यंत्र है।

कबीर के समय में भी सुयोग्य, समर्पित और सन्त-सरीखे शिक्षादान करनेवाले गुरुओं की संख्या सीमित थी, आज पुनः वैसी ही स्थिति बन रही है। लेकिन कबीर के समय और आज के समय की तुलनात्मक पड़ताल करें, तो एक विरोधाभास दिखाई देता है। पहले समाज में शिक्षक का स्थान सबसे ऊपर होता था, उसके बाद राजा का स्थान आता था और अन्त में बाज़ार का स्थान आता था। आज स्थिति उलटी नज़र आ रही है। आज के परिदृश्य में सबसे ऊपर है बाज़ार, फिर शासकवर्ग और तब शिक्षक। बाज़ारवाद से प्रभावित शिक्षानीति ने शिक्षक और शिक्षा दोनों की गरिमा को क्षतिग्रस्त किया है। इतिहास के पन्ने साक्षी हैं कि अतीत में चक्रवर्ती सम्राटों तक ने शिक्षा के लिए अपनी सन्तानों को शिक्षकों-गुरुओं के पास भेजा था, लेकिन आज के शिक्षक ट्यूशन के लिए अभिभावकों और कोचिंग-मालिकों के आस-पास चक्कर लगाते दिखाई देते हैं। नई शिक्षानीति की नज़र में शिक्षक एक 'सेल्समैन' है और छात्र एक 'कस्टमर'। शिक्षा को मनुष्य-केन्द्रित नहीं, बाज़ार-केन्द्रित व मुनाफा-केन्द्रित साँचे में ढाला जा रहा है। एक ओर सरकार की नीतियाँ शिक्षा-जगत् के चरित्र को बदल रही हैं और दूसरी ओर बाज़ारू चरित्रवाले शिक्षकों के कारण शिक्षा-परिसर प्रदूषण की ज़हरीली हवाओं से भरता जा रहा है। साफ़-सुथरे, प्रतिबद्ध एवं सच्चरित्र शिक्षकों की संख्या लगातार घटती जा रही है। शिक्षा का बाज़ार शिक्षा के तमाम पक्षों को प्रभावित कर रहा है। वैसे लोग ज्ञान के मन्दिरों में अधिकारों की कुर्सियों पर क़ाबिज़ हैं, जिन्हें जेल की कोठरियों में होना चाहिए। ऐसे में ज़रूरत है गुरु रामानन्द की, जो कबीर का निर्माण कर सकें, लेकिन जो स्वयं ही विचारों से भटके और बाज़ार में अटके हों, वे दूसरों को क्या दिशाबोध देंगे?

कबीर की स्पष्ट समझ है कि ज्ञान का, शिक्षा का लक्ष्य है—मनुष्य को सहज बनाना। मनुष्य में सहजता का विकास तभी सम्भव है, जब उसके भीतर अहंकार का भाव नष्ट हो, अर्थात् तेरे-मेरे के भाव का अवसान हो जाए। श्रेष्ठता-बोध का विसर्जन और साधारणता का, लघुता का आत्मबोध ही मनुष्य को सही अर्थों में मनुष्य बनाता है। असाधारण (ऐब्नॉर्मल) बनना आसान है। थोड़ी-सी सम्पन्नता का अहसास, थोड़ी-सी सामाजिक कुलीनता एवं श्रेष्ठता का दम्भ आदमी को असाधारण बना देता है, जबकि साधारण और सहज जीना कठिन है—

प्रभुता से लघुता बड़ी, प्रभुता से प्रभू दूर।
चींटी ले साकर चली, हाथी के सिर धूर॥

यह साधारणता ही मनुष्य के मन को पारदर्शी और प्रेम-प्लावित बनाती है। निर्मल-निश्छल व निष्काम प्रेम ही सामाजिक समानता तथा समरसता का आधार

तैयार करता है। मानव-प्रेम का विकास ही सामाजिक विकृतियों से मुक्ति का मार्ग प्रशस्त करता है। इसीलिए कबीर मानव-मानव के बीच प्रेम-सम्बन्धों के अविरल विस्तार को ही शिक्षा की पहली और आख़िरी शर्त मानते हैं—

पोथी पढ़ि-पढ़ि जग मुआ, पंडित भया न कोय।
ढाई आखर प्रेम का, पढ़े सो पंडित होय॥

लेकिन प्रेम के मूल्य को समझने, प्रेम पाने और प्रेम देने के लिए मनुष्य को अपने भीतर एक व्यापक जगह बनानी होती है। जाति-व्यवस्था की संकीर्णताओं, सामाजिक कुलीनता व जातिगत श्रेष्ठता में जकड़ा आदमी प्रेम के व्यापक संस्कारों को अपने भीतर विकसित कर ही नहीं सकता। इस व्यापक संस्कार की बुनियादी शर्त है—सिर्फ़ और सिर्फ़ मनुष्य होना। वास्तविकता से मुठभेड़ कबीर के यहाँ इतनी गहरी है कि वह एक प्रति-संसार को निर्मित करती है, जहाँ सामाजिक तथा सांस्कृतिक यथार्थ के घावों को मनुष्य के अन्तर्जगत् के इतिहास-भूगोल में देख सकते हैं।

अपने को जानकार और ज्ञानवान् होने का दावा करनेवाले आदमी की बुनियादी शर्त है कि वह मिथ्यावाद को पोषण देनेवाली सत्ताओं और संस्थाओं का निर्भीक होकर विरोध करे। इस विरोध की चेतना को दूसरों तक पहुँचाने की सार्थक एवं ज़रूरी पहल कबीर ने ही की, साथ ही इस विरोध की चेतना को अपने व्यक्तिगत जीवन में भी क्रियान्वित किया। शिक्षा-जगत् से जुड़े लोगों के बीच एक पत्र की चर्चा अक्सर की जाती है, जो अब्राहम लिंकन ने लिखा था। अब्राहम लिंकन का बेटा जिस स्कूल में पढ़ता था, उस स्कूल के शिक्षक के पास अब्राहम लिंकन ने एक पत्र भेजा था, जिसमें उन्होंने लिखा था कि शिक्षक महोदय, मेरे बेटे को ऐसी शिक्षा दें कि सारी दुनिया उसके ख़िलाफ़ खड़ी हो, पर वह अकेले सत्य के पक्ष में खड़ा होने का साहस कर सके। दूसरों में सत्य के पक्ष में खड़ा होने का साहस पैदा करने के लिए कबीर ने पहले स्वयं को सत्य के पक्ष में अकेले खड़ा करने एवं ग़लत अवधारणाओं पर प्रहार करने का उदाहरण पेश किया। जीवन के अन्तिम चरण में जब लोग घर से काशी की ओर बढ़ते हैं, कबीर ने काशी को त्यागकर अपनी जन्मभूमि मगहर की ओर जाने का रास्ता चुना। स्वर्ग-सदृश काशी को छोड़कर दुर्गन्धों से प्रदूषित नरक सदृश मगहर के यथार्थ में अन्तिम साँस लेने का निर्णय कबीर लेते हैं। आज भी लोग काशी में स्वर्ग की प्रतीक्षा करते हुए जीवन का अन्तिम चरण बिताते हैं, लेकिन आज से छह सौ वर्ष पहले ही कबीर ने काशी को त्यागकर उसकी महत्ता को तो अस्वीकार किया ही, जन्मभूमि की महत्ता को नए सिरे से प्रतिष्ठित भी किया।

जीवन के अन्तिम समय में कबीर का काशी छोड़कर अपने गाँव मगहर लौटने की घटना को महज़ 'नॉस्टेल्जिया' कहकर ख़ारिज करना ग़लत होगा। कुछ रिश्ते

अपनों से भी ज़्यादा अपने होते हैं। आदमी का अपनी जन्मभूमि से ऐसा ही आत्मीय एवं अटूट रिश्ता होता है। अपने गाँव की ओर लौटना वस्तुतः अपनी जड़ों की ओर लौटना है और अपनी जड़ों की ओर लौटना यानी अपने लोगों के बीच, अपने वर्ग के लोगों के बीच लौटना है। काशी के पंडितों यानी तत्कालीन बुद्धिजीवियों के बीच रहने का अनुभव निश्चय ही कबीर के लिए सुखद नहीं रहा होगा। पंडित-वर्ग की सामाजिक कुलीनता के दम्भ और झूठी विद्वत्ता के अहंकार से कबीर को बार-बार टकराना पड़ा और इस टकराने की प्रक्रिया में विजयी होने के बावजूद अकेले पड़ते जाने के अहसास से भी बार-बार वे गुज़रते रहे। इन्हीं कटु अनुभवों ने उन्हें अपने लोगों के बीच जीवन की अन्तिम साँस लेने के लिए प्रेरित किया होगा। कबीर ने एक साथ दो मिथकों को तोड़ा। एक ओर उन्होंने इस लोकधारणा को तोड़ा, जिसके अनुसार मगहर में मरनेवाला अगले जन्म में पशु-योनि को प्राप्त करता है, और दूसरी ओर काशी का त्याग केवल एक नगर के मिथक को खंडित करना नहीं था, बल्कि काशी के सामाजिक-सांस्कृतिक परिवेश में मौजूद पाखंड के विरुद्ध एक ऐसी प्रतिक्रिया थी, जो शब्दों के साथ-साथ उनके कर्म से भी व्यक्त हुई।

जो 'गढ़' और 'मठ' तोड़ने का साहस नहीं करता और जो अभिव्यक्ति के ख़तरे 'उठाने की प्रतिरोधी चेतना का परिचय नहीं देता, वह सही अर्थों में बुद्धिजीवी नहीं है। बुद्धिजीवी होने का अर्थ है बिना किसी लाग-लपेट के किसी विषय पर राय व्यक्त करना, जिसे कुछ लोग स्वार्थ के कारण, तो कुछ लोग भय के कारण तोड़-मरोड़ कर पेश करते हैं और सत्य को शब्दजाल के मखमली क़ालीन के नीचे छुपाने का ऐतिहासिक षड्यंत्र करते हैं। कबीर का संघर्ष केवल समाज के यथार्थ से ही संघर्ष नहीं है, बल्कि उस भाषा के ख़िलाफ़ भी संघर्ष है, जो सत्य को समझने नहीं देती और विभ्रम का आवरण फैलाए रखती है। कबीर अपने समय के मिथ्यावाद से भी लड़ते दिखाई देते हैं और मिथ्यावाद को फैलाव देनेवाले भाषा-विधान से भी जिरह करते दिखाई देते हैं।

एक सच्चा शिक्षक, एक सच्चा बौद्धिक हर क्षण समाज की बेहतरी के लिए चिन्तन करता रहता है। लोक-पीड़ा को समझना और लोक-चेतना को जगाना ही कबीर ने गुरुमंत्र में पाया था। पर कबीर की पीड़ा तब और बढ़ जाती है, जब वे देखते हैं कि जनता को दिग्भ्रमित करने की साज़िशें अनेकानेक स्तरों पर चल रही हैं और अज्ञानता के कारण जनता सत्य को असत्य और असत्य को सत्य मान बैठी है। सत्य के नाम पर जब बड़ा झूठ समाज में स्थापित करने का चौतरफ़ा षड्यंत्र चल रहा हो, तो सच को सच और झूठ को झूठ प्रमाणित करना एक चुनौती बन जाता है। कबीर आजीवन चिन्तन और सृजन दोनों स्तरों पर इस तरह की चुनौतियों का सामना करते रहे। इस तरह की चुनौती का सामना करनेवाला ही यह लिख सकता है—

साधो, देखो जग बौराना
साँच कहौं तो मारन धावै, झूठ कहै पतियाना

मौजूदा परिदृश्य पर नज़र डालें, तो कबीर के दौर की तरह ही जटिल परिस्थितियाँ दिखाई दे रही हैं। दुनिया से लेकर देश के स्तर तक प्रतिक्रियावादी ताक़तों एवं संगठनों द्वारा झूठ एवं विध्वंसक सोच का तिलिस्म फैलाया जा रहा है। अर्थनीति, राजनीति, समाज, कला, साहित्य, संस्कृति, शिक्षा, धर्म, मीडिया—हर स्तर पर झूठ को स्थापित करने की बाज़ीगरी जारी है। लोकतंत्र के सारे स्तम्भ प्रश्नांकित हो रहे हैं। लिहाज़ा हर संवेदनशील नागरिक द्वंद्व और यातना की मनोदशा से गुज़र रहा है। सत्य को जानने और कहने के लगभग तमाम परम्परागत उपकरण एवं माध्यम अपर्याप्त, अविश्वसनीय और व्यर्थ हो चुके हैं। लोकतंत्र केवल राजनैतिक दर्शन नहीं है, बल्कि यह एक जीवन-मूल्य भी है। लोकतंत्र से जुड़ी अवधारणाएँ, सामाजिक संरचनाएँ, गंगा-जमुनी चिन्तन की प्रविधियाँ, जो मनुष्य के ज्ञानकोष में थीं, सभी क्षतिग्रस्त होती दिखाई दे रही हैं। ऐसे में बहुलतावादी और सामासिक जीवन-मूल्यों के सार्थक होने, उनके फैलाव और गूँजने के लिए वातावरण बनाना अत्यन्त दुष्कर और जोख़िम-भरा काम है। ऐसी ही जटिल परिस्थिति कबीर के समय में भी थी। जागरूक और संवेदनशील कवि-विचारक समाज की भयावह दशा देखकर बेचैन होता है। बेचैनी का सबसे गम्भीर कारण संवादहीनता की वह स्थिति है, जहाँ झूठ और सच के बीच के फ़र्क़ की बात कोई सुनता नहीं और जो सुनता है, वह समझने और स्वीकार करने के बदले हमलावर बन जाता है, क्योंकि ग़लत ताक़तों एवं संगठनों ने उसके मानस को विकृत कर दिया है। ऐसी ही मनोदशा में कबीर ने लिखा होगा—

ऐसा कोई ना मिले, जासूँ कहूँ निसंक
जासूँ हिरदे की कहूँ, सो फिरि मारें कंक

यही है समाज की विडम्बना, जिसका सामना हर ज़माने के सुकरात या कबीर को करना पड़ता है। कबीर को आदर्श माननेवाले के समक्ष यह चुनौती खड़ी है।

बरसों पहले अपने एक साक्षात्कार में प्रसिद्ध गायिका लता गंगेशकर ने कहा था कि अच्छी गायकी के लिए दिलोदिमाग़ का रौशन होना ज़रूरी है। मगर कैसे सम्भव है दिल और दिमाग़ का रौशन होना? उस्ताद और अच्छी तालीम के बग़ैर कैसे होगा रौशन दिलोदिमाग़? आज की भयावह परिस्थितियों में कबीर की गुरु-सम्बन्धी अवधारणा को आत्मसात् करने की ज़रूरत है। ज्ञान की भूमिका विचारवान् एवं चरित्रवान बनाने में है, न कि बाज़ारू और विचारहीन। ज्ञान का अर्थ 'नॉलेज' नहीं है, किताबों से, कम्प्यूटर से जानकारियाँ बटोर लेना नहीं है। आजकल शिक्षा के क्षेत्र में एक 'स्लोगन' लगातार दुहराया जा रहा है—'नॉलेज इज़ पॉवर', जबकि

सच यह है कि नॉलेज यानी सूचनाएँ महत्त्वपूर्ण नहीं होती हैं, महत्त्वपूर्ण होती है—चेतना और संवेदना, अर्थात् 'कॉन्ससनेस इज़ पॉवर'। चेतना यानी ज्ञान की भूमिका मनुष्यता, संवेदनशीलता, सामाजिकता एवं नैतिकता के सृजन एवं प्रसार में है। मनुष्य की पहचान उसकी संवेदनशीलता है और मशीनें संवेदनहीन होती हैं। विडम्बना यह है कि नई शिक्षा-प्रक्रिया मशीनों को ज़्यादा तरजीह देती है, लिहाज़ा अब तो पढ़ने-पढ़ाने की प्रक्रिया में शिक्षकों की ज़रूरत को ही नकारा जा रहा है। जब गंगोत्री ही प्रदूषित हो जाए, तो मानव-मन जिज्ञासाओं एवं सत्य की प्यास बुझाने कहाँ जाए? अध्यापन एक सन्त का साधना-कर्म है। अध्यापक का जीवन एक साधक का जीवन होना चाहिए, जो निरन्तर अध्ययन, मनन एवं आत्मसाधना से स्वयं सीखता है और दूसरों को भी सिखाता है। आप जब कुछ पढ़ रहे होते हैं, तो दुनिया को जान रहे होते हैं और जब दुनिया को जान रहे होते हैं, तो अपने-आपको समझ रहे होते हैं। ज़ाहिर है, पढ़ने-पढ़ाने का कर्म अर्थात् एक अध्यापक आत्मचिन्तन से समाज-चिन्तन तक की यात्रा तय करता है। यह यात्रा अपने समय के विविध परिदृश्यों एवं सवालों से साक्षात्कार है। साक्षात्कार के इसी आलोक में कबीर की 'साखी' का जन्म होता है। एक 'साखी' अनगिनत लोगों को शिक्षित-दीक्षित करती है। एक शिक्षक (सद्गुरु) सैकड़ों को अपने बोध एवं अपनी व्याख्या से सुयोग्य तथा सम्पूर्ण नागरिक बनाता है। फिर यह पहला सैकड़ा दूसरे सैकड़े को, दूसरा सैकड़ा तीसरे सैकड़े को शिक्षित व दीक्षित करता है—यह निरन्तर चलने वाली प्रक्रिया है। ज़रूरत है इस सत्य को समझने और समझाने की, ताकि स्वस्थ शैक्षणिक तथा सामाजिक वातावरण का निर्माण हो सके। यह निर्माण-प्रक्रिया जीवंत एवं प्रगतिशील समाज की पहचान है, अन्यथा प्रगतिशीलता के तमाम दावे निरर्थक हैं। आज लोकतांत्रिक समाज-निर्माण के आकांक्षी शिक्षक को सद्गुरु की भूमिका निभानी है। उसे अपने छात्रों को पाठ पढ़ाना है—मनुष्यता का, सामाजिकता का, साझी संस्कृति का, निश्छलता का, विश्वास का, स्वभाव की निःसंशयता का, जाति-वर्ण, अमीरी-ग़रीबी, छुआछूत की संकीर्णताओं से मुक्त एक सहज, मानवीय एवं सामाजिक आत्मीयता का, ताकि मौजूद शिक्षा परिदृश्य अनहद नाद की तरह गूँज उठे—

गुरु गोविन्द दोऊ खड़े, काके लागूँ पाँय।
बलिहारी गुरु आपने, गोविन्द दियो बताय॥

कबीर-दर्शन पर गोरखनाथ का प्रभाव

सुभाषचन्द कुशवाहा

(इस आलेख में गोरखनाथ के पदों में आए 'ष' को 'ख' की तरह पढ़ा जाना चाहिए)

गोरख मूलत: बौद्ध मतावलम्बी थे। उनके गुरु या पिता मक्षेन्द्रनाथ भी प्रारम्भ में बौद्ध थे। (गोरखनाथ एंड द कनफटा योगीज़-जॉर्ज वेस्टन ब्रीगस, मोतीलाल बनारसीदास पब्लिशर्स, प्रा. लि. दिल्ली, 2009, पृ. 231-32) कहा जाता है कि बौद्ध मत के प्रभाव से गो-रक्षा के लिए काम करने के कारण, गोरख नाम से जाने गए। वैदिक धर्म में गायों की सर्वाधिक बलि दी जाती थी और गौ-मांस खाया जाता था। तराई में लोहे के हल के आविष्कार के फलस्वरूप खेती-किसानी के लिए बैलों की ज़रूरत थी। इसलिए बुद्ध ने पशुवध के विरुद्ध अभियान चलाया जो खेतिहरों को भाया। बुद्ध के जन्म-स्थल-प्रदेश नेपाल के लोग, बुद्ध के अनुयायी बने। वे ही आगे चलकर गोरखनाथ के अनुयायी हुए और गोरक्षा के लिए प्रतिबद्ध हुए, इसी कारण गोरखा कहा गया। (द होमवर्ड मेल, अगस्त 20,1894) ब्रिटिश अख़बार 'द होमवर्ड मेल' अगस्त 20, 1884 के अनुसार मेहतर जाति के लोग सन्त गाजी मियाँ को अपना संरक्षक मानते थे, जो पंच पियारा समुदाय के सन्त थे तथा गजनी के रहनेवाले महमूद के भतीजे थे। उन्होंने गोरखनाथ से प्रभावित होकर गायों का संरक्षण किया था। इस प्रकार मेहतर जाति के लोग भी गोरखनाथ से प्रभावित थे।

बौद्ध धर्म से प्रभावित होने का दूसरा प्रमाण यह है कि गोरखनाथ के विचारों में मध्य मार्ग साफ़ दिखाई देता है—

षांये भीं मरिये अणषांये भी मारये, गोरषं कहै पूता संजंमि हीं तरिये
मधि निरन्तर कीजै बास, निहचल मनुवा थिर होइ सास

(अधिक खाने से भी मरो, न खाने से भी मरो। गोरख कहते हैं कि हे पुत्रो, संयम से ही तरो। निरन्तर मध्यम मार्ग में ही वास करना चाहिए। मध्यम मार्ग का अनुसरण करने से मन निश्चल और श्वास स्थिर हो जाता है।) बुद्ध के विचारों

का प्रभाव ग़ैर-सनातनी लोगों पर पड़ा था। इसलिए सन्तों और नाथों की बानियों में बौद्ध का प्रभाव दिखाई देता है। गोरखनाथ का कार्यकाल 11वीं सदी या 12वीं सदी के अन्त से पूर्व का माना जाता है।

गोरखनाथ ने अपने नाथपंथ के माध्यम से जिस दर्शन को विस्थापित किया, वह हिन्दू धर्म से भिन्न जोगी या योगी-दर्शन था। वह सनातनी पाखंडों से अलग, समाज के अस्पृश्य लोगों की योग-साधना पर आधारित था। वह हिन्दू-मुस्लिम विभाजन के ख़िलाफ़ था, वह मूर्ति-पूजा के भी ख़िलाफ़ था, और बहुत हद तक सूफ़ीवाद के क़रीब था। एक जगह वे कहते हैं—'हिन्दू ध्यावै देहुरा मुसलमान मसीत, जोगी ध्यावै परमपद जहाँ देहुरा न मसीत', अर्थात् हिन्दू देवालय में ध्यान करते हैं, मुसलमान मस्जिद में, किन्तु योगी उस परमपद का ध्यान करते हैं, जहाँ न मन्दिर है और न मस्जिद। योगी के लिए देवालय, मठ, मस्जिद और इनके अतिरिक्त भी, सब जगह परमात्मा का सहज बोध सुलभ होता है। इस प्रकार गोरख मन्दिर और मस्जिद को नकारते हैं, यानी हिन्दू और मुस्लिम-विभाजन को नकारते हैं।

गोरखनाथ कहते हैं—

हिन्दू आषै राम कौ मुसलमान षुदाइ।
जोगी आषै अलष कौ तहाँ राम अछै न षुदाइ॥

अर्थात् हिन्दू राम का नाम लेते हैं, मुसलमान ख़ुदा का, किन्तु योगी अलक्ष्य का नाम लेते हैं, वहाँ न राम है न ख़ुदा। वे अलख निरंजन का नाम लेते हैं, यानी जिसे न देखा जा सके, जिसका कोई आकार न हो। इस प्रकार गोरख मूर्ति-पूजा के विरुद्ध खड़े होते हैं।

कबीर अपने पूर्ववर्ती सन्त गोरख से उपर्युक्त दर्शन को प्राप्त करते हैं (देखा जाए तो कबीर भी गोरख की ही तरह धार्मिक विभाजनों को ख़ारिज करते हैं। कबीर के दर्शन और गोरखनाथ के दर्शन में बहुत हद तक समानता है। तभी तो कबीर अपने मन को गोरख बनाते हैं—

मन गोरख मन गोविन्द, मन ही औघड़ होइ।

गोरखनाथ कहते हैं कि वेदों, शास्त्रों, धार्मिक पुस्तकों तथा क़ुरान आदि ग्रन्थों में जिस परम पद को नहीं बाँचा जा सकता, उसको बिरले योगी ने जान लिया है। बाक़ी दुनिया तो धन्धों में लगी हुई है—

वेद न सास्त्रे कतेब न क़ुरांने पुस्तके न बांच्या जाई,
ते पद जांनां बिरला जोगी और दुनी सब धन्धे लाई।

ठीक इसी के बरक्स कबीर कहते हैं—

पोथी पढ़ि-पढ़ि जग मुआ, पंडित भया न कोय
ढाई आखर प्रेम का पढ़े से पंडित होय।

कबीर गोरख की भाँति, बार-बार वेद-पुराणों की महत्ता को ख़ारिज करते हैं—

बेद पुरान सबै मत सुनि के करी करम की आसा।

गोरखनाथ का एक और पद उपर्युक्त कथन के अनुरूप मिलता है—

कहणि सुहेली रहणि दुहेली, कहणि रहणि बिन थोथी
पढ्या गुंण्या सुबा बिलाई षाया, पंडित के हाथि रह गई पोथी।

अर्थात् चन्द शब्दों को रटनेवाला तोता अपने को बिल्ली से नहीं बचा सकता। उसी प्रकार मात्र पोथियों को रटने वाला पंडित अपने को काल से नहीं बचा पाता। गोरख के यहाँ पोथियों का क्या काम? पोथियाँ तो शूद्रों की पहुँच में थीं नहीं? तभी तो गोरखनाथ ने वेदों और धार्मिक किताबों को महत्त्वहीन माना है—

बेद कतेब न षाणीं बांणीं। सब ढंकी तलि आंणीं।
गगनि सिषर महि सबद प्रकास्या। तहं बूझै अलस बिनाणीं।

अर्थात् परमतत्त्व को न वेदों से, न धर्म की किताबों से और न चार प्रकार की वाणियों (परा, पश्यन्ती, मध्यमा और बैखरी) से जाना जा सकता है। ये सब तो सत्य प्रकट करने के बदले उसके ऊपर आवरण डालते हैं। उसे तो शून्य (बह्मरन्ध्र) समाधि से प्राप्त किया जा सकता है। इसे दूसरे शब्दों में कहा जा सकता है कि ये पोथियाँ सत्य पर आवरण डालती हैं। कबीर के पदों में गोरख की भाषा छिपी हुई है। 'बेद कतेब' शब्द का प्रयोग, कबीर ने ठीक गोरख की भाँति किया है—'बेद कतेब कहहु मत झूठेइ झूठा जो न बिचारैं'।

गोरखनाथ क़ाज़ी, मुल्ला और पंडित को भी लताड़ते हैं—

काजी मुलां कुरांण लगाया, ब्रह्म लगाया बेदं
कापड़ी सन्यासी तीरथ भ्रमाया न पाया नृबांण पद को भेदं।

क़ाज़ी-मुल्ला क़ुरान में लगे रहते हैं। ब्राह्मण वेद में। कापड़ी संन्यासी (गंगोत्री से जल लानेवाले) तीर्थों में भ्रमण करते रहते हैं, किन्तु निर्वाण-पद का भेद नहीं जान पाते। सभी आडम्बरों को एक स्वर में फटकारने का काम कबीर भी करते हैं। कबीर भी वही कहते हैं—

काजी तै कौन कतेब बखानी
पढ़त गुनत ऐसे सब मारे किनहू खबरू न जानी।

जहाँ कबीर—'काया माँजसि कौन गुना, जौ घट भीतर है निगुना', अर्थात् शरीर माँजने से क्या, जो मन दूषित हो, कहते हैं, वहीं मन की शद्धि की बात गोरख भी करते हैं—

अवधू मन चंगा तौ कठौती ही गंगा
बांध्या मेल्हा तौ जगत्र चेला
बदंत गोरष सति सरूप। तत बिनारैं ते रेष न रूप।

जहाँ कबीर ने 'साथ न चले जमात' कहकर साधु-संन्यासियों की भीड़ को नकारा है, वहीं गोरख ने—'ग्यांन सरीषा गुरु न मिलया चित्त सरीषा चेला। मन सरीषा मेलू न मिलिंया मिलिंया तीथैं गोरष फिरे अकेला', कहकर यह बताया है कि ज्ञान के समान गुरु नहीं मिला, चित्त के समान चेला नहीं मिला और मन के समान मित्र नहीं मिला, इसलिए गोरख अकेला फिरता है। मूर्ति-पूजा-विरोधी गोरखनाथ को यूँ कहते सुना जा सकता है—

कैसें बोलौं पंडिता देव कौनै ठांई,
नित तत निहारतां अम्हें तुम्हें नाहीं
पषांणची देवली पंषाण चा देव,
पषांण पूजिला कैसैं फटीला सनेह।
सरजीव तेड़िया निरजीवी पूजिला,
पाप चं करणी कैसैं दूतर तिरीला।
तीरथि तीरथि सनांन करीला,
बाहर धोये कैसैं भीतरि भेदीला।
आदिनाथ नाती मछीन्द्रनाथ पूता,
निज तत निहारै गोरष अवधूता।

(हे पंडितो! कैसे बताऊँ कि देवता किस स्थान में रहता है? निज तत्त्व को देख लेने पर हम और तुम नहीं रह जाते। पत्थर के मन्दिर में पत्थर के देवता की प्रतिष्ठा करते हो। फिर तुम्हारे अन्दर स्नेह का प्रस्फुटन कैसे हो सकता? तुम सजीव फूल-पत्तियों को तोड़कर निर्जीव मूर्ति को पूजते हो। इस प्रकार पाप की करनी से दुस्तर संसार को कैसे तर सकते हो? तीर्थ-स्नान करते हो। बाहर धोने से जल भीतर प्रवेश करके आत्मा को कैसे निर्मल कर सकता है? आदिनाथ का नाती, मत्स्येन्द्रनाथ का पुत्र गोरख केवल निज तत्त्व का दर्शन करता है।)

कबीर भी इसी प्रकार बाह्याडम्बरों का खंडन करते हैं—

मोकों कहाँ ढूँढे बन्दे मैं तो तेरे पास में
ना मैं देवल ना मैं मसजिद, ना काबे कैलास में

या

पाथर पूजै जौ हरि मिलैं तो मैं पूजूँ पहाड़।

गोरखनाथ ने जिस तरह नाथों और सिद्धों के पाखंड को भी नहीं छोड़ा है, वही तीखापन कबीर में भी देखने को मिलता है। कबीर में जो अवतारवाद और मूर्ति-पूजा का खंडन मिलता है, वह गोरखनाथ से होते हुए उन तक गया है। गोरख के इस पद को देखें—

तुझि परि हो अणघड़ोया देवा
घड़ी मूरति कूं सब कोई सेवै, तहि न जाणे भेवा
तू अबिनासी आदू कहींए, मोहि भरोसा पडीया
सब संसार घड्या है तेरा, तू किनहूं नहि घड़ीया
दस औतार औतिरिया तिरिया, बै पणि राम न होई
कमाई अपनी उनहूं पाई, करता औरे कोई
तू पूरण ब्रह्म पुरुष प्रिथमी का, सूरति मूरति सारा
श्रवणां सुण्यां न नैनां देष्या, तेरा घड़णैं हारा
तूं तौ आप आप तैं हूवा, तू देष्यां उजियारा
गोरष कहै गुरु कै सबदां तूं हीं घड़ने हारा।

(हे निरंकार देव, मैं तुझ पर बलिहारी जाता हूँ। बनाई हुई मूर्ति की सेवा सभी करते हैं, परन्तु उसका भेद नहीं जानते। तुझे आदि और अविनाशी कहा जाता है, इसका मुझे पूर्ण भरोसा है। सारा संसार तेरा गढ़ा हुआ है। तुझे किसी ने नहीं गढ़ा। दस अवतार अवतरित हुए और चले गए, किन्तु वे निरंकार राम न हो सके। कर्म का फल उन्होंने भी पाया। करनेवाला कोई और ही है। तुम पृथ्वी के पूर्ण ब्रह्म पुरुष हो। सम्पूर्ण स्वरूप और मूर्तियाँ मुझमें समाहित हैं। मैंने तेरा गढ़नेवाला न कानों से सुना और न नेत्रों से देखा। तुम तो अपने-आप उत्पन्न हो। तुझे देखने से उजाला ही उजाला है। गुरु के उपदेशानुसार गोरख कहते हैं कि सभी का स्रष्टा तू ही है।)

कबीर पर गोरख के प्रभाव को सिद्ध करने के लिए और भी तमाम पद दिये जा सकते हैं। एक पद में गोरख कहते हैं—

गगन मंडल मैं ऊँधा कूवा तहाँ अमृत का वासा
सगुरा होइ सु भरि पीवै निगुरा जाइ पियासा।

(आकाश मंडल अर्थात् 'ब्रह्मरन्ध्र' में एक औंधे मुँह का कुआँ है, जिसमें अमृत का वास है, जो अच्छे गुरु वाला होता है, वह तो भर-भर पीता है, मगर जो बिना गुरु का होता है, वह प्यासा चला जाता है।) इसी को कबीर कहते हैं—

अकासे मुखि औंधा कुआं, पाताले पनिहारी
ताका पाणी को हंसा पीवै, बिरला आदि विचारि।

कुछ कबीर ग्रन्थावलियों में कहीं-कहीं तो कबीर को गोरखनाथ के समकालीन मान लिया गया है। कबीर चौरा में संगृहीत 'गोरखनाथ की गोष्ठी' किताब के आधार पर विल्सन ने गोरखनाथ को कबीर का समकालीन अर्थात् पन्द्रहवीं सदी का मान लिया है। (वही, पृ. 238) कुछ कविताओं में कबीर कहते हैं—'कहैं कबीरा सुनो हो गोरख, चलो गीत के संगा'। इस कविता की भाषा ही सिद्ध कर देती है कबीर पर जिस सन्त का व्यापक प्रभाव हो, उसे पुकारते समय 'सुनो हो गोरख' नहीं कह सकते। इसके साथ-साथ जितने भी तथ्य प्रकाश में आए हैं, उनके आधार पर गोरखनाथ के जीवन समय का ठीक-ठीक निर्धारण भले न हो, लेकिन इतना तो निर्धारित हो चुका है कि उनका कार्यकाल 12वीं सदी के बाद क़तई नहीं हो सकता। (वही, पृ. 238) ऐसे कबीर और गोरखनाथ के सम्पर्क की कथा भी गपोड़ कबीरपंथियों की देन है।

गोरख के बाद कबीर के समय और तदुपरान्त तो सन्तों की बाढ़-सी आ गई। अनेक मत चल पड़े। सेना, घना, भवानन्द, पीपा, रैदास, नानक, दादू, शिवनारायण, जगजीवनदास जैसे प्रमुख सन्तों का नाम उल्लेखनीय है। हम देखते हैं कि गोरख का कबीर ने और कबीर का, कबीर के आगे के तमाम सन्तों ने अनुसरण किया। गोरखनाथ को हिन्दूधर्म के पाखंडों के विरुद्ध खड़ा होकर, सन्त-आन्दोलन को एक नई दिशा में ले जाने का श्रेय मिलना चाहिए। अगर गोरख न होते, तो कबीर, रैदास, नानक और दादू भी न होते। इस सन्त-आन्दोलन ने सनातनी पाखंडों के विरुद्ध कठिन लड़ाई लड़ी। यह आन्दोलन कुछ काल तक अपनी सार्थकता साबित भी करता रहा, मगर बाद में सन्तों के नाम पर शुरू हुए विभिन्न पंथों में ब्राह्मणवादियों की घुसपैठ का परिणाम यह हुआ कि कुछ हद तक उन्हें भी कर्मकांडी बना दिया गया। (कबीर-ग्रन्थावली, सम्पादक श्यामसुन्दर दास, पृ. 8-9)

इक्कीसवीं सदी में कबीर

सूरज बहादुर थापा

इक्कीसवीं सदी के दो दशक बीत चुके हैं और दो दशकों की इस कालावधि में भक्तिकाल के जो रचनाकार बौद्धिकों के विचार-विमर्श के केन्द्र में सबसे अधिक रहे हैं, वे हैं—कबीर। सन् 1997 में नई सदी के लगभग प्रवेश-द्वार पर धर्मवीर की किताब 'कबीर के आलोचक' के प्रकाशन के बाद कबीर पर वाद-विवाद और संवाद की जो विचारोत्तेजक और उच्च-स्तरीय शोधपरक बहसों का सिलसिला चला, वह 2020 तक सुभाषचन्द कुशवाहा की किताब—'कबीर हैं कि मरते नहीं' तक अबाध गति से चला आ रहा है। कबीर पर प्रकाशित होनेवाली जिस पुस्तक के लिए यह आलेख लिखा जा रहा है, वह 2021 में कबीर पर आनेवाली इसी शृंखला की महत्त्वपूर्ण कड़ी साबित होगी, ऐसा मेरा पूर्ण विश्वास है। सुभाष जी की उपर्युक्त पुस्तक (कबीर हैं कि मरते नहीं) के शीर्षक की पैरोडी करते हुए यह निश्चित रूप से कहा जा सकता है कि कबीर हैं कि थमते नहीं और ऐसा प्रतीत भी होता है कि कबीर आनेवाले समय-समाज के बौद्धिक विमर्शों में थमेंगे भी नहीं। निःसन्देह कबीर 21वीं सदी में अब तक सबसे अधिक पढ़े और लिखे जानेवाले हिन्दी के यशस्वी रचनाकार हैं। इस परिप्रेक्ष्य में नई सदी में कबीर पर लिखी गई आलोचनात्मक पुस्तकों पर यहाँ प्रासंगिक रूप से एक दृष्टि डाल लेना समीचीन होगा।

सबसे पहले धर्मवीर की कबीर पर लिखी गई पुस्तकों को देख लेना उचित होगा, जिसका कमलेश वर्मा ने अपनी पुस्तक 'जाति के प्रश्न पर कबीर' में इस प्रकार विवरण दिया है—धर्मवीर ने कबीर पर सात पुस्तकें लिखी हैं। इसमें छह पुस्तकों को दो शृंखलाओं में रखा गया है—1. कबीर के आलोचक, 2. कबीर नई सदी में। कबीर के आलोचक शृंखला के अन्तर्गत तीन पुस्तकें हैं—

1. कबीर के आलोचक-1 (1997)
2. कबीर के कुछ और आलोचक-2 (2002)
3. कबीर : सूत न कपास-3 (2003)

दूसरी शृंखला कबीर : 'नई सदी में' के अन्तर्गत भी तीन पुस्तकें हैं—

1. कबीर : हजारीप्रसाद द्विवेदी का प्रक्षिप्त चिन्तन-एक (2000)
2. कबीर और रामानन्द : किंवदन्तियाँ-दो (2000)
3. कबीर : बाज भी कपोत भी पपीहा भी-तीन (2000)

सातवीं पुस्तक है—कबीर : खसम खुशी क्यों होय (2013)

(जाति के प्रश्न पर कबीर, पृ. 37)

कँवल भारती की तीन पुस्तकें निम्नलिखित हैं—

1. आजीविका परम्परा और कबीर अर्थात् दलित धर्म की खोज (2010)
2. दलित धर्म की अवधारणा और बौद्ध धर्म (2012)
3. कबीर : एक विश्लेषण (2015)

पुरुषोत्तम अग्रवाल—अकथ कहानी प्रेम की : कबीर की कविता और उनका समय (2009)

उमाशंकर चौधरी—विमर्श में कबीर (2011)

कमलेश वर्मा—जाति के प्रश्न पर कबीर (2014, 2017)

सुभाषचन्द कुशवाहा—कबीर हैं कि मरते नहीं (2020)

इन पुस्तकों के अतिरिक्त दिल्ली विश्वविद्यालय के प्रोफ़ेसर कैलाश नारायण तिवारी के कबीर पर दो उपन्यास—1. विरले दोस्त कबीर के, और 2. उत्तर कबीर नंगा फकीर, क्रमशः 2015 और 2020 में आए हैं। इस आलेख में इन उपन्यासों पर विचार नहीं किया जा रहा है। यह सिर्फ़ संकेत करने के लिए है कि साहित्यिक रचनात्मकता के दायरे में भी कबीर उर्वर रूप से विद्यमान हैं।

प्रस्तुत आलेख का यही उद्देश्य है कि इस नई सदी में कबीर पर एक दर्जन से अधिक जो आलोचनात्मक पुस्तकें आई हैं, उनमें कबीर के व्यक्तित्व और कृतित्व से सम्बन्धित क्या नए तथ्य और विचार हैं, इनमें कबीर को किस तरह से नए सिरे से देखने का प्रयास किया गया है। ये पुस्तकें कबीर के बारे में उपलब्ध ज्ञान, सोच-विचार में कुछ नया और सार्थक जोड़ती भी हैं या इनमें नए बौद्धिक विमर्शों का सिर्फ़ गर्जन-तर्जन और दिखावा मात्र है।

अध्ययन और विवेचन की दृष्टि से उपर्युक्त लेखकों को हम मोटे तौर पर दो तरह की श्रेणियों में रख सकते हैं। प्रथम श्रेणी में धर्मवीर और कँवल भारती प्रभृति लेखक हैं। ये दलित-चिन्तक और आलोचक हैं। वस्तुतः नई सदी में कबीर को नए सिरे से देखने-परखने और समझने का मुख्य रूप से श्रेय इन्हीं को जाता है। दलित-विमर्श की नींव पर इन्होंने जो कबीर-विमर्श किया है, वह न केवल ज़ोरदार और धारदार, अपितु अत्यन्त धमाकेदार भी है। इनके कबीर-विमर्श ने कबीर-विषयक पूर्व धारणाओं की धज्जियाँ उड़ा दीं और दलित-अस्मिता के प्रतीक रूप में एक नए कबीर की खोज की। इन दलित-विचारकों ने नई सदी में पूरे हिन्दी साहित्य के

विखंडन का विचारोत्तेजक कार्य किया है, जिसने हिन्दी साहित्य की दुनिया में एक ज़बरदस्त हलचल पैदा की है।

दूसरी श्रेणी में पुरुषोत्तम अग्रवाल, उमाशंकर चौधरी, कमलेश वर्मा, सुभाषचन्द कुशवाहा प्रभृति ग़ैर-दलित-लेखक और विचारक हैं। ये चारों लेखक अपने-अपने तरीक़ों से कबीर के दलितवादी पाठ पर अपनी प्रतिक्रियाएँ देते हैं, जो आगे चलकर बिलकुल एक-जैसी या एक तरह की नहीं कही जा सकती। ये लेखक कई मुद्दों पर दलित-आलोचकों से सहमत होते दिखते हैं, पर अनेक बुनियादी मसलों पर अपनी साफ़-साफ़ असहमति भी प्रकट करते हैं। आगे कबीर-विषयक स्थापनाओं के सन्दर्भ में इन पर प्रकाश डालने का प्रयत्न किया जाएगा। यहाँ एक बात और स्पष्ट कर देना चाहता हूँ कि इस आलेख में केवल उन्हीं पहलुओं और आयामों पर बात करने पर बल दिया जाएगा, जो नई सदी के कबीर-विमर्श में कबीर-विषयक नई दृष्टि को सामने रखने की कोशिश करते हैं। इसलिए सभी लेखकों के सभी विचारों को समेटने का न यहाँ अवकाश है और न अवसर।

कबीर के जन्म-मृत्यु, माता-पिता, जाति, धर्म, गुरु, भक्ति, स्त्री-विषयक दृष्टिकोण के सम्बन्ध में नई सदी के आलोचकों ने पूर्व-प्रचलित अवधारणओं को प्रश्नांकित करते हुए नई सोच और नई दृष्टि प्रदान की है। यहाँ कुछ महत्त्वपूर्ण प्रतिस्थापनाओं की पड़ताल आवश्यक है। सबसे पहले कबीर की जन्म-सम्बन्धी-कथा को लेते हैं। सर्वविदित है कि कबीर को एक विधवा ब्राह्मणी के गर्भ से उत्पन्न हुआ बताया गया है, जिसने उसे बनारस के लहरतारा तालाब के किनारे फेंक दिया था। नीरू-नीमा नामक दम्पती ने नवजात शिशु के घर ले जाकर उसका लालन-पालन किया। कबीर के जन्म की इस कथा को काल्पनिक बताते हुए दलित-आलोचकों ने इसे ब्राह्मणवादी साज़िश के रूप में देखा है। कँवल भारती ने बड़ी तीखी प्रतिक्रिया दी है। उन्होंने लिखा है—'कबीर के जन्म के बारे में जिसने भी यह कहानी गढ़ी है, वह हद दर्जे का मूर्ख रहा होगा और उस पर विश्वास करनेवाले तो महामूर्ख हैं ही।' (कबीर एक विश्लेषण, पृ. 93) इसके पीछे निहित साज़िश का पर्दाफ़ाश करते हुए वे लिखते हैं—कबीर के माता-पिता कौन थे? भौतिक रूप से, जिसे हम जैविक या प्राकृतिक कह सकते हैं; कबीर एक मुस्लिम जुलाहा परिवार में पैदा हुए थे। उनके पिता का नाम नूरुद्दीन और माता का नाम नीमा था। किन्तु भारत के ब्राह्मणों को यह सहन नहीं हुआ कि जुलाहे के घर में पैदा हुआ कबीर ज्ञान की ऐसी आँधी चला दे, जिसमें वैदिक धर्म और ब्राह्मणवाद के सारे खूँटे उखड़ जाएँ। सो, उन्होंने कहानी गढ़ी कि कबीर एक विधवा ब्राह्मणी की अवैध सन्तान थे। अर्थात् वे यह स्वीकार करने को तैयार थे कि ब्राह्मण ही ब्राह्मणवाद के ख़िलाफ़ अलख जगा सकता है, पर यह स्वीकार करने को तैयार नहीं थे कि कोई दलित भी ब्राह्मणवाद के ख़िलाफ़ अलख जगा

सकता है। वे इस अवैज्ञानिक सिद्धान्त में विश्वास करते थे कि ज्ञान का दीप ब्राह्मण में ही हो सकता है, सिर्फ़ ब्राह्मण ही अलख जगा सकता है, अब्राह्मण नहीं। (कबीर एक विश्लेषण, पृ. 11-12) उमाशंकर चौधरी ने यह कहते हुए कि दलित विमर्शकारों ने इस किंवदन्ती को पूर्णतया झूठा साबित कर यह माना है कि नीमा-नीरू ही कबीर के असली माता-पिता थे। उमाशंकर ने धर्मवीर को इस सन्दर्भ में उद्धृत किया है—

> कबीर मेरे थे, वे ब्राह्मण के नहीं थे। कबीर मुसलमान घर में पैदा हुए थे, लेकिन ख़ुद वे इस धर्मान्तरण को नहीं मानते थे। नीमा-नीरू उनके असली माता-पिता थे। यह विधवा ब्राह्मणी वगैरह की कहानी सब झूठी है, सब ब्राह्मणों का दुष्प्रचार है। नीरू को इन लोगों ने छोटा बना रखा है। नीरू उस समय के डॉ. अम्बेडकर थे।

निष्कर्ष रूप में उमाशंकर चौधरी लिखते हैं—

> यह साफ़ लगता है कि कबीर के जन्म के सन्दर्भ में यह ब्राह्मणवाली बात जोड़ी हुई है। इसलिए इसे ग़लत और असत्य माना जाना चाहिए। कबीर जुलाहा थे, इसमें कोई शक नहीं है, क्योंकि उनके साहित्य में कई बार इसका स्पष्ट उल्लेख है। यहाँ यह मानने का ठोस तर्क उपलब्ध नहीं है कि कबीर नीमा-नीरू के असली पुत्र नहीं थे। जब यह साबित हो जाता है कि कबीर किसी ब्राह्मणी विधवा की सन्तान नहीं थे, तब यह भी सत्य है कि कबीर नीमा-नीरू की असली सन्तान थे। (विमर्श में कबीर, पृ. 71, 73)

इसी प्रकार सुभाषचन्द कुशवाहा, कमलेश वर्मा भी कबीर को बेझिझक नीमा-नीरू की सन्तान मानते हैं, कोई पोष्य पुत्र नहीं। यह देखना अत्यन्त दिलचस्प है कि बीसवीं सदी की मुख्यधारा की जिस हिन्दी आलोचना ने कबीर को ब्राह्मणी विधवा के त्याज्य पुत्र के रूप में प्रचारित-स्थापित किया था, उसे इक्कीसवीं सदी में सप्रमाण ख़ारिज करते हुए उलट दिया गया है। ऐसा सिर्फ़ इस मामले में ही नहीं होता, अपितु कबीर के गुरु, भक्त, धर्म, शिक्षा, स्त्री-दृष्टि, यथार्थ-बोध के मुद्दों पर भी ऐसा हुआ है। यथा अवसर इन पर भी प्रकाश डाला जाएगा। यहाँ लगे हाथों कबीर की जाति-विषयक विवाद पर एक दृष्टि डाल लेना उचित होगा। कबीर के जन्म, माता-पिता और जाति के विषय में कमलेश वर्मा ने एक और नया पक्ष सामने रखा है। ऊपर के विवेचन से यह स्पष्ट है कि दलित-आलोचकों ने कबीर को दलित माना है और उन्हें अस्पृश्य की कोटि में रखा है। कमलेश वर्मा इससे असहमत हैं। उन्होंने अपनी पुस्तक 'जाति के प्रश्न पर कबीर' के पहले अध्याय का शीर्षक ही

दिया है—कबीर दलित नहीं थे। तो क्या थे कबीर? कबीर कमलेश वर्मा अत्यन्त तार्किक ढंग से इस सन्दर्भ में विचारोत्तेजक बातें रखते हैं—

1. कबीर अपनी सामाजिक पहचान जुलाहा के रूप में स्वीकार करते हैं। (पृ. 18)
2. जुलाहा होने का मतलब है—मुसलमान होना। इस्लाम में अस्पृश्यता की अवधारणा है ही नहीं। इसलिए मुस्लिम-समाज में कबीर अछूत हो ही नहीं सकते थे। (पृ. 16)
3. यदि उन्हें जुलाहा माना जाए, तो बात साफ़ है कि जुलाहा अस्पृश्यता या अनुसूचित जाति नहीं है, वह पिछड़ी जाति है। पिछड़ी जातियों का विस्तार
4. मुस्लिम समाज तक है। अनुसूचित जाति का विस्तार केवल हिन्दू समाज तक है। दलित-विमर्श का कोई भी लेखक-चिन्तक मुसलमान नहीं है। (पृ. 19)
5. आज एक भी जुलाहा दलित नहीं है। दलित होने के लिए कबीर को जुलाहा से मुक्त करना होगा। (पृ. 20)

मगर डॉ. धर्मवीर कबीर को जुलाहा और दलित दोनों बताना चाहते है। ...डॉ. धर्मवीर के कथन में अन्तर्विरोध है। (पृ. 20)

कमलेश वर्मा ने अत्यन्त वस्तुनिष्ठ ढंग से अपनी बात रखी है और तथ्यात्मक रूप से बिलकुल सही भी है। यहाँ प्रश्न उठता है कि कमलेश वर्मा को कबीर को दलित नहीं पिछड़ा मुसलमान साबित करने की ज़रूरत क्यों पड़ी? क्या वे प्रचारित या ज्ञात तथ्यों में सिर्फ़ सुधार करना चाहते हैं या उनका कोई और उद्देश्य भी है। लगे हाथों इसकी भी पड़ताल कर लेनी चाहिए। कमलेश वर्मा की इस आलोचकीय दृष्टि के दो उद्देश्य हैं, पहला—यह कि अब दलित-विमर्श जातिवाद से मुक्ति की लड़ाई नहीं लड़ता। इसमें सत्ता-विमर्श की नीयत स्पष्ट दिखाई पड़ने लगी है। मुक्तिकामी विमर्श वर्चस्व का विमर्श बनकर रह गया है। जातिवाद से पीड़ित लोगों की लड़ाई जातिवाद के विरुद्ध न होकर जातिवादी वर्चस्व को बदलने की लड़ाई बन गई है।

दूसरा कारण यह कि हिन्दी साहित्य की अन्दरूनी राजनीति में कबीर को हथिया लेने की महीन राजनीति चलती रही है। ब्राह्मणवादी आलोचकों ने कबीर को हिन्दू ब्राह्मणी की सन्तान बताकर अपनी जाति की सर्वश्रेष्ठता को क़ायम रखने की चाल चली और इसमें वे सफल भी हुए। अब दलित-विमर्शकार कबीर को दलित बताकर ब्राह्मणवाद के ख़िलाफ़ लड़ाई का पूरा श्रेय दलित-समाज को ही देना चाहते हैं, जबकि सच्चाई यह है कि ब्राह्मणवादी धर्म, जाति और सत्ता की लड़ाई दलितों ने अकेले कभी नहीं लड़ी। 'बहुजन समाज' में सम्मिलित पिछड़ों और अल्पसंख्यकों का बराबर का योगदान रहा है। पिछड़ा वर्ग के मुसलमान कबीर को दलित बताकर पिछड़ों और अल्पसंख्यकों के योगदान को धूल-धूसरित किया जा रहा है। कबीर

दलित नहीं, पिछड़ा वर्ग से थे। प्रेमचन्द के अधिसंख्य किसान पात्र पिछड़ा वर्ग से हैं, पर हिन्दी आलोचना ने इस पर चुप्पी साध रखी है। इसलिए ज़रूरी है कि भारत के निर्माण में सबसे बड़ी भूमिका अदा करनेवाली पिछड़ी जातियों की साहित्यिक भूमिका को समझा-बूझा जाए।

इतिहास में पिछड़ा वर्ग की विभूतियों के योगदान को रेखांकित करने का महत्त्वपूर्ण काम हुआ है। ज्योतिबा फुले, सावित्रीबाई फुले, रामास्वामी नायकार, चन्द्रिका प्रसाद जिज्ञासु, रामस्वरूप वर्मा, ललई सिंह यादव, कांचा इलैय्या आदि अनेक के सम्बन्ध में चीज़ें प्रकाश में लाई गई हैं, पर यह असत्य नहीं है कि अब भी बहुत-कुछ उपेक्षित है, और अभी भी बहुत-कुछ किये जाने की आवश्यकता है। इसके लिए पिछड़ा वर्ग के बुद्धिजीवी और शोधार्थियों को पूरी तैयारी के साथ आना होगा। पर यहाँ यह देखना होगा कि क्या पिछड़ा वर्ग के बुद्धिजीवी और जनप्रतिनिधि सत्ता हासिल करने की नीयत, वर्चस्ववादी मानसिकता, जातिवाद से मुक्ति की भावना के स्थान पर जातिवादी वर्चस्व क़ायम करने की प्रवृत्तियों से मुक्त हैं? या वे भी दलित-विमर्शकारों की राह पर हैं। देश के प्रधानमंत्री से लेकर मुख्यमंत्रियों और मंत्रियों की लम्बी फेहरिस्त है, जो पिछड़ा वर्ग से हैं, पर उनकी नीयत क्या है? वे जातिवाद से मुक्ति का आख्यान रचने को तैयार हैं या वे भी येन-केन प्रकारेण जाति का लबादा ओढ़े सत्ता-सुख का विमर्श कर रहे हैं। उ.प्र. में तथाकथित समाजवादी दौर में पिछड़ा वर्ग के नेतृत्व को क्या प्रश्नांकित नहीं किया जाना चाहिए? वास्तविकता यह है कि सत्ता के आकर्षण, मद और अहंकार ने दलितों-पिछड़ों अर्थात् बहुजनों को बुरी तरह से जकड़ लिया है। अपने सामाजिक आचार-विचार में बहुजन समाज ब्राह्मणवाद से बुरी तरह ग्रस्त है। आज ज़रूरत आपसी रस्साकशी और तनातनी को छोड़कर ब्राह्मणवादी सत्ता और सोच के बरक्स एक संयुक्त और साझा मोर्चा तैयार करने की है। पर अपने-अपने वर्चस्व की आकांक्षा और लालच ने इसे बुरी तरह असफल बनाया है। ऐसे में दलित कबीर या पिछड़ा कबीर के स्थान पर हमें मानवतावादी-क्रान्तिकारी कबीर की सबसे ज़्यादा ज़रूरत है, जो ब्राह्मणवाद के मज़बूत क़िले को दमदार चुनौती देने में सक्षम हो। ब्राह्मणवाद के मार्ग पर चलकर बहुजनों का व्यक्तिगत भला हो सकता है, समष्टिगत कदापि नहीं। वे मार्क्सवाद के रास्ते न चलना चाहें तो न चलें, पर कम-से-कम बुद्ध और बाबा साहेब के वैज्ञानिक वस्तुनिष्ठ विवेक के रास्ते को तो अपनाएँ।

कबीर के 'अस्पृश्य' न होने की बात पर भी ध्यान दिये जाने की ज़रूरत है। दरअसल अस्पृश्यता जातिगत ही नहीं होती, विचारगत/वैचारिक भी होती है। बुद्ध शाक्यवंशी क्षत्रिय राजकुमार थे। राम और कृष्ण के मुकाबले क्षत्रिय और सवर्ण समाज में उनसे अस्पृश्य अधिक कौन है? क्षत्रिय और सवर्ण समाज के कितने प्रतिशत लोगों ने बौद्ध धर्म को अपनाया है? संख्या नगण्य कही जा सकती

है। जिस बुद्ध को दुनिया के अनेक देशों ने अपनाया है, जो बुद्ध विश्व में भारत की एक सशक्त पहचान हैं, उन्हें इस देश के सवर्ण समाज ने लगभग ठुकरा या अस्वीकार कर दिया है। कबीर की स्थिति भी बुद्ध से भिन्न नहीं है। बल्कि यूँ कहना चाहिए कि और भी बदतर है। वह कहावत है ना कि 'एक तो करेला, ऊपर से नीम चढ़ा', ठीक वैसे ही कबीर—एक तो मुसलमान जुलाहा, ऊपर से ब्राह्मणवाद-विरोधी।

मुख्यधारा की हिन्दी आलोचना के द्वारा एक धारणा यह भी स्थापित की गई है कि कबीर रामानन्द के शिष्य थे। धर्मवीर भारती, कँवल भारती और सुभाषचन्द कुशवाहा ने एक स्वर में इस धारणा का खंडन किया है। इन आलोचकों ने कबीर को रामानन्द का शिष्य साबित करने के पीछे अन्ततः ब्राह्मणवादी श्रेष्ठता को स्थापित करने की चालाकी देखी है। उनका स्पष्ट मत है कि कबीर रामानन्द की भाँति वैष्णव नहीं हैं, क्योंकि कबीर विष्णु के किसी भी अवतार को न मानते हैं और न पूजते हैं। उनके 'राम नाम का मरम है आना'। इसी के साथ—'कासी में हम प्रकट भये, रामानन्द चेताए' पंक्तियाँ न कबीर ग्रन्थावली में मिलती हैं और न 'गुरुग्रन्थ साहिब' में। सुभाषचन्द कुशवाहा लिखते हैं—'ऐसा लगता है कि स्वामी रामानन्द का नाम 15वीं-16वीं सदी के हर सन्त, कवि या सुधारक के साथ सायास तरीक़े से जोड़ दिया गया है। स्वामी रामानन्द को केवल कबीर का ही नहीं, बनारस के समकालीन सन्त रविदास, राजस्थान के सन्त पीपा, मुम्बई के सन्त धन्ना जाट, गुजरात के संद दादू आदि के साथ भी जोड़ने का खेल खेला गया है। यह विडम्बना नहीं तो क्या कि कबीर के बाद के सन्तों के गुरु भी रामानन्द घोषित कर दिये गए हैं, जैसे रामानन्द का कार्यकाल कई सदियों का रहा हो? स्पष्ट है कि स्वामी रामानन्द वैष्णव धर्मी थे, जबकि सारे सन्तों ने वैष्णव धर्म के विरुद्ध अपनी दिशा तय की है। स्वामी रामानन्द इनमें से किसी सन्त के गुरु नहीं हो सकते। 'मन चंगा तो कठौती में गंगा' कहनेवाले गोरखनाथ और रविदास को प्रतिदिन गंगा नहानेवाले ब्राह्मण स्वामी रामानन्द शिष्य नहीं बना सकते थे।' (कबीर हैं कि मरते नहीं, पृ. 51) ध्यातव्य है कि शूद्र लेखक नाभादास विरचित 'भक्तमाल' में रामानन्द के शिष्यों की इस प्रकार सूची दी गई है—

अनन्तानन्द कबीर सुखा सरसुरा पदमावति नरहरि।
पीपा भावानन्द रैदास धना सेन सुर सुर की धर हरि॥

नाभादास का 'भक्तमाल' प्रक्षिप्त ग्रन्थ नहीं है और उसकी प्रति ज्यों-की-त्यों आज भी उपलब्ध है। डॉ. पुरुषोत्तम अग्रवाल का कहना है कि रामानन्द को कबीर का गुरु नाभादास, गरीबदास और मुहसिन फनी जैसे ग़ैर-ब्राह्मणों ने भी कहा है, जो श्यामसुन्दर दास से सैकड़ों वर्ष पूर्व के हैं। उमाशंकर चौधरी ने विश्वनाथ त्रिपाठी के

हवाले से कुछ महत्त्वपूर्ण तथ्यों की ओर संकेत किया है, जैसे—कांचीपूर्ण रामानन्द के शूद्र गुरु थे, हरिजन जाति के रैदास मीराबाई के गुरु थे, तत्त्वाजी और जीवाजी नामक ब्राह्मण कबीर के शिष्य थे। अतएव किसी ब्राह्मण या सवर्ण का शूद्र गुरु होना अथवा किसी शूद्र का ब्राह्मण शिष्य होना कोई नई या असम्भव-सी बात नहीं थी। एक और तर्क यह भी दिया जाता है कि रामानन्द ने भले ही कबीर को अपना शिष्य न बनाया हो, पर कबीर ने उनकी शिक्षाओं के प्रभाव को ग्रहण करके ही हिन्दू-धर्मशास्त्रों के मर्म को समझा था। इस सन्दर्भ में भी सुभाषचन्द कुशवाहा की टिप्पणी द्रष्टव्य है—

> कहा जाता है कि जुलाहा कबीर बड़े हुए, तो स्वामी रामानन्द के संग रहने के कारण हिन्दू धर्म को समझे। अब इस भोलेपन या कुतर्क पर कैसे विश्वास किया जाए? कोई पूछे कि अब्दुर्रहीन खान-ए-खाना और रसखान ने कृष्ण भक्ति की कविताएँ रामानन्द से ही सीखीं क्या? तानसेन में हिन्दू-मुस्लिम की मिली-जुली संस्कृति का रोपण किसने किया? जौनपुर के कलाप्रेमी शर्की शासकों और अन्तिम सुल्तान हुसैनशाह शर्की (कार्यकाल 1458-1480) द्वारा भोर का राग 'जौनपुरी' की रचना क्या रामानन्द के शिष्यत्व में हुई? (वही, पृ. 52)

ठीक इस तर्क के विपरीत उमाशंकर चौधरी निष्कर्ष देते हुए लिखते हैं—

> चूँकि अब तक के उपलब्ध साक्ष्य कबीर और रामानन्द के सम्बन्ध की सूचना देते हैं, इसलिए जब तक कोई ठोस आधार हमारे पास उपलब्ध नहीं होगा, कबीर और रामानन्द के बीच काट पैदा करना एक ज़बरदस्ती का किया गया प्रयास ही लगेगा। (विमर्श में कबीर, पृ. 81)

यहाँ स्वामी रामानन्द के कबीर के गुरु होने के पक्ष और विपक्ष में दिये गए तर्कों की वस्तुनिष्ठ रूप से पड़ताल करने की आवश्यकता है। किसी भी प्रकार के अड़ियल रवैये से बात नहीं बनेगी। मान लीजिए कि कबीर ने रामानन्द को गुरु मानते हुए से 'राम' नाम का मंत्र ग्रहण कर लिया। अब प्रश्न उठता है कि रामानन्द कबीर के किस प्रकार के गुरु थे? जो लोग रामानन्द को कबीर का गुरु मानते हैं, वे यह भी मानते हैं कि रामानन्द ने जुलाहा कबीर को शिष्य बनाने से इनकार कर दिया था, वे तो कबीर ने अँधेरे में गंगाघाट की सीढ़ियों पर लेटकर जबरिया और अनजाने में गुरुमंत्र प्राप्त किया था। इससे ज़ाहिर होता है कि कबीर रामानन्द के ऐसे 'फ़ुलटाइम' शिष्य बिलकुल नहीं थे, जिसे अपने पास बैठाकर रामानन्द जी ने धर्मशास्त्रों का मर्म पढ़ाया और समझाया हो। आचार्य शुक्ल के शब्द उधार लेकर कहना चाहें तो रामानन्द कबीर के बस 'नोटिस मात्र' गुरु थे। कबीर का 'ज्ञान'

रामानन्द का पढ़ाया-सिखाया ज्ञान नहीं, स्वयं कबीर द्वारा स्वानुभव से अर्जित किया गया ज्ञान था। वे 'कागद लेखी' से नहीं 'आँखिन देखी' से ज्ञान प्राप्त करते हैं। क्या रामानन्द को कबीर का गुरु मान लेने भर से ब्राह्मणवाद की श्रेष्ठता क़ायम हो जाती है? जब कबीर ने 'राम' नाम के अतिरिक्त रामानन्द से कुछ ज्ञान लिया ही नहीं, तो रामानन्द नाममात्र के ही गुरु हुए। कबीर ने अपने 'राम' को स्वयं आविष्कृत किया, किसी गुरु से उधार लेकर नहीं। रामानन्द का उदारवादी वर्णाश्रम भी कबीर को मंजूर नहीं था। कबीर का रास्ता ब्राह्मण रामानन्द के रास्ते से भिन्न था। कबीर स्वनिर्मित (सेल्फ़ मेड) थे, किसी गुरु के बनाए हुए नहीं। इसलिए रामानन्द का कबीर का गुरु होना या न होना, कोई बहुत मायने नहीं रखता। गुरु रामानन्द का कबीर के कबीरपन में कोई योगदान नहीं; सब किया-धरा कबीर का अपना है, किसी गुरु का नहीं। एक उदाहरण से बात को समझा जा सकता है। सर्वविदित है कि बाबा साहेब को अम्बेडकर की उपाधि उनके ब्राह्मण गुरु/शिक्षक से मिली। अब इस अम्बेडकर की विश्वव्यापी पहचान बाबा साहेब से होती है न कि उनके शिक्षक से। बाबा साहेब ने ब्राह्मण शिक्षक से अम्बेडकर नामोपाधि तो ली, पर उसमें अर्थ और विचारों के रंग स्वयं के भरे, न कि ब्राह्मणवाद के। इसलिए यह समझने की ज़रूरत है कि कबीर और रामानन्द का सम्बन्ध स्वतः कटा हुआ है, उसे ज़बरदस्ती के प्रयास से काटने की आवश्यकता ही नहीं है। कँवल भारती ने ठीक ही लिखा है—'फिर कबीर के गुरु कौन? कबीर के यहाँ गुरु एक तत्त्व है, अर्थात् भीतर का गुण। कबीर ने इसका नाम 'विवेक' रखा है—'कहु कबीर मैं सो गुरु पाया जाका नाउ बिबेको'। (कबीर : एक विश्लेषण, पृ. 27)

इसलिए रामानन्द को कबीर का गुरु कह भर देने से कबीर के व्यक्तित्व और कृतित्व पर गुणात्मक रूप से कोई फ़र्क़ नहीं पड़नेवाला। शमशेर ने बिलकुल ठीक लिखा है—'बात बोलेगी, हम नहीं, भेद खोलेगी, बात ही।' अब कबीर की 'बातों' से ही समझ लेना चाहिए कि रामानन्द उनके गुरु थे या नहीं?

कबीर के विषय में एक सरलीकृत प्रचलित धारणा यह भी है कि वे अशिक्षित थे। इस सन्दर्भ में उनका यह कथन—'मसि कागद छुयौ नहीं, कलम गह्यौ नहीं हाथ', उद्धृत कर उन्हें अशिक्षित प्रमाणित किया जाता है। 21वीं सदी की आलोचना इसे सिरे से ख़ारिज करती है। कबीर की शिक्षा-सम्बन्धी नई स्थापनाओं को कँवल भारती के तर्कों और मन्तव्यों के माध्यम से देखना उचित होगा—

1. कबीर ख़ूब पढ़े-लिखे और ज्ञानी व्यक्ति थे। वे अपने समय के सर्वाधिक उच्च शिक्षित लोगों में थे। (पृ. 16)
2. यदि काग़ज़ पर कलम से लिखना ही किसी के शिक्षित होने की पहचान है, तो इस आधार पर बुद्ध को भी अशिक्षित मानना होगा, महावीर को भी अनपढ़ मानना होगा, क्योंकि इनमें से किसी ने भी न कलम हाथ में

पकड़ी थी और न काग़ज़ छुआ था। बुद्ध और महावीर दोनों ने ही कोई ग्रन्थ नहीं लिखा था, तब क्या वे अनपढ़ थे। (पृ. 17)

3. उन्होंने (कबीर ने) वेद और क़ुरान दोनों पढ़े थे। (वही)

कँवल भारती के उपर्युक्त तर्क दुरुस्त हैं और उन्हें न मानने का कोई कारण दिखाई नहीं देता। अपने हिन्दी साहित्य में जयशंकर प्रसाद और स्वयं आचार्य रामचन्द्र शुक्ल की शिक्षा मामूली थी। उनके पास कोई बड़ी डिग्रियाँ न थीं, पर वे हिन्दी के सर्वाधिक विद्वानों की कोटि में समादृत किये जाते हैं। अजन्ता, एलोरा, खजुराहो, कोणार्क की अविस्मरणीय पत्थर की मूर्तियाँ तराशनेवाले वास्तुशिल्पी भले पढ़े-लिखे न हों, पर उन्हें अशिक्षित क़तई नहीं कहा जा सकता। यहाँ कबीर के 'मसि कागद' वाले कथन के माध्यम से उनके शिक्षा-सम्बन्धी एक अन्य तथ्य की ओर मैं सबका ध्यानाकर्षण करना चाहता हूँ। यह सभी जानते हैं कि कबीर 'कागद लेखी' (शास्त्रीय शिक्षा, औपचारिक शिक्षा-पद्धति) के बिलकुल क़ायल नहीं थे। वे तो 'आँखिन देखी' (जीवनानुभवजन्य-व्यावहारिक-शिक्षा) के हिमायती थे। चूँकि परम्परागत तोता-रटन्त शास्त्रीय शिक्षा का प्रतीक है मसि कागद, इसलिए कबीर ने उस शिक्षा पद्धति को बेकार मानते हुए उसके बहिष्कार के क्रम में वह प्रसिद्ध उक्ति कही हो। उन्होंने शास्त्रीय शिक्षा-पद्धति को छूने, अर्थात् ग्रहण करने लायक़ नहीं समझा हो। वे शिक्षा की क्रान्तिकारी अवधारणा को सामने रखना चाहते हों। कबीर मानते थे कि जीवन की पाठशाला से अर्जित किया गया व्यावहारिक ज्ञान ही सच्चा ज्ञान है। सुनी-सुनाई, रटी-रटाई बातों से ज्ञान नहीं मिलता। कबीर साक्षर नहीं थे, शिक्षित थे। साक्षरता और शिक्षा के अन्तर और भ्रम को समझने की आवश्यकता है।

21वीं सदी में बहुजन-आलोचकों ने कबीर की स्त्री-विरोधी छवि को भी सशक्त तरीक़ों से प्रक्षालित किया है। सुभाषचन्द कुशवाहा लिखते हैं—'कहा जाता है कि कबीर स्त्री-विरोधी थे। हिन्दुओं के वर्णवादी समाज में स्त्री को दास के समान जीने का अधिकार था। उसे शिक्षा, सत्ता और अर्थ से बेदखल कर दिया गया था। ऐसे में स्त्री-विरोधी संस्कृति तो वर्णवाद की देन है और जब सम्पूर्ण दर्शन वर्णवाद के समूल पर प्रहार करता हो, तब वह स्त्री-विरोधी कैसे हो सकते हैं? (कबीर हैं कि मरते नहीं, पृ. 109) यह एक अच्छा सवाल है। जब कबीर हिन्दू धर्म के पाखंडों, अन्धविश्वासों और चोचलों पर विश्वास ही नहीं करते, तो वह उसके स्त्री-सम्बन्धी, माया-दर्शन, सती-प्रथा आदि के पक्ष में क्यों खड़े होते? कबीर स्वयं विवाहित थे, गृहस्थ थे, बाल-बच्चों वाले थे, तो स्त्री के बारे में ज़हरीली बातें उनके दिमाग़ में आई कैसे? सुभाष जी का मानना है कि—कबीर के बाद बने 'मठों' ने स्त्री-विरोधी रचनाओं को घुसेड़ने का काम ज़्यादा किया है।...यह सब उन्हीं पाखंडियों की चाल है, जिन्हें कबीर ललकार रहे थे।...वे वही थे, जिन्होंने गोरखनाथ को बदनाम करने के लिए 'गोरखधन्धा' मुहावरा गढ़ दिया' (वही, पृ. 112) सच है कि यह पूछा

जाना चाहिए कि होली के अवसर पर 'कबीरा' और 'जोगिरा' जैसे अश्लील गीत रचनेवाले लोग कौन हैं? गोरख के नाम पर 'गोरखधन्धा' और कबीर के नाम पर 'कबीरा' और 'जोगिरा' गढ़े जाने के पीछे कोई बात तो अवश्य है।

कँवल भारती भी स्पष्ट रूप से कहते हैं कि ऐसे कबीर को कदाचित् स्वीकार नहीं किया जा सकता, जो आधी आबादी को नरक का कुंड कहता है। पर साथ में वे इस बात पर आश्चर्य भी व्यक्त करते हैं कि अपने समय का इतना बड़ा यथार्थवादी, भौतिकवादी और सामाजिक सरोकारों का चिन्तक और कवि स्त्री-विरोधी कैसे हो सकता है? कुल मिलाकर दो बातें हैं इसके पीछे, एक—कबीर को बदनाम करने की साज़िश और, दूसरी, कबीर की सन्त-परम्परा व उनका समय-समाज। कबीर के समय-समाज को समझते-बूझते ही उनके स्त्री-विषयक दृष्टिकोण पर निर्णय देना चाहिए। कबीर में जितनी स्त्री-विरोधी बातें हैं, उतनी बातें स्त्रियों के पक्ष में भी हैं। इस प्रसंग में सती-प्रथा के समर्थन और विरोध के सन्दर्भ को भी देख लेना चाहिए। इस साखी के आधार पर कबीर को सती-प्रथा का समर्थक कह दिया जाता है—

सती जरन कौ नीकसी, चित धरि एक विवेक।
तन मन सौंपा पीव को, अन्तरि रही न रेख॥

कुशवाहा के अनुसार धर्मवीर भारती ने इसे ख़ारिज करते हुए कहा है कि यह प्रक्षिप्त दोहा है। मुसलमान कबीर को सती-प्रथा-जैसी हिन्दू रूढ़ि को ढोने की क्या मजबूरी थी, जो ऐसी बानी बोलते? कँवल भारती का भी मानना है कि विधवा-विवाह और सती-प्रथा की समस्याएँ कबीर के समय की तो थीं, पर कबीर के समाज की नहीं थीं। तथ्यात्मक रूप से ये बातें सही हैं, पर कबीर-जैसे संवेदनशील व्यक्ति के लिए इन समस्याओं से सिर्फ़ इसलिए पल्ला झाड़ लेना कि ये समस्याएँ उनके समाज की नहीं थीं, यह समीचीन नहीं होगा। फिर तो जाति की समस्या, मूर्ति-पूजा वगैरह भी कबीर के समाज की नहीं थी, तो कबीर ने उन मामलों में हस्तक्षेप क्यों किया? भटके हुए समाज को सही रास्ता दिखाना ही तो कबीर का काम था। ऐसा करने से ही कबीर 'कबीर' बन पाए थे। अतएव लचर तर्कों के स्थान पर ठोस सबूत देने चाहिए। कँवल भारती जी ने ऐसा किया भी है। यथा—

हाड़ जलै ज्यूँ लाकड़ी केस जलैं, ज्यूँ घास।
सब तन जलता देखि करि, भया कबीर उदास॥

भारती के अनुसार इस साखी में कबीर मृतक शरीर को जलता हुआ देखकर दुखी नहीं हो रहे हैं, बल्कि वे ज़िन्दा स्त्री को जलाए जाने पर दुखी हो रहे हैं। वे इसलिए उदास थे, क्योंकि एक स्त्री को ज़िन्दा जलाया जा रहा था।

कबीर में अगर स्त्री-विरोधी बातें हैं, तो उससे इनकार करने या उसे छिपाने की ज़रूरत से ज़्यादा ज़रूरत इस बात की है कि यह समझा जाए कि कबीर जैसे प्रगतिशील चिन्तक में ये बातें आईं कहाँ से? उन्हें बदनाम करने के लिए ऐसा किया और करवाया गया या कबीर से भी कुछ चूक हुई है। चूक किसी से भी हो सकती है, हो सकता है कबीर से भी हुई हो, पर देखने की बात यह है कि क्या आजीवन कबीर उन रूढ़ियों और गतानुगतिक बातों से चिपके रहते हैं अथवा ख़ुद को बदलकर उससे बाहर निकलने का प्रयास भी करते हैं। इसमें कोई सन्देह नहीं कि कबीर ने समय के साथ स्त्री-विषयक अपने दृष्टिकोण में बड़ा परिवर्तन किया और वे निरन्तर प्रगतिशील हुए। यही बड़ी बात है। इस प्रकार अन्ततः कबीर को स्त्री-विरोधी नहीं कहा जा सकता। ऐसा कहना एक सरलीकरण मात्र होगा और कुछ नहीं। कबीर को उनकी जटिल और संश्लिष्ट समग्रता में ही देखा जाना चाहिए।

अपनी पुस्तक 'कबीर हैं कि मरते नहीं' (2020) में सुभाषचन्द कुशवाहा जी ने एक दिलचस्प स्थापना की है। 21वीं सदी में कबीर की जो एक अभूतपूर्व छवि उन्होंने सृजित की है, उन्हें इन पंक्तियों में देखा जा सकता है—'वह (कबीर) कुल मिलाकर विषमता को ख़त्म करने की बात करते हैं। वह विद्रोही तेवर की वाणियों के साथ, ग़रीब और निम्न जातियों के बीच सक्रिय होते हैं और आमूल परिवर्तन की बात करते हैं। इसलिए वह बौद्धिक कार्ल मार्क्स के पूर्व के व्यावहारिक मार्क्स हैं' (पृ. 18) कबीर 'व्यावहारिक मार्क्स' हैं—यह बहुत ही अपील करनेवाली बात है, छवि है। कुशवाहा जी की उपर्युक्त पुस्तक का पाँचवाँ अध्याय अत्यन्त महत्त्वपूर्ण है। इस अध्याय का शीर्षक है—'उन्नीसवीं सदी के विदेशी अख़बारों में कबीर'। कबीर पर इस सन्दर्भ में इतना व्यवस्थित काम पहले कभी हिन्दी आलोचना में नहीं देखा गया है। पुस्तक के बिलकुल प्रारम्भ की उद्धरणिका में कुशवाहा जी ने संकेत किया है कि 'कबीर 1812 में ही ब्रिटेन के अख़बारों में ब्रिटेन में प्रकाशित हो चुके थे। 1841 से लगातार ब्रिटेन के अख़बारों में छप रहे थे। उनके पदों पर काम हो रहा था, मगर हिन्दी वाले तो जागे हैं 1928 में, जब पहली बार श्यामसुन्दर दास ने 'कबीर-ग्रन्थावली' का सम्पादन किया'। कुशवाहा जी की फ़ेहरिस्त लम्बी है। उन्होंने ब्रॉडफ़ोर्ड ऑब्ज़र्वर (बृहस्पतिवार, सितम्बर 09,1841) से लेकर लीवरपूल इको (अप्रैल 14, 1942) तक में प्रकाशित कबीर-विषयक छपे विचारों का विस्तार से विवरण प्रस्तुत किया, जिन्हें यहाँ समेटना सम्भव नहीं। बस उन अख़बारों में उद्धृत कबीर के व्यक्तित्व और कृतित्व सम्बन्धी कुछ महत्त्वपूर्ण बातें यहाँ रखना चाहूँगा—

1. महान् समाज सुधारक और पन्द्रहवीं सदी का नायक (ब्रॉडफ़ोर्ड ऑब्ज़र्वर-1841)।
2. कबीर के विचारों का प्रभाव सिक्ख धर्म और अकबर के 'दीन-ए-इलाही धर्म पर भी पड़ा (द होमवर्ड मेल, 1884)।

3. कबीर पन्द्रहवीं सदी का भारतीय लूथर (कबीर एंड ए कबीर पंथ, रेवरेंड जी. एच. वेस्टकॉट, कानपुर, क्राइस्ट चर्च मिशन प्रेस, 1907)।
4. द पॉल गजट ने अक्टूबर 18, 1894 को रुडयार्ड किपलिंग द्वारा कबीर के एक गीत को छापा था।
5. हिन्दू धर्म की दुरूहता, पाखंड और अन्धविश्वास की तुलना में जैन, बौद्ध और कबीर पंथियों के सन्देश, मानवता के लिए ज़्यादा ज़रूरी है। (जुलाई 14, 1901 को टाइम्स ऑफ़ इंडिया को लिखा पत्र)।
6. टैगोर द्वारा कबीर की चुनी हुई कविताओं को अंग्रेज़ी पाठकों को उपलब्ध कराने का उल्लेख (शेफिल्ड डेली टेलीग्राफ़, शनिवार, अप्रैल 03, 1915)
7. कबीर ने जाति-व्यवस्था तोड़ने की वकालत की थी। (द लीड मरक्यूरी, मार्च 20, 1930)।

यह कहा जा सकता है पश्चिम के बौद्धिक जगत् ने कबीर के महत्त्व को बहुत पहले पहचान लिया था और वहाँ की दुनिया में कबीर के प्रगतिशील और क्रान्तिकारी तेवर की चर्चा हो रही थी। ध्यातव्य है कि कार्ल मार्क्स का काल 5 मई, 1818 से 14 मार्च, 1883 तक है। यहाँ एक जिज्ञासा उठती है कि क्या मार्क्स जैसे संवेदनशील, क्रान्तिकारी और पूरी दुनिया की गतिविधियों पर नज़र रखनेवाले बौद्धिक की दृष्टि पश्चिमी अख़बारों में छपनेवाले कबीर-विषयक लेखों-समाचारों पर पड़ी होगी? क्या मार्क्स ने कबीर को जाना और पढ़ा होगा? मार्क्स पर प्रत्यक्ष-अप्रत्यक्ष रूप से कबीर का कोई प्रभाव पड़ा होगा? फ़िलहाल तो इसका उत्तर बिलकुल स्पष्ट नहीं है। इस विषय पर गम्भीर शोध की आवश्यकता है, फ़िलहाल यूँ कुछ कहना समीचीन नहीं होगा।

फ़िलहाल कबीर और मार्क्स के ग़रीब, श्रमिक, मज़दूर, किसान या सर्वहारा सम्बन्धी विचार-साम्य के सन्दर्भ में आपका ध्यानाकर्षण कँवल भारती की पुस्तक 'कबीर : एक विश्लेषण' के नौवें अध्याय—'कबीर की आँखों देखी' की ओर करना चाहता हूँ। ऐसा प्रतीत होता है कि यह पूरा अध्याय प्रकारान्ती से कुशवाहा जी के इस कथन कि—'कबीर बौद्धिक मार्क्स के पूर्व के व्यावहारिक मार्क्स हैं—पूरी तरह से पुष्टि करता है। कँवल भारती लिखते हैं—'कबीर ने शोषक और शोषित, धनी और निर्धन तथा छोटे किसानों की दुनिया को बहुत क़रीब से देखा था। इसीलिए, उन्होंने उनकी पीड़ा को अकथ कहानी कहा, वह कहानी, जिसे कहा नहीं जा सकता। वे सम्पन्न और सर्वहारा की स्थिति को जानते थे। (पृ. 73) भारती जी ने उदाहरण सहित बहुत विस्तार से ग़रीब की ग़रीबी, किसान-मज़दूरों का दुख व शोषण, सत्ता-शासन के अत्याचार को ममस्पर्शी ढंग से चित्रित किया है। निःसन्देह कबीर बौद्धिक मार्क्स के पूर्व व्यावहारिक मार्क्स थे।

इस प्रकार हम देखते हैं कि 21वीं सदी में हिन्दी आलोचना ने बीसवीं सदी में

निर्मित कबीर की कई रूढ़ छवियों को ध्वस्त कर दिया है। जो कबीर स्वयं 'आइकनो क्लास्ट' (मूर्तिभंजक)—(डॉ. बच्चन सिंह) थे, उनकी ही मूर्ति का भंजन कर उन्हें और तेजस्वी रूप प्रदान किया गया। विमर्शों की दुनिया में यह कहा जाता रहा है कि बीसवीं सदी मार्क्स और गांधी की थी, इक्कीसवीं बाबा साहेब आम्बेडकर की होगी, पर मैं यही कहना चाहता हूँ कि कबीर से गुज़रे बिना न तो मार्क्स तक पहुँचा जा सकता है और न बाबा साहेब तक।

जाति के प्रश्न पर कबीर के कुछ पहलू

कमलेश वर्मा

भक्ति-आन्दोलन के प्रमुख कवियों में कबीर और तुलसी ने अपनी कविताओं में जाति के प्रश्नों पर विचार किया है। अन्य कवियों की कविताओं में जातियों का ज़िक्र कम ही मिलता है। मलिक मुहम्मद जायसी, सूरदास, मीराँबाई आदि ने छिटपुट रूप से किसी-किसी जाति का उल्लेख किया है, मगर उनके लिए यह मुद्दा कुछ विशेष नहीं है। हिन्दी आलोचना में कबीर और तुलसी के बारे में यह बात होती रही है कि इन दोनों कवियों ने वर्णाश्रम के विचारों का विरोध या समर्थन किया है। कबीर ने वर्णाश्रम का विरोध किया और तुलसी ने समर्थन किया!

सूरदास के एक पद में ज़िक्र मिलता है कि श्रीदामा कृष्ण को कह रहे हैं कि तुम जाति के मामले में भी हमसे ऊँचे नहीं हो! श्रीदामा ब्राह्मण थे और कृष्ण यादव—'खेलत में को काकौ गोसैयाँ' पद में पंक्ति है—'जाति-पाँति हम ते बड़ नाहीं, नाहीं बसत तुम्हारी छैयाँ'। सूरदास अपने प्रसिद्ध पद—'अविगत गति कछु कहत न आवै' में लिखते हैं कि निर्गुण ब्रह्म की उपासना मुश्किल है, क्योंकि उसका रूप समझ में नहीं आता है। कुछ दूसरी कठिनाइयों का ज़िक्र करते हुए वे यह भी कहते हैं कि उस ब्रह्म की 'जाति' भी समझ में नहीं आती है—'रूप-रेख-गुण-जाति-जुगति बिनु निरालंब कित धावै'। मगर एक बात तय है कि सूरदास की कविताओं के लिए 'जाति' का सवाल व्यापक रूप से महत्त्वपूर्ण नहीं है।

भक्ति-आन्दोलन के कवियों में कबीर और तुलसी के अलावा रैदास ने इस सवाल को महत्त्वपूर्ण बनाया। इन तीनों कवियों ने अलग-अलग तरीक़ों से इस सवाल पर विचार किया। ऐसा नहीं है कि निर्गुण भक्ति की ज्ञानाश्रयी धारा के होने के कारण कबीर और रैदास की कविताओं में जाति के सवाल पर समान दृष्टि है! इस मामले में इन दोनों सन्त-कवियों की कविताओं के विवरणों में अन्तर है। हिन्दी आलोचना में अब तक प्राय: यही राह अपनाई गई है कि कौन कवि वर्णाश्रम के पक्ष में है और कौन विपक्ष में! कबीर और रैदास को वर्णाश्रम के विपक्ष में

मानकर प्रायः निर्धारित कर लिया गया है कि दोनों के विचार इस मुद्दे पर प्रायः एक हैं। मगर इन दोनों कवियों की कविताओं का विवरण देखने पर यह बात समझ में आती है कि जाति के प्रश्न पर इनके दृष्टिकोण और सोचने के तरीक़े में अन्तर है। कबीर इस मुद्दे पर आक्रामक हैं और रैदास धैर्यवान्! कबीर जाति के आधार पर कड़ी टिप्पणी करने से अपने को रोकते नहीं हैं, मगर रैदास प्रायः कड़ी टिप्पणी नहीं करते हैं। कबीर जातियों के विवरण को हिन्दू और मुसलमान, दोनों समुदायों तक विस्तार देते हैं, मगर रैदास मुसलमानों के समाज पर प्रायः कोई टिप्पणी नहीं करते हैं। कबीर ब्राह्मण और मुल्ला को एक समान मानकर भी प्रतिक्रिया देते हैं, मगर रैदास में ऐसी बातें नहीं मिलती हैं। 'अस्पृश्यता' के मुद्दे पर रैदास की कविताओं में कबीर की अपेक्षा ज़्यादा स्पष्टता है। कबीर 'पवित्रता' की तथाकथित अवधारणा का विरोध करते हैं, मगर दलित समाज के विरुद्ध अपनाई गई 'अस्पृश्यता' के बारे में रैदास की कविताएँ ज़्यादा सजग हैं। इन दोनों कवियों के संज्ञान में छुआछूत की समस्या बखूबी है, मगर इस प्रकरण में रैदास के प्रयास कबीर से आगे हैं।

भक्तिकाल के कवियों के प्रसंग में 'जाति के प्रश्न' पर विचार करते समय इस बात का ध्यान रखा जाना चाहिए कि इनकी कविताओं में किस तरह के विवरण मौजूद हैं। वर्णाश्रम के समर्थक और विरोधी के रूप में रेखांकित करने से एक वर्गीकरण तो सामने आ जाता है, मगर उनकी कविताओं में जातियों के ब्योरों को देखे बग़ैर हमारा विश्लेषण आधा-अधूरा रह जाता है।

कबीर, रैदास, तुलसी आदि भक्त-कवियों की कविताओं में जातियों के विस्तृत विवरण के बावजूद हिन्दी आलोचना में इस विषय पर विस्तार से विचार नहीं हुआ है। जिन वैचारिकियों की सहायता से और जिन पद्धतियों के आधार पर हिन्दी आलोचना का विकास हुआ, उनमें 'जाति के प्रश्नों' को प्रत्यक्ष आधार बनाने की सम्भावना कभी नहीं रही। रचनाओं में 'जाति के प्रश्न' मौजूद थे, मगर आलोचना में इन प्रश्नों के मूल्यांकन की विस्तृत पद्धति नहीं बन सकी। 'समानता' को आदर्श मानकर जो आलोचना लिखी गई, उसमें 'वर्ग' के प्रश्नों ने 'जाति के प्रश्नों' को अपनी छाया से ढक लिया। 'समरसता' को आदर्श मानकर लिखी गई आलोचनाओं में तथाकथित 'मानव-मात्र' के बहाने 'जाति के प्रश्नों' को उभरने ही नहीं दिया गया। इन दोनों ढंग की आलोचनाओं को गौर से पढ़ने पर हम पाते हैं कि 'जाति के प्रश्न' इन आलोचनाओं को गढ़ने में अपनी भूमिका निभाते रहे हैं, भले ही इन प्रश्नों की प्रत्यक्षतः उपेक्षा की जाती रही हो।

आचार्य रामचन्द्र शुक्ल तुलसीदास के वर्णाश्रम और लोकधर्म के अनुसार अपनी आलोचना-पद्धति और उसमें अन्तर्निहित सामाजिक दृष्टि का विकास करते हैं। ऐसा करते हुए वे जाति-व्यवस्था या जातियों के विवरण में जाने की ज़रूरत

नहीं समझते। ऊपरी तौर पर उनका सारा प्रयास 'जातिमुक्त' नज़र आता है। मगर सच्चाई ऐसी है नहीं! उनके लोकधर्म की बनावट में 'जाति के प्रश्नों' की ज़बरदस्त भूमिका है। भक्ति-आन्दोलन के उद्भव के बारे में इस्लामी आक्रमण के सिद्धान्त की चर्चा करते हुए वे 'पूज्य पुरुषों' की चर्चा करते हैं। ये 'पूज्य पुरुष' कौन हैं? शुक्ल जी 'निम्न श्रेणी की जनता'-जैसी शब्दावली का भी उपयोग करते हैं। दरअसल शुक्ल जी भिन्न ढंग की शब्दावली में 'जाति के प्रश्नों' को विश्लेषित कर रहे थे। निश्चित रूप से उनकी शब्दावली व्यापक विश्लेषण की सम्भावना के द्वार नहीं खोलती थी। मगर उनके सोचने-विचारने में जाति-व्यवस्था का एक ढाँचा काम ज़रूर कर रहा था। मोटे तौर पर उनकी समझ का आधार यही था कि मौजूदा और परम्परागत रूप से सामाजिक सम्मान का जो स्वरूप बना हुआ है, उसके साथ छेड़छाड़ ठीक नहीं है। हालाँकि उनके कुछ परवर्ती निबन्ध ऐसे ज़रूर हैं, जिनमें जाति-व्यवस्था की निन्दा की गई है।

हिन्दी-आलोचना का एक दूसरा रूप वह भी है, जो आचार्य हजारी प्रसाद द्विवेदी, मार्क्सवादी आलोचना और दलित आलोचना में क्रमश: देखने को मिलता है। यहाँ स्पष्ट कर देना ज़रूरी है कि इन तीनों बिन्दुओं को एक बताने का प्रयास बिलकुल नहीं किया जा रहा है। इन तीनों में पर्याप्त भिन्नताएँ हैं, जिनके बारे में सुधी पाठक अच्छी तरह जानते हैं। इन तीनों के माध्यम से हिन्दी आलोचना के जिस दूसरे रूप को देखने की बात की जा रही है, वह यह कि इनमें 'जाति के प्रश्नों' पर विचार करने का जो प्रत्यक्ष-अप्रत्यक्ष प्रयास किया गया है, उन सब का आधार वे कबीर की कविताओं में तलाशते हैं। द्विवेदी जी कबीर के सन्दर्भ में जिस 'अकारण दंड' की चर्चा करते हैं, उसका सम्बन्ध 'जाति के प्रश्नों' से ही है। मार्क्सवादी आलोचना ने कबीर को वर्णाश्रम और सामन्तवाद के ख़िलाफ़ खड़े एक कवि के रूप में पहचाना; उन्हें पुरोहितवाद-मुल्लावाद के आलोचक कवि के रूप में रेखांकित किया, तो इन सबके पीछे एक बड़ी भूमिका 'जाति-व्यवस्था' की थी ही! मार्क्सवादी आलोचना 'जाति के प्रश्नों' को प्रत्यक्ष रूप से टालने के बावजूद अपनी अन्तर्धारा में इसकी अनिवार्य उपस्थिति को महसूस ज़रूर करती रही। दलित आलोचना ने बाक़ी दोनों की तुलना में 'जाति के प्रश्नों' को समझने-समझाने की ज़्यादा कोशिश की! मगर एक बात साफ़ थी कि दलित आलोचना की मूल प्रतिज्ञा का सम्बन्ध 'दलित' से था। इसलिए इसमें उठाये गए प्रश्नों का सम्बन्ध भी 'दलित' से बना रहा। साथ ही इसमें यह कोशिश भी रही कि विभिन्न दलित जातियों को एक जमात या सामाजिक समूह या पहचान मानकर बात की जाए! वे नहीं चाहते थे कि विभिन्न दलित जातियों पर अलग-अलग तरीक़े से बात की जाए। वे चाहते थे कि दलित समुदाय की एकता बनी रहे। एक हद तक यह प्रयास उचित भी था। मगर ऐसा हो नहीं पाया। दलित साहित्यकारों ने अपनी रचनाओं में अलग-अलग जातियों के जीवन

के प्रसंग उठाये। 'जूठन' में चूहड़ जाति के विवरण हैं, तो 'मुर्दहिया' में चमार जाति का। कहने का आशय यह है कि जाति की विविधता को दलित रचनाओं में देखा जा सकता है। मगर आलोचना में प्राय: इन सभी जातियों को 'दलित' समूह के अन्तर्गत मानकर लिखा-पढ़ा गया।

आलोचना के इस दूसरे रूप को पढ़कर उत्पीड़ित जातियों को लगने लगा कि इसमें उसके पक्षों को महत्त्व देने का प्रयास किया गया है। जो लोग इंसाफ़-पसन्द थे, उन्होंने इसकी तरफ़दारी की, ताकि कमज़ोर वर्ग के लोगों का हित हो सके। इन दोनों तरह की आलोचनाओं का एक परिणाम हमारे सामने यह आया कि पहली धारा ने कबीर की नकारात्मक आलोचना की और दूसरी धारा ने तुलसी की नकारात्मक आलोचना की। आचार्य शुक्ल ने कबीर को 'लोक-विद्वेषी' तक कहा और दूसरी धारा ने तुलसी को ब्राह्मणवादी और दलित-विरोधी सिद्ध किया।

इन तमाम बहसों में जातियों के विन्यास को विस्तार से जगह देकर धैर्यपूर्वक विचार करने की कोशिश नहीं की गई। ऐसा कोई संकलन या संग्रह सामने नहीं आया, जिसमें इन कवियों की जाति-सम्बन्धी कविताओं को एक जगह रखकर विस्तार से विचार किया जाए! सच्चाई यही है कि कबीर और तुलसी की कविताओं में जातियों के ढेर-सारे प्रसंग और उल्लेख भरे पड़े हैं। विश्वविद्यालय की परीक्षाओं में इन दोनों कवियों की सामाजिक दृष्टि के बारे में जो सवाल पूछे जाते रहे हैं, उनकी बुनियाद में 'जातियाँ' अपनी भूमिका निभाती रही हैं।

कबीर की कविताओं में विस्तार से मौजूद जातियों के ज़िक्र के आधार पर कुछ बातें कहने की कोशिश यहाँ की जा रही है।

कबीर ने जातियों का ज़िक्र किया है, जाति-समूहों का नहीं! उनकी कविताओं में ब्राह्मण, राजपूत, कायस्थ मिलते हैं—मगर ऊँची जातियों के समूह के रूप में नहीं। इसी तरह जुलाहा, यादव, महतो, कुम्हार आदि मिलते हैं, मगर पिछड़ी जातियों के समूह के रूप में नहीं! चमार, खटिक, धोबी, चूहड़ आदि जातियों का ज़िक्र है, मगर दलित जातियों के समूह के रूप में नहीं। आप यह नहीं कह सकते कि कबीर की कविता किसी जाति-समूह के पक्ष या विपक्ष में लिखी गई है। कबीर से लगभग सौ साल बाद, तुलसीदास की कविताओं में जातियों के समूहीकरण की प्रवृत्ति दिखाई पड़ती है। तुलसी ने 'रामचरितमानस' में लिखा है—

जे बरनाधम तेली कुम्हारा। स्वपच किरात कोल कलवारा॥

इसमें 'बरनाधम' जैसा शब्द जातियों के समूहीकरण को व्यक्त कर रहा है।

कबीर किसी भी जाति का पक्ष आँख मूँदकर नहीं लेते और न ही विरोध करते हैं। कबीर पर लिखी गई आलोचनाओं में यह बात प्राय: कही गई है कि वे ब्राह्मण का तीखा विरोध करते हैं। ऐसे छन्दों को ध्यान से देखना चाहिए कि

वे कुल मिलाकर ब्राह्मण की आलोचना क्यों करते हैं? ऐसे तमाम छन्दों में हम पाते हैं कि कबीर झूठ, पाखंड, आदि प्रवृत्तियों को फैलाने का दोषी मानते हुए ब्राह्मण की निन्दा करते हैं। वे ब्राह्मण का विरोध केवल ब्राह्मण होने के कारण कभी नहीं करते हैं। उनके 'अमरदेसवा' में ब्राह्मण के लिए पूरी जगह है। उनके निर्गुनियों में ब्राह्मण भी हैं। ब्राह्मण जाति में जन्मे व्यक्ति से उन्हें किसी प्रकार की चिढ़ या नफ़रत नहीं है। उनकी आपत्ति जाति-आधारित पूर्वग्रहों से युक्त 'ब्राह्मण' से है। इस मामले में तुलसी का मानवीय पक्ष दुर्बल है। वे अपने अनेक छन्दों में केवल जन्म के आधार पर ब्राह्मण को श्रेष्ठ और शूद्र को निकृष्ट बताते हैं। इसके पीछे वे जाति के अलावा कोई दूसरा कारण नहीं बताते हैं। वे चाहते हैं कि लोग अपने-अपने वर्ण के अनुसार कर्म करते रहें। वे 'समानता' के नहीं, 'समरसता' के पक्षधर हैं। वे चाहते हैं कि परम्परागत स्तरीकरण बना रहे और लोग अपने-अपने दायरे में रहकर कर्तव्य का पालन करते रहें! ज़ाहिर-सी बात है कि इंसाफ़-पसन्द लोगों को कबीर का रास्ता ज़्यादा पसन्द आएगा। कबीर के रास्ते आप जाति-विन्यास पर तर्क-आधारित विचार-विमर्श कर सकते हैं, मगर तुलसी के रास्ते नहीं कर सकते हैं।

कबीर के विवरणों में मुसलमानों की भी चर्चा है, मगर तुलसी की कविताएँ मुसलमानों की कोई चर्चा नहीं करती हैं। ये दोनों कवि जिस समाज में रह रहे थे, उसमें मुसलमानों की महत्त्वपूर्ण उपस्थिति थी। वे बड़ी संख्या में समाज में मौजूद थे और सत्ता पर केन्द्रीय अधिकार उन्हीं का था। ऐसी स्थिति में तुलसी के समाज-सम्बन्धी चिन्तन में यह एक कमी खटकती है। कहा जा सकता है कि 'रामचितमानस' के कथा-क्रम में मुसलमानों की चर्चा कैसे सम्भव हो सकती थी? दोनों के काल-खंड में स्पष्ट अन्तर है! लेकिन 'उत्तरकांड' में 'कलिकाल' के वर्णन में तुलसी ने प्रायः अपने वर्तमान की स्थितियों को विश्लेषण का आधार बनाया है। शूद्रों और स्त्रियों के मन-मिज़ाज में हुए परिवर्तनों को कलिकाल के लक्षणों के रूप में चिह्नित किया गया है। उसमें जो कालखंड मौजूद है, वह तुलसी का प्रायः अपना समय है। इस कालखंड में मुसलमान मौजूद थे, मगर उत्तरकांड की कविताओं में उन पर कोई विचार नहीं किया गया है। उनके चिन्तन के समाज में मुसलमान हैं ही नहीं! 'कवितावली' के उस प्रसिद्ध सवैये में 'जोलहा' शब्द है ज़रूर! सम्भवतः तुलसी के पूरे साहित्य में मुसलमान या मुस्लिम जातियों को प्रतीकित करता एकमात्र शब्द और केवल एक बार! इसी के बरक्स देखा जा सकता है कि निराला ने 'तुलसीदास' की पूरी बनावट को जो पृष्ठभूमि दी है, वह मुसलमानों की है। तुलसी की कविताओं को जिस तरह पढ़ा-पढ़ाया जाता रहा है उसमें एक महत्त्वपूर्ण प्रतिपक्ष मुस्लिम-तत्त्व रहा है। मगर, तुलसी के विवरणों में इनकी प्रत्यक्ष उपस्थिति दिखाई नहीं पड़ती है। कहा जा सकता है कि सामाजिक

चिन्तन की दृष्टि से कबीर का दायरा तुलसी की तुलना में ज़्यादा बड़ा है और इंसाफ़-पसन्दगी का पक्षधर है!

कबीर का सामाजिक चिन्तन जाति के प्रश्नों को विस्तार से छूता है। हिन्दी कविता के एक हज़ार बरस के इतिहास में कोई दूसरा कवि नहीं मिलता, जिसने जाति के प्रश्नों पर कबीर की तरह विस्तार से विचार किया हो! वे वर्णाश्रम से शुरू करके विभिन्न जातियों के बारे में बात करते हुए मुसलमानों की जातियों को भी अपना विषय बनाते हैं। 'जो पैं करता बरण विचारै' या 'तन मन धन बाजी लागी हो' जैसे पदों में कबीर वर्णों की चर्चा करते हैं। 'अवध राम सबै करम करिहूँ' पद में कबीर ने कुम्हार, धोबी, चमार, अघोरी, तेली, क्षत्री, नउवा आदि जातियों का ज़िक्र किया है। अमरदेसवा वाले पद में वे मुग़ल, पठान, सैयद, शेख़ की चर्चा करते हैं। जुलाहा का ज़िक्र तो अनेक बार हुआ है। इस तरह से जातियों के ताने-बाने के लिहाज़ से कबीर की बुनावट सघन और विस्तृत है। वे किसी भी दूसरे कवि की तुलना में ज़्यादा खुलकर इस विषय पर कविताएँ रचते हैं।

यहीं इस बात का भी उल्लेख किया जा सकता है कि कबीर ने धर्म की किसी भी अवधारणा को मानने से अपनी असहमति जताई है। हिन्दू धर्म और इस्लाम के प्रति अपनी अस्वीकृति तो वे प्रकट करते ही हैं, वे बौद्ध और जैन धर्म के प्रति भी अपनी असहमति प्रकट करते हैं। 'ताथैं सेविये नाराइणा', या 'बहुरि नहिं आवना या देस' जैसे पदों में कबीर ने बौद्ध-जैन को 'लुंचित मुंडित' या 'मुंडित' कहकर उपहास किया है। वे जोगी और संन्यासी का भी मज़ाक़ उड़ाते हैं। सारांश यह कि कबीर अध्यात्म के नाम पर बनाए गए किसी भी संस्थागत रूप को ठीक नहीं समझते हैं। उनका ख़याल है कि धर्म के रूप में संस्थागत होने से अनेक बुराइयाँ पैदा होती हैं। इसलिए कबीर की कविताओं में ईश्वर की मौजूदगी है, अध्यात्म पर चिन्तन है, मगर धर्म का बहिष्कार है। इस मामले में कबीर विशिष्ट हैं कि वे धर्म के बिना ईश्वर और अध्यात्म के बारे में बात करते हैं। आज जो लोग कबीर को अपना प्रतीक बनाना चाहते हैं, उनमें से कई ऐसे हैं, जो न तो ईश्वर को मानते हैं और न धर्म को! कबीर के सामाजिक सन्देशों को पसन्द करनेवाले मार्क्सवादी आलोचक हों या दलित-चिन्तक, वे निरीश्वरवादी हैं और धर्म को न माननेवाले तो हैं ही! ऐसी स्थिति में कबीर के ईश्वर उनके लिए समस्या खड़ी करते हैं! मुक्तिबोध को कबीर 'आधुनिक' लगते हैं। यह ठीक भी है। इस पर पर्याप्त विचार हो चुका है। मगर उन सबमें कबीर के ईश्वर पर पर्याप्त विचार-विमर्श नहीं मिल पाता है। उस 'आधुनिक' के साथ 'ईश्वर' का तालमेल कैसे बिठाया जाए!

कबीर अपनी वैचारिकी में किसी एक ही परम्परा को नहीं अपनाते हैं। आप उनकी चिन्तनधारा को किसी एक दार्शनिक विचार में बाँध नहीं पाएँगे!

वे एकेश्वरवादी हैं, मगर किसकी तरह? वेदान्त की तरह या इस्लाम की तरह? मार्क्सवादी आलोचकों को तो छोड़ दीजिए, शुक्ल जी भी उन्हें वेदान्त की परम्परा में नहीं मानते और द्विवेदी जी कबीर को इस्लाम की परम्परा का चिन्तक नहीं मानते! उनके ईश्वर में रहस्यवाद भी है, योगमार्ग भी है, सिद्धों की सहज साधना भी है! द्विवेदी जी ने ठीक कहा है कि कबीर 'न्यारे' हैं।

जाति के प्रश्नों पर विचार करते हुए भी उनका न्यारापन सामने आता है। कबीर जाति-व्यवस्था का विरोध करते हैं, लेकिन जाति-आधारित सामाजिक संरचना को सबसे ज़्यादा व्यक्त भी करते हैं। वे जाति के अनुसार निर्धारित कर्मों को अस्वीकार भी करते हैं और भक्ति की ज़मीन से उन कर्मों को रूपक के रूप में प्रकट भी करते हैं। 'अवध राम सबै करम करिहूँ' पद में वे कहते हैं कि हे राम, मैं तुम्हारे लिए सब कुछ करूँगा। कुम्हार बनकर बर्तन गढ़ूँगा, धोबी बनकर कपड़े का मैल धोऊँगा, तेली बनकर अपने तन को कोल्हू बना लूँगा, आदि। वे पंडितवाद को झूठा बताते हैं और प्रेम के ढाई अक्षर पढ़ लेनेवाले को 'पंडित' भी कहते हैं। कबीर पंडित और मुल्ला को एक मानकर भी कविता रचते हैं। ऐसे कई उदाहरण मिलते हैं, जहाँ वे पंडित और मुल्ला के भिन्न धर्म को भूलकर एक तरह का उपदेश दे देते हैं। वे कभी-कभी मुल्ला से कहते हैं कि राम का नाम भजो! 'पाँड़े' से वे कहते हैं कि वेद-क़ुरान छोड़ दो, ये मन को भ्रमित करते हैं। कुछ उदाहरण—

एक कहावत मुल्ला काजीय राम; बिना सब कोकटबाजी

(जाति के प्रश्न पर कबीर, पृ. 114)

छाँड़ि कतेब राँम कहि काजी, खून करत हौ भारी (वही, पृ. 112)

बेद-कितेब छाँड़ि देऊ पाँड़े, ई सब मन के भरमा (वही, पृ. 132)

बेद-कितेब पढ़े वे कुतुबा, वे मोलाना वे पाँड़े
बेगरि बेगरि नाम धराए, एक मटिया के भाँड़े (वही, पृ. 133)

कबीर ने अपने समाज की जातियों के बारे में बताते हुए इस बात का ख़याल रखा है कि उनके ब्योरे ग़लत भी न होने पाएँ। उन्होंने जातियों के जिन लक्षणों या कामों की चर्चा की है, उनमें अपने समय के सच का पूरा ख़याल रखा गया है। उन्होंने लिखा है कि कायस्थ काग़ज़ में हेर-फेर करता है, बनिया आज भी कम तौलता है, बंजारा अपना सामान बेचने आया है, आदि। इस तरह की बातें इन्हीं जातियों के बारे में कही जा सकती थीं। इसका अर्थ यह नहीं है कि कबीर जाति-आधारित मान्यताओं को बनाए रखना चाहते हैं। दरअसल उनकी बातों की मूल भूमि 'भक्ति' है। वे भक्ति की ज़मीन से इस तरह की बातें कह रहे थे। विभिन्न जातियों

के बारे में प्रचलित मान्यताओं को सामने रखते हुए वे भक्ति-सम्बन्धी किसी बात को प्रकट करने की शैली अपनाते हैं—

साईं मेरा बाँणियाँ, सहजि करै व्यौपार।
बिन डाँडी बिन पालड़ै, तोले सब संसार॥ (वही, पृ. 108)

इस साखी में वे ईश्वर को एक 'बनिया' के रूप में व्यक्त कर रहे हैं। वे बता रहे हैं कि मेरा ईश्वर एक ऐसा बनिया है, जो 'सहज' व्यापार करता है। वह बिना डंडी और पलड़े के पूरे संसार को तौलता है। ज़ाहिर-सी बात है कि संसार में पाया जानेवाला बनिया 'डंडी और पलड़े' की सहायता से अपना व्यापार करता है। वह संसार को नहीं तौलता है और उसका व्यापार 'सहज' भी नहीं होता है। कबीर की इस साखी का लक्ष्य है ईश्वर के बारे में कुछ बताना, बनिया जाति के बारे में नहीं! सवाल किया जा सकता है कि इस रूपक में बनिया की जगह 'कायस्थ' को रखा जा सकता है क्या? बिलकुल नहीं! यह रूपक इसी जाति-विन्यास में बन सकता था, तभी वह सार्थक होता!

कबीर ऐसे रूपकों को गढ़ते हुए इस बात का ख़याल रखते हैं कि उनकी बात सामाजिक भूमि पर भी अपनी सार्थकता को खोने न पाए! 'अवध राम सबै करम करिहूँ' पद में वे अनेक जातियों का नाम लेते हैं और क्रम से बताते चलते हैं कि हे राम! तुम्हारी भक्ति के लिए अमुक जाति का बनकर मैं उस जाति से जुड़ा हुआ अमुक काम करूँगा। इस पद में कुम्हार, धोबी, चमार, तेली, नाई, बढ़ई, कसाई, बंजारा, मल्लाह आदि का उल्लेख है और उनके कामों को भी बताया गया है। कबीर राम की भक्ति के लिए इन कामों को करने का उल्लेख करते हैं। वे कहना चाहते हैं कि तुम्हारी भक्ति के लिए मैं कुछ भी करने को तैयार हूँ। क्या यह संयोग है कि इन जातियों में सभी तथाकथित निचली जातियाँ हैं? मानो कबीर कह रहे हैं कि कोई भी पेशा ईश्वर की भक्ति करने में बाधक नहीं है। कोई भी पेशा अपवित्र नहीं है। इस पद में यह भी कहा गया है कि 'क्षत्री वै करि खड़ग सँभालूँ'—क्षत्रिय बनकर खड़ग हाथ में लूँगा और रक्षा का दायित्व निभाऊँगा! इस रूपक में क्षत्रिय को शामिल तो किया गया है, मगर शासक के रूप में नहीं, रक्षक के रूप में। कबीर भक्ति के जाति-आधारित इस रूपक में ब्राह्मण की चर्चा नहीं करते हैं। क्या कारण हो सकता है? शायद यह सम्भव नहीं था, क्योंकि प्रत्येक जाति के श्रम की चर्चा करने के क्रम में वे ब्राह्मण के किस 'श्रम' की चर्चा करते? ब्राह्मण जाति के साथ परम्परागत रूप से श्रम-आधारित कोई काम तो जुड़ा हुआ है नहीं! 'भक्ति' में 'श्रम' को आधार बनाना निश्चित रूप से क्रान्तिकारी अर्थ रखता है!

जातियों से जुड़ी कबीर की कविताएँ मनमाना ब्योरा नहीं हैं। उनमें जातियों का समाजशास्त्र है। उनमें एक सजग बौद्धिक का पर्यवेक्षण है। उनके रूपकों

को काव्यशास्त्र का उपकरण-भर नहीं समझा जा सकता है। हिन्दी कविता के इतिहास में कबीर एकमात्र कवि हैं, जिन्होंने जातियों से बने एक विराट् समाज का दस्तावेज़ीकरण किया है। उनकी कविताओं में मौजूद यह सामग्री, उचित तरीक़ों से व्याख्यायित करके, समाजशास्त्र के काम की हो सकती है। पन्द्रहवीं शताब्दी का यह जीवन्त दस्तावेज़ मैदानी भारत के समाज को समझने में सहायता प्रदान कर सकता है।

कबीर की दृष्टि में नारी

शशांक शर्मा

मनुष्य एक ऐसा प्राणी है, जो अपने भूत, वर्तमान एवं भविष्य का निर्धारण अपनी बुद्धि और युक्ति से कर सकता है। उसकी प्रखर बुद्धि का ही परिणाम है कि उसने जीवन-जगत् के कई रहस्यों को सुलझाया है। वैदिक ऋषि-मुनियों ने समाज के प्रति मनुष्य को उसके उत्तरदायित्वों का बोध कराया, प्राणियों में प्रेम, सद्भाव तथा सेवाभाव को मनुष्य के श्रेष्ठ कर्म बताए तथा जगत् के कल्याण के लिए नियम-क़ायदे बनाए और उनका पालन सुनिश्चित किया। जनमानस ने उनके द्वारा बताए गए मानव-कल्याण के कार्यों को स्वीकार किया, जिसे धर्म की संज्ञा दी गई, और कुछ ने इन्हें अस्वीकार भी किया। यही कारण है इतिहास में धर्म-अधर्म की व्याख्या होती रही, सत्य-असत्य के बीच द्वंद्व चलता रहा है। कालान्तर में इस द्वंद्व का समाधान भले ही स्थायी रूप से अब तक नहीं हुआ हो, लेकिन समाज की बुराइयों को दूर करने और मानव-कल्याण की ओर मनुष्य को प्रेरित करने के लिए इन ऋषि-मुनियों, महापुरुषों का योगदान अतुलनीय रहा है। उन्होंने श्रेष्ठ समाज निर्माण के लिए मनुष्यों के कर्तव्य, सत्य, अहिंसा, अपरिग्रह, अस्तेय और ब्रह्मचर्य को मोक्ष या निर्वाण प्राप्त करने का उपाय बताया है।

मेरा ऐसा मानना है कि सर्वकल्याण की भावना को प्रोत्साहित-प्रेरित करनेवाले महापुरुषों के कारण ही हम श्रेष्ठ हैं। सर्व-कल्याण ही हमारा धर्म है। और यह बात भी कि धर्म के द्वंद्व के कारण धर्म सम्प्रदाय में, सम्प्रदाय पंथ और जाति-उपजाति में बँट गया है, जिसके किसी-न-किसी रूप में हम भी महत्त्वपूर्ण अंग बन चुके हैं। सैकड़ों तरह के धर्मावलम्बी, पंथ के अनुयायी, हज़ारों जातियों, उपजातियों के लोगों के अपने-अपने नियम हैं। हम भी इनमें से किसी एक के अनुगामी बन गए हैं। इसके बावजूद पूरी दुनिया में यहाँ की संस्कृति और समाज की सुगठता की तुलना आज भी किसी से नहीं की जा सकती। इसका प्रमुख कारण यह है कि ज्ञान,

कर्म और भक्ति मार्ग को भौतिक और आध्यात्मिक जगत् से जोड़ते हुए पूर्वजों, महापुरुषों ने हमें सन्मार्ग दिखाया है।

जब हिन्दी के भक्तिकाल की बात आती है, तो महापुरुषों में सन्त रामानन्द के बारह शिष्यों में से एक कबीर हमें सन्मार्ग दिखाते नज़र आते हैं। कबीर ने तत्कालीन समाज में दृष्टिगोचर सामाजिक विद्रूपताओं पर कठोर प्रहार किया है। उनकी इसी दृष्टि-सम्पन्नता के कारण उनके पदों की जितनी भी व्याख्याएँ की जा सकती थीं, की जाती रही हैं। कबीर को अधिकांश लोगों ने स्वीकार्य किया है, और कुछ ने नहीं भी। जिनको स्वीकार्य है, उनके अपने मत और कारण हैं और जिन्हें नहीं, उनके भी अपने कारण हैं। लेकिन कबीर समाज सुधारक, भक्त, सन्त, विद्रोही, क्रान्तिकारी व प्रगतिशील चिन्तन के केन्द्र में रहे हैं, यह बड़ी बात है। हजारीप्रसाद द्विवेदी से लेकर धर्मवीर भारती और आगे अन्य कई विद्वानों ने कबीर का सूक्ष्म अध्ययन प्रस्तुत किया है। कहीं वे विवादास्पद जान पड़ते हैं, तो किन्हीं विद्वानों का कबीर पर आधारित अध्ययन पूर्वग्रहयुक्त लगता है। इन सबके बावजूद कबीर का कवित्व यही है कि वे आज भी उतने ही प्रासंगिक हैं, जितने कि तत्कालीन समय में थे।

कबीरदास मूलत: निर्गुणी वैष्णव भक्त थे, जिन्होंने मोक्ष पाने का सरल मार्ग राम नाम के सुमिरन को माना। वे एक सन्त थे। सन्त वे हैं, जो अपना मोक्ष प्राप्त करने मात्र को जीवन का लक्ष्य नहीं मानते, बल्कि उनका लक्ष्य तो मानव-समाज के लिए मोक्ष प्राप्त करना होता है। सन्त-समाज के ऐसे तमाम मानव-व्यवहार, जो सामाजिक आडम्बरों, कुरीतियों के रूप में व्याप्त रहे हैं, उन्हें वे ईश्वर-प्राप्ति के मार्ग में बाधक मानते हैं। कबीर ऐसे ही सन्त थे, उन्होंने तत्कालीन सामाजिक व्यवस्था के दोषों व मानव व्यवहार की विकृतियों को दुरुस्त करने के लिए उन पर प्रहार किया है। इस रूप में कबीर के पदों को ईश्वर-प्राप्ति की मार्गदर्शिका कहा जा सकता है। लेकिन इस मार्ग की रुकावटों की जब वे व्याख्या करते हैं, तब मानव व सामाजिक विकारों का भी उल्लेख करने में भी वे नहीं चूकते। जीवन-दृष्टि-सम्पन्न-व्यक्ति की यही विशेषता है। कबीर का तत्कालीन समाज एक संक्रमण के दौर में था, उत्तर भारत में मुसलमान शासकों का आधिपत्य था, जिन्होंने इस्लाम के आधार पर सत्ता स्थापित की थी। कबीर के जीवनकाल में दिल्ली सल्तनत की केन्द्रीय सत्ता कमज़ोर हो चुकी थी तथा क्षेत्रीय राजवंशों का उदय हो चुका था। जौनपुर, बंगाल, गुजरात में इस्लाम पर आधारित सत्ता स्थापित हो चुकी थी। इससे यह आसानी से अनुमान लगाया जा सकता है कि इन राज्यों में बहुसंख्यक हिन्दू समाज भयग्रस्त रहा होगा और इस्लाम में धर्मान्तरण की प्रक्रिया के कारण सर्वाधिक प्रभावित भी। कबीर इन सब परिस्थितियों पर अपनी पैनी नज़र रखे हुए थे।

कबीर ने अपने पदों में अपने वर्तमान समाज की विद्रूपताओं का उल्लेख किया है, जिसमें समाज की कुरीतियों और कुप्रथाओं में नारी की परतंत्रता और क्रूरता का विशेष उल्लेख मिलता है। कबीर के लगभग सौ वर्ष बाद तुलसीदास जी भी हुए, जिन पर नारी के अपमान का आरोप मढ़ा जाता है, उनकी चौपाई—'ढोल, गँवार, सूद्र, पशु, नारी, ये सब ताड़न के अधिकारी' को लेकर तुलसीदास को पढ़नेवाले कई, तुलसीदास को नारी-विरोधी घोषित करते रहे हैं। 'ताड़न' के कई अर्थ निकाले गए, किसी ने ताड़न का अर्थ 'समझना', किसी ने 'परखना', किसी ने 'मारना' या 'सजा देना', किसी ने मोक्ष-प्राप्ति 'तारनेवाले' कहा। प्रश्न कि नारी को किस अर्थ में समझा जाए? इससे ज़्यादा महत्त्वपूर्ण यह है कि नारी को किस भाव से समझा जाए? नारी को समझने के लिए भाव महत्त्वपूर्ण है। नारी अपने पूर्ण रूप में विद्यमान है, जो जिस रूप में समझना चाहे, समझ सकता है। इसी के साथ यह भी कहता चलूँ कि ईश्वर की उपस्थिति का एहसास करने के लिए भी भाव की ज़रूरत पड़ती है। ख़ैर! नारी के प्रति हमारा दृष्टिकोण कैसा होना चाहिए, इस सिलसिले में कबीर साहब ने हम सबको अपने इस दोहे से दृष्टिबोध तो करा ही दिया है—

कबीर, परनारी को देखिए, बहन-बेटी के भाव।
कह कबीर काम नाश का, यही सहज उपाय॥

अर्थात् परनारी को आप अपनी बहन, बेटी और माँ के भाव से देखेंगे, तो आपके मन में विकार आगे नहीं बढ़ेंगे।

कबीर समाज की बुराइयों और कुप्रथाओं पर प्रहार करनेवाले व्यक्तित्व थे। उन्होंने नारी की अच्छाई और बुराई दोनों पक्षों पर पदों के माध्यम से भाव व्यक्त किये हैं। कबीर ने नारी के जिस श्रेष्ठ रूप को बताया है, उसमें कबीर की नारी एक आदर्श पतिव्रता नारी है, तो वहीं दूसरी ओर वह आदर्श इसलिए नहीं है, क्योंकि वह अपने सौन्दर्य में फाँसकर किसी पुरुष का जीवन नष्ट करनेवाली कामिनी है। उसका कामिनी-रूप अच्छा नहीं है। वल्लभदास तिवारी के अनुसार कबीर के साहित्य में नारी के चार रूप सामने आते हैं—पहला, कुमारी कन्या, दूसरा, सुन्दरी या विवाहिता, तीसरा, विरहिणी तथा चौथा, सती-रूप। भारतीय संस्कृति में कन्या को सबसे अधिक सम्मान प्राप्त है, कन्या देवी-स्वरूपा है, पूज्य है। इसी तरह विवाहिता से उसके माता होने, और आगे गृहिणी तक उसे लक्ष्मी कहा गया है। कबीर ने नारी के इन्हीं रूपों की प्रशंसा की है।

उन्होंने भारतीय नारी की गम्भीर संवेदना, अटूट विश्वास, चिरस्थायी सम्बन्ध, कठोर पतिव्रत धर्म, मृदु मुस्कान और अधीर किन्तु संयत हृदय की वेदना लेकर भक्त के अनोखे व्यक्तित्व का प्रदर्शन अपने पदों में किया है। स्त्री में क्षमाशीलता,

ममता, उदारता, मृदु हृदय इत्यादि गुण उनकी स्त्री-सुलभ विशेषताएँ हैं। इन्हीं गुणों के कारण नारियाँ घर-परिवार, समाज में सामंजस्य क़ायम रखते हुए समाज को समुन्नत बनाती हैं। कबीर की इन पंक्तियों को पढ़िये, आपको एक सन्देश के साथ-साथ एक अलग तरह का लालित्य मिलेगा—

नारी नरक ना जानिये, सब सौतन की खान।
जामे हरिजन उपजै, सोयी रतन की खान॥

कबीर एक सन्त थे और साथ ही एक सजग समाज-चिन्तक भी। इसलिए यहाँ यह भी कहते चलूँ कि उन्होंने ईश्वर की प्राप्ति और भौतिक जगत् के सन्दर्भों को अपने पदों में जिस अन्दाज़ में अभिव्यक्त किया है, उसे उथले रूप में समझने पर ग़लती भी हो जाती है। नारी के रूप-विषयक कबीर की बातें कुछ हद तक दार्शनिक अर्थ भी ग्रहण करती हैं, जहाँ स्त्री आत्मा का प्रतीक है। तात्पर्य आत्मा को प्रियतमा (स्त्री) मानकर ईश्वर के प्रेम में रत होना। इसलिए कबीर कहते हैं—

नारी निन्दा ना करो, नारी रतन की खान।
नारी से नर होत हैं, ध्रुब प्रहलाद समान॥

कबीर के पदों में एक ओर सन्तों को जननेवाली स्त्री को पूजनीय माना है, वहीं दूसरी ओर असंग या साक्य सम्प्रदाय के अनुयायियों को जन्म देनेवाली स्त्री की निन्दा भी की है। निन्दा गुणों की निन्दा है, न कि नारी जाति की। भला जो व्यक्ति नारी को देवी-स्वरूपा पूजनीय मानता हो, वह नारी की निन्दा कैसे कर सकता है। इसलिए कबीर गुणों को आधार मानकर ऐसी स्त्रियों को अगले जन्म में कुतिया होने का भय दिखाते हैं। इसका आशय यह है कि कबीर समाज में व्यक्तित्व-निर्माण के लिए माता की भूमिका को महत्त्वपूर्ण मानते हैं। समाज में धर्म-अधर्म, सत्य-असत्य का निर्धारण घर में माता के संस्कार से ही बनता है। कबीर समाज-निर्माण के प्रति कितने सजग थे उनकी इन पंक्तियों में देखा जा सकता है—

धन सो माता सुन्दरी, जाया साधू पूत।
राम सुमिरि निर्भय भया, अरु सब गया अबूत॥

कबीर ने नारी के पतिव्रता-रूप को राम की उपासना और भक्ति के लिए आदर्श माना है। ऐसी स्त्रियाँ जो अपने पति के प्रति पूर्ण समर्पण का भाव रखती हैं और पति की सेवा को ही अपने जीवन का धर्म स्वीकार करती हैं, पति की विपत्तियों को अपना बना लेती हैं, उन्हें कबीर-जैसे भक्त कवियों ने आदर्श नारी का दर्जा दिया है। पतिव्रता नारियाँ भले ही सुन्दर न हों, कुरूप हों, लेकिन वे उन कामिनियों से भली हैं, जो पराए पुरुषों के साथ व्यभिचार करती हैं। कबीर कहते हैं—

पतिबरता मैली भली, काली कुचिल कुरूप।
पतिबरता के रूप पर बारौं कोटि स्वरूप॥

कबीर ने नारी के जिस दूसरे रूप की चर्चा की है, वह है उसका कामिनी-रूप। कबीरदास जी ने नारी के कामिनी-रूप के आचरण की घोर निन्दा की है। कबीर की मानें, तो ये जो कामिनी स्त्रियाँ हैं, ये भुवनमोहिनियाँ हैं, मीठी वाणी बोलनेवाली होती हैं, माया-मोह के जाल में पुरुषों को फँसा लेती हैं। कबीर ने माया का जो रूप वर्णित किया है और स्त्री की जिस तरह तुलना की है, उससे तो यही स्पष्ट होता है—

माया महाठगिनि हम जानी
तिरगुन फाँस लिए कर डोलै, बोलै मधुरी बानी।

इसलिए भक्तिकाल के कवियों ने इन कामिनियों से दूर रहने का मूल्यवान् उपदेश पुरुषों को बारम्बार दिया है।

कबीर ने कामिनी, व्यभिचारिणी स्त्री की निन्दा ही नहीं बल्कि उसका तिरस्कार करने में भी कोई क़सर नहीं छोड़ी है। उन्होंने ऐसी स्त्रियों को काली नागिन, गन्दा कपास, नरकगामिनी, शेरनी, वासना का तालाब, बुद्धि और विवेक को हरनेवाली, पैनी छुरी जैसी उपमाएँ तक दी हैं—

कामिनि काली नागिनि, तीनो लोक मझार।
राम सनेही उबरै, विषयी खाए झार॥

नागिन के तो दोये फन, नारी के फन बीस।
जाका डसा ना फिर जीये, मरिहै बिसबा बीस॥

कबीर के जिन पदों में नारी के कामिनी-रूप को व्यक्त किया, उसमें वे पुरुषों को भोगवादी दृष्टि के अलावा और कई तरह से बचने को कह रहे हैं। कबीर ने ऐसी कामिनियों के अनेक रूप बताए हैं—

कपास बिनुथा कापड़ा, कादे सुरंग ना पाए।
कबीर त्यागो ज्ञान करि, कनक कामिनि दोए॥

नाहर (शेर) के रूप में—

नारी कहुँ की नाहरी, नख सिख से येह खाए।
जाल बुरा तो उबरै, भाग बुरा बहि जाए॥

कामिनी-रूप के कारण अपने चंगुल में फँसानेवाली—

नारी काली उजली, नेक बिमासी जोये।
सभी डरे फंद मे, नीच लिए सब कोये॥

नारी मदन तलाबरी, भव सागर की पाल।
नर मच्छा के कारने, जीवत मनरी जाल॥

बुद्धि-विवेक का हरण करनेवाली—

नारी सेती नेह, बुधि विवेक सभी हरै।
बृथा गबावै देह, कारज कोई ना सरै॥

दूसरे की स्त्री तेज़ धार चाकू (छुरी) के रूप में—

परनारी पैनी छुरी, बिरला बंचौ कोये।
ना वह पेट संचारिये, जो सोना की होये॥

पर नारी पैनी छुरी, मति कोई करो प्रसंग।
रावन के दश शीश गए, पर नारी के संग॥

पर नारी के राचनै, सीधा नरकै जाए।
तिनको जम छारै नहि, कोटिन करै उपाए॥

कबीर ने स्त्री की केवल भर्त्सना नहीं की है, बल्कि एक स्वस्थ समाज के और मोक्ष के साथ सद्‌गति प्राप्ति के लिए किन-किन चीज़ों से बचना चाहिए यह भाव केन्द्र में मिलता है। यह बात और हो सकती है कि भारतीय समाज में प्रचलित परम्पराओं को पूरी तरह कबीर भी नहीं तोड़ सके हैं।

यही कारण रहा है कि कबीर के पदों में नारियों की ईश्वर-भक्ति और मोक्ष प्राप्त करने सम्बन्धी उपदेश नहीं मिलते। जबकि तत्कालीन भक्ति-आन्दोलन में अनेक महिला साध्वी एवं सन्तों का प्रभाव रहा है, जिनमें मीराँबाई प्रमुख हैं। कबीर अपने पदों गें नारी के विषय में मीराँ-जैसे विद्रोही क्यों नहीं बन सके? यह उनके लिए एक महत्त्वपूर्ण प्रश्न है। कबीरदास जी अपने कुछ पदों में स्त्रियों को परदे में रहने के बावजूद गुरु-भक्ति करने या गुरु की शरण में ज्ञान लेने की हिदायत देते हैं। उदाहरण के लिए उनके निम्न पदों को देख सकते हैं—

जो कामिनी परदै रहे, सुनै न गुरुमुख बात।
सो तो होगी कूकरी, फिरै उघारे गात॥

कबीर गुरु की भगति बिनु, नारि कूकरी होय।
गली-गली भूँकत फिरै, टूक न डारै कोय॥

कबीर की रचनाओं में भारतीय समाज में प्रचलित पर्दा-प्रथा और सती-प्रथा का अनेक बार उल्लेख मिलता है। कालान्तर में इन दोनों प्रथाओं को महिला अधिकार के समकक्ष सबसे बड़ी कुप्रथाओं के रूप में चिह्नित किया गया और उन्हें समाप्त करने के लिए बौद्धिक समाज ने संघर्ष किया। जिस काल में कबीरदास ने अपने विचारों से समाज को प्रभावित किया था, उस काल में मुसलमान राजाओं ने सती-प्रथा को एक अमानवीय प्रथा के रूप में मानकर इन पर प्रतिबन्ध लगाने का प्रयास किया था। राजा राममोहन राय से लेकर दयानन्द सरस्वती और उसके बाद भी सती-प्रथा, पर्दा-प्रथा, स्त्री-शिक्षा, स्त्री-सशक्तीकरण-जैसे विषयों पर सुधार कार्य प्रारम्भ किये गए।

कबीर का नारी-विषयक चिन्तन स्पष्ट तौर पर नारी के सामाजिक व्यवहार को लेकर कम और भक्ति और समाज के दृष्टिकोण से अधिक जुड़ाव रखता है। इसके बावजूद जिस तरह कबीर के पदों में नारी का वर्णन है, उससे तत्कालीन पुरुषवादी समाज और नारी के प्रति समाज की भोगवादी प्रवृत्ति स्पष्ट दिखाई देती है। नारी का जहाँ कामिनी-रूप भोगवादी दृष्टिकोण का परिचायक है, तो वहीं उसका पतिव्रता रूप कहीं-न-कहीं सेवाभावी, प्रेम, स्नेह, सहनशीलता, मातृत्व का रूप सामने रखता है। कबीर-जैसे साम्प्रदायिकता-विरोधी, पाखंड-विरोधी एवं प्रगतिशील चेतना-सम्पन्न कवि में नारी-विषयक संचेतना में नारी की स्वतंत्र रूप की चर्चा नहीं मिलती। यह तत्कालीन सामाजिक दबाव था या कुछ और। इसका उत्तर अब भी अपेक्षित है।

कबीर और हमारा समय

शशिभूषण मिश्र

समाज को अपने नैतिक पराक्रम से बदलने की उम्मीद है। कबीर, मनुष्य की गरिमा को बनाए-बचाये रखने का यत्न जहाँ सम्भव होता है, वहाँ से कबीर की कविता-धारा फूटती है। यह एक ऐसी धारा है, जिसमें रूढ़िबद्ध विश्वास-प्रणाली तिनके की तरह ऊबने-डूबने लगती है, सामाजिक रूपान्तरण की चेतना से लबालब इस कविताई में यह बोध बराबर बना रहा कि किसी भी दशा में मनुष्यता का बोध खंडित न होने पाए, कबीर ताजिन्दगी इस कोशिश में मुब्तला रहे कि मनुष्य को सिर्फ मनुष्य के रूप में देखा जाए! वे उन विषमताओं से बराबर जूझते रहे, जो ऊँच-नीच की भावना पैदा करती हैं, जातीय श्रेष्ठता और दम्भ को बढ़ाती हैं, आज जिस तरह से दिखावे और झूठ का साम्राज्य चारों तरफ़ फल-फूल रहा है, ऐसे में कबीर अधिक प्रासंगिक हो जाते हैं। ऐसे समय में जहाँ कथनी और करनी के बीच बड़ी खाई बन गई हो और सच कहने का चलन मिटता जा रहा हो, कबीर एक ज़रूरी पाठ की तरह याद आते हैं।

भक्ति कविता में ही नहीं, हिन्दी की पूरी कविता-यात्रा में शायद ही ऐसा कोई कवि रहा हो, जिसने इतने साहस से 'झूठ' का गला दबोचा हो! वे स्वार्थी तत्त्वों की चंटाई को लगातार बेनकाब करते चलते हैं। कबीर की दृष्टि किताबी नहीं, अनुभवमूलक थी। इसी कारण उसमें जीवन की ठोस समस्याओं के समाधान के चिह्न छिपे हैं। वाक़ई आज कबीर के विचारों की कितनी ज़रूरत है! 'साँईं इतना दीजिए जामै कुटुम समाय' में कल्याणकारी अर्थशास्त्र की पूरी मान्यता के बीज-भाव को देखा-पहचाना जा सकता है। दूसरों के भूखे रहने की चिन्ता उन्हें बराबर सालती रही। वे अपना घर जोड़ने की माया में कभी नहीं फँसे और हम हैं—'आधुनिक सभ्यता के विकसित मानव' जो सिर्फ़ अपना घर जोड़ने की फ़िकिर में हलाकान रहते हैं।

कबीर देख रहे थे कि छुआछूत और जाति-प्रथा की कठोर प्रणाली में ग़रीब-गुरबों की हालत कितनी बदतर है! वे ख़ुद जातीय अपमान के भोक्ता थे, इसलिए इस बात पर बराबर ज़ोर देते रहे कि जब तक जाति-पाँति का कोढ़ नहीं मिटता, तब तक समाज की उन्नति सम्भव नहीं। जाति के कलंक को मिटाने की तो कितनी कोशिश उन्होंने की, लेकिन उस कोशिश को हम कहाँ तक ले गए? जाति की कलंक-रेखा मिटने की बजाय और गाढ़ी हुई है। सवाल पूछा जाना चाहिए कि आधुनिक कौन है—'कबीर या हम'? आज के समय में सभ्यता का जिस तरह मशीनीकरण हुआ है और जीवन जिस तरह मशीनों की गति से भाग रहा है, उसमें दूसरों के लिए हमारे पास अवकाश ही नहीं रह गया है, पूछा जाना चाहिए कि केवल अपने बारे में सोचना क्या 'मनुष्य' होने की अर्हता है? क्या हम मनुष्य होने की न्यूनतम अर्हता से वंचित नहीं हो गए हैं!

'सत्य' और 'अहिंसा' के बिन्दु पर कबीर और गांधी में दुर्लभ समानता है, जबकि कबीर ठहरे मूर्तिभंजक और गांधी पक्के सनातनी। कबीर के राम से गांधी के राम भले ही काया के स्तर पर विलग हों, पर आभ्यन्तरिक स्तर पर दोनों एक हैं। दोनों का ही लक्ष्य 'मानुष धरम' की रक्षा करना है, परपीड़ा का शमन करना है 'साँच कहै तो मारन धावे, झूठै जग पतियाना' वाला कविताई अनुभव गांधी के जीवन में भी गहरे तक जुड़ा है। धर्म की ठेकेदारी करनेवाली ताक़तों को न कबीर सुहाते थे, न गांधी। दोनों ही ठहरे धर्म की बर्र में हाथ डालनेवाले, सो धर्म के ठेकेदार उनके पीछे पड़े रहे। धर्म को निजी मामला बनाकर अपने-अपने स्वार्थ की रोटी सेंकनेवालों की आँख की किरकिरी बने रहे।

गांधीजी की सनातनी हिन्दू की कसौटी इतनी खरी थी कि बरगलानेवाले हिन्दू उनके पास फटक तक न सके, उलटे उनके विरोधी बने रहे। स्वतंत्रता-आन्दोलन के दौर में अधिसंख्य मुसलमान और अधिसंख्य हिन्दू इस बात पर एकमत थे कि गांधी को उनके धार्मिक मामलों में कुछ भी कहने का अधिकार नहीं है। ठीक वैसे ही कबीर के समय के हिन्दू और मुसलमान उन्हें धर्म का दुश्मन समझते रहे। संगठित धर्मों के ख़िलाफ़ इन दोनों व्यक्तित्वों का संवाद-संघर्ष निरन्तर चलता रहा। कबीर की तरह ही गांधीजी आजीवन हिन्दू धर्म की कालातीत हो चुकी, प्रतिगामी प्रथाओं से जूझते रहे। प्रतिगामी शक्तियों से 'जूझने का साहस' जैसे बिन्दु पर कबीर और गांधी में अनूठी समानता है।

गांधी भी बहुत गहरे तक देख पा रहे थे कि छुआछूत और जाति-प्रथा की कठोर प्रणालीवाले इस देश में ग़रीब-गुरबों की हालत कितनी बदतर है और अगर हमें आज़ादी मिल भी गई, तो क्या इस वर्ग को सही अर्थों में आज़ादी मिल पाएगी? गांधी से लगभग पाँच सौ साल पहले कबीर भी छुआछूत की अमानवीयता और जाति-प्रथा की भेद-दृष्टि से आजीवन लड़ते रहे। स्वतंत्रता-आन्दोलन के दौर में

गांधी अस्पृश्यता की समस्या को राष्ट्रीय धरातल पर हल करना चाहते थे। वे इस बात पर बराबर ज़ोर देते रहे कि जब तक इस देश में अस्पृश्यता का कलंक नहीं मिटता, तब तक 'स्वराज' की प्राप्ति बहुत मुश्किल है।

भक्ति-आन्दोलन की लोक जागरणवादी परम्परा में हम पाते हैं कि कबीर को न तो साहित्यिकता का ज्ञान था और न ही शास्त्रीयता का। यहाँ कला की बारीकियों का जितना अभाव है, मानवीय पीड़ा का बोध उतना ही गहरा है। कबीर की टेक कव्यानुमोदित अनुशासनों की जगह अनुभूति पर है। शास्त्रीयता के पारम्परिक प्रतिमानों से न तो उनका सम्बन्ध था और न ही उनके अनुभव-जगत् का हिस्सा था, इसी नाते उनकी कविताई की राह छन्दों के राजमार्ग से गुज़रने के बजाय भोगे हुए यथार्थ की पगडंडियों से गुज़रती है। कबीर के काव्य की कलागत समृद्धि का सबसे बड़ा प्रमाण उसकी कलाविहीनता है। यह कहना ग़लत न होगा कि कबीर की वाणी में 'कलात्मक रचनात्मकता' न होकर 'रचनात्मक कलात्मकता' है।

श्रम का सौन्दर्य कबीर की कविताई की आधार-भूमि है और जन-पक्षधरता उनकी विचारधारा की आधारभूमि। उनके भीतर जो आत्मसम्मान है, उसके मूल में श्रम है, श्रम की महत्ता है, अपनी पृष्ठभूमि, परम्परा और परिवेश से एकमेक होने के कारण ही उनकी वाणी में इतना आत्मविश्वास है। उनकी स्थापनाएँ पूर्ववर्ती सामाजिक-सांस्कृतिक प्रतिमानों को ध्वस्त करती चुनौती की तरह प्रस्तुत होती हैं। यही विशिष्टता कविता के इतिहास में उनकी विरल पहचान बनाती है। कबीर के कहने का जो टटकापन है, वह किसी भी भाषिक रूप में आए, हमें सोचने के लिए बाध्य कर देता है—

हृदय कपट मुख ज्ञानी। झूठे कहा बिलोवसि पानी॥
काया मांजसि कौन गुना जो घट भीतर है मलनां।

कबीर मूलतः पुरोहिती सामाजिक ढाँचे को तोड़ना चाहते थे। यही कारण है कि पुरोहितों और मुल्लाओं ने दर्शन और सामाजिकता के सवालों में उलझकर जद्दोजहद करने के बजाय कबीर से यह पूछना शुरू कर दिया कि यहाँ तुम्हारा क्या लेना-देना है? यहाँ क्यों आए हो? इसलिए कबीर को यह कहना पड़ा—'आय हमारे क्या करोगे, हम तो जात कमीना'। खुद की जाति कमीना कहना मौजूदा सामाजिक ढाँचे में सर्वाधिक शोषित तबक़े में ख़ुद को 'आइडेंटीफाई' करना है। जीवन भर संघर्ष करते-करते कबीर इस बात को बहुत अच्छी तरह जान गए थे कि धार्मिक कर्मकांडों में फँसकर अपनी दुर्गति करानेवाली इस मेहनतकश जनता को कोई नया रास्ता दिखाए बिना कर्मकांड के दलदल से बाहर नहीं निकाला जा सकता। नए रास्ते की खोज में कबीर ने पारलौकिक मुक्ति के पुरोहितवादी रास्तों

का पूरी तरह खंडन किया और एक ऐसे रास्ते का प्रतिपादन किया, जो सभी के लिए सुलभ हो सके।

कबीर की चिन्ता के केन्द्र में कोटि-कोटि साधारण जनों की मुक्ति का सवाल है। यह मुक्ति जितनी सामाजिक-सांस्कृतिक है, उतनी आध्यात्मिक नहीं। दरअसल यहाँ आध्यात्मिकता और जीवनगत संकट एक-दूसरे के पूरक हैं। इसमें सन्देह नहीं कि यह पीड़ा 'भेदभावजनित' है और इसके मूल में जाति-व्यवस्था है। जाति-व्यवस्था में निम्न जातियों का उत्पीड़न मध्यकालीन समाज की अनिवार्य विशेषता रही है। लेकिन विडम्बना यह कि हम सन्तों के इन पदों में गूढ़ अर्थ खोजने लगते हैं और उनके द्वारा उठाए गए ज़मीनी सवालों से टकराने से बचते हैं। यह भक्ति-आन्दोलन के सामाजिक आधारों की अनदेखी है, जिसकी नोटिस ली जानी चाहिए। कलात्मक समृद्धि को ही सब कुछ मानकर चलनेवाले कतिपय आलोचकों को यह दिखा ही नहीं कि सन्त-कविता की इस आन्दोलनधर्मी परम्परा के अन्दर एक नए समाज के निर्माण का स्वप्न पल रहा था। सन्तों के पास अपने समाज को बदलने का विज़न भले ही स्ट्रैटेजिक न हो, पर उनके रचे पदों-सबदों में मात्रात्मक और गुणात्मक दोनों ही दृष्टियों से बदलाव के लिए छटपटाहट मौजूद है। वे शास्त्र-अध्ययन और विद्वत्ता के अहम् से ग्रस्त पंडितों को कड़ी फटकार लगाते हैं और 'पोथियों' के 'थोथेपन' को प्रश्नांकित करते हैं। ध्यान दिया जाना चाहिए कि कबीर के लिए भक्ति कष्टों से मुक्ति का एक अवलम्ब है। वे भीतरी मन से समाज की दशा देखकर बहुत विचलित थे और इसी विचलन का अवलम्ब वे भक्ति में खोजते हैं।

समाज में फैले अन्धविश्वासों को चुनौती देने के लिए कबीर को उलटबाँसियों का विधान करना पड़ा। सामन्ती जीवन-पद्धति और जड़-परम्पराओं का व्यंग्यात्मक अस्वीकार ही इन उलटबाँसियों के केन्द्र में है—

पहिला पूत पिछैरी माई। गुरु लागो चेले की पाई॥
एक अचम्भौ सुनहु तुम भाई। देखत सिंह चरावत गाई॥

एक तरफ़ समाज में वंचित तबक़े की दुर्दशा देखकर उनका मन बहुत दुखी था, तो दूसरी ओर पंडों-पुरोहितों के मिथ्याचारों से वे विक्षुब्ध थे। उनकी खंडनात्मक शैली के मूल में यही अन्धविश्वास और मिथ्याचार हैं। कबीर की कविता उन तमाम सवालों को केन्द्र में लाती है, जो हाशिये पर थे। इस कविता में निहित जो भाव-सौन्दर्य है, वह काव्य-रूपों, छन्दों और शास्त्रीय निकषों से कहीं आगे है। न वर्णों के चयन की जद्दोजहद, न घोष-अघोष की बारीकियों तक पहुँचने की चाह, फिर भी इस अभिव्यक्ति में हम जिस कविताई का साक्षात्कार करते हैं, वह अपने-आप में बेजोड़ है। कबीर के इन शब्दों, पदों और साखियों में जीवन के सुख-दुख रूपी नाना रंग घुले-मिले हैं।

ऐसा क्यों है कि समूची सन्त-परम्परा में प्रबन्ध-शैली के बजाय मुक्तक शैली का प्रयोग किया गया है! सन्त-कविता में सूफ़ी काव्य या सगुण काव्य का 'प्रबन्धस्वरूप' एक सिरे से क्यों ग़ायब है? इस सवाल का जवाब भारतीय समाज की सामाजिक-सांस्कृतिक ज़मीन के भीतर धँसकर ही खोजा जा सकता है। दरअसल, कबीर-जैसे मेहनतकश और अभाव में जीनेवाले सन्तों के पास अनुभवजन्य अनुभूतियों की तादाद इतनी ज़्यादा है कि वहाँ कल्पना के लिए अवकाश बहुत कम रह जाता है, जबकि प्रबन्ध-काव्य बिना अवकाश के नहीं लिखा जा सकता। कबीर के यहाँ 'वह कम्फ़र्ट ज़ोन नहीं है', जो सूफ़ी रचनाकारों के पास या सगुण कवियों के पास था। कहना न होगा, अपने आस-पास छितराए जीवन को छोड़कर कल्पना के संसार में विचरण करने का अवकाश यहाँ बिलकुल नहीं है। साहित्य के लिए यथार्थ का होना बहुत ज़रूरी है, क्योंकि सामाजिक रूपान्तरण में उसकी महत्त्वपूर्ण भूमिका होती है। समाज के समक्ष सकारात्मक और अग्रगामी विकल्प खोजने में कबीर की कविता की भूमिका युगान्तरकारी है।

कबीर की कविताई अपने ठेठ अन्दाज़ में बद्धमूल कलारूपों को अस्वीकार करती हुई कहावतों-लोकोक्तियों की एक नई कहन-परम्परा का निर्माण करती है। यह कविता मनुष्य की अपरिभाषेय, जीवन्त और ऊष्म समग्रता को पुनस्सर्जित करती पूर्व निर्धारित काव्य-संस्कारों के बरअक्स अभिव्यक्ति की सर्वथा नवीन सम्भावनाओं का उपस्थापन करती है। इक्कीसवीं सदी में हमें कबीर की समरस और सहिष्णु दृष्टि की बहुत ज़रूरत है, उसके बल पर न सिर्फ़ साम्प्रदायिक शक्तियों को पराजित किया जा सकता है, बल्कि पूरी मानव-जाति को विखंडन से बचाया जा सकता है। संवेदनात्मक विचारशीलता के रास्ते दुनिया को बेहतर बनाने के किसी भी प्रयास में कबीर की ज़रूरत अनिवार्यतः रहेगी।

भोजपुरी लोक और कबीर

प्रमोद कुमार तिवारी

कबीर की कविता भले ही बाद में शास्त्रीय मान ली गई हो, परन्तु वे मूलतः लोक के कवि हैं, क्योंकि वे 'कागद लेखी' की नहीं 'आँखिन देखी' की बात करते हैं। लोक मौखिक परम्परा के सन्दर्भों से ज़्यादा जुड़ता है, जबकि शास्त्र काग़ज़ की बात करता है। यह सच है कि गत दशकों में कबीर पर ख़ूब कागद कारे (काले) किये गए हैं। देश-विदेश के कबीर-विशेषज्ञों से लेकर हिन्दी के शोधार्थियों तक ने प्रचुर मात्रा में कबीर पर लिखा है।

शोध-कार्यों के केन्द्र में रहनेवाले और प्रोफ़ेसर-डॉक्टर बनानेवालों के बीच कबीर का एक रूप और भी रहा है। भोजपुरी इलाक़े में कबीर के एक-दूसरे रूप से भेंट होती है और वहाँ किताबोंवाले कबीर नहीं के बराबर मिलते हैं। अक्सर सारंगी की धुनों पर गीत गाता जोगी कबीर से मिलवाता है, तो कभी ठेठ भोजपुरिया लोकगायक निरगुन के नाम पर कबीर की उँगली पकड़ाता है, तो कभी दिनभर हाड़तोड़ मेहनत के बाद एल्यूमिनियम की तसली या थाली पर ताल देते हुए, खँजड़ी बजाते हुए दलित हाथ पकड़कर श्रोताओं को कबीर की सहज, सरल गलियों में ले जाते हैं। लोगों को इन गलियों से गुज़रते हुए मानो ऐसा लगता है कि कहीं वे अपनी ही गलियों में अपनों के बीच गुज़र रहे हैं, अपनों के अपनेपन का रसास्वादन कर रहे हैं।

मुझे ऐसा लगता है कि कबीर पर बात तब तक पूरी नहीं होगी, जब तक कबीर को पैदा करनेवाले भोजपुरी समाज की बात नहीं की जाती।

तीन रचनाकारों में अधिकतर साम्य खोजा जाता है, माना जाता है कि कबीर के बाद सबसे बड़े व्यंग्यकार प्रेमचन्द हुए हैं और गोदान में होरी की मृत्यु के बाद व्यंग्य के रूप में गोदान कराकर कबीर की तरह कर्मकांड की धज्जियाँ उड़ाई है। एक अत्यन्त गुस्सैल कवि धूमिल का सम्बन्ध कबीर से जोड़ा जाता है और इन तीनों का जन्म-स्थान 7-8 किलोमीटर के घेरे में भोजपुरी क्षेत्र में पड़ता है।

मैं इस तथ्य की ओर आप सब का ध्यान दिलाना चाहता हूँ कि जिस प्रकार राजपूताने के बग़ैर मीराँ को, ब्रजक्षेत्र के बग़ैर सूरदास को नहीं जाना जा सकता, उसी प्रकार भोजपुरी क्षेत्र में जन्म लेने, जीने और प्राण त्यागनेवाले कबीर को भोजपुरी समाज से काटकर नहीं देखा जा सकता, जिसकी कोशिश लगातार होती रही है। उनकी भाषा को सधुक्कड़ी और पंचमेल खिचड़ी, यहाँ तक कि अवधी कहा जाता है, परन्तु भोजपुरी नहीं। जबकि कबीर का भोजपुर क्षेत्र के ज़र्रे-ज़र्रे से जुड़ाव रहा है। कबीर, रैदास आदि सन्तों का सही मूल्यांकन तब तक नहीं हो सकता, जब तक उन्हें भोजपुरी इलाक़े के समाज के कट्टर ब्राह्मणवाद और सामन्तवाद से नहीं जोड़ा जाता। उनका सही आकार तब तक पता नहीं चलेगा जब तक कि कबीर के इलाक़े की लोकभाषा भोजपुरी की ताक़त, मज़दूरी और श्रम से उसके सम्बन्ध और इस भाषा से जुड़े हीनताबोध पर बात नहीं होती।

यह अनायास नहीं है कि बुद्ध से शुरू होकर नाथपंथी योगियों से होते हुए हिन्दी के पहले दलित-कवि माने जानेवाले हीरा डोम और भिखारी ठाकुर से होते हुए गोरख पांडेय तक हज़ारों वर्षों के विरोध, विद्रोह और वर्णाश्रम व्यवस्था पर चोट करनेवालों की एक पूरी शृंखला भोजपुरी इलाक़े में प्राप्त होती है।

हमनी के राति दिन दुखवा भोगत बानीं,
हमनी के साहेबे से मिनती सुनाइबि हमनी के दुख भगवानों
ना देखता जे, हमनी के कब ले कलेसवा उठाइबि
हमनी का इनरा का निगिचे ना जाइलेजा,
पाँके में से भरि भरि पियतानी पानी
पनही से पिटि पिटि हाथ गोड़ तुरि देले,
हमनी के एतना काहे के हलकानी

(हीरा डोम की 'अछूत की शिकायत' कविता से)

असल में ये पंक्तियाँ उस इलाक़े की सामन्ती व्यवस्था और काशी की ब्राह्मणवादी, वर्चस्ववादी, संस्कृतवादी अभिजात, संस्कृति के ख़िलाफ़ लोक की बहुजनवादी, सामूहिकतावादी श्रमशील लोगों की प्रतिसंस्कृति की अनुगूँज है, जिसकी मूल भाषा भोजपुरी है, जो संस्कृत की संस्कृति की विरोधी है। पूरा भोजपुरी समाज ही मूलतः श्रमिक-समाज है। इस श्रमिक-समाज पर हुए अत्याचार की बानगी भोजपुरी रचनाओं का शृंगार है, दर्द और कराहने की आवाज़ इस क्षेत्र से जुड़ी रचनाओं में आसानी से महसूस की जा सकती है। सूरत, बम्बई से लेकर मॉरीशस, सूरीनाम तक जहाँ भी भोजपुरी-भाषी हों, आप इसके प्रमाण खोज सकते हैं। भिखारी ठाकुर अगर बेटीबेचवा, गबरघीचोर, बिदेसिया, विधवा-विलाप जैसी रचनाएँ देते हैं, तो ये हवा में नहीं पैदा होतीं, किसान-आन्दोलन अचानक नहीं

होता, गोदान अचानक नहीं लिखा जाता, यह भावबोध वहाँ के लोक में गहराई तक रचा-बसा है। कबीर अचानक नहीं पैदा हुआ करते, कबीरों की मज़बूत ज़मीन हुआ करती है, और जीवन-संघर्ष उनका श्रृंगार। यही श्रृंगार जब माथे पर से बूँदों के रूप में मोतियन माला-सा पूरे बदन पर ढुलता है, तो उसकी सतरंगी छटा का आनन्द वही श्रमिक ही जान सकता है।

कबीर का जीवन-दर्शन वास्तव में शोषित, पीड़ित बहुसंख्यक समाज में आत्मविश्वास भर देनेवाला 'श्रमशक्ति' के सम्मान का दर्शन है। यह नहीं भूलना चाहिए कि कबीर लगातार श्रम करते रहे हैं और अपने कपड़ा बुनने के मुहावरे से कविता बुनने का कमाल करते हैं— *चदरिया झीनी रे बीनी...*।

भोजपुरी लोक और कबीर की कुछ साझी विशेषताएँ हैं और वे नई नहीं हैं, इनका इतिहास दो-ढाई हज़ार वर्षों तक जाता है।

भोजपुरी समाज और पूर्वांचल का वह इलाक़ा मूलतः विद्रोही रहा है। विस्तार भय से कारणों में नहीं जाऊँगा, संकेत में बता दूँ कि इस इलाक़े में वाद की गहरी जड़ें आज भी मौजूद हैं और निम्नवर्ग की और घनघोर श्रम करनेवालों की क्षेत्र में पर्याप्त संख्या है। दूसरा, संस्कृति, शिक्षा और सत्ता का प्राचीन केन्द्र होने के कारण ख़ास तरह की चैतन्यता और तर्कशीलता इस इलाक़े में देखने को मिलती है। सामन्तवाद और वर्चस्व की जितनी कहानियाँ हैं, इनकी धज्जी उड़ानेवालों की संख्या भी उतनी ही बड़ी है। विश्व के अमित्र विश्वामित्र, यानी मुख्य धारा के अमित्रों का वह इलाक़ा बार-बार अपनी चैतन्यता से भारतीय प्रायद्वीप को आन्दोलित करता रहा है। कुछ दिन पहले कवि केदारनाथ सिंह से बात हो रही थी कि जिस समय सारे साधक और ज्ञानपिपासु हिमालय की ओर जाना करते थे, उसी समय हिमालय की तराई में जन्मे बुद्ध ज्ञान प्राप्त करने हिमालय छोड़ उलटी गंगा बहाते हुए गया क्यों पहुँच गए।

यहाँ तक कि भोजपुरी इलाक़े ने स्वयं कबीर को भी नहीं छोड़ा। एक दोहा है—

चलती चाकी देख के दिया कबीरा रोय
दो पाटन के बीच में साबुत बचा न कोय

इसके जवाब के रूप में एक साखी कमाल के नाम पर सुनाई जाती है—

चलती चाकी देख के, हँसा कमाल ठठाय
कीले से जो लग रहा, आर पार हो जाय

आप सोचते रहिए कि यह ब्रह्म क्या है, निर्गुण क्या है, या आज के सन्दर्भों में सत्ता क्या है। मैं इसे लोक की तर्कबुद्धि और उन्मुक्त विवेक से जोड़कर देखता हूँ, जहाँ घनघोर पांडित्य को धूल की तरह उड़ा देनेवाला ठाठ दिखता है। जहाँ 'कबीरदास की उलटी बानी, 'बरसे कम्बल भीजे पानी, लागल धक्का उड़ गइल

पलानी' कहते हुए लोक बड़ी-से-बड़ी बात को हास्य में लपेटकर कह जाता है। उपर्युक्त दोहे में आनेवाले कमाल वही हैं, जिनके लिए कहा जाता है—

डूबल बंस कबीर के, उपजल पूत कमाल

यह भी याद रखें कि कबीर पर उल्लेखनीय काम करनेवाले और पांडित्य को डुबानेवाला बोझ कहने वाले हजारीप्रसाद द्विवेदी के निर्माण में भी भोजपुरी चेतना की भूमिका रही है।

कबीर का निर्गुण इस इलाक़े में अत्यन्त लोकप्रिय है, संगीत की एक पूरी गायन शैली निर्गुन के नाम से जानी जाती है और जानकार बताते हैं कि इसके सूत्र कबीर से भी पहले तक जाते हैं। लोक की जानी-पहचानी संवाद-शैली में एक उदाहरण धरमदास की कविता में देखें—

कहँवा से जीव आवेला, काथि में समां गइले हो राम
कवना गढ़े करेला मोकाम, काथि में लपटा गइले हो राम
निर्गुण (ब्रह्म) से जीव आवेला, सरगुन में समा गइले हो राम
काया गढ़े करेला मोकाम, माया में लपटा गइले हो राम

बहुरिया, दुलहिन, सेज सोना, गवने जाना, जैसी शब्दावली का बिलकुल अलग इस्तेमाल निर्गुण काव्य में किया जाता है, जो कबीर के यहाँ भी खूब नज़र आता है—

कवन ठगवा नगरिया लूटल हो
चनन काठ के बनल खटोलवा, तापर दुलहिन सूतल हो
उठ रे सखी, मोर मांग सँवारहु, दुलहा मोसे रूसल हो
अइले जमराज पलंग चढ़ि बइठल, नयना अँसुआ टूटल हो
चारि जना मिलि खाट उठवले, चहुँ दिसि धू-धू उठल हो
कहत कबीर सुनो भाई साधो, जगवा से नाता टूटल हो

कबीर के निर्गुण पदों में तीखापन अधिक है। निर्गुण बहुत समृद्ध समाज में भले कम सुना जाता हो, परन्तु वह हरवाहों-चरवाहों की समझ में खूब आता है।

सामन्ती समाज ने कबीरा और जोगिरा गायन की परम्परा चलाई, जिसमें अश्लीलता का पुट भी होता है, इसीलिए इसे गाँव से बाहर, स्त्रियों से दूर गाया जाता है और इसमें कुंठा निकाली जाती है। जोगिरा का अन्त संसार की नश्वरता दर्शाने पर होता है। नाथपंथी 'मसाने' में यानी श्मशान की राख से होली खेलने की बात करते हैं। पहले इसका खूब मज़ाक़ उड़ाया गया, परन्तु बाद में काशी ने शिव के कारण इसे स्वीकार कर लिया।

विरह, करुणा, दुख, शोक भोजपुरी इलाक़े का स्थायी भाव है। करुण रस पर बाक़ायदा किताबें लिखी गई हैं। जो इस इलाक़े से जुड़े हैं, वे जानते होंगे कि शादी में लड़की की विदाई के समय कैसा हाहाकारी दृश्य पैदा होता है।

नामवर सिंह कहते हैं कि 'कबीर के दुख से मेरा पहला परिचय प्रेमचन्द की कहानी 'कफ़न' से हुआ।' शराब पीने के बाद बाप बेटे को समझाते हुए कहता है—'रोता क्यों है बेटा, खुश हो कि वह मायाजाल से मुक्त हो गई, बड़ी भाग्यवान थी, जो इतनी जल्दी मोहमाया के बन्धन तोड़ लिए' और दोनों नाचते हुए गाने लगते हैं—

ठगिनी क्यों नैना झमकावै ठगिनी

कबीर के यहाँ दुख पर्याप्त मात्रा में है, परन्तु उसका तेवर अलग है—

अब न बसूँ इहि गाउँ गोसाईं तेरे नेवगी ख़ैरे सयाने हो राम
सुखिया सब संसार है, खाए अरु सोये
दुखिया दास कबीर है, जागै अरु रोये
मैं रोऊँ संसार को, मोको रोवै न कोइ
मोको रोवै सो जनौ, जो सबद विवेकी होइ

कबीर के दुख का कारण ज्ञान है। 'सुनौ भाई साधो' कहकर कुमतिवाले पाँड़े को ललकारते हैं कबीर। कबीर सवाल खड़े करते हैं, प्रश्न पूछना इतना सरल नहीं है। यह प्रश्नाकुलता बिना तीव्र आलोचनात्मक चेतना के नहीं आती। रूढ़ियों को महसूस करना ही बड़ी बात है, उनकी बखिया उधेड़ने, लुकाठी लेकर उन्हें चुनौती देने के लिए गहरा आत्मविश्वास चाहिए होता है।

मैनेजर पांडेय कहते हैं—अवतारवाद मनुष्य की निरीहता और परावलम्बन की माँग करता है। कबीर मनुष्य की स्वतंत्रता के कवि हैं, इसलिए वे अवतारवाद की आलोचना करते हैं।

यहाँ तक कि लोक के कवि कबीर ने लोक को भी नहीं छोड़ा है। मनुष्य की स्वतंत्रता को ख़तरा केवल शास्त्रीय धर्म के भय से नहीं होता, लोक-धर्म का भ्रम भी भयानक होता है। कबीर ने काशी और गंगा को अतिरिक्त महत्त्व देनेवाले लोक को आड़े हाथों लिया है—

लोका मति के भोरा रे
जो काशी तन तजै कबीरा, तो रामहिं कौन निहोरा रे

और केवल बोले नहीं, जीवन भर काशी में रहे, अन्तिम समय में वहाँ से 200 किलोमीटर दूर उस मगहर में चले गए, जहाँ मरने पर आदमी अगले जनम

में गदहा हो जाता है। कथनी-करनी में यह दुर्लभ मेल, इसके लिए कितनी शक्ति चाहिए। भोजपुरी लोक में गंगा का महत्त्व निर्विवाद है, परन्तु यहाँ भी कबीर अलग खड़े होते हैं—

'चली कुलबोरनी गंगा नहाने' कहकर धिक्कारते हैं।

गंगा को आध्यात्मिक से ज़्यादा भौतिक स्तर पर स्थापित करते हैं—'कबीर मन निर्मल भया जैसे गंगा नीर' गंगा का जल होता है, उसे नीर नहीं कहा जाता। और उसके बाद 'पाछै लगा हरि फिरैं कहत कबीर कबीर'। यह बात बिना अखंड विश्वास के नहीं कही जा सकती है। वरना 'श्री' और 'जी' लगाए बिना ईश्वर का नाम लेने पर पाप लगने की बात नई नहीं है।

मैनेजर पांडेय उचित ही कहते हैं कि कबीर की कविता वाचिक संस्कृति की देन है और लोक-प्रतिभा की सृजनशीलता का विलक्षण उदाहरण। कबीर साधारण निरक्षर जनता को कवि बना देने की ताक़त रखते हैं, जो लोक की विशिष्टता है। आप इसे प्रक्षिप्त कहते रहें, आम जन का काम तो इसी से चलता है। और वे इन पदों में इतनी ताक़त पा जाते हैं कि दुनिया के बड़े-से-बड़े दुख को इस ठसक के साथ सह जाते हैं कि खुद दुख को ही शर्म आने लग जाए।

इस काव्यधारा का प्रचार-प्रसार कृष्ण और राम-काव्य की तरह लगभग पूरे देश (ख़ास तौर से पंजाब और गुजरात) में हुआ, परन्तु इसका बड़ा हिस्सा भोजपुरी लोक-समाज से जुड़ता है।

यह सुखद है कि भक्तिकाल के ज़्यादातर कवि जहाँ किताबों या मठों में क़ैद हो गए, वहीं कबीर लगातार लोगों के दैनिक जीवन में अपनी उपस्थिति बढ़ाते जा रहे हैं। वैसे तो अफ़गानिस्तान की सीमा से लेकर पूरे भारतीय प्रायद्वीप में कबीर को गाया-सुना जाता है, परन्तु भोजपुरी इलाक़े में कबीर के अलग ही ठाठ हैं। भिक्षा माँगनेवाले अन्धे भिखारी से लेकर नई-से-नई उम्र का गायक एक बार कबीर के यहाँ हाज़िरी अवश्य लगाता है। शृंगार और विछोह, प्रवृत्ति और निवृत्ति, सांसारिकता और परलोक का जैसा समन्वय इन निर्गुण गीतों में देखने को मिलता है, वह दुर्लभ है। सम्भव है, इन गीतों को सुनने पर लगे कि इनका रचनाकार कोई और है, परन्तु इन गीतों की आत्मा कबीर की है, शैली और भाषा कबीर की है। लोक अपने ढंग से उसे नया रूप देता रहता है। 'हरि ने ऐसी रेल बनाई' जैसे पद कबीर के नाम पर गाए जाते हैं। कल को अगर किसी गीत में कबीर मोबाइल फोन पर बतियाते हुए या लैपटॉप चलाते हुए चित्रित हो जाएँ, तो चकित मत होइएगा। यही लोक की ताक़त है। इसे आप भोजपुरी समाज की ताक़त के रूप में भी देख सकते हैं, जो कबीर को न केवल पैदा करता है, बल्कि उनकी परम्परा को सँजोना भी जानता है।

कबीर की निर्गुणी अवधारणा

एम. डी. अग्रवाल

विद्वान् कहते हैं कबीर निरक्षर थे; कबीर स्वयं कहते हैं—

मसि कागज छुओ नहीं, कलम गही नहीं हाथ।
चारों जुग का महात्तम, मुखहि जनाई बात॥

कबीर की पूरी रचना वाचिक परम्परा में है, वे पद में कहते हैं और हम 'साधो' सुनते हैं। कबीर उच्च श्रेणी के व्याकरण और संगीत के मर्मज्ञ थे, उनके पद रूप में 'साधो'-सन्त, अवधूत, पंडित बनकर स्त्रोता तक पहुँचे हैं।

कबीर और उनकी निर्गुणी अवधारणा को सगुण अवतारवादी भक्तों द्वारा ख़ारिज किया गया, कबीर को कई दशकों तक लगातार विरोध, उपेक्षा और निन्दा का सामना करना पड़ा। यह आक्रोश इतना अधिक था कि कबीर की छवि को अश्लीलता और फूहड़ता जैसे विशेषणों से व्यक्त करने की कोशिश भी की गई। होली के अवसर पर कुछ प्रदेशों में जो अश्लील और भद्दे गीत गाए जाते हैं, उनके साथ 'कबीर' जुड़ा हुआ होता है। ये वही कबीर हैं, जिन्होंने व्यक्ति की आत्मप्रज्ञा को जगाने का कार्य निरन्तर किया है।

गुरुनानक देव की सिख-परम्परा ने अपने-आपको कबीर (नामदेव, रैदास, धन्ना, पीपा, सैण आदि) की निर्गुण-परम्परा से जोड़ा, जो परम सृष्टि को निर्गुण निराकार मानती है। मूर्ति-पूजा, अवतारवाद को अस्वीकारी है, देव-स्थान, तीर्थ-यात्रा आदि कर्मकांड जो श्रुति-स्मृति-सम्मत भक्ति के आवश्यक अंग थे, उनको नकार देती है और ख़ुद के अनुभव को शास्त्र से अधिक श्रेष्ठ मान्यता देती है।

कबीर ने वर्ण-व्यवस्था, ऊँच-नीच और असमानता का विरोध किया है, ब्राह्मण, मुल्ला, मौलवी की श्रेष्ठता पर प्रश्न-चिह्न लगाए, अवतारवाद और मूर्तिपूजा को अस्वीकार किया। वे सर्वव्यापी घट-घट-वासी निर्गुण ब्रह्म के प्रति अपनी आस्था रखते हैं। उन्हें यह विश्वास है कि राम मेरे खेवनहार हैं। यह निर्गुण

ब्रह्म वर्ण-व्यवस्था के पोषकों और श्रुति-स्मृति के अनुगामी द्विज-भक्तों को विचलित करनेवाला था। ये वे द्विज-पुरोहित थे, जो लोगों को पाप-पुण्य, स्वर्ग-नरक, ईश्वरीय प्रकोप, प्रकृति के आक्रोश का भय दिखाते हैं, और इन सबसे निवृत्ति का उपाय बताते हैं। ऐसे लोग समाज के केन्द्र में रहकर अपनी महत्ता बनाए रखने में शताब्दियों तक कामयाब रहे, यही कबीर की निर्गुण मान्यता को सिरे से नकारते रहे हैं। इन लोगों का मानना है कि सगुण रूप से ही ईश्वर को पाया जा सकता है। कबीर इन सबके विरोध के केन्द्र में रहे हैं। इसलिए कबीर ने अपने इन विरोधियों का एक पद के माध्यम से सगुण रूप विष्णु के दसों अवतार का तार्किक खंडन करते हुए अपने एकमात्र आराध्य निर्गुण राम की सर्वोच्चता स्थापित की है—

ता साहब ने नामों साथा, दुख सुख कोटि जो रहो अनाथा।
ना दसरथि घरि औतरि आवा, ना लंका का राव सतावा।
देवै कूप न औतरि आवा, ना जसवै ले गोद खेलावा।
ना वो ग्वालन के संग फिरिया, गोबरधन ले न करि धरिया।
बामन होय नहीं बलि छलिया, धरनी बेद ले न उधरिया।
द्वारमती सरीर न छोड़ा, जगन्नाथ ले प्यंड न गाड़ा।
गंडक सालिक राम न कोला, मछ कछ ह्वै जलहिं न डोला।
बद्री बैठा ध्यान नहिं छावा, परसराम ह्वै खत्री न सँतावा।
कहै कबीर विचारि करि ये ऊले व्यवहार।
याहीं थे जो अगम है, सो बरति रह्या संसार॥

उनके राम (और कृष्ण) राजा दशरथ के घर में अवतरित नहीं हुए हैं, उन्होंने लंका के राजा को नहीं मारा। वे देवकी की कोख से पैदा नहीं हुए और न यशोदा के वात्सल्य की छाया में पले हैं, न वे ग्वालों के संग घूमे हैं, न गोवर्धन पर्वत को अपनी उँगली पर उठाया है, न उन्होंने वामन होकर बलि को छला है, और न वेद के उद्धार हेतु वराह बनकर धरती को अपने दाँतों पर उठाया है। वे गंडक के शालिग्राम भी नहीं हैं और न मत्स्य, कच्छप आदि रूपों में जल में डोले हैं। वे नरनारायण रूप में बद्रीनाथ में ध्यान लगाकर नहीं बैठे हैं और न परशुराम बनकर क्षत्रियों का नाश करने गए हैं। उन्होंने द्वारमती (वर्तमान में भालका तीर्थ) में शरीर नहीं छोड़ा और न वे जगन्नाथ धाम में आसन जमाकर बैठे हैं। सन्त कबीर की दृष्टि में ये सब बाहरी व्यवहार हैं। समूचे संसार में व्याप्त होनेवाले राम इनसे अधिक अगम हैं।

सन्त कबीर ने इस पद में विष्णु के सभी अवतारों—राम, कृष्ण, वामन, वाराह, मत्स्य, कच्छप, नरनारायण, परशुराम आदि सभी को पूरी तरह नकार दिया है।

उन्होंने स्मृतियों की स्पष्ट निन्दा की है। स्मृतियों द्वारा ही वर्ण-व्यवस्था, ऊँच-नीच, धर्म और समाज में नारी की स्थिति की व्याख्या है, जिसे कबीर पूरी तरह से नकारते हैं। कबीर कहते हैं—

स्मृतियों को वेद की पुत्री कहते हैं। ये (वर्ण-व्यवस्था और कर्मकांड की) ज़ंजीर और रस्सी ले आई है। इन्होंने अपने श्रद्धालुओं के नगर को बाँध लिया है और इन्हें इनके मोहजाल में जकड़कर इनके सिर पर काल का तीर तान दिया है। यह ज़ंजीर काटने से कटती नहीं, तोड़ने से टूटती भी नहीं। यह सर्पिणी बनकर सारे संसार को खा रही है। हम देखते हैं कि इन स्मृतियों ने सम्पूर्ण संसार को लूट लिया है। कबीर राम का नाम लेकर इनसे मुक्त हो गए हैं—

वेद की पुत्री सिंम्रित है भाई।
साँकल जेवरी लै आई॥
आपन नगर आप ते बाधिआ।
मोह कै फाधि काल सरु साँधिया॥
कटी न कटै तूटि नह जाई।
सा सापनि होइ जग कउ खाई॥
हम देखतु, जिनि सभु जगु लूटिआ।
कहु कबीर, मैं राम कहि छूटिआ॥

स्पष्ट है कि पूर्व-मध्यकाल में जिस श्रुति-स्मृति-सम्मत भक्ति पर लोगों का अत्यधिक आग्रह था, जिस काल पर स्मृतियों और पुराणों का पूरा प्रभाव था, जिस काल में ब्राह्मणों और बौद्धों का आपसी टकराव चरम पर था और कर्मकांड पूरी तरह छाया हुआ था, उसके परवर्ती उत्तर-मध्यकाल में इसके विरुद्ध स्वर मुखरित हुआ। भक्ति के क्षेत्र में शूद्र भी आए और स्त्रियाँ भी। इन्होंने श्रुति-स्मृति की अकाट्य परम्परागत मान्यता को नकार दिया, कर्मकांड की खिल्ली उड़ाई। परमसत्ता को धर्म-स्थानों और तीर्थ-यात्रा से मुक्त कर दिया, जाति-पाँति के बन्धन तोड़ दिये और इस बात का उद्घोष कर दिया कि :

जाति पाँति पूछै नहीं कोई, हरि को भजै सो हरि का होई।

हमें आज से छह सौ साल पहले कहे गए कबीर के पदों में अन्तर्निहित सन्देश, अकाट्य तर्क और आत्मविश्वास स्पष्ट दिखाई देता है। अपनी निर्गुण अवधारणा में वे मानते हैं कि हमारा झगड़ा उस दिन ख़त्म हो गया, जिस दिन मैंने पंडित और मुल्ला दोनों को छोड़ दिया।

हमारा झगरा रहा न कोऊ।
पंडित मुलाँ छाड़े दोऊ॥

बुनि बुनि आप, आप पहिरावउ।
जह नहीं आपु, तहा होई गावहु॥
पंडित मुलाँ जो लिखि दीआ।
छाड़ि चले हम कछू न लीआ॥

निर्गुण पंथ की अवधारणा की पुष्टि में वैसे तो कबीर के अनेक पद मूल एवं वाचिक परम्परा में उपलब्ध हैं, किन्तु एक पद ऐसा है, जो धार्मिक कर्मकांड की समस्त विधियों का खंडन करता है—

साधो सहज समाधि भली।
गुरु प्रताप जा दिन तैं उपजी दिन दिन अधिक चली॥
जहाँ जहाँ डोलौं सोइ परिकरमा जो कछु करूँ सो सेवा।
जब सोवों तब करों दंडवत पूजों और न देवा॥
कहौं सो नाम सुनौं सो सुमरन खाँव पियों सो पूजा।
गिरह उजाड़ एक सम लेखों भाव न राखों दूजा॥
आँख न मूँदों कान न रूँधों तनिक कंठ नहिं धारों।
खुले नैन पहिचानूँ हँसि हँसि सुन्दर रूप निहारों॥
सबद निरन्तर से मन लागा मलिन वासना त्यागी।
उठत बैठत कबहु न छूटै ऐसी तारी लागी॥
कहिं कबीर यह उनमुनि रहनी सो परगट करि गाई।
सुख दुख से एक परे परमपद सो पद है सुखदाई॥

कबीर के उपर्युक्त पद में सहज जीवन के अतिरिक्त परिक्रमा, पूजा, जैसे बाह्याडम्बर की कोई गुंजाइश ही नहीं है। कबीर अपनी निर्गुणी अवधारणा में हिन्दू-मुस्लिम दोनों की कठोर आलोचना करते हैं, जहाँ बहुदेववादी सनातनी हिन्दू के मूर्ति-पूजा, अवतारवाद, धार्मिक कर्मकांड, जाति, वर्ण, छुआछूत आदि का विरोध करते हैं, वहीं इस्लाम के रोज़ा, बाँग, खतना, हलाल, मस्जिद, दाढ़ी, हिंसा आदि सब उन्हें नापसन्द हैं। वस्तुतः कबीर की निर्गुणी अवधारणा सत्य, अहिंसा, धर्म-समभाव पर निर्भर हैं। अपने एक दोहे में वे इसे स्पष्ट भी करते हैं—

जोगी गोरख-गोरख करै, हिन्दू राम नाम उच्चरै।
मुसलमान कहें एक खुदाई, कबीर के स्वामी घट-घट रह्यो समाई॥

तत्कालीन समाज के लिए एक ऐसा व्यक्ति, जिसके माँ-बाप, वर्ण, जाति, कुल का ठीक-ठीक पता नहीं, जिसे राज्याश्रय प्राप्त नहीं है, वह हमारी स्थापित मान्यताओं की इतनी तीखी और तार्किक आलोचना कर रहा है। इसका परिणाम यह हुआ कि कबीर-साहित्य का अध्ययन बाधित हो गया, कबीर त्याज्य श्रेणी के सन्त हो गए।

श्रुति एवं स्मृति में एक और शब्द बार-बार आता है, वह है—मोक्ष। द्विज पुरोहित इसका बार-बार बखान करते हैं और इसे सामाजिक मान्यता भी मिल चुकी है। मगर विडम्बना यह है कि जब वास्तविक मोक्ष की बारी आती है, तो पूरा घर बैठकर या तो रोने लगता है या किसी ग्रन्थ का पाठ या फिर मंत्रों का जाप करने लगता है और गंगाजल पिलाने लगता है, अर्थात् किसी भी हालत में मोक्ष नहीं चाहता। मोक्ष-सम्बन्धी इसी अवधारणा को नकारने के लिए कबीर अन्त समय में काशी से मगहर चले गए, जिसके बारे में द्विज पुरोहित कहते थे कि मगहर में मरने से मोक्ष नहीं मिलता। ये वही कबीर हैं, जो मृत्यु को भी आनन्द मानते हैं—

जा मरने से जग डरे, मोहि भयो आनन्द।
कब मरिहो कब पाहियों पूरन परमानन्द॥

कबीर का परमात्मा निर्गुणी है। गुण तीन माने जाते हैं—सत्त्व, रजस्, तमस् परन्तु कबीर का ब्रह्म (परमात्मा) इन तीन गुणों में व्याप्त नहीं है। कबीर का ब्रह्म न जनमता है (अजन्मा), वह न बढ़ता है, न मरता है (अमर) है। वह केवल है। जैसे बर्फ़ पानी से बनती है, फिर वह बर्फ़ पिघलकर पानी बन जाती है, यही कबीर के परमात्मा और उनकी निर्गुण अवधारणा है।

खालिक खलक, खलक में खालिक सब घट रह्यो समाई

निर्गुण परम्परा में कबीर के राम

भारत में भक्ति की दो धाराएँ सदैव प्रवाहित होती रही हैं, प्रथम—सगुण भक्ति-धारा, जिसमें भगवान् को मनुष्य रूप में अवतारी पुरुष माना जाता है, जन्म से मृत्यु तक विभिन्न लीलाएँ बताई जाती हैं, अनेक चमत्कारों का वर्णन किया जाता है, इन्हें सभी की मनोकामना पूर्ण करनेवाला चरित्र बताया जाता है। पश्चात् इन चरित्रों के मन्दिर बनाकर मूर्ति-पूजा आरम्भ कर दी गई। उत्तर, दक्षिण, पूर्व, पश्चिम भारत में इनके अलग-अलग रूप स्थापित किये गए, जो आदि शंकराचार्य के समय से आज तक प्रचलित हैं। उत्तर भारत में गोस्वामी तुलसीदास इस परम्परा के प्रमुख ध्वजवाहक हैं, जिनके राम अयोध्या के राजा थे और उन्होंने बाली, रावण सहित अनेक राक्षसों का संहार किया था। द्वितीय—निरगुन भक्ति-धारा में निरगुन, निराकार, निर्वैर, अजोनि, परमात्मा की अवधारणा है, जिसमें कर्मकांड, मूर्ति-पूजा पूजा, ग्रह-नक्षत्र, ज्योतिष, अवतारवाद, देहधारी गुरु, माला-मुँदरी, तिलक, छापा के लिए स्थान नहीं है। इसमें कर्म को अपना धर्म सर्वश्रेष्ठ माना जाता है। इस धारा के कबीर हुए, उनके साथ-साथ रैदास, नामदेव, धन्ना, पीपा, बाबा फ़रीद, सिख गुरु नानक, गुरु गोविन्द सिंह हुए।

जनमानस में राम को चार रूपों में मान्य किया जाता है—

एक राम दशरथ का बेटा,
दूजा राम घर-घर में बैठा,
तीजा राम का जगत् पसारा,
चौथा राम इन सबसे न्यारा।

कबीर और अन्य निर्गुणी सन्त इसी सबसे न्यारे चौथे राम के उपासक हैं। कबीर का एक पद जो गुरुग्रन्थ साहिब में संगृहीत है, उसका उल्लेख अनुचित न होगा। कबीर के राम दशरथ-पुत्र नहीं हैं, साथ ही उन्होंने इस पद में विष्णु के सभी अवतारों—राम, कृष्ण, वामन, वाराह, मत्स्य, कल्प, नरनारायण, परशुराम आदि सभी को पूरी तरह नकार दिया। कबीरदास के राम दशरथ-पुत्र नहीं हैं—

दसरथ सुत तिहुँ लोक बखाना।
राम नाम का मरम है आना॥
एक राम दशरथ का प्यारा।
एक राम ने सकल पसारा॥

इसी प्रकार सन्त रविदास ने भी अस्वीकार किया। उन्होंने अपने एक पद में इस प्रकार कहते हैं—

रविदास हमारो राम जी, दसरथ करि सुत नाहिं।
राम हमउ महि राम रह्यो बिसब कुटम्बह माहिं॥
घट-घट बिआपक राम हैं, रामहिं बूझे कोय।
रविदास बूझे सोइ राम कूँ, जउ राम सनेही होय॥

इस मान्यता का आधार भी स्पष्ट है, निर्गुणी सन्त पूर्ण स्वावलम्बी थे, उनका आधार निजी अनुभव था, ये सन्त यह मानते थे कि किसी बात को केवल इसलिए स्वीकार नहीं कर लेना चाहिए कि वह किसी ग्रन्थ में लिखी हुई है अथवा किसी आचार्य ने कही है, वरन् प्रत्येक बात को अपने अनुभव और तर्क की कसौटी पर परखना चाहिए। इसी घटाटोप के कारण सन्त कबीर ने अपने अनुभव के आधार पर शास्त्रमार्गी पंडित से कहा था—

तू कहता कागद की लेखी, मैं कहता आँखिन की देखी॥

इसी प्रकार गुरुनानक जी ने कहा है कि मैं जो कुछ भी स्वयं अनुभव करता हूँ, वही कहता हूँ—

जेहो डिट्ठा तेहो किहा।

इसलिए राम की निर्गुण, निराकार अवधारणा उन्हें वर्ण और ऊँच-नीच की सीमाओं से मुक्त कर देती थी, सर्वव्यापी, घट-घट वासी ब्रह्म की प्राप्ति के लिए उन्हें किसी मन्दिर, किसी पुरोहित, किसी कर्मकांड, किसी शास्त्र की आवश्यकता नहीं थी और इस अवधारणा की व्याख्या करते हुए कबीर कहते हैं कि परमात्मा के प्रति सच्चे रहो, दूसरों का ख़याल रखो, फिर चाहे लम्बे केश रखो, अथवा पूरी तरह मुंडन करवा लो—

साँई सेती पाँच चलि, औरा सू सुधा माहि,
भावे लम्बे केस करु, भावै घुरड़ि मुँड़ाई॥

इसी प्रकार निर्गुण परम्परा के एक अन्य प्रसिद्ध सन्त नामदेव भी सगुण परमात्मा (राम) के स्थान पर निर्गुण राम की ही भक्ति की बात करते हैं। वे तो मस्जिद की उपासना पर भी प्रश्नचिह्न लगा देते हैं और उसकी (परमात्मा) सेवा की बात करते हैं, जो न मन्दिर में है, न मस्जिद में—

हिन्दू अन्ना, तुरकू करणा
दोहाँ ते गिआनी सिआणा
हिन्दू पूजे देहुरा, मुसलमान मसीत
नामे सोई सेविआ, जह देहुरा न मसीत

राम के सम्बन्ध में अपनी पुष्ट धारणा की कबीर इस पद में पुष्टि करते हैं—

पंडित वेद पुराण पढ़ै, औ मौलाना पढ़ै क़ुरान।
कह कबीर वे नरक गए, जिन हरदम राम न जान॥

राम के निर्गुणी स्वरूप को सीधे अपने कर्म से जोड़कर रैदास कहते हैं—

जिव्हा सौ ओंकार जप, हत्थन सों कर कार।
राम मिलहिं घर आईकर, कहि रैदास विचार॥

सगुण भक्ति-धारा बहुदेववादी परम्परा पर विश्वास करती है, अतएव वह कभी भी एक परमात्मा से आत्मसात नहीं हो पाती, हमेशा भ्रमित रहती है, इसके विपरीत निरगुन भक्तिधारा एकेश्वरवादी परम्परा को मानती है, अपने राम पर इतना दृढ़ विश्वास रखती है कि उसके लिए प्रचलित मान्यताओं के विरुद्ध क़दम भी उठाती है। कबीर के जीवन की एक घटना प्रसिद्ध है, जब उन्हें बताया गया कि काशी में मरने पर मोक्ष मिलता है, और मगहर में मरने पर आत्मा भटकती रहती है, तो कबीर ने तत्काल यह दोहा कहा कि यदि ऐसा है, तो यह देखना राम का काम है, मेरा नहीं और वे तत्काल मगहर चले गए, जहाँ उनकी मृत्यु हुई—

क्या काशी क्या ऊसर मगहर, राम हृदय बस मोरा।
जो काशी तन तजे कबीरा, रामहिं कौन निहोरा॥

कबीर स्थूल राम के स्थान पर अपने हृदय पर विराजित राम को ही महसूस करने की बात करते हैं। यदि कबीर की मान्यताओं की मानें, तो राम के नाम पर चल रहे समस्त विवाद स्वयमेव समाप्त होते हैं और आप कई असुविधाजनक प्रश्न जो राम के बारे में उठाये जाते हैं (जैसे शम्बूक का वध एवं सीता का त्याग करना) से भी मुक्ति पा लेंगे। इस अन्त:करण के राम के लिए कबीर कहते हैं—

कस्तूरी कुंडल बसे, मृग ढूँढ़े बन माहिं,
ऐसे घट-घट राम हैं, दुनिया देखत नाहिं।

स्पष्ट है इतना दृढ़ विश्वास निर्गुण भक्ति-धारा में ही सम्भव है।

कबीर का रास्ता : सीस उतारे भुईं धरे

भारतीय मानस का एक बड़ा हिस्सा अपनी परम्परा में अन्धश्रद्धा का वाहक रहा है। वह अपनी परम्पराओं-मान्यताओं को लेकर रूढ़ एवं जड़बद्ध रहा है। आप इसे जड़बुद्धि भी कहेंगे, तो शायद ग़लत न हो। यहाँ अच्छे विचार समाज में जल्दी नहीं पनपते। वे या तो अतिशय आदर पाकर पूजनीय हो जाते हैं, धूप-बत्ती की विषयवस्तु हो जाते हैं, या कर्मकांडी व्यवहार का हिस्सा।

विगत कुछ वर्षों से देश में साम्प्रदायिकता, कट्टर धार्मिकता तज्जन्य हिंसा आक्रामक रूप से बढ़ी है। इसके चलते भारत की साझी विरासत पर ख़तरे बढ़ गए हैं। वास्तव में हमारी साझी विरासत आज साँसत में है।

क्या कबीर साहब का पथ बहुत सुगम था? क्या तत्कालीन परिस्थितियों में बदलाव लाना आसान था? उत्तर 'नहीं' में है।

कबीर का रास्ता सीधा-सपाट नहीं था। वर्चस्वशाली संस्कृति से उनका टकराव था, धर्मसत्ता ने राजसत्ता से मिलकर वर्ण, जाति, लिंग और धर्म के नाम पर यज्ञ, हिंसा, पशुबलि, कर्मकांड को मानवता का अभिन्न अंग बनाया था।

लेकिन कबीर सामाजिक मुद्दे पर बहुत ही तर्कशील और भौतिक तरीक़ों से बात करते हैं। कबीर के काव्य में जाति एक प्रमुख मुद्दा है। वेद-पुराण, उपवास, मूर्तिपूजा, कर्मकांड, छाप तिलक, यज्ञ, हिंसा, ब्राह्मण-श्रेष्ठता आदि अतार्किक मतों को न केवल अस्वीकारते हैं, बल्कि इस सबका पुरज़ोर विरोध करते हैं। इनको स्थापित करनेवाली धर्मसत्ता और जाति-आधारित निर्मित सत्ता के ख़िलाफ़ वे आवाज़ उठाते हैं, और मुखरता से उठाते हैं। वे सदैव हमें सत्य, तर्क करने, अहिंसा के मार्ग पर चलने को कहते हैं; प्रेरित और साहस प्रदान करते हैं।

लेकिन वर्चस्ववादी संस्कृति के लोगों द्वारा इन महात्माओं को भी जाति के खाने में बाँटकर इन्हें जाति-विशेष का महात्मा बना दिया जिससे कि उनकी सत्ता को किसी प्रकार की कोई चुनौती न मिले।

इन चुनौतियों से कबीर टकरा सकते थे, वे टकराए, लेकिन साथ नहीं मिला। तब उनकी अन्तर्पीड़ा इन शब्दों में अभिव्यक्त हो उठती है—

सुखिया सब संसार है खाए और सोये।
दुखिया दास कबीर है जागे अरु रोये॥

कबीर आज के सन्दर्भ में

पिछले लगभग एक हज़ार साल से हिन्दू-समाज बहुदेव-वादी, मूर्तिपूजक, धर्म के सन्दर्भ में जड़ता की हद तक मूर्ख, अकर्मण्य, ग़रीब, अशिक्षित, धर्मांध, धर्मभीरु समाज है, जो ख़ुद कुछ नहीं करना चाहता, वरन् उसका दृढ़ विश्वास है कि उसकी सारी समस्याएँ केवल ईश्वर ही सुलझा सकता है। एक होशियार और सर्वोच्च वर्ण का दावा करनेवाली कौम ने धर्म का एक ऐसा आडम्बर रच दिया कि बग़ैर कर्म किये अपनी मनोकामना पूर्ण होने की कुंजी हमारे पास है, बेचारा भोला-भाला हिन्दू जो पहले ही, मुस्लिम आक्रान्ताओं से पीड़ित था, वर्ण-व्यवस्था ने लगभग 80 प्रतिशत आबादी को लड़ाई के मैदान से बाहर कर दिया था, आक्रान्ताओं और अंग्रेज़ों को बग़ैर किसी प्रतिरोध के लूटने का अवसर दिया। बाद में इसने उसे अपनी नियति, भाग्य और भगवान् की इच्छा मानकर यथास्थिति को स्वीकार कर लिया, जो हम आज तक देख रहे हैं।

हमने अपने किसी भी त्योहार को काल-सुसंगत नहीं बनाया, परिस्थितियाँ कोई भी हों, हम अपनी उत्सव-धर्मिता नहीं छोड़ते, अपने हाथों से अपने बहुमूल्य और दुर्लभ संसाधनों की होली जलाते हैं, केवल यह सोचकर कि ऐसा करने से हमारी मनोकामना पूर्ण होगी, भगवान् प्रसन्न होंगे, और हमारी सारी समस्याएँ हल होंगी। हम साल-दर-साल से ऐसा ही कर रहे हैं बग़ैर इस बात पर विचार किये कि यदि इन उपायों के बग़ैर कोई मेहनत और कठोर परिश्रम किये मनोकामना पूर्ण हो जाती और सारी समस्याओं से निज़ात मिल जाती, तो आज भारत में ग़रीबी, अशिक्षा, बेरोजगारी, विकलांगता, आदि दिखाई ही क्यों देती? क्या भारतीय यूरोप, अमेरिका जैसे विकसित देशों से भी आगे नहीं होता।

धर्म और अन्धविश्वास के आडम्बर को 600 साल पहले कबीर ने समझा और इसका विरोध किया। लेकिन आज इस क्रान्तिकारी सन्त को जाति, वर्ण, वर्ग में बाँट दिया गया है। उनके क्रान्तिकारी पदों की पैरोडी बनाई गई, जिसे सुनना भी मुश्किल है। मगर इस क्रान्तिकारी सन्त को सच्चे रूप में सिख गुरुओं ने पहचाना

और इनके पदों को गुरुग्रन्थ साहिब में स्थान दिया, जिसके प्रकाश में आज सिख समाज सभी धार्मिक कर्मकांड, आडम्बरों को त्यागकर, निर्गुण निराकार, निर्वैर, अजन्मा, परमात्मा की अवधारणा पर विश्वास करने लगा, और सिख गुरुओं, गुरुग्रन्थ साहिब, कबीर साहेब की वाणी के प्रकाशित है। हम मन्दिर में मूर्ति के समक्ष शंख, घंटा बजाते हुए अपनी मनोकामना पूर्ण होने का इन्तज़ार करते हुए, आज भी ग़रीबी, अशिक्षा, धार्मिक पाखंड के बीच अपना जीवन व्यतीत कर रहे हैं। जबकि कबीर कर्म के मार्ग के माध्यम से अपनी लड़ाई ख़ुद लड़ने का रास्ता दिखाते हैं, मगर धर्मभीरु भारतीय समाज कबीर के मार्ग पर चलने के लिए कितना तैयार होता है, इसका अन्दाज़ा मुझे नहीं है।

निर्भय निर्गुण गुण रे गाऊँगा
कबीर से एक संवाद

मेधा

इन दिनों कबीर के साथ मेरा जो आत्मचिन्तन चल रहा है, सम्भवतः उसी का प्रभाव है कि ऐसा लगा कि उन्होंने आज सुबह मुझे आकर जगा दिया हो, और कह रहे हों कि—यह जो मेरे साथ तुम्हारा रिश्ता है, वह प्रेम की अमर बेल लगाने जैसा है—जैसे कि मीराँ ने लगाई थी। एक दिन यह बेल फैलेगी, जैसे कि मीराँ की फैली।

मैंने कहा—कबीर तुमसे कैसे छुपाऊँ? अब जब आ ही गए हो, तो हृदय की व्यथा भी सुनते जाओ। शायद तुम्हारा और तुम्हारे सब सन्त दोस्तों और सन्त सहेलियों का ही कमाल है कि अब कोई व्यक्तिगत दुख नहीं सालता। लेकिन समष्टि का दुख भीतर गहरे उतरकर एक सुन्दर दुनिया के स्वप्न को दिन-रात डस रहा है। क्या तुम्हें मेरी हँसी के पीछे की वीरानी नहीं दिखती? कबीर, तुम चाहे जो भी कहो—तुम्हारे वक़्त की चुनौतियाँ, उसके दुख अलग क़िस्म के थे। हमारे वक़्त के दुख बहुत जटिल होते जा रहे हैं। अब तक हिंसा, अन्याय की न जाने कितनी क़िस्म की फ़सलें तैयार हो चुकी हैं। तुम्हारे वक़्त की विसंगतियाँ अभी ख़त्म भी नहीं हुई थीं कि अन्याय, शोषण और ग़ैर-बराबरी के नित-नए तरीक़े ईजाद हो रहे हैं। ऐसे में तुम ही कहो—कोई कैसे जीये, कोई कैसे मरे? उस दिन मध्य प्रदेश के गुना में क्या हुआ? एक दलित परिवार को ज़मीन से बेदख़ल करने के लिए पुलिस ने कितनी बर्बरता दिखाई। बच्चों तक को कितनी बेरहमी से पीटा। क्या हुआ जो वे सरकारी ज़मीन पर बरसों से खेती कर रहे थे। सरकार क्या किसी की अपनी है? तुम देख रहे हो कबीर, आक्रोश में मेरी भाषा भी बिगड़ती जा रही है। मेरे कहने का तात्पर्य यह है कि उनकी फ़सल कट जाने के बाद खेत ख़ाली करवाया जा सकता था। सरकार को उनकी आजीविका के लिए ज़मीन का कोई और टुकड़ा देना चाहिए था। बड़े पूँजीपति के हज़ारों करोड़ माफ़ कर दिये जाते हैं, और एक दलित परिवार के लिए ज़मीन का एक टुकड़ा भी नहीं? तुम्हारे इस धरती से जाने

के बाद के कई सौ सालों में यही प्रगति की है हमने, कबीर। तुम्हारे किये पर पानी ही तो फेरा है, हमने। तुमसे नज़रें मिलाने के क़ाबिल नहीं हैं हम।

मेरे क्षोभ और पीड़ा को देख कबीर थोड़ा क़रीब आए और कहा—इतना विह्वल होगी, तो कैसे काम चलेगा! देखो, वक़्त चाहे जितना भी ज़ालिम हो, लोग अपनी आत्मा की सुगन्ध खो दें, बर्बर हो जाएँ, फिर भी तुम्हें उम्मीद की लौ बुझने नहीं देनी है। जानते हो क्यों, समुद्र के बनने में हर बूँद का बराबर महत्त्व होता है। यह न सोचो कि तुम जो कर रहे हो या बाक़ी के जो लोग अपने सामर्थ्य से दुनिया को अपनी तरह सुन्दर बनाने लगे हैं, उनकी मेहनत बेकार जाएगी। इसलिए तो कहता हूँ—'रहना नहीं देस वीराना है।'

मैंने कहा—क्या आपको कभी कोई दुख नहीं सालता? यदि नहीं, तो आपने फिर क्यों कहा—

दुखिया दास कबीर है, जागे और रोये।

कबीर ने अपने कंधे पर रखे गमछे से अपने माथे पर आए पसीने को पोंछा और कुछ गुनगुनाने लगे—हूँ हूँ...

फिर कहा—तुमने ठीक कहा कि मैं भी तो संसार की विसंगतियों, इसके पाखंड और आडम्बर, विषमता और अन्याय को देख दुखी हो जाता हूँ, जिसके लिए आजीवन लड़ता रहा, लेकिन मैं ही तो फिर मन को सँभाल यह भी कहता हूँ—

मन के हारे हार है मन के जीते जीत।
कहे कबीर हरि पाइए मन ही की परतीत॥

कबीर इस दोहे को गुनगुनाते हुए कहने लगे, दुख तो है। तब भी था। अब भी है। अन्याय, शोषण, विषमता से घबराना नहीं है। उसका पुरज़ोर विरोध करना है, हर सम्भव तरीक़े से। लेकिन केवल यही करेंगे, तो बहुत जल्दी थक जाएँगे। हार जाएँगे। रूखे और कड़वे हो जाएँगे। इसलिए अपने अन्तस् में प्रेम की ज्योति जलाकर रखनी चाहिए, उसी की ऊर्जा तुम्हें निर्भीक बनाएगी।

मैंने कबीर से कहा—आपको क्या लगता है, लोभ-लालच और भय पर टिकी इस दुनिया में प्रेम सम्भव है? आप ही तो कहते हैं—

ऐसा कोई ना मिला, जासू कहूँ निसंक।
जासो हिरदा की कहूँ, सो फिर मारे डंक॥

तो आप ही बताइए, इस संसार में भला प्रेम कैसे सम्भव है?

कबीर कहने लगे—सारा संसार अहंकार के अँधेरे में गुम हो गया है। दुविधा का नाग आधुनिक मनुष्य को डस रहा है। उसका ज़हर तन, मन और आत्मा सब

जगह फैल चुका है। और इसका एक ही तोड़ है—प्रेम। लेकिन इसके लिए विश्वास रूपी खाद ज़रूरी है, जिसके बिना प्रेम की बेल अंकुरित ही नहीं हो सकती, और जहाँ अहंकार है, वहाँ विश्वास का जन्म नहीं हो सकता। प्रेम का अनुभव तभी किया जा सकता है, जब अहंकार का समूल मिट जाए—

प्रेम पियाला जो पिये, शीश दक्षिणा देय।
लोभी शीश न दे सके, नाम प्रेम का लेय॥

कबीर की बातों में उम्मीद की लौ है। जहाँ लोभ है, वहाँ अहंकार नहीं मिट सकता, अहंकार लोभ का कारण है। जब 'मैं' ही नहीं रहेगा, तो लोभ कौन करेगा? तब तो सन्तुष्टि का भाव जीवन में गहरे उतर जाएगा और कह उठेगा—

साईं इतना दीजिए, जामें कुटुम्ब समाय।
मैं भी भूखा न रहूँ, साधु ना भूखा जाय॥

लेकिन सवाल तो यही है कि यह 'मैं' कैसे तिरोहित हो?

यह सुनकर कबीर जी मुस्कराने लगे, और उन्होंने कहा कि अहंकार को मिटाने की पहली सीढ़ी है स्वयं को देख पाने की क्षमता। यह क्षमता आती है, सजगता से। जब हम अपनी समीक्षा तटस्थता से करें, तो पाते हैं—

बुरा जो देखन मैं चला, बुरा न मिलिया कोय।
जो दिल खोजा आपना, मुझसे बुरा न कोय॥

और जब हृदय में यह भाव जन्मता है, तब जाकर 'मैं' के मिटने की प्रक्रिया शुरू होती है। उसके बाद वह चरण आता है, जब दूसरे की आलोचना भी बुरी लगनी बन्द हो जाती है और हृदय पुकार उठता है—

निन्दक नियरे राखिए, आँगन कुटी छवाय।
बिन पानी, साबुन बिना, निर्मल करे सुभाय।

लेकिन इस समाधान को समझने के लिए भी कबीर-जैसा सहज हृदय चाहिए।

कबीर ने कहा कि देखो! बहिर्जगत् चाहे जितना भी जटिल हो, हमारी मूल प्रकृति तो सहजता, सरलता ही है। हमसे पहले गोरखनाथ भी कह गए—

हबकि न बोलिबा, ठबकि न चलिबा धीरे धरिबा पाँव।
गरब न करिबा सहजै रहिबा भनत गोरख नाथ॥

और अपने साथी सन्त रविदास जी भी तो कुछ ऐसा ही कहते हैं—

भाई रे सहज बन्दी लोई, बिन सहज सिद्धि न होई।

सहजता हमारा मूल स्वभाव है। उस तक पहुँचे बिना तो अहंकार-मुक्त होने की यात्रा शुरू ही नहीं हो सकती, और जब तक अहंकार से मुक्ति नहीं होगी, तब तक विश्वास पैदा नहीं होगा और विश्वास की खाद के बिना प्रेम का बीज कैसे अंकुरित होगा?

वे बोले, जब दूसरे की निन्दा को आईना मानकर अपनी छवि को स्वच्छ करने लगें, तो मन निर्मल होगा। मन की निर्मलता से 'मैं' तिरोहित होने लगेगा, और विश्वास की नई नींव पड़ेगी। विश्वास की बुनियाद पर प्रेम का घर बनेगा—

कबीर यहु घर प्रेम का, खाला का घर नाहिं।
सीस उतारै हाथि करि सो पैठे घर माहिं॥

प्रेम की कोठरी में एक बार जो प्रवेश कर गया, तब कोई पराया नहीं रह जाता। तब हर किसी में अपने ही दिखने लगते हैं—

जग में बैरी कोई नहीं, जो मन शीतल होय।
यह आपा तो डाल दे, दया करे सब कोय॥

जब 'मैं' तिरोहित होगा और कोई दूजा नहीं रह जाता, तब हृदय के खेत में प्रेम की फ़सल तैयार हो जाती है—

प्रेम न बारी उपजे, प्रेम न हाट बिकाए।
राजा प्रजा जो ही रुचे, सीस देहि ले जाए॥

जब प्रेम की फ़सल हृदय में होती है, तब प्रीतम (परात्पर) हर रूप में मौजूद होता है। चाहे गुरु हो या फिर हरि हो। प्रीतम कोई हो, प्रीत की राह तो अन्ततः हरि के घर ही पहुँचती है—

जब मैं था तब हरि नहीं अब हरि है मैं नाहीं
प्रेम गली अति साँकरी जामें दो न समाहीं।

लेकिन हरि के घर तक पहुँचने से पहले तो बहुत लम्बा मार्ग है। वहाँ अकेलापन है, विरह का दावानल है। अपने को जलाकर राख किये बिना प्रेम सम्भव ही नहीं। उस दावानल की जलन को वही समझ सकता है, जिसने उसे जिया हो—

कबीर हसि हसि कन्त न पाइए, जिनि पाया जिनि रोई।
जे हाँसे ही हरि मिलै, तो नहीं दुहागणि कोई॥

सबके बस की बात नहीं, इस पथ पर चलना। कबीर ने कहा है यह शूरवीर का काम है, 'प्रेम का मारग अगम, अगाध है।' एक बार प्रेम की लौ जल गई तो एक

वक़्त ऐसा भी आता है, जब दुख-सुख, संयोग-वियोग, सब एक हो जाते हैं। और यहाँ से समता की, साक्षी-भाव की यात्रा शुरू होती है। अपने प्रेमी को अपने भीतर की खोज जब पूरी होती है, तो सब सारा विष अमृत हो जाता है, कबीर कहते हैं—

प्रेमी कूँ प्रेमी मिलै, तब अब विष अमृत होई।

और आत्मा की धुन पर वो गीत बज उठा है—

निर्भय निर्गुण गुण रे गाऊँगा

कबीर की भाषा : 'कहै कबीर सुनौ भाई साधो'

चित्त रंजन कर

हिन्दी साहित्य में कबीर का व्यक्तित्व अप्रतिम है। उन्हें सन्त कहें, कवि कहें, भक्त कहें, भक्त-कवि कहें, आध्यात्मिक-धार्मिक-दार्शनिक गुरु कहें, या समाज-सुधारक कहें, सब मान्य एवं ग्राह्य है। स्पष्टतया ऐसे बहुआयामी व्यक्तित्व का मूल्यांकन किसी बने-बनाए/बँधे-बँधाये साँचे में करना सम्भव नहीं है। वे अपने पथ के पथिक हैं—"अपनी राह तू चले कबीरा।" और घोषणा करते हैं—"तू कहता कागद की लेखी। हौं कहता आँखिन की देखी।" अर्थात् अन्य लोग 'कागद की लेखी' (शास्त्रीय ग्रन्थ) पढ़कर अपनी बात कहते हैं, जब कि कबीर "आँखिन-देखी" (आत्मानुभूति) की बात कहते हैं। इससे यह भी स्पष्ट होता है कि 'शिक्षा' बाह्य अनुभव या पोथी पढ़कर तो प्राप्त की जा सकती है, परन्तु 'ज्ञान' आत्मानुभूति से ही सम्भव है। वे कहते हैं—

पोथी पढ़ि पढ़ि जग मुवा, पंडित भया न कोय।
एकै आखर पीव का, पढ़ै सु पंडित होय॥

कबीर ने सचमुच 'पीव' का 'एक ही आखर' पढ़ने की आद्यंत साधना की।

इसमें दो मत नहीं कि रूपवादी विमर्श भाषा को सदैव शरीर मानता रहा है, जबकि वह मूलतः संकेतों की व्यवस्था है। कबीर की भाषा की पड़ताल जिन विद्वानों ने रूपात्मक दृष्टि से की है, वे उसे 'सधुक्कड़ी' (रामचन्द्र शुक्ल, 2005, पृ. 74), 'खिचड़ी' (श्यामसुन्दर दास, 2011, पृ. 45), 'सन्तभाषा' और 'अनगढ़' (बच्चन सिंह, 2014, पृ. 91), भले ही कहा हो, परन्तु उनकी अभिव्यक्ति-क्षमता की विलक्षणता के सभी क़ायल हैं। कबीर मूलतः नाद-ब्रह्म के साधक हैं। नाद-साधना सभी साधनाओं में श्रेष्ठ मानी जाती है। नाद का सम्बन्ध एक ओर संगीत से है, तो दूसरी ओर योग से। पुरुषोत्तम अग्रवाल की स्पष्ट मान्यता है कि कबीर औपचारिक रूप से 'बहुपंडित' भले ही न रहे हों, परन्तु 'बहुश्रुत' अवश्य थे (पृ. 312)। क्योंकि

कविता की प्राथमिक पहचान है—भाषा की सर्जनात्मकता। रोज़मर्रा के शब्दों से लेकर दार्शनिक विमर्श तक के शब्दों का ऐसा प्रयोग कि उस प्रयोग से कुछ अनपेक्षित-सा हो उठे। जो शब्द अर्थ खो चले हैं, उनका पुनः अनुसन्धान। जिन शब्दों का अर्थ पारिभाषिकता तक सीमित कर दिया गया है, उनकी बहुलार्थकता की पुन:स्थापना। मानवीय वेदना, बिगूचन (confusion), प्रश्नाकुलता, रूपासक्ति, सामाजिक संवेदनशीलता और अस्तित्वगत बेचैनी के निजी अनुभवों ऐसे मुहावरे और ऐसी कहन में ढालना कि देशकाल की सीमाएँ लाँघकर वह बेचैनी, वह दर्द और वह आनन्द हर उस मन में गूँज उठे, जो सुनने को तैयार हो। कबीर यह सब करते हैं, शब्दों के ज़रिये। वे घट-साधक, 'मिस्टिक' होने के पहले, स्वभाव से ही शब्द-साधक कवि हैं।" (पृ. 398)

कबीर-बानी का संग्रह 'बीजक' है, जिसमें 'साखी' कबीर की आत्मानुभूति और लोकानुभव का साक्ष्य है, 'सबद' अक्षर-ब्रह्म की उपासना है, तथा 'रमैनी' आत्मा-परमात्मा के मिलन की रसानुभूति है। इस प्रकार, कबीर की बानी में ज्ञान और भक्ति गलबाँही डाले चलते हैं, जिसकी भाषा लोकभाषा है, जो 'बहता नीर' है—"कबीरा संस्कृत कूप जल, भाषा बहता नीर।" कथनी और करनी में समानता कबीर की बानी की सार्वत्रिक विशेषता है—

कथणीं कथी तो क्या भया, जे करणीं ना ठहराइ।
कालबूत के कोट ज्यूँ, देषत ही ढहि जाइ॥
जैसी मुष तें निकसैं, तैसी चाले नाहिं।
मानिष नहिं ते स्वान गति, बाँध्या जमपुर जाहिं॥

लोक-जीवन और प्रकृति के दृष्टान्तों, रूपकों, मिथकों से कबीर की भाषा एक ओर जन-जन के कंठ में बसी है, यथा—

पाणी ही तें हिम भया, हिम ह्वै गया बिलाई।
जो कुछ था सोई भया, कछू कह्या ना जाई॥
मान सरोवर सुभर जल, हंसा केलि कराहिं।
मुक्ताहल मुकता चुगैं, अब उड़ि अनत न जाहिं॥

तो दूसरी ओर योग-शब्दावली की दुरूहता से ज्ञानी-पंडितों को भी द्रविड़ प्राणायाम करना पड़ता है—

सूर समाणो चन्द में, दहूँ किया घर एक।
मन का च्यंता तब भया, कछू पूरबला लेख॥
हद छाँड़ि, बेहद गया, किया सुन्नि असनान।
मुनि जल महल न पावहिं, तहाँ किया विश्राम॥

योग-शब्दावली में उन्मुनि, हंस, शून्य, सूर्य-चन्द्र (इड़ा-पिंगला), सुरति, निरति, कमल (सहस्त्रार चक्र), षट्चक्र, अनहद-नाद, बिन्दु, मुद्रा, माया, अद्वैत, राम, निरंजन, मानसरोवर, कैवल्य, सहज आदि ऐसे प्रतीक हैं, जिनका अर्थ जाने बिना कबीर-वाङ्मय में अवगाहन कठिन है।

कबीर की बानी को समझने के लिए प्रत्येक पद या दोहे के विधेय का ज्ञान अनिवार्य है, अर्थात् कौन-सा पद या दोहा किसको सम्बोधित किया गया है, क्योंकि सम्बोधन-भेद से कबीर की भाषा एवं तदनुसार उसकी शैली परिवर्तित-रूपायित होती चलती है। इस प्रकार, कबीर की भाषा को निम्नानुसार वर्गीकृत किया जा सकता है—

(क) अवधूत या अवधू को सम्बोधन,
(ख) पंडित या पाँड़े को सम्बोधन,
(ग) मुल्ला या क़ाज़ी को सम्बोधन,
(घ) जन-साधारण को सम्बोधन,
(ङ) सन्त या साधु को सम्बोधन,
(च) जोगी या जोगिया को सम्बोधन,
(छ) निरंजन, ईश्वर, परमात्मा को सम्बोधन,
(ज) मन (स्वयं) को सम्बोधन

कबीर ने जिन विशिष्ट शब्दों का प्रयोग अपने ढंग से किया है, उनका तात्पर्य उन्हीं के विभिन्न पदों से मिल जाता है। अवधूत या अवधू को सम्बोधित पदों की भाषा 'सन्ध्या-भाषा' (सन्ध्या के धुँधलके की तरह कुछ स्पष्ट तथा कुछ अस्पष्ट) या 'उलटबाँसी' कहा जाता है। कबीर का अवधूत जन से न्यारा है—"अवधू जोगी जग थैं न्यारा", जिसका घर गगन-मंडल (शून्य चक्र) है, जहाँ से अमृत झरता है—

अवधू गगन मंडल घर कीजै।
अमरित झरै सदा सुख पावै, बुंकनालि रस पीजै॥

जिसे पीकर मन मस्त हो जाता है तथा जहाँ से तीनों लोकों का ज्ञान हो जाता है—

अवधू मेरा मन मतिवारा।
उन्मुनि चढ़्या गगन रस पीवै त्रिभुवन भया उजियारा॥

एक प्रचलित उलटबाँसी का दृष्टान्त प्रस्तुत है—

एक अचंभा देखा रे भाई। ठाढ़ा सिंघ चरावै गाई॥
पहिले पूत पीछे भई माई। चेला के गुरु लागै पाई॥
जल की मछली तरव ब्यायी। पकरि बिलाई मुरगै खाई॥
बैलहि डारि गूँनि धरि आई। कूता कूँ लै गई बिलाई॥

तलि करि साखा उपरि करि मूल। बहुत भाँति जड़ लागै फूल॥
कहै कबीर या पद जो बूझै। ताकूँ तीन्यू त्रिभुवन सूझै॥

कबीरदास ने एक अचंभा देखा, वह यह है कि सिंह (जीवात्मा) गायों (मनोवृत्तियों) को चरा रहा है। पहले पुत्र (जीव) हुआ, फिर माता (माया) का जन्म हुआ। शिष्य (मन) के पैर गुरु (आत्मा) पड़ रहा है। जल की मछली (माया में मन) वृक्ष (इच्छाओं) को जन्म दे रही है। मुर्गा (जीव) बिल्ली (माया) को पकड़कर ग्रस रहा है। बैल (जीव) को त्रिगुण (सत्त्व, रज, तम) की रस्सी बाँध रही है। कुत्ते (आत्मा, जीव) को बिल्ली (माया) ले गई। काम-वासना की जड़ संकल्प है, जो ऊपर मस्तिष्क में है तथा जिसकी शाखाएँ नीचे जननेन्द्रिय में हैं। वासनाओं के विविधवर्णी फूल जड़ (मस्तिष्क) में ही खिलते हैं। कबीर कहते हैं कि जो इस पद को समझेगा, उसे तीनों लोकों के दर्शन होंगे।

तंत्र-ग्रन्थों में अवधूत के चार प्रकार बताए गए हैं—ब्रह्माधूत, शैवावधूत, भक्तावधूत हंसावधूत। कबीर का अवधूत चौथे प्रकार का हंसावधूत है, जो अपनी कुंडलिनी को जागृत करके ब्रह्मरन्ध्र में स्रवित अमृत-जल का पान करता है—

आकासे मुखि औंधा कुआँ, पाताले निहारि।
ताका पाणी को हंसा पीवै, बिरला आदि बिचारि॥

षीर रूप हरि नाँव है नीर आन ब्यौहार।
हंस रूप कोइ साध है तत का जानण हार॥

नाथपंथ की हठयोग-साधना-पद्धति का विशद वर्णन हजारीप्रसाद द्विवेदी (द्रष्टव्य, 1942, पृ. 44-51) ने किया है। (देखें—परिशिष्ट)।

पदों, दोहों में पंडित, मुल्ला, सन्त, जोगी, आदि को सम्बोधित पदों में कबीर की दृष्टि व्यंग्यात्मक है, जिनमें वे बाह्याचारों पर चोट करते हैं (देखें—टिप्पणी), मानो वे सीधे उनसे ही प्रश्न कर रहे हों—

पाँड़े कौन कुमति तोहि लागी, तू राम न जपहि अभागी।
पंडित बाद बदंते झूठा।
राम कह्याँ दुनिया गति पावै, षांड कट्याँ मुख मीठा।
क़ाज़ी कौन कतेब बखाने,
मुलाँ कहाँ पुकारै हरि। राम रहीम रट्याँ कर पूरि।
सन्तो धोखा कासूँ कहिए।
गुण में निरगुन निनगुन में गुण, बाट छाँड़ि क्यूँ बहिए।
जुगिया व्यायी मरै मरि जाई।

जबकि जन-साधारण/लोक को सम्बोधित करते समय वे बोलचाल की सीधी-सादी भाषा का प्रयोग करते हैं—

लोका मति के भोरा रे।
जौ कासी तन तजै कबीर तो रामहिं कहा निहोरा रे।

लोका जानि न भूलौ भाई।
खालिक खलक खलक मैं खालिक, सब घट रह्या समाई।

साधु-सन्तों के लिए कबीर सार-सार कहना पसन्द करते हैं—

सन्तों धोखा कासूँ कहिए।
गुण मैं निरगुण निरगुण मैं गुण, बाट छाँड़ि क्यूँ बहिए॥

कबीर के राम प्रेम-भक्ति के हिंडोले में झूलनेवाले, घट-घट में बसने-रमनेवाले आत्माराम हैं—

हिंडोलना तहाँ झूलै आतमराम।
प्रेम भगति हिंडोलना सब सन्तन को विश्राम।

उसे किसी भी नाम से पुकारें-राम, पुरुषोत्तम, साईं, गोविन्द, केशव, अलह (अल्लाह), वह निरंजन है, जो रूप-रेख-मुद्रा-माया से रहित है—

गोब्यंदे तूँ निरंजन तूँ निरंजन राया।
तेरे रूप नहीं रेख नहीं मुद्रा नहीं माया॥

निरगुण राम जपहु रे भाई, अविगति की गति लखि न जाई।
अलह अलख निरंजन देव, किहि विधि करौं तुम्हारी सेवा।

वह अद्वैत है, जो वस्तुतः 'आत्मस्वरूप' है, वह 'एक' है। "जब साधक सारे विचारों तथा संकल्पों को छोड़कर स्वरूप में स्थित हो गया, तब वहाँ उसके लिए दूसरा कुछ नहीं है। यही अद्वैत है।" (अभिलाष दास, पृ. 83) कबीर साफ़-साफ़ कहते हैं—

एक कहौं तो है नहीं, दोय कहौं तो गारि।
है जैसा रहै तैसा, कहहिं कबीर बिचारि॥

कबीर एक न जाणियाँ, तो बहु जाण्याँ क्या होइ।
एक तै सब होत है, सब तैं एक न होइ॥

यह जब सहज रूप से प्राप्त हो, तभी कबीर को मान्य है, पर 'सहज' इतना सहज नहीं है—

सहिजै सहिजै सब गए, सुत बिन कामिणि काम।
एकमेक ह्वै मिलि रह्या दास कबीरा राम॥
सहज-सहज सब कोइ कहै, सहज न चीन्हैं कोइ।
जिन्ह सहजै हरिजी मिलै, सहज कहीजै सोइ।

मन को, स्वयं को सम्बोधित पद आत्मबोध से है, जिनमें आत्म-मन्थन-चिन्तन एवं चेतावनी है—

मन रे जागत रहिए भाई।
गाफिल होई वसत मति खोवै, चोर मूसै घर जाई।

कबीर मन को ही गोरख, गोविंद, औघड़ आदि से सम्बोधित करते हैं, जिसका जतन आवश्यक है—

मन गोरख मन गोबिन्दो, मन ही औघड़ होइ।
जे मन राखै जतन करि, तो आपै करता सोइ॥

अपने मन को कबीर ने 'मानसरोवर' भी कहा है, जहाँ स्वच्छ जल में हंस (मुक्तात्मा, कबीर) केलि कर रहे हैं, मोती (मोक्ष) चुग रहे हैं, अब कहाँ उड़कर जाएँगे (जन्म-मरण के आवागमन के चक्कर से दूर)—

मानसरोवर सुभरि जल, हंसा केलि कराहिं।
मुक्ताहल मुकता चुगै, अब उड़ि अनत न जाहिं॥

शून्य गगन में (ऊर्ध्व मानस) पहुँचकर जो सहस्रदल कमल प्रकाशित है, वहाँ कबीर-जैसा बन्दा ही पहुँच सकता है-

गगन गरजि अमृत चवै कदली कँवल प्रकास।
तहाँ कबीरा बन्दगी, कै कोई निज दास॥

यह सब उस 'सबद' का ही प्रभाव है, जो भीतर-बाहर भिद गया है, निर्गुणातीत आत्मा में अनहद बज रहा है और सारी भ्रान्तियाँ छूट गई हैं, मन अत्माराम में रमता है—

कबीर सबद सरीर मैं, बिनि गुण बाजै तंति।
बाहरि भीतरि भरि रह्या, ताथैं छूटि भरंति॥

कबीर के रूपकों, उपमाओं का वैविध्य उनकी भाषा में चार चाँद लगा देता है। एक ही उपमेय को भिन्न-भिन्न उपमानों से व्यक्त करके कबीर ने अपनी आत्मानुभूति का जो साधारणीकरण किया है, वह उल्लेखनीय है। 'प्रेम' कहीं 'बादल' बन जाता है, तो कहीं जल के बिना मीन की तरह कबीर का प्यासा मन हरि बिना कलपता है, तो स्वाति बूँद के लिए चातक की तरह उनका मन हरि-दर्शन का प्यासा होता है—

कबीर बादल प्रेम का हम हरि बरष्या आइ।
अन्तरि भीगी आत्माँ, हरी भरी बनराइ॥
पासा पकड्या प्रेम का, जारि लिया सरीर।
सतगुर दाँव बताइया, खेलै दास कबीर॥
जैसे जल बिन मीन तलपै, ऐसे हरि बिन मेरा जियरा कलपै।
दास कबीर मीन ज्यूँ तलपै, मिलै भलें सचु पावै॥
निस बासुर मन रहे उदासा, जैसे चातिग नीर पियासा।

कबीर के बहुआयामी व्यक्तित्व-कृतित्व में से किसी एक पक्ष को मुख्यता-प्रमुखता देकर अन्य पक्षों की अवहेलना नहीं की जा सकती। जब वे उलटबाँसी के माध्यम से धर्म, कर्म, समाज, व्यक्ति के बाह्याडम्बरों पर व्यंग्य-प्रहार करते हैं, वहाँ भी उनकी आध्यात्मिकता अन्तर्निहित रहती है। आत्माराम में रमे कबीर एक ही भावानुभूति को भिन्न-भिन्न रूपों में व्यक्त करते हैं, कहीं भी आवृत्ति नहीं (द्रष्टव्य, आर.एल. हाँडा, 1978, पृ. 91) प्रत्येक उक्ति में प्रत्यग्रता एवं भास्वरता का बोध होता है :

कुछ दृष्टान्त प्रस्तुत हैं—

यह तन जारौं मसि करौं, ज्यूँ धूवाँ जाइ सरग्गि।
मति वै राम दया करै, बरसि बुझावै अग्गि॥

यहु तन जारौं मरि करौं लिखौं राम का नाउँ।
लेखिण करूँ करंक की, लिखि-लिखि राम पठाउँ॥

कबीर सूता क्या करै, जागि न जपै मुरारि।
एक दिनाँ भी सोवणाँ, लंबे पाँव पसारि॥

कबीर सूता क्या करै, काहे न देखै जागि।
जाका संग तैं बीछुड्या, ताही के संग लागि॥

कबीर सूता क्या करै, उठि न रोवै दुक्ख।
जावा बासा गोर में, सो क्यूँ सोवै सुक्ख॥

कबीर सूता क्या करै, गुण गोबिन्द के गाइ।
तेरे सिर परि जम खड़्या, खरच कहे का खाइ॥

कबीर सूता क्या करै सूताँ होइ अकाज।
ब्रह्मा का आसण खिल्या, सुणत काल को गाज॥

"कबीरा संस्कृत कूप जल भाषा बहता नीर" कहनेवाले कबीर अल्पसंख्यक लोगों द्वारा व्यवहृत संस्कृत या परिनिष्ठित भाषा को चुनकर बहुत आम लोगों की भाषा का वरण करते हैं, जो बहते नीर के समान है, अर्थात् जिस प्रकार नदी जिन-जिन भूभागों से बहती है, कहाँ की मिट्टी के तत्त्वों को भी आत्मसात् करती चलती है, सो क़बीर ने आमजन की भाषा (जिसे आधुनिक लोग 'बोली' कहते हैं) को अपनी भक्ति, कविता का आधार बनाया। "मसि कागद छूयो नहीं कलम गह्यो नहीं हाथ" कहने का निहितार्थ भी स्पष्ट है कि उन्होंने पोथी लिखने के लिए एक जगह बैठकर कलम नहीं पकड़ी, प्रत्युत घूमते-फिरते संवाद किया सभी वर्गों से—साधु, सन्त, मुल्ला, क़ाज़ी, आम-जन। अर्थात् इसीलिए उनकी भाषा-शैली सन्दर्भानुसार भिन्न आकार ग्रहण करती है—जो जिस भाषा में समझता है, उसी की भाषा में, सम्प्रेषणीयता की दृष्टि से।

कबीर मूलतः भक्त-कवि थे। भक्तियोग नितान्त वैयक्तिक है, तथा जिसकी कहानी 'अकथ' है, परन्तु कविता 'अकथ' को 'कथनीय' बनाने का अनुष्ठान है—'स्व-भाव' का 'सर्वभाव' में 'सर्वभाव' का 'स्व-भाव' में रूपान्तरण है—

मैं सबनि मैं औरनि मैं हूँ सब

'योग के क्षेत्र में भक्ति का बीज बोने' वाली उक्ति (आचार्य हजारीप्रसाद द्विवेदी) कदाचित् पुनरुक्ति-दोष है, क्योंकि भक्ति स्वतः योग है, योग और भक्ति अलग-अलग नहीं है। अथवा यह कहना अधिक उचित प्रतीत होता है कि योग के बिना भक्ति की सत्ता नहीं है। 'सबद निरन्तर की साधना अन्ततः नाद ब्रह्म की साधना में पर्यवसित होती है' (पुरुषोत्तम अग्रवाल, 317)। जब कबीर कहते हैं—'तुम जिन जानियौ यह गीत है, यह तो ब्रह्म बिचार', तो उनका मन्तव्य यह है कि उनकी आध्यात्मिकता अन्तरंग है, गीत बहिरंग (फ़ॉर्म है)। भक्ति की राह नितान्त निजी होती है—'अपनी राह तू चले कबीरा', जबकि कविता की राह सार्वजनीन होती है।

कबीर की भाषा पर कबीर-बानी से अच्छा कौन बोल सकता है! कविता भाषा की कला है, परन्तु कबीर की कविता की भाषा की सर्जनात्मकता की बात और है। कबीर कह रहे हैं और साधु-सन्त सुन रहे हैं—कितना और कैसे सुन रहे हैं, यह विचारणीय है।

टिप्पणी

तंत्र-ग्रथों में चार प्रकार के अवधूतों की चर्चा है—ब्रह्मावधूत, शैवावधूत, भक्तावधूत, हंसावधूत। नाथपंथ में हठयोग की साधना-पद्धति है, जिसके ज्ञान के बिना कबीर की भाषा दुर्बोध्य-सी लगती है। आचार्य द्विवेदी ने इसका विशद वर्णन किया है (दृष्टव्य-1942 : 44-51) तदनुसार, सम्पूर्ण सृष्टि में व्याप्त 'महाकुंडलिनी' शक्ति जब व्यक्ति में व्यक्त होती है, तब वह 'कुंडलिनी' कहलाती है, जिसे लेकर प्रत्येक जीव मातृ-कुक्षि में प्रवेश करता है। सभी जीवों की तीन अवस्थाएँ होती हैं—जागृति, सुषुप्ति, और स्वप्न, जिनमें कुंडलिनी निश्चेष्ट रहती है। कुंडलिनी का स्थान 'अग्निचक्र' है, जो मेरुदंड के सबसे निचले भाग में होता है। इसके ऊपर षट्चक्र हैं। पहला 'मूलाधार चक्र', उसके ऊपर नाभि के पास 'स्वाधिष्ठान चक्र', उसके ऊपर 'मणिपुर चक्र', तथा उसके ऊपर हृदय के पास 'अनाहत चक्र' है। इसके ऊपर कंठ के पास 'विशुद्धाख्य चक्र' है, जिसके ऊपर भ्रूमध्य में 'आज्ञा चक्र' है। 'षट्चक्र-भेदन के पश्चात् मस्तक में 'शून्य चक्र' है जहाँ सहस्रदल कमल की कल्पना की गई है तथा जिसे 'सहस्रार चक्र' भी कहा जाता है। शून्य चक्र ही 'गगन-मंडल' है, जिसे कैलाश भी कहते हैं। इसके भी ऊपर 'सुरति चक्र' है, जहाँ पहुँचकर योगी स्थिरचित्त हो जाता है।

मेरुदंड में प्राणवायु जिन मुख्य नाड़ियों से प्रवाहित होती है, उनमें मध्य नाड़ी 'सुषुम्ना' है, जिसके बाईं और दाईं ओर क्रमश: 'इड़ा' और 'पिंगला' नाड़ियाँ हैं। सुषुम्ना के भीतर वज्रा, उसके भीतर चित्रिणी, और उसके भी भीतर ब्रह्मनाड़ी है, जो कुंडलिनी का वास्तविक मार्ग है। सिद्धाचार्यों ने इड़ा, पिंगला और सुषुम्ना को क्रमश: 'ललना-रसना-अवधूती' कहा है। कबीर ने इड़ा-पिंगला को इंगला-पिंगला' भी कहा है। उनके पदों में इड़ा-पिंगला-सुषुम्ना के प्रतीक रूप में 'गंगा-यमुना-सरस्वती' भी हैं, जिनका मिलन 'ब्रह्मरन्ध्र' में होता है तथा जिसे 'त्रिवेणी' या 'प्रयाग' कहा गया है।

कबीर जब कहते हैं—

अवधू गगन मंडल घर कीजै।
अमरित झरै सदा सुख पावै बंकनालि रस पीजै॥

या

अवधू मेरा मन मतिवारा।
उन्मुनि चढ्या गगन रस पीवै त्रिभुवन भया उजियारा॥

तो उसे समझने के लिए यह जानना ज़रूरी है कि कुंडलिनी जब उद्बुद्ध होकर ऊपर उठती है, तब उससे जो 'स्फोट' होता है, उसे 'नाद' कहते हैं। नाद से 'प्रकाश' और प्रकाश का व्यक्त रूप 'महाबिन्दु' है, जिसके तीन रूप हैं—इच्छा ज्ञान और क्रिया। योगी इन्हें ही क्रमशः सूर्य, चन्द्र, अग्नि कहते हैं अथवा ब्रह्मा, विष्णु, और शिव कहते हैं। 'अनाहत नाद' (अनहद नाद) का व्यष्टि में व्यक्त रूप ही 'नाद' और 'बिन्दु' है। नाद सात स्वरों में विभक्त है। 'प्रणव' या 'ओंकार' उपाधि-रहित शब्द-तत्त्व है, जिसे वैयाकरणों ने 'स्फोट' कहा है। स्फोट ही 'शब्द-ब्रह्म' है, जिसकी सत्ता 'ब्रह्म' है। शब्द मूलाधार से ऊपर उठकर सहस्रार में लय होता है। सबसे श्रेष्ठ मुद्रा 'खेचरी मुद्रा' है, सबसे श्रेष्ठ प्राणायाम 'केवल', और सबसे श्रेष्ठ साधना 'नाद-साधना' है। प्राणायाम तीन प्रकार से होता है—रेचक, पूरक, और कुम्भक, जिनमें क्रमशः साँस छोड़ी, भरी, और रोकी जाती है रेचक और पूरक के बिना किया गया प्राणायाम 'केवल' कहलाता है, जो सर्वश्रेष्ठ होता है, तथा जिसकी सहायता से कुंडलिनी उद्बुद्ध होती है। खेचरी मुद्रा में योगी जीभ को उलटकर कपाल-कुहर में प्रवेश कराता है, तब उसकी दृष्टि भौंहों में होती है और वह ब्रह्म रन्ध्र (व्योम चक्र, गगन मंडल) में प्रवेश करता है, जहाँ चन्दमा से अमृत झरता है।

परिशिष्ट

आचार्य हजारीप्रसाद द्विवेदी ने 'हठयोग प्रदीपिका', 'शिव संहिता', और 'घेंड संहिता' आदि ग्रन्थों से योग-साधना से सम्बन्धित उपमानों को संगृहीत करके कबीरदास तथा अन्य परवर्ती सन्तों की उलटबाँसियों और योगशास्त्रीय रूपकों को समझने के लिए पर्याप्त आधार प्रस्तुत किया है (द्रष्टव्य-1942 : 83-94), जिन्हें यहाँ साभार प्रस्तुत किया जा रहा है—

चित्त	-	भ्रमर (हठ. 4.89), अग्नि (हठ. 4.97)
मन	-	मत्त गजेन्द्र (हठ. 4.90), खग (हठ. 4.91), पारद (हठ. 4.95)
अन्त:करण	-	हरिण (हठ. 4.98)
अन्तरंग	-	भुजंग (हठ. 4.96), हरिण (हठ. 4.93)
वायु	-	सिंह, गज, व्या घ्र (हठ. 2.15)
ब्रह्मनाड़ी	-	बिल (हठ. 3.88)
नाद	-	शिकारी (हठ. 4.92), गन्धक (हठ. 4.94), काष्ठ (हठ. 4.97)
उन्मनी	-	कल्पलता
इड़ा	-	सूर्य-अंग (हठ. 3.15), वरुणा (शिव. 5.100), गंगा (हठ. 3.102)
पिंगला	-	चन्द-अंग (हठ. 3.15), यमुना (हठ. 3.102), असी (शिव. 5.100)
सुषुम्ना	-	शून्य पदवी (शून्य मार्ग), राजपथ, ब्रह्मरन्ध्र, महापथ, श्मशान, शांभवी, मध्यमार्ग (हठ. 3.4); ब्रह्मनाड़ी (हठ. 3.68), सरस्वती (शिव. 5.123)
कुंडलिनी	-	कुटिलांगी, भुजंगी, शक्ति, ईश्वरी, कुंडली, अरुन्धती (हठ. 3.97), बालरंडा (हठ. 3.101)
मूलाधार-पद्म	-	(नाभि के ऊपर) सूर्य (शिव. 5.106)
ब्रह्मरन्ध्र	-	चन्द (शिव. 5.103), त्रिवेणी (शिव. 5.132)

(तालु के नीचे)

चन्द का रस - सोमरस, अमर वारुणी (शिव. 5.103, हठ. 3.46-48)

उन्होंने स्वामी विचारदास जी की 'कबीर साहब का बीजक' टीका से निम्नांकित प्रतीकों/रूपकों का उल्लेख किया है—

मन - मच्छ, माछ, मीन, जुलाहा, साउज, सियार, रोझ, हस्ती, मतंग, निरंजन आदि।
जीवात्मा - पुत्र, पारथ, जुलाहा, दुलहा, सिंह, मूसा, भौंरा, योगी आदि।
माया - माता, नारी, छेरी, गैया, बिलैया।
संसार - सायर, वन, सीकस।
नर-नत - यौवन, दिवस, दिन।
इन्द्रिय - सखी, सहेलरी इत्यादि। (विचार. पृ. 40)

इसके अतिरिक्त, आचार्य द्विवेदी ने कबीर के एक पद "अवधू जागत नींद न कीजै।" (क. ग्रं. पृ. 162) के प्रतीकों (सांकेतिक शब्दों) के अभिप्राय को समझने के लिए विश्वनाथ सिंह जू देव बहादुर कृत 'बीजक-कबीरदास' टीका तथा विचारदास कृत 'कबीर साहब का बीजक' टीका की शास्त्रीय परम्परा से तुलना निम्नानुसार प्रस्तुत की है (1942 : 91-92)—

सांकेतिक शब्द		अभिप्राय		
		विश्वनाथ.	विचार.	शास्त्रीय परम्परा
1.	उलटी गंगा	संसारमुखी राग-रूप गंगा का ब्रह्ममुखी होना	ब्रह्मांड में चढ़ाई हुई श्वासा	इड़ा
2.	समुद्र	संसार	सन्ताप	संसार (भव)
3.	शशि	एक जीवात्मा को मानना	इड़ा	इड़ा या नाभि के ऊर्ध्व भाग का चन्द
4.	सूर्य	नाना निरंजनादि ईश्वरन को मानिवै को ज्ञान	पिंगला	पिंगला या तालु के अधोभाग का चुंद्र

5.	नवग्रह	वैशेषिक के नौ पदार्थ	नवद्वार	—
6.	जल	राग	ब्रह्मांड	—
7.	बिम्ब	शुद्ध साहब का अंश	ब्रह्म-ज्योति	—
8.	रोगिया	ग्रह-ग्रस्त संसारी	योगी	संसारी
9.	शश	अहंब्रह्म विचार	मन	मन
10.	सिंह	'तैं' (मूढ़)	जीवात्मा	जीवात्मा
11.	औधा घड़ा साहब की ओर पीठ किया हुआ मनुष्य	बहिरंग-वृत्ति	जगत्-मुख शरीर	
12.	सूधा घड़ा	साहब की ओर मुख किया हुआ मनुष्य	अन्तरंग-वृत्ति	उद्बुद्ध कुंडलीक शरीर
13.	गुफा	शरीर	गगन-गुफा	—
14.	उल्टा बाण	सुरति (जो जगत्-मुख, ब्रह्म-मुख, ईश्वर-मुख और जीवात्मा-मुख है	श्वास	प्राणवायु
15.	पारधी	पार्थिव परम पुरुष	(वीर) मन	मन
16.	नटवर बाजी	निर्गुण ब्रह्म को देखना नट की बाजी के समान धोखा है	(नटवर बाजी) अनाहत नाद	—
17.	धरती	जड़ माया	पिंडांड	मूलाधार
18.	आकाश	ब्रह्म	ब्रह्मांड	शून्य चक्र
19.	प्याला	स्थूल-सूक्ष्मादि पंच शरीर	अन्यान्य	साधन इन्द्रिय?

20.	अमृत	साहिब के प्रति प्रेम	निजानन्द रूप अमृत	अमर वारुणी
21.	नदी	जगत्	आत्माकार वृत्ति	नाड़ी?
22.	नीर	राग	-	श्वास?
23.	राम सुधारस	राम-प्रेम	आनन्दामृत	सहजामृत